Methods of Service Science
Where Data Meets Mathematics

サービスサイエンスの事訳(ことわけ)

データサイエンスと
数理科学の融合に向けて

高木 英明 編著
Edited by Hideaki TAKAGI

筑波大学出版会

Methods of Service Science
Where Data Meets Mathematics

Edited by Hideaki TAKAGI

University of Tsukuba Press, Tsukuba, Japan
Copyright © 2017 by Hideaki TAKAGI

はしがき

　サービス産業を科学的・工学的手法で捉えることにより生産性向上とイノベーションを図るサービスサイエンスは, 2000 年代半ばにアメリカで提唱されて以来, 欧米やアジア諸国でそれぞれに展開されてきた. 我が国では, いくつかの曲折があったものの, 産学官にわたって真摯に取り組んできたと編者は評価する. 日本生産性本部に事務局を置くサービス産業生産性協議会は, 「ハイ・サービス日本 300 選」企業の選定や, 日本版顧客満足度 (JCSI) の評価, 各地での講演会開催等を重ね, サービス産業の振興を推進してきた. サービス学会が 2012 年 10 月に設立され, 学会活動が年々活発になっている. 科学研究費補助金の細目として「サービス情報学」が新設された. 大学においては, 京都大学経営管理大学院や北陸先端科学技術大学院大学知識科学系等に教育プログラムがあるほか, 筑波大学大学院システム情報工学研究科社会工学専攻においてもサービス工学学位プログラムが 2014 年度に発足している.

　本書は, 筑波大学出版会から 2014 年 8 月に刊行された高木英明編著『サービスサイエンスことはじめ——数理モデルとデータ分析によるイノベーション』の姉妹編として, サービスの創造と価値評価の基礎となるデータ分析と数理的手法の理論を, 数学的に分かりやすく, サービス産業に関連する数値例で補いながら解説するという編集・執筆方針を踏襲して制作した. 前書との併読を薦める.

　最近のビッグデータや人工知能の流行の中で, データサイエンスに関する本が数多く出版されているが, それらの多くは初歩的すぎる統計処理の Excel 表計算法やデータ処理専用ソフトウェア使用法の説明書であり, 少数は専門的研究者による高度な学術的研究書である. これらの本は, 手法の本質を理解して製品やサービスシステムの品質管理に携わりたい企業の開発担当者や, 専門的学力を身に付けて就職を目指す大学院生にとって, 物足りないか, 逆に近寄り難い内容である. 本書はハウツーマニュアルでも学術書でもない. 高度専門職業人と現実社会の問題に関心がある大学院生が独習できるように, 大学の理工系学部 1 年次程度の数学（微積分, 線形代数, 統計学）の学力を前提として, 定理の証明や数式の導出とそれらの意味の詳しい説明に添えて, 主としてマーケティングへの応用に係る数値例の丁寧な提示に紙面を費やすことを心掛けた.

はしがき

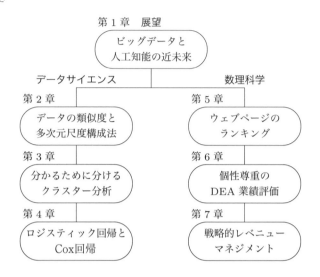

　本書の題名『サービスサイエンスの事訳（ことわけ）』にある「事訳」とは、「いろいろな事柄がそうなったことの理由や経緯（いきさつ）」を意味する．多様なサービスにおいて個々の事訳を解明する手法を読者が習得する期待を託して命名した．本書の構成を上図に示す．内容は，前書と同様に，主として統計科学とオペレーションズ・リサーチの分野からサービスシステムの解析，評価，および設計に資する手法を選び，各章の原稿を筑波大学の関係者を中心に各分野の専門家にお願いした．すべての原稿について，編者と分担執筆者が緊密な連絡を重ね，数式の確認，数値計算の検算，書式と文体の統一を図った．執筆者の先生方には，多忙な教育研究の傍ら，草稿から最終原稿の完成に至るまで，編者の無理な注文に我慢強く対応していただいたことに深く感謝する．また，筑波大学出版会編集委員会と同事務局による詳細な査読と校正にも感謝したい．

2017 年 4 月　高木英明（編者）

目　　次

はしがき

第1章　ビッグデータと人工知能の近未来（高木英明）

1.1　はじめに ……………………………………………………………… 1
1.2　ビッグデータとは？ ………………………………………………… 2
1.3　第3次AIブームの到来 ……………………………………………… 5
1.4　シンギュラリティは起こるか? ……………………………………… 8
1.5　サービスにおけるビッグデータの「見える化」…………………… 9
　　参考文献 ………………………………………………………………… 10

第2章　データの類似度と多次元尺度構成法
　　　　　（イリチュ美佳・高木英明）

2.1　データの尺度 ………………………………………………………… 11
2.2　個体間のデータ距離 ………………………………………………… 14
　　2.2.1　データの類似度 ……………………………………………… 15
　　2.2.2　データの非類似度 …………………………………………… 18
　　2.2.3　計量的距離と非計量的距離 ………………………………… 20
2.3　異常検知 ……………………………………………………………… 28
　　2.3.1　多変量正規分布のパラメタ推定 …………………………… 28
　　2.3.2　Hotelling の T^2 理論 ……………………………………… 30
　　2.3.3　Mahalanobis 田口法 ………………………………………… 32
　　2.3.4　数値例（異常検知）………………………………………… 34

目次

- 2.4 計量的多次元尺度構成法 ･････････････････････････････････ 36
  - 2.4.1 観察データの内積 ･･････････････････････････････････ 37
  - 2.4.2 Young-Householder 変換 ･････････････････････････････ 39
  - 2.4.3 固有値分解 ･･･････････････････････････････････････ 41
  - 2.4.4 数値例（多次元尺度構成法）･･････････････････････････ 45
- 2.5 個人差多次元尺度構成法 ･･･････････････････････････････････ 48
  - 2.5.1 Horan のモデル ････････････････････････････････････ 49
  - 2.5.2 INDSCAL と CANDECOMP ･････････････････････････ 51
  - 2.5.3 数値例 (INDSCAL) ･････････････････････････････････ 56
- 参考文献 ･･ 63

第3章 分かるために分けるクラスター分析
（イリチュ美佳・高木英明）

- 3.1 データのクラスタリング ･･･････････････････････････････････ 65
  - 3.1.1 クラスター分類の数 ････････････････････････････････ 66
  - 3.1.2 クラスター間分散とクラスター内分散 ･･････････････････ 70
- 3.2 階層的クラスター分析法 ･･･････････････････････････････････ 74
  - 3.2.1 凝集型階層的分類法 ････････････････････････････････ 75
  - 3.2.2 2分木デンドログラムの数 ･･･････････････････････････ 76
- 3.3 クラスター間の類似度の更新 ･･･････････････････････････････ 79
  - 3.3.1 最近隣法 ･･･ 79
  - 3.3.2 最遠隣法 ･･･ 80
  - 3.3.3 群平均法 ･･･ 80
  - 3.3.4 McQuitty 法 ･･････････････････････････････････････ 81
  - 3.3.5 重心法 ･･･ 82
  - 3.3.6 メディアン法 ･････････････････････････････････････ 82
  - 3.3.7 Ward の最小分散法 ･････････････････････････････････ 83
  - 3.3.8 Lance-Williams の組合せ公式 ･･･････････････････････ 85
- 3.4 クラスター間距離空間の変形 ･･･････････････････････････････ 86
  - 3.4.1 距離空間の歪み ･･･････････････････････････････････ 86

目次

  3.4.2 凝集型分類法の単調性 ………………………………………… 87
3.5 数値例（階層的クラスター分析） …………………………………… 88
3.6 非階層的クラスター分析法 …………………………………………… 102
  3.6.1 Forgy の k 平均法 ……………………………………………… 102
  3.6.2 MacQueen の k 平均法 ………………………………………… 103
  3.6.3 MacQueen の粗密化パラメタ k 平均法 ……………………… 107
  3.6.4 Hartigan の k 平均法 …………………………………………… 109
Column 源氏香 ……………………………………………………………… 114
参考文献 …………………………………………………………………………… 115

第4章 ロジスティック回帰とCox回帰（池田拓史・高木英明）

4.1 はじめに ……………………………………………………………… 117
  4.1.1 顧客行動を表す確率変数 ……………………………………… 118
  4.1.2 顧客行動の数理モデル化 ……………………………………… 120
4.2 ロジスティック回帰モデル ………………………………………… 121
  4.2.1 ロジスティック変換 …………………………………………… 121
  4.2.2 ロジスティック回帰 …………………………………………… 123
  4.2.3 質的変数に対する回帰係数 …………………………………… 125
  4.2.4 ロジスティック回帰係数の推定 ……………………………… 126
  4.2.5 最尤推定された回帰係数の確率分布 ………………………… 130
  4.2.6 回帰係数の信頼性 ……………………………………………… 132
4.3 数値例（ホテルの顧客満足度アンケート回答分析） …………… 135
4.4 生存時間解析 ………………………………………………………… 138
  4.4.1 生存関数とハザード関数 ……………………………………… 139
  4.4.2 観察の打切りがあるデータ …………………………………… 144
  4.4.3 生存関数のパラメトリック推定 ……………………………… 145
  4.4.4 生存関数のノンパラメトリック推定 ………………………… 148
4.5 Cox 比例ハザードモデル …………………………………………… 152
  4.5.1 比例ハザード性 ………………………………………………… 152
  4.5.2 対数線形性 ……………………………………………………… 153

目次

   4.5.3 部分尤度法による Cox 回帰係数の推定 …………………… 154
   4.5.4 基準生存関数の推定 ……………………………………………… 161
 4.6 数値例（アトリビューション分析）…………………………………… 164
 参考文献 …………………………………………………………………………… 172
 Column 世界のウェブサイト数 ………………………………………… 173

第5章 ウェブページのランキング（関谷和之・高木英明）

 5.1 はじめに ……………………………………………………………………… 175
 5.2 PageRank における人気度 ……………………………………………… 178
   5.2.1 隣接行列からハイパーリンク行列へ ……………………… 178
   5.2.2 離散時間 Markov 連鎖モデル ……………………………… 180
   5.2.3 ぶら下がりページの取り扱い ……………………………… 183
   5.2.4 確率行列の固有値 ……………………………………………… 185
   5.2.5 PageRank の反復計算法 …………………………………… 187
 5.3 HITS における人気度 …………………………………………………… 190
   5.3.1 HITS の反復計算法 ………………………………………… 190
   5.3.2 権威行列とハブ行列 ………………………………………… 193
 5.4 SALSA における人気度 ………………………………………………… 195
   5.4.1 無向2部グラフ ………………………………………………… 195
   5.4.2 権威側とハブ側の Markov 連鎖 ………………………… 196
   5.4.3 権威行列とハブ行列の固有値 ……………………………… 198
   5.4.4 Tightly-knit community (TKC) 効果 …………………… 200
 5.5 数値例（ウェブページの人気度）……………………………………… 201
   5.5.1 ぶら下がりページが存在しない強連結ネット …………… 201
   5.5.2 ぶら下がりページが存在するネット ……………………… 205
   5.5.3 ぶら下がりページが存在しない非連結ネット ………… 207
   5.5.4 SALSA の適用例 …………………………………………… 209
 5.6 Google 行列 ………………………………………………………………… 211
   5.6.1 非連結ネットの取り扱い …………………………………… 211
   5.6.2 テレポーテーションベクトル ……………………………… 213

	5.6.3	Google 行列の性質	215
	5.6.4	線形連立方程式の解	217
	5.6.5	減衰率に対する人気度の感度	220
	5.6.6	原始行列と冪乗法	224
	5.6.7	疎な行列を利用した固有ベクトルの計算法	228
	5.6.8	ランダム化 HITS	229
5.7	PageRank の改良		231
	5.7.1	ぶら下がりページの集約	231
	5.7.2	戻りボタンの取り扱い	235
	5.7.3	ページ間の結託とその対策	237
	5.7.4	知的サーファーモデル	241
	5.7.5	個人の選好の取り込み	242
参考文献			245

第 6 章　個性尊重の DEA 業績評価（橋本昭洋）

6.1	はじめに		247
6.2	DEA の基礎理論		249
	6.2.1	DEA 基本モデル	249
	6.2.2	DEA 線形計画モデル	254
	6.2.3	簡単な DMU のサンプル	258
	6.2.4	効率的 DMU のフロンティア	260
	6.2.5	非効率的 DMU のリファレンスセット	264
6.3	DEA ノン効率分析		265
6.4	プロ野球打者の評価		268
	6.4.1	DEA 評価フレーム	269
	6.4.2	DEA 優秀打者	271
	6.4.3	DEA 優秀と判定されなかった打者	275
	6.4.4	DEA/AR 分析	277
	6.4.5	DEA(Excl)/AR 分析	281

目 次

 6.5 おわりに ………………………………………………………… 284
 参考文献 ……………………………………………………………… 285

第 7 章 戦略的レベニューマネジメント（増田靖・高木英明）

7.1 近視眼的顧客から戦略的顧客へ ……………………………… 287
7.2 戦略的顧客に対する新聞売り子問題 ………………………… 289
  7.2.1 新聞売り子問題の基本形 ……………………………… 290
  7.2.2 戦略的顧客に直面する新聞売り子 …………………… 294
  7.2.3 仕入数に関するコミットメント ……………………… 297
  7.2.4 価格に関するコミットメント ………………………… 300
  7.2.5 数値例（新聞売り子問題）…………………………… 302
7.3 多様な顧客に対するバーゲンセール ………………………… 304
  7.3.1 小売業者と戦略的顧客の意思決定 …………………… 305
  7.3.2 バーゲンセールの数理的定式化 ……………………… 307
7.4 最適バーゲン価格の決定 ……………………………………… 310
7.5 展開形ゲームにおける部分ゲーム完全 Nash 均衡 ………… 317
  7.5.1 バーゲン販売に対する商品価値の閾値の均衡 ……… 321
  7.5.2 最適仕入数の決定 ……………………………………… 323
  7.5.3 完全 Nash 均衡の決定 ………………………………… 328
7.6 おわりに ………………………………………………………… 330
参考文献 ……………………………………………………………… 331

索 引 ………………………………………………………… **333**

記号 "⊤" について．
本書を通して，行列 A に対して，$A^\top$ は A の転置行列を表すものとする．特に，横ベクトル a に対し，$a^\top$ は縦ベクトルを表し，縦ベクトル b に対し，$b^\top$ は横ベクトルを表す．

1章　ビッグデータと人工知能の近未来
Near Future of Big Data and Artificial Intelligence

高木英明 (筑波大学)
takagi@sk.tsukuba.ac.jp

　最近のビッグデータと第3次人工知能 (AI) ブームに至った経緯と将来を概観し，人工知能の人間社会に対する影響についての予想と，筆者の見解を述べる．その上で，構造化データを賢明に活用することにより，サービス組織の効率的・顧客志向的経営に役立つ分析と発見への期待を示す．

キーワード：ビッグデータ，4つのV，大量性，高速性，多様性，正確性，N=All，構造化データ，非構造化データ，第3次AIブーム，機械学習，深層学習，因果律 vs 相関関係，シンギュラリティ，収穫加速の法則，人間社会とAI，ビッグデータの見える化

1.1　はじめに

　今，あなたの買いたい物は **Amazon** が教えてくれ，あなたは誰の友達かを **Facebook** が教えてくれ，あなたは何を知りたいのかを **Google** が教えてくれる[*1]．そのうち，外出するときに傘を持っていくべきかどうかを玄関の傘立てが教えてくれ，夕方までに歩くべき歩数を腕時計が指示し，体脂肪を考慮した食材を冷蔵庫が発注するようになるだろう．あなたは学力に合った大学に現役で合格し，マッチングされた良き伴侶を得て，最適な年齢で子供を持ち，可もなく不可もなく職歴をこなした後，充実した終末期医療を受けて長寿を全うする．これが，あなたから発信されるすべての情報が自覚の有無にかかわらず収集され，あなたを取り巻く環境情報と照合されて，あなたにリコメンド（recommend, 推奨）される「最適化された人生」である．また，あなたが経営する会社では，

[*1] George Dyson (1953–), *Turing's Cathedral: The Origins of the Digital Universe*, Pantheon, 2012 には，次のように書かれている．"Facebook defines who we are, Amazon defines what we want, and Google defines what we think."

精度の高い顧客管理に基づく需要予測，ロボットによる無駄のない生産工場，自動化された経理システムで，人事管理に煩わされることなく，商品の企画，製造，販売ができる．

このようなことが，近い将来，ヒト，モノ，企業，政府，社会から出るあらゆるデータを集めた**ビッグデータ** (big data) を**人工知能** (artificial intelligence, **AI**) が処理することにより，起こり得ると考えられている．人工知能は「超スマート社会を実現する夢の技術」か，「大きなお世話」か，はたまた「人間の感動や尊厳を脅かす悪魔の技術」であろうか？

1.2 ビッグデータとは？

最近になってビッグデータの効用が現実になった技術的な理由は，大量のデータを瞬時に処理できるようになったハードウェア技術（電子工学）とソフトウェア技術（情報科学）の進歩であるが，根本的な理由は，文字どおり「桁違い」な量のデジタルデータが生み出されるようになった社会の変化である．ビッグデータとは，単に「大量のデータ」を意味するのではない．その特徴は次に挙げる **4 つの V** (four V's) で示される．

(1) **大量性** (volume)

どのくらい大量のデータをビッグデータと呼ぶのかについて，一定の数があるわけではない．各時代において，その時代のコンピュータでは簡単に扱えないほどのデータ量がビッグデータと呼ばれてきた．調査会社 IDC の 2012 年 12 月の発表によれば，2012 年までに作成または複製されたデータ量は 2.8 ゼッタバイトであり，2020 年には 40 ゼッタバイト（世界の全人口 76 億人の 1 人当たり 5,250 ギガバイト）に拡大すると見られている（データ量の単位については表 1.1 を参照）．大量のデータは，ビジネス分野，医療分野，モノや生体に装着されたセンサー等から生成されると予想されている．

(2) **高速性** (velocity)

データが生成・収集・処理される速さと頻度のこと．24 時間絶え間ない金融取り引き，高速道路の ETC ゲート通過，Facebook や **Twitter** の

表 1.1 データ量の単位.

KB（キロバイト）	10^3	（千, thousand）
MB（メガバイト）	10^6	（百万, million）
GB（ギガバイト）	10^9	（十億, billion）
TB（テラバイト）	10^{12}	（一兆, trillion）
PB（ペタバイト）	10^{15}	（千兆, quadrillion）
EB（エクサバイト）	10^{18}	（百京）
ZB（ゼッタバイト）	10^{21}	（十垓がい）
YB（ヨタバイト）	10^{24}	（一秭じょ）

コメント，監視カメラ等，多くのデータは発生すると同時に処理されるリアルタイム性が要求される．日本の理化学研究所（神戸市）に2012年に完成したスーパーコンピュータ京けいの名前の由来は，1秒間に1京（10^{16}）回の浮動小数点演算（10ペタフロップス，70億人が1秒に1回計算すると17日間を要する計算量）という計算能力である．

(3) **多様性** (variety)

1980年代になって，それ以前は数字と文字しか扱うことができなかったコンピュータが音声や画像を処理するようになったとき，**マルチメディア**と呼ばれた．ビッグデータで言う「多様性」は，その意味ではない．従来は，文字・数字とマルチメディアデータが混在していても，その形式と内容は規定のものであり，それらは**構造化データ** (structured data) であった．ビッグデータには，例えば，人がTwitterに投稿する自由意見や画像のように，文字や符号の意味や区切りや長さが処理前には分からないものや，人体に取り付けたセンサーやスマホが出す位置情報のように機械が勝手に繰り出す情報などの**非構造化データ** (unstructured data) が含まれ，それらに対してExcelの表計算やSQL（構造的照会言語）による検索を行うことはできない．世界中のデータの約80%は非構造化データであると言われている．非構造化データを今のコンピュータで処理するためには構造化しなければならない．Google社等がMapReduceを始めとする大規模分散処理技術を開発し，ビッグデータの処理が可能になった．

(4) **正確性** (veracity)

コンピュータが少量のデータしか扱えなかった時代には，例えば世論調査やアンケート調査のように，統計学を応用して，膨大な母集団からの**無作為抽出** (random sampling) により母集団の特性を推定・仮説検定した．ビッグデータ技術により，すべての個体についてデータを集める**全数検査** (full inspection, **N=All**) を行うことができるようになった．その結果，「ゴミを入力すればゴミが出力される」(Garbage-in, garbage-out, GIGO) との誹りを顧みず，「各データが曖昧でも，膨大な量が集まれば精度が高まる」という原理が実証された．さらに，近代以降の科学技術は「原因があるから結果がある」という**因果律** (causality) を追求してきたが，ビッグデータにより，問題解決にはデータ間の**相関関係** (correlation) が見つかれば十分であり，今や「答が出れば理由は不要」と喧伝されている．

ビッグデータによる衝撃的な発見例として，以下のようなものが有名である．

- 1990 年頃，Princeton 大学の Orley Clark Ashenfelter 教授 (1942–) は，ボルドーワインの評価額が，収穫前の冬の降雨量，育成期の平均気温，および収穫期の降雨量を説明変数とする線形重回帰分析を使って予測できることを示し，ワイン鑑定の専門家たちと大論争になった．
- アメリカの大手スーパーマーケット Wal-Mart では，顧客の購買データに**相関ルール** (association rule) を適用して，週末の前に紙おむつを購入する多くの人が同時に缶ビールも買う傾向を発見した[*2]．
- Google 社が提供する Google Flu Trends では，ソーシャルメディアに現れた検索語の頻度分析から，世界各地でのインフルエンザの流行を公的医療機関よりもはるかに速く高い精度で予測した．
- 『ヤバい経済学』(Freakonomics) の著者 Steven David Levit 教授 (1967–) は，大相撲の千秋楽に 7 勝 7 敗と 8 勝 6 敗で対戦した 2 人の力士の対戦における 7 勝 7 敗の力士の勝率 79.6%は，同じ力士どうしの全対戦での勝率 48.7%よりも異常に高いことを指摘した．

[*2] この話は信憑性が低く，都市伝説 (urban myth) と言われている．しかし，Wal-Mart では，ハリケーンが近づくと，懐中電灯と一緒にポップタルトが売れている事実を発見し，ハリケーン対策用品コーナーにポップタルトも大量に陳列して，売り上げを増やした．

以上のように，ビッグデータを特徴づける4つのVのうち，大量性と高速性は，コンピュータ技術のこれまでの発展の延長線上にあるが，多様性と正確性は，別の次元への展開である．集めただけではゴミの山であるビッグデータを分析し，そこに鉱脈を見つけることを**データマイニング** (data mining, データの山の採掘) という．**データサイエンティスト** (data scientist) は "the sexiest job of the 21th century" と言われる（Harvard Business Review, 2012年10月号）．

1.3　第3次AIブームの到来

最近，自動運転車やアルファ碁 (AlphaGo) など，耳目を奪う応用成果が華々しいAIであるが，その研究は，これまで一直線に発展してきたのではない．以下のように，2回のブームと「冬の時代」を経て，現在は「第3次AIブーム」を迎えている．ブームのときは，世の中が「人工知能がもうすぐ出来る」と浮かれ，企業の投資が殺到し，多額の国家予算も投入されるが，期待された成果は出ずにブームが去り，その後に訪れる冬の時代にブレイクスルーが起きて，次のブームが始まるという循環が繰り返された．

(1) **第1次AIブーム**（1950年代後半〜1960年代）
「世界最初の電子式コンピュータ」と言われるENIACが完成した1946年から僅か10年後の1956年夏にアメリカ東部New Hampshire州のDartmouth大学で開催されたブレインストーミングが，AI研究の嚆矢である．その会議において，単に計算をするだけでなく，人間のように考える（起こり得る場合の探索や推論の手順を実行する）コンピュータを「人工知能」と呼ぶことにした．その会議の参加者たちがリーダーとなって，その後のAI研究を牽引した．しかし，パズルはともかく，現実の課題を解くことはできず，ブームは下火になって，1970年代に第1次冬の時代を迎えた．

(2) **第2次AIブーム**（1980年代）
1980年代になると，専門分野の知識を蓄えた**エキスパートシステム** (expert system) がAI研究の本命になった．そのために専門家から聞き出したIF-THEN-ELSE型の推論規則をコンピュータに数多く蓄える．例えば，Stanford大学で開発されたMYCIN（マイシン）は，500個の推論規則を

備え,血液疾患の患者に問診を繰り返すことで,感染した細菌を特定し,抗生物質を処方するという専門医の診断を肩代わりすることに成功した(が,実用化されなかった).

しかし,専門家から聴取する規則の数は膨大であり,すべてが整合的とも限らない.また,人間にとっては常識的な諸概念間の関係は無数にあり,とても書き尽せるものではないことが認識された.AIは未知の文脈に対処できないという**フレーム問題**(frame problem)を克服できず,**機械翻訳**(machine translation)でも,見当違いの訳文を出力した.こうして,1990年代にはこのブームも終わって,1995年頃に再び冬の時代に入った.

日本の通商産業省(現在の経済産業省)が主導した国家プロジェクト「第五世代コンピュータ」(1982から10年間)はこの時期に咲いたあだ花である.電子技術総合研究所(現在の産業技術総合研究所の一部)を中心に(財)新世代コンピュータ技術開発機構(ICOT)が設立され,並列推論マシンが開発されたが,当時はAIの応用ソフトがなく,このプロジェクトが産業に直接的影響を与えることはなかった.

なお,2011年にアメリカのクイズ番組 Jeopady! でクイズ王に勝って有名になったIBMの質問応答システム Watson(ワトソン)[*3]は,大量の知識(テキストデータ)を蓄えて構築したビッグデータの威力を印象づけたが,「意味ネットワーク」という第2次ブームの技術を使っている.現在は「認知コンピュータ」(cognitive computing) として,医療診断や発症・重症化の予測,また料理のレシピ作成 Chef Watson を始めている.

(3) **第3次AIブーム**(2010年以降)

1990年代にパソコンが接続されたインターネット上に,**world wide web** (www) が構築され,(www) 画面上に使い勝手の良いブラウザが登場して,大量のデータが流通し始めた.ウェブ上で一般消費者が情報の発信源となった2005年頃を**ウェブ2.0**という.2010年頃からスマートフォン(スマホ)が急速に普及し,Facebook や Twitter に数億人が書き込むように

---

*3 International Business Machines (IBM) 社の初代社長である Thomas John Watson, Sr. (1874–1956) に因む.

なった．最近ではモノに付けられたセンサーもネットにつながる**モノのインターネット** (Internet of Things, **IoT**) の時代になり，人類が有するデータ量が飛躍的に増大している*4．

ビッグデータを背景として始まった第 3 次 AI ブームの基礎技術は**機械学習** (machine learning) である．機械学習とは，膨大な事例を集めておいて，起こる頻度が高い場合を「機械的に」当てはめる方法である．例えば，翻訳においては，文法や意味構造を考えずに，訳語として最も多く使われた例を対応させる．医療では，患者の症状に対して，最も多くの症例が当てはまる病名を診断する．そのような事例適応を重ねる度に，人間の脳の神経回路を真似て作った**ニューラルネットワーク** (neural network) の特性を強化する「学習」により，コンピュータに「知識」が蓄えられる．初期の機械学習は，人間が適用分野を決めて，判定の訓練データを与えていた**教師あり学習** (supervised learning) であった．今では，ビッグデータの利用により，コンピュータが与えられたデータに内在する構造と特徴量を自ら抽出する**教師なし学習** (unsupervised learning) が大きな進歩を遂げている．これが多層構造のニューラルネットワークを用いることから，**深層学習** (deep learning) と言われる．こうなると，人間はもはや AI が探索する解空間に明示的制約を課することができなくなり，AI が人間の読み切れない範囲の最適化探索を予断なく超高速で遂行することになる．

意外にも（と言うか，今となっては，寧ろ自然の理に適って），AI は人間の幼児の脳の発育に似た成長をしているようだ．「三つ子の魂百まで」と言われるように，幼児期の知能の発達はすさまじい．このとき，幼児は推論規則を 1 つずつ教えてもらっているのではなく，五感を通して周囲から無数の範例を吸収し，脳細胞が発育している．幼児が意味も分からずに脳に蓄えた膨大な範例がいつしか知能と感性に変わる過程は実に不思議である．深層学習もこのプロセスをなぞっているのだが，人間とは別の方法で抽出する特徴量から作られる知能が，人間の知能とは似ても似つかぬ代物になるのは必然である．

---

*4 日本では，これに先駆けて，坂村健東京大学教授 (1951–) が 1984 年に開始した TRON プロジェクト，2000 年代後半には総務省が音頭を取って，**ユビキタスネットワーク** (ubiquitous netwok) 社会の実現を目指した **u-Japan** 政策があったが，普及にはつながらなかった．

1.4 シンギュラリティは起こるか?

　AI がどんどん発達して，クイズ王や囲碁・将棋の名人に勝ったり，東大入試に合格したり，自動運転タクシーで病院に行けるようになったとしても，それらはすべて想定内の進歩と言える．これまでも，多くの科学技術は人間の能力を凌駕してきたが，人類はそれを利用して（兵器への転用と葛藤しながらも）繁栄を続けてきた．AI やロボットは確かにすばらしく，人間はそれらも取り入れて，スマート社会を謳歌することができるだろうと思っていたら，実はそうではないかもしれないという話が出てきた．

　初期の機械学習の時代までの分野特化型の「狭い人工知能」に対し，深層学習がその可能性を開いた**汎用人工知能** (artificial general intelligence) に対する関心と恐れが高まっている．アメリカの発明家・未来学者の Raymond Kurzweil 氏 (1948–) は，AI が自分の能力を超える人工知能を自ら生み出せるようになる臨界点として，**シンギュラリティ**（技術的特異点，singularity）の到来を予言した．このとき，AI は人間の制御から解放され，独自の進化を始める．彼は，半導体回路の集積度が 18 ヶ月で 2 倍になるという **Moore の法則**[*5]等を援用して「技術革新の成果は次世代の進歩にフィードバックされるので，技術は加速度的に進歩する」という**収穫加速の法則** (law of accelerating returns) を提唱し，シンギュラリティが起こる時期を **2045 年**と予測している．これは遠い未来ではない．読者の大半は，存命どころか，まだ壮年期ないし定年退職前であろう（その職業がまだ存在していればの話であるが）．

　シンギュラリティが起こるのは 21 世紀後半と言う人も，起こらないだろうと言う人も，また，起こしてはいけないと主張する人もいる．始まったばかりの深層学習はまだ海のものとも山のものともつかない．テレビ，パソコン，インターネット等は，アイデアが社会を変革した技術になるまで 30～40 年を要した．60 年を経ても実用化できない AI や核燃料サイクルは，人類にとって簡単に制御できる技術ではない．

[*5] Gordon Earle Moore, 1929–, Intel Corporation の創業者の 1 人．

シンギュラリティが起こる時期はともかく，その後の世界がどうなるかは誰も予測できない．イギリスの宇宙物理学者 Stephen William Hawking 博士 (1942–) は「人工知能の成功は人類の歴史において最高の出来事になり得るだろう．しかし，もし危機をいかにして避けるかを知ることができなければ，残念ながら人類の歴史の最後の出来事になってしまうかもしれない」（堀浩一東京大学大学院教授の翻訳）と警告している．

1.5 サービスにおけるビッグデータの「見える化」

最近のシンギュラリティ狂騒曲に対し，西垣通東京大学名誉教授 (1948–) は，汎用人工知能はどこまで行っても目標達成のための問題解決能力としての**知能増幅器** (intelligence amplifier) にとどまり，生物としての進化を遂げてきた生身の人間の未来志向的目標設定を代行することはできないと断言している．従って，AI が完全に人間の仕事を奪うことはあり得ず，人間は AI に大量データの高速処理を任せて，より的確な判断をするという役割分担を通して，人間と AI が仕事を切り分ける世界を予測している．

先端技術はブラックボックス化することで一般社会に普及する．我々は電子回路を知らずしてテレビや DVD を楽しみ，内燃機関の物理化学や変速ギアの力学さえも分からなくてもクルマを運転し，無線通信を意識せずにスマホを使っている．難しい技術は専門家に任せ，一般人はその果実を享受すればよかった．しかし，東京電力福島第一原子力発電所のメルトダウンは，我が国に限っても，超先端科学が社会に恩恵のみをもたらすとは言えないことを警告した．人類の飽くなき好奇心と探求心から，AI の浸透を止めることはできないだろう．しかし，我々の子孫のために，今や，AI にせよ原発にせよ，人類に大きな影響を与える科学技術を当該分野の専門家だけに任せておいてよい時代ではない．

最近のビッグデータ処理では，伝統的科学研究の基本原理に反して，種々の現象において因果関係の究明を求めず，相関関係が分かれば十分とされるが，筆者はその考えに与しない．この兆候は特に医療にとって受け入れ難いと考える識者は多い (中山, 2014)．理由が明らかでない結果だけを積み重ねても，社会発展の基礎となる科学知識や技術の蓄積と進歩には結び付かない．産業技術総

合研究所の本村陽一博士は「人間と相互理解できる AI」の研究を進めている.

現在の諸企業,機関や社会においては,実に大量の構造化データが(欠損や間違いもそのままで)蓄積されているだけで眠っている.筆者は,数十年後はいざ知らず,まだまだ構造化データの賢明な活用により,組織経営をはるかに効率的かつ顧客志向的に変革する「のびしろ」を埋めることができると確信する.

謝　辞

最近の AI 技術に関する記述について有益なご助言をいただいたデータサイエンティストの池田拓史博士(第 4 章の分担執筆者)に感謝します.

参 考 文 献

中山健夫監修 (2014),医療ビッグデータがもたらす社会変革,日経 BP 社,2014 年 5 月.
西垣通 (2016),ビッグデータと人工知能:可能性と罠を見極める,中公新書,2016 年 7 月.
松尾豊 (2015),人工知能は人間を超えるか:ディープラーニングの先にあるもの,
　　KADOKAWA,2015 年 6 月.
Mayer-Schönberger, V. and K. Cukier (2013), *Big Data: A Revolution That Will Transform How We Live, Work, and Think*, Houghton Mifflin Harcourt Publishing Company, 2013. 斎藤栄一郎 訳,V. マイヤー＝ショーンベルガー・K. クキエ,ビッグデータの正体:情報の産業革命が世界のすべてを変える,講談社,2013 年 5 月.

著者紹介

高木英明

　　1950 年 3 月兵庫県淡路島に生まれる.1972 年東京大学理学部物理学科卒業.1974 年同大学院理学系研究科物理学専攻修士課程修了.1974 年日本アイ・ビー・エム株式会社,システムズエンジニア.1983 年 6 月 University of California, Los Angeles (UCLA) 大学院計算機科学科修了.Ph.D. in Computer Science. 1983–1993 年　日本アイ・ビー・エム株式会社サイエンスインスティチュート・東京基礎研究所,研究員.1993 年 10 月筑波大学教授社会工学系.2002–2003 年度同副学長(研究担当).2004 年同大学院システム情報工学研究科教授.2012–14 年度同システム情報系長・大学執行役員.2015 年筑波大学名誉教授.現在,筑波総研株式会社顧問.研究分野は確率過程モデル,待ち行列理論,情報通信ネットワーク,サービス科学.主な編著書は *Analysis of Polling Systems* (単著,The MIT Press, 1986), *Stochastic Analysis of Computer and Communication Systems* (編著,Elsevier, 1990), *Queueing Analysis: A Foundation of Performance Evaluation*, 1–3 巻 (単著,Elsevier, 1991, 1993, 1993), *Spectrum Requirement Planning in Wireless Communications* (共編著,Wiley, 2008),『サービスサイエンスことはじめ—数理モデルとデータ分析によるイノベーション』(編著,筑波大学出版会,2014 年,8 月).IEEE Fellow (1996),同 Life Fellow (2016),IFIP Silver Core (2000),日本オペレーションズ・リサーチ学会フェロー (2010).

2章 データの類似度と多次元尺度構成法
Similarity of Data and Multidimensional Scaling

イリチュ（佐藤）美佳 (筑波大学)
mika@risk.tsukuba.ac.jp
高木 英明 (筑波大学)
takagi@sk.tsukuba.ac.jp

　本章の前半では，まず，データを数理的に分析する前提として，データ解析において扱われるデータを測る 4 種類の尺度を定義し，日常に現れる例を挙げる．そのうちの量的データについて，同一の尺度をもつデータの類似度を表す係数を紹介する．また，非類似度を表す「距離」を導入し，計量的距離の公理を示す．距離の公理を満たす Minkowski 距離の特別な場合として，市街地距離，Euclid 距離，Chebyshev 距離等がある．品質管理における異常検知の古典的方法である Hotelling の T^2 理論と，Mahalanobis 距離の応用例として Mahalanobis 田口法を紹介する．本章の後半では，観察データ間の類似度または非類似度（距離）が与えられたときに，全体の中での各データの位置を明らかにする多次元尺度構成法の計算法を詳述する．さらに，複数の観察者が与えた異なる判定に基づく個人差多次元尺度構成法の INDSCAL アルゴリズムと応用例を示す．

キーワード：データの尺度，等間隔性，類似度，相関係数，非類似度，距離の公理，Euclid 距離，Mahalanobis 距離，異常検知，Hoteling の T^2 統計量，Mahalanobis 田口法，計量的多次元尺度構成法，Young-Householder 変換，内積行列，二重中心化，固有値分解，個人差多次元尺度構成法，Horan のモデル，INDSCAL，CANDECOMP

2.1 データの尺度

　各個体の特性をデータで表し，そのデータに基づいて個体群の統計的性質を議論するためには，データの尺度 (scale) についての理解が前提である．以下に示す 4 種類の尺度は多くのデータ解析の本に紹介されているが，その源は，British Association for the Advancement of Science の委員会における 1932 年から 7 年間の活動の報告を，Stevens が 1946 年の論文「測定尺度の理論について」で

2章 データの類似度と多次元尺度構成法

示したものであると思われる (Stevens, 1946)[*1].

本節では，基本的なデータ解析において扱われるデータに関する4種類の尺度を定義して，具体的な例を示す．異なる尺度をもつデータどうしで，大小・優劣の比較や加減乗除等の演算をすることはできない．以下では，与えられた尺度をもつ変数 x について，個体 a のデータを x_a，個体 b のデータを x_b と書き，それぞれの尺度の性質を説明する．

(1) 質的（定性的）データの尺度

個体の属性や特徴を言うが，数値ではないデータを**質的（定性的）データ** (qualitative data) または**カテゴリカルデータ** (categorical data) という．

  (i) **名義尺度** (nominal scale)

  個体の属性や特徴について，大小や優劣の関係が存在しない範疇（カテゴリ）を示すデータ．便宜的に数値で表されていても，データどうしで足し算や引き算（加減の演算）はできない．すなわち，$x_a = x_b$ または $x_a \neq x_b$ は言えるが，$x_a < x_b$ とか $x_a + x_b$ には意味がない．例えば，性別（1：男，2：女），国籍，住所の都道府県名（コード番号が付いていたとしても名義尺度である），職業（1：会社員，2：主婦，…，9：その他），通勤手段（徒歩，電車，バス，クルマなど），生まれた月や星座，血液型，好きな色，支持する政党など[*2]．

  (ii) **順序尺度** (ordinal scale)

  個体の序列を示すデータ．序列は大小や優劣の関係を示すが，数値が付けられていても，データの表す意味が序列間で数理的に厳密な間隔であると保証できないので，データどうしで加減演算はできない．また，データの定数倍も無意味である．つまり，$x_a = x_b$，$x_a < x_b$ または $x_a > x_b$ は言えるが，$x_a + x_b$ や $x_a - x_b$，$2x_a$ などに意味はない．しかし，**中央値**（median，序列に従って並べたときに真ん中

[*1] Stanley Smith Stevens, 1906–1973, アメリカの実験心理学者．
[*2] 名義尺度である属性に基づいて，個体の区別 (distinction) はできるが，差別 (discrimination) をしてはいけない．アメリカの経営学者 Michael Eugene Porter (1947–) は，企業の競争戦略として，他より認知上の価値が高いことを実現する商品の差別化 (differentiation) を提唱した．

に来る個体のデータ）の特定はできる．

例えば，学校（幼稚園，小学校，中学校，高等学校，大学，大学院），会社内の職階（社長，専務，常務，部長，課長，係長，平社員），年齢層（乳幼児，学童，青年，壮年，中年，老年），段階評価の成績（A, B, C, D, F；優，良，可，不可；甲，乙，丙，丁），大相撲の番付（横綱，大関，関脇，小結，前頭，十両，幕下，三段目，序二段，序ノ口），航空機の座席（ファーストクラス，ビジネスクラス，エコノミークラス），メンバーズクラブの会員種別（プラチナ会員，ゴールド会員，シルバー会員，一般会員），アンケート回答の選択肢（1：まったくそう思わない，2：あまりそう思わない，3：どちらとも言えない，4：少しそう思う，5：非常にそう思う），満足度（−2点：非常に不満，−1点：やや不満，0点：満足でも不満でもない，1点：やや満足，2点：非常に満足）など．

(2) 量的（定量的）データの尺度

個体の特徴を数値として観察したデータを**量的(定量的)データ** (quantitative data) という．

 (iii) **間隔尺度** (interval scale)

  個々のデータの数値は原点（0 という値）を絶対的な基準とする意味をもたず，データ間の差（間隔）だけが絶対的な意味をもつ．原点は便宜的に設定されているに過ぎない．$x_a \geq x_b$ のとき，a は b より $x_a - x_b$ だけ大きいと言える．データに対して加減演算や平均・分散の計算はできるが，データどうしの掛け算・割り算はできない．例えば，摂氏・華氏での気温や体温，時刻，歴史的事件の西暦，生年月日，桜の開花日など．気温 5°C と 6°C の 1 度差と，10°C と 11°C の 1 度差は同じ意味をもつ（**等間隔性**）．平均気温が 5°C の 1 月と 25°C の 7 月を比べて，「気温の差は 20°C である」と言えるが，「7 月は 1 月より 5 倍暑い」とは言えない．「今年の桜の開花日は平年よりも 2 日早い」と言えるが，「開花日が平年の 363/365 = 99.5% である」とは言えない．

 (iv) **比尺度** (ratio scale)

  数値データが絶対的原点（0）を基準に定められており，順序性・等間隔性があるので，データに対して加減乗除の演算ができる．すな

わち，$x_a \geq x_b > 0$ なら，a は b の x_a/x_b 倍である．
例えば，距離，寿命，年齢，家族の人数，体重，身長，血圧，血糖値，年収，試験の点数，野球選手の本塁打数，相撲取りの勝ち星数，乗り物の速さ，会社の売上高，ウェブページの閲覧数，イベントの参加者数，（$-273.15°C$ を絶対零度とする）絶対温度，アンケートにおいて各選択肢を回答した人数など．年収 1 億円の人は年収 1 千万円の人と比べて「10 倍の収入がある」と言うことができる．

以上の分類にそぐわないデータも多く，化学構造式，遺伝子配列，マルチメディアと呼ばれる音声や画像，最近のビッグデータの大部分を占める非構造化データ等が無数に存在する．しかし，本章では，数理的に最も取り扱いやすい量的データのみを対象とする．

アンケートへの回答等に現れる名義尺度や順序尺度の質的データが便宜的に数値で表されているときに，これらをそのまま使って平均や分散を計算したりすることはできないので，注意する必要がある．また，質的データを統計処理するために，便宜的に量的データに変換する方法がある（4.2.3 項）．

2.2 個体間のデータ距離

多くの場合，データは n 個の個体について p 個の属性（変数）に対する観察値として与えられる．これを一般に表 2.1 の形に示す．ここで，x_{ik} は i 番目の個体について k 番目の変数に対する観察値を表す ($1 \leq i \leq n; 1 \leq k \leq p$)．

表 2.1 　n 個の個体について p 個の変数の観察値から構成されるデータの表示．

個体	変数				
	1	2	$\cdots$	k	$\cdots$	p
1	x_{11}	x_{12}	$\cdots$	x_{1k}	$\cdots$	x_{1p}
2	x_{21}	x_{22}	$\cdots$	x_{2k}	$\cdots$	x_{2p}
$\vdots$	$\vdots$	$\vdots$		$\vdots$		$\vdots$
i	x_{i1}	x_{i2}	$\cdots$	x_{ik}	$\cdots$	x_{ip}
$\vdots$	$\vdots$	$\vdots$		$\vdots$		$\vdots$
n	x_{n1}	x_{n2}	$\cdots$	x_{nk}	$\cdots$	x_{np}

表 2.2 2012年ロンドン・オリンピックにおける体操男子予選団体総合得点.

種目	床運動	あん馬鞍馬	つり輪吊り輪	跳馬	平行棒	鉄棒	種目平均
アメリカ	46.165	43.965	45.332	48.000	45.182	46.698	45.890
ロシア	45.066	43.466	45.799	48.166	45.666	44.432	45.433
イギリス	45.832	44.833	44.199	48.333	44.024	45.199	45.403
ドイツ	45.332	43.266	44.766	46.533	45.758	45.233	45.148
日本	45.632	41.199	45.099	47.683	47.124	43.766	45.084
中国	44.932	40.865	45.124	47.633	44.965	46.466	44.998
ウクライナ	44.599	44.233	45.166	48.515	43.765	43.532	44.968
フランス	44.333	42.932	43.165	45.765	45.366	44.198	44.293
国平均	45.236	43.095	44.831	47.579	45.231	44.941	—

本章で示す方法の数値例として，表 2.2 に示す 2012 年ロンドン・オリンピック公式ウェブサイト (Olympic Games Official London 2012 website, 2012) に掲載された体操男子種目別団体予選終了時の得点を用いる．この表の最右列には，各国について全種目にわたる平均値を示し，最下行には，各種目について 8 ヶ国にわたる平均値を示した．

2.2.1 データの類似度

多くの個体に関するデータが表 2.1 のように与えられたとき，「個体どうしが似ている度合い」として，個体間に適当な**類似度** (similarity) を定義する．類似度は「似ていればいるほど大きな値を取る」ように定めるのが適当である．n 個の個体について，個体 i と個体 j の類似度を s_{ij} で表す ($1 \leq i, j \leq n$)．通常，$s_{ii} = 1$ （同じものは完全に似ている）とし，対称性 $s_{ij} = s_{ji}$ ($i \neq j$) を仮定する．

個体 i について，p 個の変数の観察値を

$$\boldsymbol{x}_i = (x_{i1}, x_{i2}, \ldots, x_{ik}, \ldots, x_{ip}) \quad 1 \leq i \leq n$$

で表す．この形の定量的データに対する類似度の算出例を示す．

(1) **余弦係数** (cosine coefficient)

p 次元直交空間において，原点 $\boldsymbol{0} := (0, 0, \ldots, 0)$ から点 $\boldsymbol{x}_i$ に至るベクトルと，原点 $\boldsymbol{0}$ から点 $\boldsymbol{x}_j$ に至るベクトルとの間の角度 θ_{ij} の余弦 (cosine) の間には

2 章 データの類似度と多次元尺度構成法

$$\boldsymbol{x}_i \boldsymbol{x}_j^\top = |\boldsymbol{x}_i||\boldsymbol{x}_j| \cos \theta_{ij}$$

という関係がある．ここで，$|\boldsymbol{a}|$ はベクトル $\boldsymbol{a}$ の長さを表す．そこで，2 つのベクトルの向きの差（角度 θ_{ij}）の余弦を個体 i と j の類似度 s_{ij} とする．

$$s_{ij} := \cos \theta_{ij} = \frac{\boldsymbol{x}_i \boldsymbol{x}_j^\top}{|\boldsymbol{x}_i||\boldsymbol{x}_j|} = \sum_{k=1}^p x_{ik} x_{jk} \bigg/ \sqrt{\sum_{k=1}^p x_{ik}^2 \sum_{k=1}^p x_{jk}^2}.$$

余弦係数は，2 つのベクトルの向きが一致するときに最大値 1, 直交するときに 0, 正反対のときに最小値 -1 の値を取る．これは比尺度のデータに適当な類似度であるが，間隔尺度のデータに使うことはできない．余弦係数は**コサイン類似度** (cosine similarity) とも呼ばれる．

(2) **相関係数** (correlation coefficient)

個体 i の観測値 $\boldsymbol{x}_i$ のすべての変数にわたる平均を

$$\bar{x}_i^* := \frac{1}{p} \sum_{k=1}^p x_{ik} \qquad 1 \le i \le n$$

で表す．ここで，$\bar{x}_i^*$ は異なる変数にわたる平均であり，そのような平均が意味をもたない場合（例えば，変数どうしで単位が異なる場合）には使えないことに注意する．例えば，表 2.2 では，各種目の得点が 50 点満点で正規化されているので，最右列の種目平均を計算することに問題はない．個体 i と個体 j についての観察値

$$\boldsymbol{x}_i = (x_{i1}, x_{i2}, \ldots, x_{ik}, \ldots, x_{ip}) \quad ; \quad \boldsymbol{x}_j = (x_{j1}, x_{j2}, \ldots, x_{jk}, \ldots, x_{jp})$$

から計算される **Pearson の積率相関係数** (Pearson product-moment correlation coefficient)[*3]

$$s_{ij} := \sum_{k=1}^p (x_{ik} - \bar{x}_i^*)(x_{jk} - \bar{x}_j^*) \bigg/ \sqrt{\sum_{k=1}^p (x_{ik} - \bar{x}_i^*)^2 \sum_{k=1}^p (x_{jk} - \bar{x}_j^*)^2}$$

を個体 i と j の類似度 s_{ij} とすることができる．

[*3] Karl Pearson, 1857–1936, イギリスの数理統計学者．

この式の分子は

$$\sum_{k=1}^{p}(x_{ik}-\bar{x}_i^*)(x_{jk}-\bar{x}_j^*)$$
$$=\sum_{k=1}^{p}x_{ik}x_{jk}-\bar{x}_i^*\sum_{k=1}^{p}x_{jk}-\bar{x}_j^*\sum_{k=1}^{p}x_{ik}+\bar{x}_i^*\bar{x}_j^*\sum_{k=1}^{p}1$$
$$=\sum_{k=1}^{p}x_{ik}x_{jk}-p\bar{x}_i^*\bar{x}_j^*=\sum_{k=1}^{p}x_{ik}x_{jk}-\frac{1}{p}\left(\sum_{k=1}^{p}x_{ik}\right)\left(\sum_{k=1}^{p}x_{jk}\right)$$

と変形することができる．また，

$$\bar{\boldsymbol{x}}_i^*:=(\bar{x}_i^*,\bar{x}_i^*,\ldots,\bar{x}_i^*)=\bar{x}_i^*\underbrace{(1,1,\ldots,1)}_{p\text{ 個}}$$

とすれば，s_{ij} を $\boldsymbol{x}_i-\bar{\boldsymbol{x}}_i^*$ と $\boldsymbol{x}_j-\bar{\boldsymbol{x}}_j^*$ の余弦係数の形に書くことができる．

$$s_{ij}=\frac{(\boldsymbol{x}_i-\bar{\boldsymbol{x}}_i^*)(\boldsymbol{x}_j-\bar{\boldsymbol{x}}_j^*)^\top}{|\boldsymbol{x}_i-\bar{\boldsymbol{x}}_i^*||\boldsymbol{x}_j-\bar{\boldsymbol{x}}_j^*|}.$$

これは間隔尺度および比尺度のデータに使える類似度である．

(3) **偏差パターン類似率** (deviation pattern similarity)

p 次元直交空間において，すべての個体の中心（重心）を表すベクトルを

$$\bar{\boldsymbol{x}}:=(\bar{x}_1,\bar{x}_2,\ldots,\bar{x}_p)=\frac{1}{n}\sum_{i=1}^{n}\boldsymbol{x}_i \quad;\quad \bar{x}_k:=\frac{1}{n}\sum_{i=1}^{n}x_{ik} \quad 1\leq k\leq p$$

とするとき，この重心から各個体の観測値に至るベクトル間の余弦係数

$$s_{ij}:=\frac{(\boldsymbol{x}_i-\bar{\boldsymbol{x}})(\boldsymbol{x}_j-\bar{\boldsymbol{x}})^\top}{|\boldsymbol{x}_i-\bar{\boldsymbol{x}}||\boldsymbol{x}_j-\bar{\boldsymbol{x}}|}=\sum_{k=1}^{p}\breve{x}_{ik}\breve{x}_{jk} \quad 1\leq i,j\leq n,$$

$$\breve{x}_{ik}:=(x_{ik}-\bar{x}_k)\bigg/\sqrt{\sum_{l=1}^{p}(x_{il}-\bar{x}_k)^2} \quad 1\leq i\leq n \;;\; 1\leq k\leq p$$

を偏差パターン類似率といい，これを個体 i と j の類似度とすることもある．類似度の範囲に定義上の制限があるわけではないが，上記の3種類の類似度は

$$s_{ii}=1 \quad;\quad -1\leq s_{ij}\leq 1 \quad 1\leq i,j\leq n$$

の範囲に存在する．

2.2.2 データの非類似度

類似度の代わりに,「個体どうしが似ていない度合い」として**非類似度** (dissimilarity) を使用する場合もある.非類似度は「似ていないほど大きな値を取る」ように定める.n 個の個体について,個体 i と個体 j の非類似度を d_{ij} で表す $(1 \leq i, j \leq n)$.通常,$d_{ii} = 0$(同じものは完全に似ている)とし,非負性 $d_{ij} \geq 0$ と対称性 $d_{ij} = d_{ji}$ $(i \neq j)$ を仮定する.

類似度 s_{ij} と非類似度 d_{ij} の間には種々の変換方法が提案されている.一般に,類似度 s_{ij} が増える(減る)ときに非類似度 d_{ij} が減る(増える)ように変換するのが自然である.例えば,

$$d_{ij} = 1 - s_{ij} \quad ; \quad d_{ij} = \frac{1}{1 + s_{ij}} \quad ; \quad d_{ij} = \exp(-s_{ij}) \tag{2.1}$$

では,$s_{ij} = 0$ のとき $d_{ij} = 1$(似ていない)となる.

あるいは,

$$s_{ij} = \frac{1}{1 + d_{ij}} \tag{2.2}$$

とすれば,$d_{ij} = 0$ のとき $s_{ij} = 1$(似ている)となり,$d_{ij} = \infty$ のとき $s_{ij} = 0$(似ていない)となる.

類似度 s_{ij} が相関係数または余弦係数で与えられる場合には,非類似度を

$$d_{ij}^2 = \frac{1 - s_{ij}}{2} \tag{2.3}$$

とすれば,$s_{ij} = 1$ のとき $d_{ij} = 0$(似ている),$s_{ij} = -1$ のとき $d_{ij} = 1$(似ていない)となる.

上記はすべて単なる数合わせであるが,以下の提案は理論的である.
(1) 各変数の単位が同じであって,前項の Pearson の積率相関係数 s_{ij} が意味をもつとき,もとのデータ $\{x_{ik}\}$ から

$$\hat{x}_{ik} := \frac{x_{ik} - \bar{x}_i^*}{\sigma_i^*} \quad ; \quad \bar{x}_i^* := \frac{1}{p} \sum_{k=1}^{p} x_{ik} \quad ; \quad (\sigma_i^*)^2 := \sum_{k=1}^{p} (x_{ik} - \bar{x}_i^*)^2$$

によって $\{\hat{x}_{ik}\}$ を作ると,

$$\tilde{d}_{ij}^2 := \sum_{k=1}^{p}(\hat{x}_{ik} - \hat{x}_{jk})^2 = 2(1 - s_{ij}) \tag{2.4}$$

は平方 Euclid 距離（2.2.3 項）となる (Anderberg, 1973, 邦訳, p. 145; Cronbach and Gleser, 1953). 式 (2.4) を証明するためには

$$\sum_{k=1}^{p}(\hat{x}_{ik})^2 = \sum_{k=1}^{p}(\hat{x}_{jk})^2 = 1 \quad ; \quad s_{ij} = \sum_{k=1}^{p}\hat{x}_{ik}\hat{x}_{jk} \tag{2.5}$$

を使えばよい．

(2) 前項 (3) の偏差パターン類似率

$$s_{ij} := \sum_{k=1}^{p}\breve{x}_{ik}\breve{x}_{jk} \quad ; \quad \breve{x}_{ik} := (x_{ik} - \bar{x}_k) \Big/ \sqrt{\sum_{l=1}^{p}(x_{il} - \bar{x}_k)^2}$$

に対応して，平方 Euclid 距離は

$$d_{ij}^2 := \sum_{k=1}^{p}(\breve{x}_{ik} - \breve{x}_{jk})^2 = \sum_{k=1}^{p}\breve{x}_{ik}^2 - 2\sum_{k=1}^{p}\breve{x}_{ij}\breve{x}_{jk} + \sum_{k=1}^{p}\breve{x}_{jk}^2 = 2(1 - s_{ij})$$

となるので，式 (2.4) の関係が成り立つ．

(3) もし類似度 s_{ij} を第 i 行 j 列要素とする階数 p の n 次正方行列 $S = (s_{ij})$ が半正定値行列（42 ページ）であり，かつ

$$s_{ii} = 1 \quad ; \quad s_{ij} = s_{ji} \quad (i \neq j) \quad ; \quad -1 \leq s_{ij} \leq 1 \quad 1 \leq i,j \leq n$$

であれば，$n \times p$ 行列 $\hat{X}$ を使った S の固有値分解

$$S = \hat{X}\hat{X}^\top \quad ; \quad \hat{X} = \begin{bmatrix} \hat{x}_{11} & \hat{x}_{12} & \cdots & \hat{x}_{1p} \\ \hat{x}_{21} & \hat{x}_{22} & \cdots & \hat{x}_{2p} \\ \vdots & \vdots & \ddots & \vdots \\ \hat{x}_{n1} & \hat{x}_{n2} & \cdots & \hat{x}_{np} \end{bmatrix}$$

が存在する (2.4.3 項)．これを要素ごとに書けば式 (2.5) と同じ式になるので，式 (2.4) で定義される平方 Euclid 距離が得られる (齋藤・宿久, 2006, p. 43; Gower and Legendre, 1986).

2 章　データの類似度と多次元尺度構成法

2.2.3　計量的距離と非計量的距離

個体 i と個体 j の間に定義される非類似度 d_{ij} について，すべての i, j, k に対して，距離の公理 (metric axioms) と呼ばれる 3 つの条件

- (i) **非負性** (nonnegativeness)：$d_{ii} = 0$;　$d_{ij} \geq 0$,
- (ii) **対称性** (symmetry)：$d_{ij} = d_{ji}$　$i \neq j$,
- (iii) **三角不等式** (triangular inequality)：三角形の 2 辺の和は他の 1 辺より長い．すなわち，

$$d_{ij} + d_{jk} \geq d_{ik}.$$

がすべて成り立つとき，d_{ij} を個体 i と j の間の**計量的距離** (metric distance) という (中村, 2009, p. 195; Everitt *et al.*, 2011, p. 49)．

以下に，p 個の変数をもつ個体について，主な計量的距離の例を示す (Everitt *et al.*, 2011, p. 50)．

(1) **市街地距離** (city block distance)[*4]

$$d_{ij}^{(1)} := \sum_{k=1}^{p} |x_{ik} - x_{jk}|.$$

(2) **Euclid 距離** (Euclidean distance)[*5]

$$d_{ij}^{(2)} := \sqrt{\sum_{k=1}^{p} (x_{ik} - x_{jk})^2}.$$

(3) **Minkowski 距離** (Minkowski distance)

$$d_{ij}^{(r)} := \left\{ \sum_{k=1}^{p} |x_{ik} - x_{jk}|^r \right\}^{1/r} \qquad r \geq 1.$$

[*4] New York 市の Manhattan 地区では道路網が碁盤の目のようになっていることに因み，市街地距離は **Manhattan 距離** (Manhattan distance), **タクシー距離** (taxicab distance) などとも呼ばれる．日本なら，京都距離とか札幌距離と呼んでもよいかもしれない．将棋で，飛車が動く距離でもある．

[*5] Euclid（ユークリッド）は古代ギリシア（紀元前 3 世紀頃）の数学者．ここで定義された Euclid 距離に基づく Euclid 幾何学の創始者として，幾何学の父と呼ばれている．

Minkowski 距離において $r=1$ の場合が市街地距離, $r=2$ の場合が Euclid 距離である. また, Minkowski 距離において $r \to \infty$ とすると, 次の Chebyshev 距離が得られる[*6].

(4) **Chebyshev 距離** (Chebyshev distance)

$$d_{ij}^{(\infty)} := \max_{1 \leq k \leq p} |x_{ik} - x_{jk}|.$$

変数が 1 つの場合 ($p=1$) は, これらはすべて

$$d_{ij} = |x_{i1} - x_{j1}|$$

となる. 変数が 2 つの場合は, 図 2.1 のように, 各個体の観察値は 2 次元平面上の点で表され, それぞれの距離の意味も分かりやすい. 一般に, 不等式

市街地距離 $\geq$ Euclid 距離 $\geq$ Chebyshev 距離

が成り立つ. 将棋の駒を例に取れば, 桂馬の一手が動く市街地距離は 3, Euclid 距離は $\sqrt{5} = 2.236\cdots$, Chebyshev 距離は 2 である.

基準とする観察値を原点に置くとき, そこから距離 1 の位置にある観察値の点の集合を**単位球** (unit sphere) という. 変数が 2 つの場合の単位球を図 2.2 に示す (Anderberg, 1973, 邦訳, p. 130).

参考のために, 表 2.2 のデータから計算した相関係数による 8 ヶ国間の Pearson の積率相関係数と偏差パターン類似率を表 2.3(a) と (b) に示す. また, 表 2.4(b)

[*6] 解析学における **Minkowski の不等式** (Minkowski's inequality)

$$\left(\sum_{k=1}^{p} |x_k + y_k|^r\right)^{1/r} \leq \left(\sum_{k=1}^{p} |x_k|^r\right)^{1/r} + \left(\sum_{k=1}^{p} |y_k|^r\right)^{1/r} \quad r \geq 1$$

により, Minkowski 距離は三角不等式を満たすことが分かる. Chebyshev 距離は次の極限公式により得られる.

$$\lim_{r \to \infty} \left(\sum_{k=1}^{p} |x_k|^r\right)^{1/r} = \max_{1 \leq k \leq p} |x_k|.$$

Hermann Minkowski, 1864–1909, リトアニア生まれのドイツ人数学者.
Pafnuty Lvovich Chebyshev, 1821–1894, ロシアの数学者.

の Euclid 距離を式 (2.2) に代入して得られる類似度を表 2.3(c) に示す．さらに，市街地距離，Euclid 距離，および Chebyshev 距離を表 2.4(a)～(c) に示す．これらの例が示すように，類似度や距離の数値は，そこで用いる定義に大きく依存するので，データの性質に配慮して適用することが必要である．

表 2.3 8 ヶ国間の類似度.

(a) Pearson の積率相関係数（対角要素を除く最大類似度を太字で示す）

	米	露	英	独	日	中	ウ	仏
米	1	0.747	0.807	0.844	0.642	0.918	0.656	0.699
露	0.747	1	0.669	0.840	0.867	0.764	0.857	0.732
英	0.807	0.669	1	0.555	0.401	0.533	0.854	0.557
独	0.844	0.840	0.555	1	**0.934**	0.914	0.527	0.912
日	0.642	0.867	0.401	**0.934**	1	0.770	0.521	0.850
中	0.918	0.764	0.533	0.914	0.770	1	0.494	0.706
ウ	0.656	0.857	0.854	0.527	0.521	0.494	1	0.464
仏	0.699	0.732	0.557	0.912	0.850	0.706	0.464	1

(b) 偏差パターン類似率（対角要素を除く最大類似度を太字で示す）

	米	露	英	独	日	中	ウ	仏
米	1	−0.006	0.470	0.091	−0.485	0.103	−0.244	−0.628
露	−0.006	1	−0.084	−0.326	0.237	−0.357	0.413	−0.571
英	0.470	−0.084	1	−0.321	−0.799	−0.524	**0.553**	−0.225
独	0.091	−0.326	−0.321	1	0.066	−0.054	−0.641	0.521
日	−0.485	0.237	−0.799	0.066	1	0.233	−0.432	0.055
中	0.103	−0.357	−0.524	−0.054	0.233	1	−0.551	−0.149
ウ	−0.244	0.413	**0.553**	−0.641	−0.432	−0.551	1	−0.142
仏	−0.628	−0.571	−0.225	0.521	0.055	−0.149	−0.142	1

(c) Euclid 距離と式 (2.2) による類似度（対角要素を除く最大類似度を太字で示す）

	米	露	英	独	日	中	ウ	仏
米	1	0.273	0.293	0.288	0.181	0.228	0.206	0.181
露	0.273	1	0.257	**0.321**	0.253	0.223	0.294	0.213
英	0.293	0.257	1	0.247	0.164	0.181	0.295	0.198
独	0.288	**0.321**	0.247	1	0.242	0.246	0.221	0.299
日	0.181	0.253	0.164	0.242	1	0.220	0.175	0.203
中	0.228	0.223	0.181	0.246	0.220	1	0.175	0.194
ウ	0.206	0.294	0.295	0.221	0.175	0.175	1	0.198
仏	0.181	0.213	0.198	0.299	0.203	0.194	0.198	1

表 2.4 8ヶ国間の計量的距離.

(a) 市街地距離 (対角要素を除く最短距離を太字で示す)

	米	露	英	独	日	中	ウ	仏
米	0	4.981	5.324	5.606	8.723	5.357	7.098	9.951
露	4.981	0	6.309	**4.025**	6.140	6.678	5.017	6.836
英	5.324	6.309	0	6.202	9.917	8.701	4.908	9.345
独	5.606	**4.025**	6.202	0	6.683	6.285	7.776	5.129
日	8.723	6.140	9.917	6.683	0	5.968	8.559	9.074
中	5.357	6.678	8.701	6.285	5.968	0	8.759	9.162
ウ	7.098	5.017	4.908	7.776	8.559	8.759	0	8.585
仏	9.951	6.836	9.345	5.129	9.074	9.162	8.585	0

(b) Euclid 距離 (対角要素を除く最短距離を太字で示す)

	米	露	英	独	日	中	ウ	仏
米	0	2.659	2.418	2.476	4.523	3.378	3.853	4.516
露	2.659	0	2.886	**2.120**	2.958	3.486	2.398	3.697
英	2.418	2.886	0	3.045	5.113	4.516	2.386	4.041
独	2.476	**2.120**	3.045	0	3.133	3.068	3.525	2.343
日	4.523	2.958	5.113	3.133	0	3.543	4.723	3.923
中	3.378	3.486	4.516	3.068	3.543	0	4.720	4.155
ウ	3.853	2.398	2.386	3.525	4.723	4.720	0	4.042
仏	4.516	3.697	4.041	2.343	3.923	4.155	4.042	0

(c) Chebyshev 距離 (対角要素を除く最短距離を太字で示す)

	米	露	英	独	日	中	ウ	仏
米	0	2.266	1.499	**1.467**	2.932	3.100	3.166	2.500
露	2.266	0	1.642	1.633	2.267	2.601	1.901	2.634
英	1.499	1.642	0	1.800	3.634	3.968	1.667	2.568
独	**1.467**	1.633	1.800	0	2.067	2.401	1.993	1.601
日	2.932	2.267	3.634	2.067	0	2.700	3.359	1.934
中	3.100	2.601	3.968	2.401	2.700	0	3.368	2.268
ウ	3.166	1.901	1.667	1.993	3.359	3.368	0	2.750
仏	2.500	2.634	2.568	1.601	1.934	2.268	2.750	0

(d) Mahalanobis 距離 (対角要素を除く最短距離を太字で示す)

	米	露	英	独	日	中	ウ	仏
米	0	2.997	**2.695**	2.922	3.767	3.385	3.923	3.857
露	2.997	0	3.988	3.999	3.782	3.966	3.537	3.670
英	**2.695**	3.988	0	3.994	3.662	3.914	3.358	3.521
独	2.922	3.999	3.994	0	3.752	3.955	3.492	3.633
日	3.767	3.782	3.662	3.752	0	3.922	3.960	3.990
中	3.385	3.966	3.914	3.955	3.922	0	3.765	3.853
ウ	3.923	3.537	3.358	3.492	3.960	3.765	0	3.990
仏	3.857	3.670	3.521	3.633	3.990	3.853	3.990	0

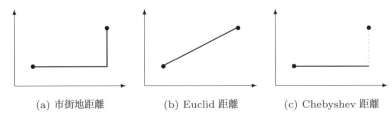

(a) 市街地距離　　(b) Euclid 距離　　(c) Chebyshev 距離

図 2.1　3 つの計量的距離.

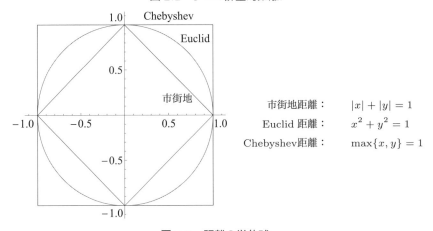

市街地距離：$|x| + |y| = 1$
Euclid 距離：$x^2 + y^2 = 1$
Chebyshev距離：$\max\{x, y\} = 1$

図 2.2　距離の単位球.

必ずしも計量的でない**非計量的距離** (non-metric distance) でも，以下のように「○○距離」と呼ばれる非類似度が使われるので，注意を要する．

(5) **平方 Euclid 距離** (squared Euclidean distance)

$$d_{ij}^2 := \sum_{k=1}^{p}(x_{ik} - x_{jk})^2 = (\boldsymbol{x}_i - \boldsymbol{x}_j)(\boldsymbol{x}_i - \boldsymbol{x}_j)^\top.$$

(6) **標準化 Euclid 距離** (standardized Euclidean distance)

$$d_{ij} := \sqrt{\sum_{k=1}^{p} \frac{(x_{ik} - x_{jk})^2}{\sigma_k^2}}.$$

ここで，k 番目の変数について，次に定義する $\bar{x}_k$ を**標本平均** (sample mean) といい，σ_k^2 を**標本分散** (sample variance) という．

$$\bar{x}_k := \frac{1}{n}\sum_{i=1}^{n} x_{ik} \quad ; \quad \sigma_k^2 := \frac{1}{n}\sum_{i=1}^{n}(x_{ik}-\bar{x}_k)^2 \qquad 1 \le k \le p.$$

(7) **Mahalanobis 距離** (Mahalanobis distance)[*7]

$$d_{ij} := \sqrt{(\boldsymbol{x}_i - \boldsymbol{x}_j) V^{-1} (\boldsymbol{x}_i - \boldsymbol{x}_j)^\top}$$
$$= \sqrt{\sum_{k=1}^{p}\sum_{l=1}^{p}(x_{ik}-x_{jk})(V^{-1})_{kl}(x_{il}-x_{jl})}.$$

ここで, p 次正方対称行列

$$V := \frac{1}{n}\sum_{i=1}^{n}(\boldsymbol{x}_i - \bar{\boldsymbol{x}})^\top (\boldsymbol{x}_i - \bar{\boldsymbol{x}}) \quad ; \quad \bar{\boldsymbol{x}} := (\bar{x}_1, \bar{x}_2, \ldots, \bar{x}_p) = \frac{1}{n}\sum_{i=1}^{n}\boldsymbol{x}_i,$$

$$V_{kl} = \frac{1}{n}\sum_{i=1}^{n}(x_{ik}-\bar{x}_k)(x_{il}-\bar{x}_l) \qquad 1 \le k,l \le p$$

は $\{\boldsymbol{x}_i; 1 \le i \le n\}$ の p 個の変数に関する**標本分散共分散行列** (sample variance-covariance matrix) であり, V^{-1} は V の逆行列である[*8]. もし標本共分散が 0 なら, Mahalanobis 距離は標準化 Euclid 距離と一致する. Mahalanobis 距離の平方に関する 2 つの式を導く.

(i) i 番目の個体 $\boldsymbol{x}_i$ と標本平均 $\bar{\boldsymbol{x}}$ の間の Mahalanobis 距離の平方を

$$\tilde{d}_i^2 := (\boldsymbol{x}_i - \bar{\boldsymbol{x}}) V^{-1} (\boldsymbol{x}_i - \bar{\boldsymbol{x}})^\top = \sum_{k=1}^{p}\sum_{l=1}^{p}(x_{ik}-\bar{x}_k)(V^{-1})_{kl}(x_{il}-\bar{x}_l)$$

で定義すれば, $\{\tilde{d}_i^2; i = 1, 2, \ldots, n\}$ の平均は変数の数 p となる.

[*7] Prasanta Chandra Mahalanobis, 1893–1972, インドの数理統計学者.

[*8] 一般に, 標本分散共分散行列は**正定値行列** (positive definite matrix) であるから, 逆行列が存在する. V が正定値行列であることの証明を次に示す. すなわち, 任意の非零縦ベクトル $\boldsymbol{v} := (v_1, v_2, \ldots, v_p)^\top$ に対して, 以下が成り立つ.

$$\boldsymbol{v}^\top V \boldsymbol{v} = \sum_{k=1}^{p}\sum_{l=1}^{p} v_k V_{kl} v_l = \sum_{k=1}^{p}\sum_{l=1}^{p} v_k \left[\frac{1}{n}\sum_{i=1}^{n}(x_{ik}-\bar{x}_k)(x_{il}-\bar{x}_l)\right] v_l$$
$$= \frac{1}{n}\sum_{i=1}^{n}\sum_{k=1}^{p} v_k(x_{ik}-\bar{x}_k) \sum_{l=1}^{p} v_l(x_{il}-\bar{x}_l) = \frac{1}{n}\sum_{i=1}^{n}\left[\sum_{k=1}^{p} v_k(x_{ik}-\bar{x}_k)\right]^2 > 0.$$

$$\frac{1}{n}\sum_{i=1}^{n}\tilde{d}_i^2 = p. \tag{2.6}$$

式 (2.6) の証明は次のとおりである.

$$\begin{aligned}
\frac{1}{n}\sum_{i=1}^{n}\tilde{d}_i^2 &= \frac{1}{n}\sum_{i=1}^{n}\sum_{k=1}^{p}\sum_{l=1}^{p}(x_{ik}-\bar{x}_k)(V^{-1})_{kl}(x_{il}-\bar{x}_l) \\
&= \sum_{k=1}^{p}\sum_{l=1}^{p}(V^{-1})_{kl}\left[\frac{1}{n}\sum_{i=1}^{n}(x_{ik}-\bar{x}_k)(x_{il}-\bar{x}_l)\right] \\
&= \sum_{k=1}^{p}\sum_{l=1}^{p}(V^{-1})_{kl}V_{lk} = \sum_{k=1}^{p}(V^{-1}V)_{kk} = \sum_{k=1}^{p}1 = p.
\end{aligned}$$

(ii) すべての個体間の Mahalanobis 距離の平方の平均

$$\frac{1}{n^2}\sum_{i=1}^{n}\sum_{j=1}^{n}d_{ij}^2 = 2p. \tag{2.7}$$

式 (2.7) の証明のために, $i \neq j$ について,

$$\begin{aligned}
d_{ij}^2 &= (\boldsymbol{x}_i - \boldsymbol{x}_j)V^{-1}(\boldsymbol{x}_i - \boldsymbol{x}_j)^\top \\
&= [(\boldsymbol{x}_i - \bar{\boldsymbol{x}}) - (\boldsymbol{x}_j - \bar{\boldsymbol{x}})]V^{-1}[(\boldsymbol{x}_i - \bar{\boldsymbol{x}}) - (\boldsymbol{x}_j - \bar{\boldsymbol{x}})]^\top \\
&= (\boldsymbol{x}_i - \bar{\boldsymbol{x}})V^{-1}(\boldsymbol{x}_i - \bar{\boldsymbol{x}})^\top - (\boldsymbol{x}_i - \bar{\boldsymbol{x}})V^{-1}(\boldsymbol{x}_j - \bar{\boldsymbol{x}})^\top \\
&\quad - (\boldsymbol{x}_j - \bar{\boldsymbol{x}})V^{-1}(\boldsymbol{x}_i - \bar{\boldsymbol{x}})^\top + (\boldsymbol{x}_j - \bar{\boldsymbol{x}})V^{-1}(\boldsymbol{x}_j - \bar{\boldsymbol{x}})^\top
\end{aligned}$$

と書く. ここで, 式 (2.6) により,

$$\sum_{i=1}^{n}(\boldsymbol{x}_i - \bar{\boldsymbol{x}})V^{-1}(\boldsymbol{x}_i - \bar{\boldsymbol{x}})^\top = \sum_{j=1}^{n}(\boldsymbol{x}_j - \bar{\boldsymbol{x}})V^{-1}(\boldsymbol{x}_j - \bar{\boldsymbol{x}})^\top = np$$

である. また, $i \neq j$ のとき,

$$\begin{aligned}
&\sum_{i=1}^{n}(\boldsymbol{x}_i - \bar{\boldsymbol{x}})V^{-1}(\boldsymbol{x}_j - \bar{\boldsymbol{x}})^\top \\
&= \sum_{i=1}^{n}\sum_{k=1}^{p}\sum_{l=1}^{p}(x_{ik}-\bar{x}_k)(V^{-1})_{kl}(x_{jl}-\bar{x}_l)
\end{aligned}$$

$$= \sum_{k=1}^{p}\sum_{l=1}^{p}\left[\sum_{i=1}^{n}(x_{ik}-\bar{x}_k)\right](V^{-1})_{kl}(x_{jl}-\bar{x}_l) = 0$$

であり，同様に $\sum_{j=1}^{n}(\boldsymbol{x}_j-\bar{\boldsymbol{x}})V^{-1}(\boldsymbol{x}_i-\bar{\boldsymbol{x}})^\top = 0$ である．従って，

$$\frac{1}{n^2}\sum_{i=1}^{n}\sum_{j=1}^{n}d_{ij}^2 = \frac{1}{n^2}\sum_{j=1}^{n}(np) + \frac{1}{n^2}\sum_{i=1}^{n}(np) = 2p$$

となる．証明終わり．

式 (2.6) と (2.7) は，Mahalanobis 距離の検算に使うことができる．表 2.2 のデータから計算した 8 ヶ国間の Mahalanobis 距離を表 2.4(d) に示す．

(8) **Hamming 距離** (Hamming distance)*9

同じ文字数をもつ 2 つの文字列について，対応する位置にある異なる文字の数．情報理論において，ビット列の**誤り訂正符号** (error correction code, ECC) 理論等で使われる．p ビットの 2 進数の間の Hamming 距離は，p 次元立方体の 2 つの頂点間の市街地距離（辺の数）に相当する（図 2.3）．

- 01**0**00**1**0 と 01**1**01**1**0 の間の Hamming 距離は 2．
- **32**5**4**907 と **34**4**8**07 の間の Hamming 距離は 3．
- 「おわだまさこ」（小和田雅子＝皇太子妃）と「かわしまきこ」（川嶋紀子＝秋篠宮妃）の Hamming 距離は 3．

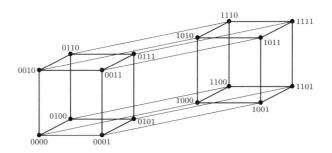

図 **2.3** 4 ビットのデータ間の Hamming 距離（最短経路の辺の数）．

---

*9 Richard Wesley Hamming, 1915–1998, アメリカの数学者．

2.3 異 常 検 知

本節では，品質管理における**異常検知** (anomaly detection) の古典的方法である Hotelling の T^2 理論と，Mahalanobis 距離の応用例として考案された Mahalanobis 田口法を，井手 (2015) に沿って紹介する．

2.3.1 多変量正規分布のパラメタ推定

データを観察する n 個の個体について，各個体の属性が p 個の変数で表されるとき，i 番目の個体に対する観察値を横ベクトル

$$\boldsymbol{x}_i = (x_{i1}, x_{i2}, \ldots, x_{ik}, \ldots, x_{ip}) \qquad 1 \leq i \leq n$$

で表す．すなわち，x_{ik} は i 番目の個体に対する k 番目の変数の観察値である $(1 \leq k \leq p)$．各個体の観察値は互いに独立であり，同じパラメタをもつ**多変量正規分布** (multivariate normal distribution) に従うと仮定する．平均 $\boldsymbol{\mu}$ と分散共分散行列 $\boldsymbol{\Sigma}$ をパラメタとしてもつ p 変量正規分布の密度関数は

$$f(\boldsymbol{x} \mid \boldsymbol{\mu}, \boldsymbol{\Sigma}) = \frac{1}{(2\pi)^{p/2} |\boldsymbol{\Sigma}|^{\frac{1}{2}}} \exp\left[-\frac{1}{2}(\boldsymbol{x} - \boldsymbol{\mu}) \boldsymbol{\Sigma}^{-1} (\boldsymbol{x} - \boldsymbol{\mu})^\top\right] \qquad (2.8)$$

で与えられる．ここで，$\boldsymbol{\mu}$ は p 次元横ベクトルであり，$\boldsymbol{\Sigma}$ は p 次正方対称行列である（$|\boldsymbol{\Sigma}|$ は $\boldsymbol{\Sigma}$ の行列式）．これらのパラメタは，与えられた n 個の観察値に基づく**対数尤度**(log-likelihood)

$$\log L(\boldsymbol{\mu}, \boldsymbol{\Sigma}) := \log \left[\prod_{i=1}^{n} f(\boldsymbol{x}_i \mid \boldsymbol{\mu}, \boldsymbol{\Sigma})\right] = \sum_{i=1}^{n} \log f(\boldsymbol{x}_i \mid \boldsymbol{\mu}, \boldsymbol{\Sigma})$$

$$= -\frac{np}{2} \log(2\pi) - \frac{n}{2} \log |\boldsymbol{\Sigma}| - \frac{1}{2} \sum_{i=1}^{n} (\boldsymbol{x}_i - \boldsymbol{\mu}) \boldsymbol{\Sigma}^{-1} (\boldsymbol{x}_i - \boldsymbol{\mu})^\top$$

を最小化するような $\boldsymbol{\mu}$ および $\boldsymbol{\Sigma}$ の値として決定される．

そのために**最小 2 乗法** (least squares method) を用いる[*10]．まず，$\log L(\boldsymbol{\mu}, \boldsymbol{\Sigma})$

[*10] ここでの最小 2 乗法の計算に用いるベクトルと行列の微分に関する公式を右ページに示す．

を $\boldsymbol{\mu}$ で偏微分した結果を 0 とおく．公式 (2.9) により

$$\frac{\partial \log L(\boldsymbol{\mu}, \boldsymbol{\Sigma})}{\partial \boldsymbol{\mu}} = \frac{1}{2} \sum_{i=1}^{n} \left[\left(\boldsymbol{\Sigma}^{-1} + (\boldsymbol{\Sigma}^{-1})^{\top} \right) (\boldsymbol{x}_i - \boldsymbol{\mu})^{\top} \right]$$

$$= \sum_{i=1}^{n} \left[\boldsymbol{\Sigma}^{-1} (\boldsymbol{x}_i - \boldsymbol{\mu})^{\top} \right] = \boldsymbol{\Sigma}^{-1} \left(\sum_{i=1}^{n} \boldsymbol{x}_i - n\boldsymbol{\mu} \right)^{\top}$$

が得られる．ここで，$\boldsymbol{\Sigma}$ の対称性から $(\boldsymbol{\Sigma}^{-1})^{\top} = (\boldsymbol{\Sigma}^{\top})^{-1} = \boldsymbol{\Sigma}^{-1}$ を使った．これを 0 にする $\boldsymbol{\mu}$ の値は，n 個の観察値 $\boldsymbol{x}_1, \boldsymbol{x}_2, \ldots, \boldsymbol{x}_n$ の標本平均

$$\hat{\boldsymbol{\mu}} = \frac{1}{n} \sum_{i=1}^{n} \boldsymbol{x}_i \tag{2.11}$$

で与えられる[*11]．

次に，$\log L(\boldsymbol{\mu}, \boldsymbol{\Sigma})$ を $\boldsymbol{\Sigma}$ で偏微分する．ここで，

$$0 = \log 1 = \log |\boldsymbol{\Sigma}^{-1} \boldsymbol{\Sigma}| = \log \left(|\boldsymbol{\Sigma}^{-1}| \cdot |\boldsymbol{\Sigma}| \right) = \log |\boldsymbol{\Sigma}^{-1}| + \log |\boldsymbol{\Sigma}|$$

により，$\log |\boldsymbol{\Sigma}| = - \log |\boldsymbol{\Sigma}^{-1}|$ である．従って，

[*10]【続き】スカラー量を横ベクトルで微分すると，同じ次元の横ベクトルとなる．横ベクトル $\boldsymbol{a} = (a_1, \ldots, a_k, \ldots, a_p)$ に対し，

$$\left(\frac{\partial}{\partial \boldsymbol{a}} \right)_k = \frac{\partial}{\partial a_k} \quad 1 \leq k \leq p$$

と書く．これより，

$$\frac{\partial}{\partial \boldsymbol{a}} \left(\boldsymbol{a} A \boldsymbol{a}^{\top} \right) = \left(A + A^{\top} \right) \boldsymbol{a}^{\top} \tag{2.9}$$

が得られる．また，スカラー量を正方行列で微分すると，同じ次元の正方行列となる．正方行列 $A = (a_{kl})$ に対し，

$$\left(\frac{\partial}{\partial A} \right)_{kl} = \frac{\partial}{\partial A_{kl}} \quad 1 \leq k, l \leq p$$

と書く．これより，

$$\frac{\partial}{\partial A} \left(\boldsymbol{a} A \boldsymbol{a}^{\top} \right) = \boldsymbol{a}^{\top} \boldsymbol{a} \quad ; \quad \frac{\partial}{\partial A} \log |A| = (A^{-1})^{\top} \tag{2.10}$$

が得られる（$|A|$ は A の行列式）．

[*11] 式 (2.11) の $\hat{\boldsymbol{\mu}}$ および式 (2.12) の $\hat{\boldsymbol{\Sigma}}$ は，それぞれ 2.2.3 項 (7) の $\bar{\boldsymbol{x}}$ および V と同じものであるが，異常検知に関する文献の慣例に従って，本節では，これらの記号を用いる．

2 章　データの類似度と多次元尺度構成法

$$\log L(\boldsymbol{\mu}, \boldsymbol{\Sigma}) = -\frac{np}{2}\log(2\pi) + \frac{n}{2}\log|\boldsymbol{\Sigma}^{-1}| - \frac{1}{2}\sum_{i=1}^{n}(\boldsymbol{x}_i - \boldsymbol{\mu})\boldsymbol{\Sigma}^{-1}(\boldsymbol{x}_i - \boldsymbol{\mu})^\top$$

と書き，これを $\boldsymbol{\Sigma}^{-1}$ で偏微分した結果を 0 とおいてもよい．公式 (2.10) により

$$\frac{\partial \log L(\boldsymbol{\mu}, \boldsymbol{\Sigma})}{\partial(\boldsymbol{\Sigma}^{-1})} = \frac{n}{2}\boldsymbol{\Sigma} - \frac{1}{2}\sum_{i=1}^{n}(\boldsymbol{x}_i - \boldsymbol{\mu})(\boldsymbol{x}_i - \boldsymbol{\mu})^\top$$

が得られる．よって，これを 0 にする $\boldsymbol{\Sigma}$ の値は，式 (2.11) の $\hat{\boldsymbol{\mu}}$ も使って，

$$\hat{\boldsymbol{\Sigma}} = \frac{1}{n}\sum_{i=1}^{n}(\boldsymbol{x}_i - \hat{\boldsymbol{\mu}})^\top(\boldsymbol{x}_i - \hat{\boldsymbol{\mu}}) \tag{2.12}$$

で与えられる．これは，n 個の観察値 $\boldsymbol{x}_1, \boldsymbol{x}_2, \ldots, \boldsymbol{x}_n$ の標本分散共分散行列である．以上により，p 変量正規分布 (2.8) のパラメタ $\boldsymbol{\mu}$ と $\boldsymbol{\Sigma}$ の点推定量が式 (2.11) と (2.12) によって与えられることが分かった．

2.3.2　Hotelling の T^2 理論

前項において p 変量正規分布における平均と分散共分散行列のパラメタを観察値から点推定する方法を示したが，本項では，改めて所与の平均 $\boldsymbol{\mu}$ と分散共分散行列 $\boldsymbol{\Sigma}$ により密度関数が式 (2.8) で与えられる p 変量正規分布を考える．この分布から独立に取り出した n 個の標本を

$$\boldsymbol{x}_i = (x_{i1}, x_{i2}, \ldots, x_{ip}) \qquad 1 \leq i \leq n$$

とする．これらの標本から標本平均と標本分散共分散行列を

$$\hat{\boldsymbol{\mu}} = \frac{1}{n}\sum_{i=1}^{n}\boldsymbol{x}_i \quad;\quad \hat{\boldsymbol{\Sigma}} = \frac{1}{n}\sum_{i=1}^{n}(\boldsymbol{x}_i - \hat{\boldsymbol{\mu}})^\top(\boldsymbol{x}_i - \hat{\boldsymbol{\mu}})$$

によって作る．さらに，同じ p 変量正規分布から独立に取り出されるもう 1 つの観察値を

$$\boldsymbol{x}_0 = (x_{01}, x_{02}, \ldots, x_{0p})$$

とするとき，**Hotelling の T^2 統計量** (Hotelling's T^2-statistic)[12]

---

[12] Harold Hotelling, 1895–1973, アメリカの経済学者.

$$T^2 := \frac{n-p}{(n+1)p}(\boldsymbol{x}_0 - \hat{\boldsymbol{\mu}})\hat{\boldsymbol{\Sigma}}^{-1}(\boldsymbol{x}_0 - \hat{\boldsymbol{\mu}})^\top \tag{2.13}$$

は，自由度 $(p, n-p)$ の F 分布に従うことが証明できる．さらに，$n \gg p$ のとき，この T^2 統計量は自由度 p，スケール因子 $1/p$ (従って，平均が 1) の χ^2 (カイ 2 乗) 分布に従う*13．

ここでは，式 (2.13) で与えられる Hotelling の T^2 統計量が自由度 $(p, n-p)$ の F 分布に従うことの証明は割愛し，その説明は井手 (2015, p. 47) に委ねる．自由度 $(p, n-p)$ の F 分布の密度関数は次のように与えられる．

$$f_{(p,n-p)}(x) = \frac{\Gamma\left(\frac{n}{2}\right)\left(\frac{p}{n-p}\right)^{p/2}}{\Gamma\left(\frac{p}{2}\right)\Gamma\left(\frac{n-p}{2}\right)} x^{(p/2)-1}\left(1 + \frac{px}{n-p}\right)^{-n/2} \quad x \geq 0. \tag{2.14}$$

この密度関数の $p=5$ の場合を図 2.4 に示す．ここで，正の整数および半整数の引数に対して，**ガンマ関数** (gamma function) $\Gamma(x)$ は次の値をもつ．

---

*13 自由度 (m, n) の F 分布の密度関数，平均と分散は次のように与えられる．

$$f_{(m,n)}(x) = \frac{\Gamma[(m+n)/2]}{\Gamma(m/2)\Gamma(n/2)}\left(\frac{m}{n}\right)^{m/2} x^{(m/2)-1}\left(1 + \frac{mx}{n}\right)^{-(m+n)/2} \quad x > 0,$$

$$\text{平均}: \frac{n}{n-2} \quad ; \quad \text{分散}: \frac{n^2(2m+2n-4)}{m(n-2)^2(n-4)}.$$

また，自由度が m でスケール因子が s の χ^2 分布の密度関数，平均と分散は次のように与えられる．

$$f_m(x \mid s) = \frac{1}{2s\Gamma(m/2)}\left(\frac{x}{2s}\right)^{(m/2)-1} e^{-x/(2s)} \quad x > 0,$$

$$\text{平均}: ms \quad ; \quad \text{分散}: 2ms^2.$$

自由度 (m, n) の F 分布は，$n \to \infty$ のとき，自由度が m でスケール因子が $1/m$ (従って，平均が 1) の χ^2 分布に近づく．

$$\lim_{n \to \infty} f_{(m,n)}(x) = \frac{m}{2\Gamma(m/2)}\left(\frac{mx}{2}\right)^{(m/2)-1} e^{-mx/2}$$

$$= mf_m(mx \mid 1) = f_m(x \mid 1/m).$$

2章 データの類似度と多次元尺度構成法

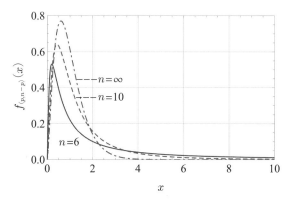

図 2.4 Hotelling の T^2 統計量の密度関数 $f_{(p,n-p)}(x)$ ($p=5$).

n が正の整数のとき, $\Gamma(n) = (n-1)!$; $\Gamma\left(\dfrac{1}{2}\right) = \sqrt{\pi}$,

n が正の奇数のとき, $\Gamma\left(\dfrac{n}{2}\right) = \left(\dfrac{n}{2}-1\right)\left(\dfrac{n}{2}-3\right)\cdots\left(\dfrac{3}{2}\right)\left(\dfrac{1}{2}\right)\sqrt{\pi}$.

$x \gg 1$ のときの近似公式

$$\Gamma(x) \approx \sqrt{\dfrac{2\pi}{x}}\left(\dfrac{x}{e}\right)^x \quad ; \quad \left(1+\dfrac{a}{x}\right)^{-x} \approx e^{-a}$$

を用いると, $n \gg p$ のとき

$$\dfrac{\Gamma\left(\dfrac{n}{2}\right)}{\Gamma\left(\dfrac{n-p}{2}\right)(n-p)^{p/2}} \approx 2^{-p/2} \quad ; \quad \left(1+\dfrac{px}{n-p}\right)^{-n/2} \approx e^{-px/2}$$

となるので, 式 (2.14) は

$$f_p(x \mid 1/p) = \dfrac{p}{2\Gamma(p/2)}\left(\dfrac{px}{2}\right)^{(p/2)-1} e^{-px/2} \qquad x \geq 0 \tag{2.15}$$

に近づく. これは自由度が p でスケール因子が $1/p$ の χ^2 分布の密度関数である. この密度関数は $p=5$ の場合に図 2.4 に $n=\infty$ として示されている.

2.3.3 Mahalanobis 田口法

前項における Hotelling の T^2 統計量 (2.13) に現れる

2.3 異常検知

$$a(\boldsymbol{x}_0) := (\boldsymbol{x}_0 - \hat{\boldsymbol{\mu}})\hat{\boldsymbol{\Sigma}}^{-1}(\boldsymbol{x}_0 - \hat{\boldsymbol{\mu}})^\top \tag{2.16}$$

を 2.2.3 項 (7) に示した Mahalanobis 距離の定義と比べると，これは新観察値 $\boldsymbol{x}_0$ ともとの n 個の観察値の標本平均 $\hat{\boldsymbol{\mu}}$ の間の Mahalanobis 距離の平方である．

Hotelling の T^2 理論に基づく品質管理理論においては，正常な値は多変量正規分布 (2.8) に従うという仮定のもとに，観察値 $\boldsymbol{x}_0$ と標本平均 $\hat{\boldsymbol{\mu}}$ の間の平方 Mahalanobis 距離 (2.16) を観察値 $\boldsymbol{x}_0$ の**異常度** (anomaly score) と見なす (井手, 2015, p. 39)．平方 Euclid 距離の代わりに平方 Mahalanobis 距離を使う理由は，正常値のばらつきが大きい中で観察値の異常度を測るときには，観察値と標本平均の間の距離を「正常値のばらつきの度合い」で割って評価することが妥当であると考えられるからである．

異常度 $a(\boldsymbol{x}_0)$ と Hotelling の T^2 統計量は

$$T^2 = \frac{n-p}{(n+1)p}\,a(\boldsymbol{x}_0)$$

の関係にある．従って，$a(\boldsymbol{x}_0)$ の分布の密度関数は，T^2 統計量が従う自由度 $(p, n-p)$ の F 分布の密度関数である式 (2.14) の $f_{(p,n-p)}(x)$ を使って，

$$\begin{aligned}
&f_{(n,n-p)}\left[\frac{(n-p)x}{(n+1)p}\right] \cdot \frac{n-p}{(n+1)p} \\
&= \frac{\Gamma\left(\dfrac{n}{2}\right) x^{(p/2)-1}}{\Gamma\left(\dfrac{p}{2}\right)\Gamma\left(\dfrac{n-p}{2}\right)(n+1)^{p/2}} \left(1 + \frac{x}{n+1}\right)^{-n/2} \qquad x \geq 0
\end{aligned}$$

で与えられる．ここで，

$$n \gg p \text{ のとき} \quad T^2 \approx \frac{a(\boldsymbol{x}_0)}{p} \quad ; \quad \frac{\Gamma\left(\dfrac{n}{2}\right)}{\Gamma\left(\dfrac{n-p}{2}\right)(n+1)^{p/2}} \approx 2^{-p/2}$$

となるので，このとき，$a(\boldsymbol{x}_0)$ の密度関数は

$$\frac{1}{p}f_p(x/p \mid 1/p) = \frac{1}{2\Gamma(p/2)}\left(\frac{x}{2}\right)^{(p/2)-1} e^{-x/2} \qquad x \geq 0 \tag{2.17}$$

に近づく．よって，$n \gg p$ のとき，異常度 $a(\boldsymbol{x}_0)$ は自由度が p でスケール因子が

1 の χ^2 分布に従うことが分かる (井手, 2015, p. 40). この分布の平均は p であり, 分散は $2p$ である. 各観察値は p 個の変数から成るので, 1 変数当たりの異常度 $a(\boldsymbol{x}_0)/p$ の平均は 1 であり, 標準偏差は $\sqrt{2/p}$ となる (井手, 2015, p. 41).

Hotelling の T^2 理論によって異常度 $a(\boldsymbol{x}_0)$ が高い個体を検出することはできるが, その観察値 $\boldsymbol{x}_0$ においてどの変数が高い異常度の原因になっているのかは分からない. **Mahalanobis 田口法** (Mahalanobis-Taguchi system, **MTS**) は, Hotelling の T^2 理論に, 異常の原因となっている変数を特定する方法を追加したものである (井手, 2015, p. 49; Taguchi and Rajesh, 2000)[*14]. MTS には種々の変種があり, 工業製品の品質管理等において非常に広く応用されているという実績がある一方で, 統計学的な問題点が詳しく検証され (Woodall *et al.*, 2003), 実用的にも適用が難しい場合が指摘されている (井手, 2013).

MTS では, 異常の原因となっている変数を特定するために, **SN 比** (signal-to-noise ratio) と称する指標を導入する. 簡単な場合には, k 番目の変数に対する SN 比を次のように定義する (井手, 2015, p. 51).

$$\mathrm{SN}_k(\boldsymbol{x}_0) := 10 \log_{10} \frac{(x_{0k} - \hat{\mu}_k)^2}{\hat{\Sigma}_{kk}} \quad 1 \leq k \leq p. \tag{2.18}$$

そして, SN 比が大きい変数を異常の原因と考える.

2.3.4 数値例 (異常検知)

数値例として, 表 2.2 に示された 2012 年ロンドン・オリンピックにおける体操男子予選団体総合得点について, 異常な国があるかどうかを検知してみよう. このとき, 例えば日本の異常度を計算するためには, 日本を除く 7 つの国の得点は正常であると見なし, それらの国々の得点から作った 7 変量正規分布に対して, 日本の得点の異常度を計算する. このような手順を他の国々についても順次行う. この方法を **1 つ抜き交差確認法** (leave-one-out cross validation) という (井手, 2015, p. 114).

日本の得点

$$\boldsymbol{x}_5 = (45.632, 41.199, 45.099, 47.683, 47.124, 43.766)$$

[*14] 田口玄一, 1924–2012, 品質工学 (タグチメソッド) の創始者.

を除く 7 ヶ国の得点

$$
\begin{bmatrix} \boldsymbol{x}_1 \\ \boldsymbol{x}_2 \\ \boldsymbol{x}_3 \\ \boldsymbol{x}_4 \\ \boldsymbol{x}_6 \\ \boldsymbol{x}_7 \end{bmatrix} = \begin{bmatrix} 46.165 & 43.965 & 45.332 & 48.000 & 45.182 & 46.698 \\ 45.066 & 43.466 & 45.799 & 48.166 & 45.666 & 44.432 \\ 45.832 & 44.833 & 44.199 & 48.333 & 44.024 & 45.199 \\ 45.332 & 43.266 & 44.766 & 46.533 & 45.758 & 45.233 \\ 44.932 & 40.865 & 45.124 & 47.633 & 44.965 & 46.466 \\ 44.599 & 44.233 & 45.166 & 48.515 & 43.765 & 43.532 \\ 44.333 & 42.932 & 43.165 & 45.765 & 45.366 & 44.198 \end{bmatrix}
$$

について，標本平均は

$$\hat{\boldsymbol{\mu}} = (45.180, 43.366, 44.793, 47.564, 44.961, 45.108)$$

であり，標本分散共分散行列とその逆行列は

$$
\hat{\boldsymbol{\Sigma}} = \begin{bmatrix} 0.364 & 0.286 & 0.158 & 0.237 & -0.000 & 0.439 \\ 0.286 & 1.389 & -0.035 & 0.426 & -0.353 & -0.480 \\ 0.158 & -0.035 & 0.650 & 0.531 & 0.037 & 0.209 \\ 0.237 & 0.426 & 0.531 & 0.907 & -0.412 & 0.066 \\ -0.000 & -0.353 & 0.037 & -0.412 & 0.522 & 0.202 \\ 0.439 & -0.480 & 0.209 & 0.066 & 0.202 & 1.167 \end{bmatrix},
$$

$$
\hat{\boldsymbol{\Sigma}}^{-1} = \begin{bmatrix} 139.583 & -53.112 & 2.304 & -18.731 & -23.999 & -69.584 \\ -53.112 & 21.611 & 1.212 & 4.525 & 7.642 & 27.084 \\ 2.304 & 1.212 & 12.447 & -13.225 & -10.498 & -0.039 \\ -18.731 & 4.525 & -13.225 & 18.001 & 15.275 & 7.626 \\ -23.999 & 7.642 & -10.498 & 15.275 & 15.860 & 10.454 \\ -69.584 & 27.084 & -0.039 & 7.626 & 10.454 & 35.954 \end{bmatrix}
$$

となる．日本以外の国々と比べて日本の異常度は $a(\boldsymbol{x}_5) = 422.462$ である．

 他の国々についても同様の計算を行い，式 (2.18) による種目別の SN 比とともに表 2.5 に示す．これを見ると，日本が最も異常であり，その原因は鞍馬と平行棒の得点であると判断される．実際，もとの表 2.2 を見ると，日本の鞍馬の得点 41.199 は他国よりかなり低く，平行棒の得点 47.124 は他国よりかなり高いことが分かる．第 3.5 節における階層的クラスター分析の数値例でも，日本は後の方で樹形図に加わっている．

表 2.5 2012 年ロンドン・オリンピックにおける体操男子予選団体総合得点における各国の異常度と種目別 SN 比.

	異常度	床運動	鞍馬	吊り輪	跳馬	平行棒	鉄棒
米	11.223	6.559	−2.726	−2.782	−5.790	−25.431	6.577
露	54.998	−10.064	−10.358	3.803	−2.769	−6.393	−6.016
英	27.909	1.453	4.250	−0.583	−0.406	3.406	−11.992
独	45.287	−15.118	−17.122	−20.756	2.908	−4.667	−10.909
日	**422.462**	−2.505	**5.288**	−8.420	−18.036	**9.526**	1.888
中	302.472	−4.906	7.464	−7.629	−23.697	−10.730	4.778
ウ	57.396	31.586	−11.434	32.420	−29.697	−43.112	−26.349
仏	125.119	6.190	−17.552	12.390	10.621	−16.679	−2.571

2.4 計量的多次元尺度構成法

与えられた観察データ間に対して，適当に定義されたデータ間の類似度や非類似度または距離（例えば Euclid 距離）を計算することは簡単である．逆に，観察データ間の類似度または非類似度（距離）が与えられたときに，もとの観察データの構造を推定する方法を**多次元尺度構成法** (multidimensional scaling, MDS) という．本節では，非類似度が平方 Euclid 距離で与えられる場合に適用できる**計量的多次元尺度構成法** (metric multidimensional scaling) を紹介する．このような**古典的多次元尺度構成法** (classical multidimensional scaling) は Torgerson (1952) によって基礎が敷かれた．

多次元尺度構成法は，心理学における実験結果の統計的処理法として発展し，最近は，**ユーザ経験** (user experience) に基づく製品開発の手法としても使われている (Tullis and Albert, 2008 邦訳, p. 223)．また，食品，香料，工業製品等を人の五感から評価する**官能検査** (sensory evaluation) において，**定量的記述分析法** (quantitative descriptive analysis) の一手法でもある (宮埜, 1986; 今村, 2012)．さらに，官能特性の経時変化（例えば，料理を食べた後の食感や風味の時間的変化）を捉える **TDS** (temporal dominance of sensations) 法にも応用される (川崎, 2016)．

2.4 計量的多次元尺度構成法

2.4.1 観察データの内積

前節と同様に，データを観察する n 個の個体について，各個体の属性が p 個の変数で表されるとき，i 番目の個体の観察値を横ベクトル

$$\boldsymbol{x}_i = (x_{i1}, x_{i2}, \ldots, x_{ik}, \ldots, x_{ip}) \quad 1 \leq i \leq n$$

とする（$n \geq p$ と仮定する）．すなわち，x_{ik} は i 番目の個体に対する k 番目の変数の観察値である ($1 \leq k \leq p$)．すべての観察値を，x_{ik} を第 i 行 k 列の要素とする $n \times p$ 行列

$$X = \begin{bmatrix} x_{11} & x_{12} & \cdots & x_{1p} \\ x_{21} & x_{22} & \cdots & x_{2p} \\ \vdots & \vdots & \ddots & \vdots \\ x_{n1} & x_{n2} & \cdots & x_{np} \end{bmatrix} = \begin{bmatrix} \boldsymbol{x}_1 \\ \boldsymbol{x}_2 \\ \vdots \\ \boldsymbol{x}_n \end{bmatrix} \quad (2.19)$$

で表す．ここで，各変数について，n 個の観察値の平均が 0 になるように各変数の原点の位置が調整されていると仮定する．

$$\sum_{i=1}^{n} x_{ik} = 0 \quad 1 \leq k \leq p.$$

そのようにするためには，もとの観察値において，k 番目の変数の標本平均

$$\bar{x}_k := \frac{1}{n} \sum_{i=1}^{n} x_{ik} \quad 1 \leq k \leq p$$

を求め，各観察値 x_{ik} を $x_{ik} - \bar{x}_k$ で置き換えておけばよい．

このとき，i 番目の個体の観察値 $\boldsymbol{x}_i := (x_{i1}, x_{i2}, \ldots, x_{ik}, \ldots, x_{ip})$ と j 番目の個体の観察値 $\boldsymbol{x}_j := (x_{j1}, x_{j2}, \ldots, x_{jk}, \ldots, x_{jp})$ の間の平方 Euclid 距離を

$$d_{ij}^2 := (\boldsymbol{x}_i - \boldsymbol{x}_j)(\boldsymbol{x}_i - \boldsymbol{x}_j)^\top = \sum_{k=1}^{p}(x_{ik} - x_{jk})^2 \quad 1 \leq i,j \leq n$$

2 章 データの類似度と多次元尺度構成法

と表し*15, d_{ij}^2 を第 i 行 j 列要素とする n 次正方行列を

$$D^{(2)} := \begin{bmatrix} d_{11}^2 & d_{12}^2 & \cdots & d_{1n}^2 \\ d_{21}^2 & d_{22}^2 & \cdots & d_{2n}^2 \\ \vdots & \vdots & \ddots & \vdots \\ d_{n1}^2 & d_{n2}^2 & \cdots & d_{nn}^2 \end{bmatrix}$$

と書く．ここで，$d_{ij}^2 = d_{ji}^2\ (i \neq j)$, $d_{ii}^2 = 0$ であるから，$D^{(2)}$ は対称行列である．また，i 番目の観察値 $\boldsymbol{x}_i$ と j 番目の観察値 $\boldsymbol{x}_j$ の**内積** (inner product) を

$$b_{ij} := \boldsymbol{x}_i \boldsymbol{x}_j^\top = \sum_{k=1}^p x_{ik} x_{jk} = b_{ji} \qquad 1 \leq i,j \leq n$$

とし，内積 b_{ij} を第 i 行 j 列要素とする n 次対称行列

$$B := XX^\top = \begin{bmatrix} b_{11} & b_{12} & \cdots & b_{1n} \\ b_{21} & b_{22} & \cdots & b_{2n} \\ \vdots & \vdots & \ddots & \vdots \\ b_{n1} & b_{n2} & \cdots & b_{nn} \end{bmatrix} \qquad (2.20)$$

を**内積行列** (inner product matrix) と呼ぶ．各変数の観察値は平均が 0 になるように調整されているので，内積行列 B の行和と列和はともに 0 である．

$$\sum_{i=1}^n b_{ij} = \sum_{k=1}^p \left(\sum_{i=1}^n x_{ik} \right) x_{jk} = 0 \quad ; \quad \sum_{j=1}^n b_{ij} = \sum_{k=1}^p x_{ik} \left(\sum_{j=1}^n x_{jk} \right) = 0.$$

計量的多次元尺度構成法とは，観察値間の平方 Euclid 距離 $D^{(2)}$ が与えられたときに，$D^{(2)}$ から観察値の内積行列 B を計算した上で，$B = XX^\top$ となるような X を見つける方法である（後述のように，X の決め方は一意的ではない）．

---

*15 距離は観察値の差で表されるので，平均が 0 になるように調整される前の観察値を使っても，同じ平方 Euclid 距離が得られる．

2.4.2 Young-Householder 変換

観察値間の平方 Euclid 距離の行列 $D^{(2)}$ の要素 $\{d_{ij}^2\}$ は，観察値の内積行列 B の要素 $\{b_{ij}\}$ により，次のように表すことができる．

$$d_{ij}^2 = \sum_{k=1}^{p} x_{ik}^2 - 2\sum_{k=1}^{p} x_{ik}x_{jk} + \sum_{k=1}^{p} x_{jk}^2 = b_{ii} - 2b_{ij} + b_{jj}. \tag{2.21}$$

逆に，b_{ij} を d_{ij}^2 で表すことを考える．そのために，記号 $d_{i\circ}^{(2)}$，$d_{\circ j}^{(2)}$，および $d_{\circ\circ}^{(2)}$ を以下のように定義する．

$$nd_{i\circ}^{(2)} := \sum_{j=1}^{n} d_{ij}^2 = nb_{ii} - 2\sum_{j=1}^{n} b_{ij} + \sum_{j=1}^{n} b_{jj} = \mathrm{Tr}\,(B) + nb_{ii},$$

$$nd_{\circ j}^{(2)} := \sum_{i=1}^{n} d_{ij}^2 = \sum_{i=1}^{n} b_{ii} - 2\sum_{i=1}^{n} b_{ij} + nb_{jj} = \mathrm{Tr}\,(B) + nb_{jj},$$

$$n^2 d_{\circ\circ}^{(2)} := \sum_{i=1}^{n}\sum_{j=1}^{n} d_{ij}^2 = n\sum_{i=1}^{n} b_{ii} - 2\sum_{i=1}^{n}\sum_{j=1}^{n} b_{ij} + n\sum_{j=1}^{n} b_{jj} = 2n\,\mathrm{Tr}\,(B).$$

ここで，$\mathrm{Tr}\,(B)$ は正方行列 B の対角要素の和（**トレース** (trace) という）を表し，

$$\mathrm{Tr}\,(B) := \sum_{i=1}^{n} b_{ii} = \frac{n}{2} d_{\circ\circ}^{(2)}$$

である．このとき，$d_{i\circ}^{(2)} = d_{\circ i}^{(2)}$ に注意する．これらの記号を用いて

$$b_{ii} = d_{i\circ}^{(2)} - \frac{1}{n}\mathrm{Tr}\,(B) = d_{i\circ}^{(2)} - \frac{1}{2}d_{\circ\circ}^{(2)},$$

$$b_{ij} = -\frac{1}{2}\left(d_{ij}^2 - b_{ii} - b_{jj}\right)$$

$$= -\frac{1}{2}\left(d_{ij}^2 - d_{i\circ}^{(2)} - d_{\circ j}^{(2)} + d_{\circ\circ}^{(2)}\right) \qquad i \neq j \tag{2.22}$$

が得られる．観察値間の平方 Euclid 距離の行列 $D^{(2)}$ と観察値の内積行列 B の間の関係を表す式 (2.21) と (2.22) を **Young-Householder 変換** (Young-Householder transform) と呼ぶ (柳井・竹内, 1983, p. 171; Young and Householder, 1938)．

2章 データの類似度と多次元尺度構成法

同じ変換を行列を使って書いてみよう．そのために，**中心化行列** (centering matrix) と呼ばれる n 次正方対称行列[*16]

$$J = J^\top := \begin{bmatrix} 1-\frac{1}{n} & -\frac{1}{n} & \cdots & -\frac{1}{n} \\ -\frac{1}{n} & 1-\frac{1}{n} & \cdots & -\frac{1}{n} \\ -\frac{1}{n} & -\frac{1}{n} & \cdots & -\frac{1}{n} \\ \vdots & \vdots & \ddots & \vdots \\ -\frac{1}{n} & -\frac{1}{n} & \cdots & 1-\frac{1}{n} \end{bmatrix} \quad ; \quad J_{ij} = \delta_{ij} - \frac{1}{n} \quad (2.23)$$

を導入する．次に示すように，$J^2 = J$ が成り立つので，行列 J は**冪等行列** (idempotent matrix) である．

$$\begin{aligned} \left(J^2\right)_{ij} &= \sum_{l=1}^{n} J_{il} J_{lj} = \sum_{l=1}^{n} \left(\delta_{il} - \frac{1}{n}\right)\left(\delta_{lj} - \frac{1}{n}\right) \\ &= \sum_{l=1}^{n} \delta_{il}\delta_{lj} - \frac{1}{n}\sum_{l=1}^{n} \delta_{lj} - \frac{1}{n}\sum_{l=1}^{n} \delta_{il} + \frac{1}{n^2}\sum_{l=1}^{n} 1 \\ &= \delta_{ij} - \frac{2}{n} + \frac{1}{n} = \delta_{ij} - \frac{1}{n} = J_{ij}. \end{aligned}$$

定義 (2.23) より，中心化行列 J の行和と列和はそれぞれ 0 である．

$$\sum_{i=1}^{n} J_{ij} = 0 \quad 1 \leq j \leq n \quad ; \quad \sum_{j=1}^{n} J_{ij} = 0 \quad 1 \leq i \leq n.$$

一般に，n 次正方行列 A に対して，中心化行列 J を用いた JAJ を行列 A の**二重中心化** (double centering) と呼ぶ[*17]．

Young-Householder 変換は，行列 $D^{(2)}$ の二重中心化

[*16] $\delta_{ii} = 0, \delta_{ij} = 0 \ (i \neq j)$ で定義される定数 $\{\delta_{ij}\}$ を **Kronecker のデルタ** (Kronecker's delta) という．

[*17] 二重中心化により，行列 $A = (a_{ij})$ の第 i 行 j 列要素は

$$\begin{aligned} (JAJ)_{ij} &= \sum_{k=1}^{n}\sum_{l=1}^{n} J_{ik} a_{kl} J_{lj} = \sum_{k=1}^{n} J_{ik} \sum_{l=1}^{n} a_{kl}\left(\delta_{lj} - \frac{1}{n}\right) \\ &= \sum_{k=1}^{n} J_{ik}\left(a_{kj} - \frac{1}{n}\sum_{l=1}^{n} a_{kl}\right) \end{aligned}$$

【右ページに続く】

2.4 計量的多次元尺度構成法

$$B = -\frac{1}{2}JD^{(2)}J \tag{2.24}$$

と書くことができる．なぜならば，行列 $JD^{(2)}$ の第 i 行 k 列要素は

$$\sum_{l=1}^{n}\left(\delta_{il}-\frac{1}{n}\right)d_{lk}^2 = d_{ik}^2 - \frac{1}{n}\sum_{l=1}^{n}d_{lk}^2 = d_{ik}^2 - d_{\circ k}^{(2)}$$

であり，さらに，行列 $JD^{(2)}J$ の第 i 行 j 列要素は

$$\sum_{k=1}^{n}\left(d_{ik}^2 - d_{\circ k}^{(2)}\right)\left(\delta_{kj}-\frac{1}{n}\right) = d_{ij}^2 - d_{i\circ}^{(2)} - d_{\circ j}^{(2)} + d_{\circ\circ}^{(2)}$$

となるからである．

2.4.3 固有値分解

Young-Householder 変換から得られる n 次正方対称行列 B に対し，

$$B = \hat{X}\hat{X}^\top, \tag{2.25}$$

$$\hat{X} = \begin{bmatrix} \hat{x}_{11} & \hat{x}_{12} & \cdots & \hat{x}_{1p} \\ \hat{x}_{21} & \hat{x}_{22} & \cdots & \hat{x}_{2p} \\ \vdots & \vdots & \ddots & \vdots \\ \hat{x}_{n1} & \hat{x}_{n2} & \cdots & \hat{x}_{np} \end{bmatrix} = \begin{bmatrix} \hat{\boldsymbol{x}}_1 \\ \hat{\boldsymbol{x}}_2 \\ \vdots \\ \hat{\boldsymbol{x}}_n \end{bmatrix}$$

---

*17【続き】

$$= \sum_{k=1}^{n}\left(\delta_{ik}-\frac{1}{n}\right)a_{kj} - \frac{1}{n}\sum_{k=1}^{n}\left(\delta_{ik}-\frac{1}{n}\right)\sum_{l=1}^{n}a_{kl}$$

$$= a_{ij} - \frac{1}{n}\sum_{k=1}^{n}a_{kj} - \frac{1}{n}\sum_{l=1}^{n}a_{il} + \frac{1}{n^2}\sum_{k=1}^{n}\sum_{l=1}^{n}a_{kl}$$

となる．これは，各要素から当該の行平均と列平均を差し引いた後，二重に引いた分を戻していることを意味する．従って，二重中心化された行列では，すべての行和と列和がともに 0 になっている．

$$\sum_{i=1}^{n}(JAJ)_{ij} = \sum_{i=1}^{n}a_{ij} - \sum_{k=1}^{n}a_{kj} - \frac{1}{n}\sum_{l=1}^{n}\left(\sum_{i=1}^{n}a_{il} - \sum_{k=1}^{n}a_{kl}\right) = 0 \quad 1 \le j \le n,$$

$$\sum_{j=1}^{n}(JAJ)_{ij} = \sum_{j=1}^{n}a_{ij} - \sum_{l=1}^{n}a_{il} - \frac{1}{n}\sum_{k=1}^{n}\left(\sum_{j=1}^{n}a_{kj} - \sum_{l=1}^{n}a_{kl}\right) = 0 \quad 1 \le i \le n.$$

2 章　データの類似度と多次元尺度構成法

となるような $n \times p$ 行列 $\hat{X}$ を求める方法の原理と手続きを説明する．この方法を **Young-Householder** の定理 (Young-Householder theorem) という．

このとき，

$$b_{ij} = \hat{\boldsymbol{x}}_i \hat{\boldsymbol{x}}_j^\top = \hat{\boldsymbol{x}}_j \hat{\boldsymbol{x}}_i^\top = \sum_{k=1}^p \hat{x}_{ik} \hat{x}_{jk} \qquad 1 \leq i, j \leq n$$

となるので，式 (2.21) から

$$d_{ij}^2 = b_{ii} - 2b_{ij} + b_{jj} = \hat{\boldsymbol{x}}_i \hat{\boldsymbol{x}}_i^\top - 2\hat{\boldsymbol{x}}_i \hat{\boldsymbol{x}}_j^\top + \hat{\boldsymbol{x}}_j \hat{\boldsymbol{x}}_j^\top$$
$$= (\hat{\boldsymbol{x}}_i - \hat{\boldsymbol{x}}_j)(\hat{\boldsymbol{x}}_i - \hat{\boldsymbol{x}}_j)^\top = \sum_{k=1}^p (\hat{x}_{ik} - \hat{x}_{jk})^2$$

が得られる．従って，d_{ij}^2 は p 次元空間における $\hat{\boldsymbol{x}}_i$ と $\hat{\boldsymbol{x}}_j$ の間の平方 Euclid 距離と見なすことができる．

観察値の行列 X から式 (2.20) で与えられる内積行列 B は**半正定値行列** (positive semi-definite matrix) である．すなわち，任意の n 次元縦ベクトル $\boldsymbol{v} := (v_1, v_2, \ldots, v_n)^\top$ に対して

$$\boldsymbol{v}^\top B \boldsymbol{v} \geq 0$$

となることが以下のようにして分かる．

$$\boldsymbol{v}^\top B \boldsymbol{v} = \sum_{i=1}^n \sum_{j=1}^n v_i b_{ij} v_j = \sum_{i=1}^n \sum_{j=1}^n v_i \boldsymbol{x}_i \boldsymbol{x}_j^\top v_j = \left(\sum_{i=1}^n v_i \boldsymbol{x}_i\right) \left(\sum_{j=1}^n v_j \boldsymbol{x}_j^\top\right)$$
$$= \sum_{k=1}^p \left(\sum_{i=1}^n v_i x_{ik}\right) \left(\sum_{j=1}^n v_j x_{jk}\right) = \sum_{k=1}^p \left(\sum_{i=1}^n v_i x_{ik}\right)^2 \geq 0.$$

一般に，対称行列のすべての固有値は実数であり (古屋, 1959, p. 97)，さらに，対称行列が半正定値ならば，すべての固有値は非負である (古屋, 1959, p. 114)．そのうちの正の固有値の数は行列の階数に等しい (柳井・竹内, 1983, p. 171)．上記の内積行列 B はこの場合に当てはまるので，rank$(B) = p \leq n$ のとき，B の固有値 $\{\lambda_1, \lambda_2, \ldots, \lambda_n\}$ を大きさの順に並べて，

$$\lambda_1 \geq \lambda_2 \geq \cdots \geq \lambda_p > 0 \quad ; \quad \lambda_{p+1}, \ldots, \lambda_n = 0$$

2.4 計量的多次元尺度構成法

とする．そして，正の固有値 λ_k に対応する右固有ベクトルを次の $\boldsymbol{v}_k$ とする．

$$\boldsymbol{v}_k = (v_{1k}, v_{2k}, \ldots, v_{nk})^\top \quad 1 \le k \le p.$$

このとき，異なる正の固有値 λ_k と λ_l に対応する固有ベクトル $\boldsymbol{v}_k$ と $\boldsymbol{v}_l$ は直交する．その証明を示す．$k \ne l$ のとき，異なる固有値 λ_k と λ_l に対して，

$$B\boldsymbol{v}_k = \lambda_k \boldsymbol{v}_k \quad ; \quad B\boldsymbol{v}_l = \lambda_l \boldsymbol{v}_l$$

である．従って，B の対称性 ($B^\top = B$) を利用すれば

$$\lambda_k (\boldsymbol{v}_k^\top \boldsymbol{v}_l) = (\lambda_k \boldsymbol{v}_k)^\top \boldsymbol{v}_l = (B\boldsymbol{v}_k)^\top \boldsymbol{v}_l = \boldsymbol{v}_k^\top B^\top \boldsymbol{v}_l = \boldsymbol{v}_k^\top B \boldsymbol{v}_l$$
$$= \boldsymbol{v}_k^\top (\lambda_l \boldsymbol{v}_l) = \lambda_l (\boldsymbol{v}_k^\top \boldsymbol{v}_l)$$

となるので，$(\lambda_k - \lambda_l)\boldsymbol{v}_k^\top \boldsymbol{v}_l = 0$ であるが，$\lambda_k \ne \lambda_l$ により，$\boldsymbol{v}_k$ と $\boldsymbol{v}_l$ の直交性

$$\boldsymbol{v}_k^\top \boldsymbol{v}_l = \sum_{i=1}^n v_{ik} v_{il} = 0$$

が得られる．さらに，各固有ベクトル $\boldsymbol{v}_k$ は正規化されていると仮定する．

$$\boldsymbol{v}_k^\top \boldsymbol{v}_k = \sum_{i=1}^n v_{ik}^2 = 1 \quad 1 \le k \le p.$$

以下では，行列 B の p 個の正の固有値はすべて相異なると仮定する．

$$\lambda_1 > \lambda_2 > \cdots > \lambda_p > 0.$$

これらの固有値に対応する p 個の右固有ベクトルを横に並べた $n \times p$ 行列を

$$V := (\boldsymbol{v}_1, \boldsymbol{v}_2, \ldots, \boldsymbol{v}_k, \ldots, \boldsymbol{v}_p) = \begin{bmatrix} v_{11} & v_{12} & \cdots & v_{1k} & \cdots & v_{1p} \\ v_{21} & v_{22} & \cdots & v_{2k} & \cdots & v_{2p} \\ \vdots & \vdots & & \vdots & & \vdots \\ v_{n1} & v_{n2} & \cdots & v_{nk} & \cdots & v_{np} \end{bmatrix}$$

とする．このとき，p 次正方行列 $V^\top V$ の第 k 行 l 列要素は

2章 データの類似度と多次元尺度構成法

$$\left(V^\top V\right)_{kl} = \begin{cases} \boldsymbol{v}_k^\top \boldsymbol{v}_k = 1 & k = l, \\ \boldsymbol{v}_k^\top \boldsymbol{v}_l = 0 & k \neq l \end{cases} \quad 1 \leq k, l \leq p$$

であるから，$V^\top V = I$（p 次単位行列）である．

p 個の正の固有値を対角上に置き，他のすべての要素を 0 とする**対角行列** (diagonal matrix) を

$$\Lambda := \begin{bmatrix} \lambda_1 & 0 & \cdots & 0 \\ 0 & \lambda_2 & \cdots & 0 \\ \vdots & \vdots & \ddots & \vdots \\ 0 & 0 & \cdots & \lambda_p \end{bmatrix} \quad ; \quad \Lambda^{\frac{1}{2}} := \begin{bmatrix} \sqrt{\lambda_1} & 0 & \cdots & 0 \\ 0 & \sqrt{\lambda_2} & \cdots & 0 \\ \vdots & \vdots & \ddots & \vdots \\ 0 & 0 & \cdots & \sqrt{\lambda_p} \end{bmatrix}$$

とするとき，行列 $B = (b_{ij})$ の固有値と固有ベクトルの関係は

$$BV = V\Lambda \quad ; \quad \sum_{j=1}^n b_{ij} v_{jk} = \lambda_k v_{ik} \quad 1 \leq i \leq n,\ 1 \leq k \leq p$$

と表される．この式は $B = V\Lambda V^\top$ によって満たされる．なぜならば，この B を用いると，$BV = (V\Lambda V^\top)V = (V\Lambda)(V^\top V) = V\Lambda$ となるからである．よって，

$$B = V\Lambda V^\top = V\Lambda^{\frac{1}{2}}\Lambda^{\frac{1}{2}}V^\top = V\Lambda^{\frac{1}{2}}\left(V\Lambda^{\frac{1}{2}}\right)^\top = \sum_{k=1}^p \lambda_k \boldsymbol{v}_k \boldsymbol{v}_k^\top$$

が得られる．従って，V と $\Lambda^{\frac{1}{2}}$ を用いて

$$\hat{X} := (\hat{\boldsymbol{x}}_1, \hat{\boldsymbol{x}}_2, \ldots, \hat{\boldsymbol{x}}_n)^\top = V\Lambda^{\frac{1}{2}}, \tag{2.26}$$

$$\hat{\boldsymbol{x}}_i := (\hat{x}_{i1}, \hat{x}_{i2}, \ldots, \hat{x}_{ip}) \quad ; \quad \hat{x}_{ik} = \sqrt{\lambda_k}\, v_{ik} \quad 1 \leq i \leq n,\ 1 \leq k \leq p$$

とすれば，式 (2.25) に示された所期の目的が達成される．このとき，

$$\sum_{i=1}^n (\hat{x}_{ik})^2 = \lambda_k \sum_{i=1}^n (v_{ik})^2 = \lambda_k,$$

$$\sum_{i=1}^n \hat{x}_{ik}\hat{x}_{il} = \sqrt{\lambda_k \lambda_l} \sum_{i=1}^n v_{ik} v_{il} = 0 \quad k \neq l$$

が成り立つ．このようにして，対称な半正定値行列 B に対し，B の階数に等しい数の正の固有値とそれらに対応する固有ベクトルを用いて，分解 (2.25) を見つけることを，B の**固有値分解** (eigenvalue decomposition) という．最後に，$\boldsymbol{x}_i$ に各要素 $\hat{x}_{ik}$ に $\bar{x}_k$ を加えて，もとの標本平均をもつ観察値が推定される．

ここで，$\hat{X}$ は一意的に定まらないことに注意する．実際，任意の p 次**直交行列**（orthogonal matrix, $AA^\top = A^\top A = I$ となる正方行列）A を用いて，

$$\hat{Y} := (\hat{\boldsymbol{y}}_1, \hat{\boldsymbol{y}}_2, \ldots, \hat{\boldsymbol{y}}_n)^\top = \hat{X}A \quad ; \quad \hat{\boldsymbol{y}}_i = \hat{\boldsymbol{x}}_i A \quad 1 \leq i \leq n$$

を考えると，

$$\hat{Y}\hat{Y}^\top = (\hat{X}A)(\hat{X}A)^\top = \hat{X}AA^\top \hat{X}^\top = \hat{X}\hat{X}^\top = B$$

もまた B の固有値分解となる．$\hat{\boldsymbol{x}}_i A$ は，p 次元空間においてベクトル $\hat{\boldsymbol{x}}_i$ を原点の周りに回転することを意味するので，計量的多次元尺度構成法の解は回転に関して不定であると言うことができる．

もとの観察値 X を使うと，X を復元するように $\hat{X}A = X$ となる直交行列 A を求めるためには，この式の両辺に左から $\hat{X}^\top$ を掛けると $\hat{X}^\top \hat{X} A = \hat{X}^\top X$ となるので，A を次のように決めればよい．

$$A = \left(\hat{X}^\top \hat{X}\right)^{-1} \hat{X}^\top X. \tag{2.27}$$

2.4.4 数値例（多次元尺度構成法）

数値例として，表 2.2 に示した 2012 年ロンドン・オリンピックにおける体操男子予選団体総合得点において，各種目の平均得点を差し引いた 8 ヶ国の得点を

$$X = \begin{bmatrix} 0.928625 & 0.870125 & 0.50075 & 0.4215 & -0.04925 & 1.7575 \\ -0.170375 & 0.371125 & 0.96775 & 0.5875 & 0.43475 & -0.5085 \\ 0.595625 & 1.738120 & -0.63225 & 0.7545 & -1.20725 & 0.2585 \\ 0.095625 & 0.171125 & -0.06525 & -1.0455 & 0.52675 & 0.2925 \\ 0.395625 & -1.895880 & 0.26775 & 0.1045 & 1.89275 & -1.1745 \\ -0.304375 & -2.229880 & 0.29275 & 0.0545 & -0.26625 & 1.5255 \\ -0.637375 & 1.138120 & 0.33475 & 0.9365 & -1.46625 & -1.4085 \\ -0.903375 & -0.162875 & -1.66625 & -1.8135 & 0.13475 & -0.7425 \end{bmatrix}$$

2章 データの類似度と多次元尺度構成法

とする.このとき,各列において得点の総和は 0 になっている.これに基づく平方 Euclid 距離を要素とする 8×8 行列は

$$D^{(2)} = \begin{bmatrix} 0 & 7.071 & 5.847 & 6.133 & 20.458 & 11.409 & 14.848 & 20.398 \\ 7.071 & 0 & 8.328 & 4.495 & 8.752 & 12.151 & 5.753 & 13.670 \\ 5.847 & 8.328 & 0 & 9.275 & 26.142 & 20.391 & 5.694 & 16.328 \\ 6.133 & 4.495 & 9.275 & 0 & 9.814 & 9.412 & 12.426 & 5.487 \\ 20.458 & 8.752 & 26.142 & 9.814 & 0 & 12.556 & 22.307 & 15.387 \\ 11.409 & 12.151 & 20.391 & 9.412 & 12.556 & 0 & 22.282 & 17.263 \\ 14.848 & 5.753 & 5.694 & 12.426 & 22.307 & 22.282 & 0 & 16.337 \\ 20.398 & 13.670 & 16.328 & 5.487 & 15.387 & 17.263 & 16.337 & 0 \end{bmatrix}$$

である.この $D^{(2)}$ が与えられたとき,X が再現できることを確認する.

中心化行列

$$J = J^\top = \begin{bmatrix} \frac{7}{8} & -\frac{1}{8} & -\frac{1}{8} & -\frac{1}{8} & -\frac{1}{8} & -\frac{1}{8} & -\frac{1}{8} & -\frac{1}{8} \\ -\frac{1}{8} & \frac{7}{8} & -\frac{1}{8} & -\frac{1}{8} & -\frac{1}{8} & -\frac{1}{8} & -\frac{1}{8} & -\frac{1}{8} \\ -\frac{1}{8} & -\frac{1}{8} & \frac{7}{8} & -\frac{1}{8} & -\frac{1}{8} & -\frac{1}{8} & -\frac{1}{8} & -\frac{1}{8} \\ -\frac{1}{8} & -\frac{1}{8} & -\frac{1}{8} & \frac{7}{8} & -\frac{1}{8} & -\frac{1}{8} & -\frac{1}{8} & -\frac{1}{8} \\ -\frac{1}{8} & -\frac{1}{8} & -\frac{1}{8} & -\frac{1}{8} & \frac{7}{8} & -\frac{1}{8} & -\frac{1}{8} & -\frac{1}{8} \\ -\frac{1}{8} & -\frac{1}{8} & -\frac{1}{8} & -\frac{1}{8} & -\frac{1}{8} & \frac{7}{8} & -\frac{1}{8} & -\frac{1}{8} \\ -\frac{1}{8} & -\frac{1}{8} & -\frac{1}{8} & -\frac{1}{8} & -\frac{1}{8} & -\frac{1}{8} & \frac{7}{8} & -\frac{1}{8} \\ -\frac{1}{8} & -\frac{1}{8} & -\frac{1}{8} & -\frac{1}{8} & -\frac{1}{8} & -\frac{1}{8} & -\frac{1}{8} & \frac{7}{8} \end{bmatrix}$$

を用いて,Young-Householder 変換 (2.24) により,8×8 内積行列

$$B = \begin{bmatrix} 5.139 & -0.018 & 2.581 & 0.252 & -3.262 & 0.641 & -1.442 & -3.891 \\ -0.018 & 1.896 & -0.281 & -0.550 & 0.970 & -1.352 & 1.484 & -2.148 \\ 2.581 & -0.281 & 5.869 & -0.953 & -5.739 & -3.485 & 3.500 & -1.491 \\ 0.252 & -0.550 & -0.953 & 1.499 & 0.240 & -0.181 & -2.051 & 1.744 \\ -3.262 & 0.970 & -5.739 & 0.240 & 8.795 & 1.896 & -3.343 & 0.443 \\ 0.641 & -1.352 & -3.485 & -0.181 & 1.896 & 7.552 & -3.953 & -1.117 \\ -1.442 & 1.484 & 3.500 & -2.051 & -3.343 & -3.953 & 6.824 & -1.017 \\ -3.891 & -2.148 & -1.491 & 1.744 & 0.443 & -1.117 & -1.017 & 7.477 \end{bmatrix}$$

が計算できる.これは $B = XX^\top$ になっている.B の固有値はすべて非負であり,そのうち 2 つの固有値は 0 である.6 つの正の固有値を降順に並べると,

$$19.204, \quad 11.625, \quad 8.310, \quad 4.479, \quad 1.340, \quad 0.095$$

2.4 計量的多次元尺度構成法

となる．これらの平方根を対角要素とする対角行列は

$$\Lambda^{\frac{1}{2}} = \begin{bmatrix} 4.382 & 0 & 0 & 0 & 0 & 0 \\ 0 & 3.410 & 0 & 0 & 0 & 0 \\ 0 & 0 & 2.883 & 0 & 0 & 0 \\ 0 & 0 & 0 & 2.116 & 0 & 0 \\ 0 & 0 & 0 & 0 & 1.157 & 0 \\ 0 & 0 & 0 & 0 & 0 & 0.308 \end{bmatrix}$$

である．また，上記の固有値に対応する右固有ベクトルを横に並べた行列は

$$V = \begin{bmatrix} 0.215 & -0.543 & 0.167 & -0.363 & -0.062 & -0.081 \\ 0.051 & -0.011 & -0.413 & -0.140 & -0.479 & -0.584 \\ 0.520 & -0.032 & 0.130 & -0.065 & 0.619 & -0.0715 \\ -0.098 & 0.043 & 0.255 & -0.337 & -0.391 & 0.633 \\ -0.564 & 0.102 & -0.488 & -0.260 & 0.457 & 0.122 \\ -0.368 & -0.476 & 0.182 & 0.676 & 0.005 & -0.019 \\ 0.429 & 0.310 & -0.382 & 0.452 & -0.146 & 0.340 \\ -0.185 & 0.608 & 0.550 & 0.036 & -0.002 & -0.340 \end{bmatrix}$$

である．$V^\top V = I$ が確認できるので，V の各列は正規化され，互いに直交していることが分かる．従って，

$$\hat{X} = V\Lambda^{\frac{1}{2}} = \begin{bmatrix} 0.941 & -1.851 & 0.482 & -0.768 & -0.072 & -0.025 \\ 0.225 & -0.038 & -1.190 & -0.297 & -0.555 & -0.180 \\ 2.277 & -0.111 & 0.374 & -0.137 & 0.716 & -0.022 \\ -0.431 & 0.147 & 0.736 & -0.712 & -0.453 & 0.195 \\ -2.471 & 0.347 & -1.408 & -0.551 & 0.529 & 0.038 \\ -1.611 & -1.622 & 0.524 & 1.431 & 0.006 & -0.006 \\ 1.881 & 1.056 & -1.102 & 0.958 & -0.169 & 0.105 \\ -0.810 & 2.073 & 1.584 & 0.076 & -0.0025 & -0.105 \end{bmatrix}$$

が得られる．数値的に $\hat{X}\hat{X}^\top = B$ が確認できる．

2章　データの類似度と多次元尺度構成法

念のため，式 (2.27) で与えられる直交行列

$$A = \begin{bmatrix} 0.062 & 0.799 & 0.006 & 0.291 & -0.523 & 0.021 \\ -0.316 & 0.175 & -0.377 & -0.332 & 0.009 & -0.785 \\ -0.060 & 0.089 & -0.533 & -0.602 & -0.190 & 0.553 \\ -0.479 & -0.493 & -0.016 & 0.206 & -0.696 & -0.004 \\ 0.543 & -0.231 & -0.676 & 0.418 & -0.070 & -0.123 \\ 0.606 & -0.164 & 0.342 & -0.475 & -0.448 & -0.249 \end{bmatrix}$$

を $\hat{X}$ に掛けることにより，

$$X = \hat{X}A = \begin{bmatrix} 0.929 & 0.870 & 0.501 & 0.422 & -0.049 & 1.758 \\ -0.170 & 0.371 & 0.968 & 0.588 & 0.435 & -0.509 \\ 0.596 & 1.738 & -0.632 & 0.755 & -1.207 & 0.259 \\ 0.096 & 0.171 & -0.065 & -1.046 & 0.527 & 0.293 \\ 0.396 & -1.896 & 0.268 & 0.105 & 1.89 & -1.175 \\ -0.304 & -2.230 & 0.293 & 0.055 & -0.266 & 1.526 \\ -0.637 & 1.138 & 0.335 & 0.937 & -1.466 & -1.409 \\ -0.903 & -0.163 & -1.666 & -1.814 & 0.135 & -0.743 \end{bmatrix}$$

が完全に復元できる．

2.5　個人差多次元尺度構成法

個体間の非類似度を判断する複数の個人が存在し，非類似度の評価が個人によって異なってもよい場合でも，各個人による非類似度の判定から個体間の位置関係を見つけ出す方法を**個人差多次元尺度構成法** (individual differences multidimensional scaling) という．

最近のサービスや製品の品質評価においては，多様な個人の感覚に基づく評価が尊重されることから，前節の冒頭に述べた多次元尺度構成法の種々の応用分野について，評価者の個人差を考慮に入れることができる個人差多次元尺度構成法は極めて有用であると考えられる．

計量的距離に対する個人差多次元尺度構成法において，Horan (1969) は，個

人による判断を，全員に共通する判断の空間において，個人ごとの判断に重みを付けるという幾何学的構造をもつモデルを提案した．本節では，Carroll and Chang (1970) による逐次近似解法 INDSCAL を説明し，数値例で検証する．

2.5.1 Horan のモデル

齋藤 (1980, p. 140) に従って，Horan (1969) によるモデルを示す．個人 r ($1 \leq r \leq m$) が判断した個体 i と個体 j の非類似度を $d_{r;ij}^2$ と書く ($1 \leq i, j \leq n$)．与えられた m 組のデータ $\{d_{r;ij}^2\}$ ($1 \leq r \leq m$) を p 次元空間における**重み付き平方 Euclid 距離** (weighted squared Euclidean distance) と見立てて，

$$d_{r;ij}^2 = \sum_{k=1}^{p} w_{rk}(x_{ik} - x_{jk})^2 \qquad 1 \leq r \leq m, \tag{2.28}$$

w_{rk}：個人 r にとっての k 番目の変数の重み ($1 \leq k \leq p$)，

x_{ik}：共通空間における個体 i に対する k 番目の変数の値

の形に書くことができるような $\{w_{rk}\}$ と $\{x_{ik}\}$ を求めることが課題である．共通空間の次元の数 p は先験的に与えると仮定する．

ここで，個人 r の空間における個体 i に対する k 番目の変数の値を

$$y_{r;ik} := \sqrt{w_{rk}} \cdot x_{ik} \tag{2.29}$$

により導入すれば，（重みが付かない）平方 Euclid 距離

$$d_{r;ij}^2 = \sum_{k=1}^{p} (y_{r;ik} - y_{r;jk})^2 \qquad 1 \leq r \leq m \tag{2.30}$$

の形になる．なお，共通および個人 r の空間における各変数は，標本平均が 0 になるように調整されているものとする．

$$\sum_{i=1}^{n} x_{ik} = 0 \quad ; \quad \sum_{i=1}^{n} y_{r;ik} = 0 \qquad 1 \leq k \leq p.$$

まず，各個人 r が与えた非類似度 $\{d_{r;ij}^2\}$ から，式 (2.22) に示された Young-Householder 変換により，内積行列 $B_r = (b_{r;ij})$ を作る．

2章　データの類似度と多次元尺度構成法

$$b_{r;ii} = d_{r;i\circ}^{(2)} - \frac{1}{2}d_{r;\circ\circ}^{(2)},$$

$$b_{r;ij} = -\frac{1}{2}\left(d_{r;ij}^{(2)} - d_{r;i\circ}^{(2)} - d_{r;\circ j}^{(2)} + d_{r;\circ\circ}^{(2)}\right) \qquad i \neq j.$$

ここで,

$$nd_{r;i\circ}^{(2)} = \sum_{j=1}^{n} d_{r;ij}^2 \quad ; \quad nd_{r;\circ j}^{(2)} = \sum_{i=1}^{n} d_{r;ij}^2 \quad ; \quad n^2 d_{r;\circ\circ}^{(2)} = \sum_{i=1}^{n}\sum_{j=1}^{n} d_{r;ij}^2$$

である．この結果を行列形式で表すために，第 i 行 j 列要素が

$$(D_r^{(2)})_{ij} = d_{r;ij}^2 \quad ; \quad (B_r)_{ij} = b_{r;ij} \qquad 1 \leq i,j \leq n$$

で与えられる n 次正方対称行列 $D_r^{(2)}$ と B_r を導入する ($1 \leq r \leq m$). こうすると，式 (2.23) で与えられる中心化行列 J を用いて，式 (2.24) と同様に

$$B_r = -\frac{1}{2}J D_r^{(2)} J \qquad 1 \leq r \leq m \tag{2.31}$$

と書くことができる．

各個人の評価尺度の違いによる影響をなるべく均等化するために，$B_r = (b_{r;ij})$ の初期値においては，標本分散がすべての個人にわたって同じ値（1 とする）となるように規準化して考える．このとき，既に各変数の標本平均が 0 になるように調整されているので，$\sum_{i=1}^{n}\sum_{j=1}^{n} b_{r;ij} = 0$ が成り立つことから，この条件は

$$\frac{1}{n^2}\sum_{i=1}^{n}\sum_{j=1}^{n}(b_{r;ij})^2 = 1 \qquad 1 \leq r \leq m \tag{2.32}$$

と表される．

共通空間と個人ごとの重み付けが完成した後，非類似度の内積 $\{\hat{b}_{r;ij}\}$ は

$$\hat{b}_{r;ij} := \sum_{k=1}^{p} y_{r;ik} y_{r;jk} = \sum_{k=1}^{p} w_{rk} x_{ik} x_{jk} = \hat{b}_{r;ji} \qquad 1 \leq r \leq m \tag{2.33}$$

となる．このとき，

$$\frac{1}{n^2}\sum_{i=1}^{n}\sum_{j=1}^{n}(\hat{b}_{r;ij})^2 = \frac{1}{n^2}\sum_{i=1}^{n}\sum_{j=1}^{n}\left(\sum_{k=1}^{p} w_{rk} x_{ik} x_{jk}\right)^2$$

$$= \frac{1}{n^2} \sum_{i=1}^{n} \sum_{j=1}^{n} \left(\sum_{k=1}^{p} w_{rk}^2 x_{ik}^2 x_{jk}^2 + 2 \sum_{k<l} w_{rk} w_{rl} x_{ik} x_{il} x_{jk} x_{jl} \right)$$

$$= \sum_{k=1}^{p} w_{rk}^2 \left(\frac{1}{n} \sum_{i=1}^{n} x_{ik}^2 \right)^2 + 2 \sum_{k<l} w_{rk} w_{rl} \left(\frac{1}{n} \sum_{i=1}^{n} x_{ik} x_{il} \right)^2$$

である．従って，$\{x_{ik}\}$ の標本分散も規準化して，

$$\frac{1}{n} \sum_{i=1}^{n} x_{ik}^2 = 1 \qquad 1 \le k \le p \qquad (2.34)$$

としておけば，各個人による非類似度判定の重み $\{w_{rk}\}$（非負と仮定する）は

$$\sum_{k=1}^{p} w_{rk}^2 \le \frac{1}{n^2} \sum_{i=1}^{n} \sum_{j=1}^{n} (\hat{b}_{r;ij})^2 \le \frac{1}{n^2} \sum_{i=1}^{n} \sum_{j=1}^{n} (b_{r;ij})^2 = 1 \qquad 1 \le r \le m \quad (2.35)$$

を満たすことが分かる (齋藤, 1980, p. 149)．

2.5.2 INDSCAL と CANDECOMP

Carroll and Chang (1970) は，非類似度 $\{d_{r;ij}^2\}$ から計算される内積 $\{b_{r;ij}\}$ を式 (2.33) の形に書くために，

$$S := \sum_{r=1}^{m} \sum_{i=1}^{n} \sum_{j=1}^{n} \left(b_{r;ij} - \sum_{k=1}^{p} w_{rk} x_{ik}^{\mathrm{L}} x_{jk}^{\mathrm{R}} \right)^2 \qquad (2.36)$$

を最小化する 3 組のパラメタ $\{w_{rk}\}, \{x_{ik}^{\mathrm{L}}\}, \{x_{jk}^{\mathrm{R}}\}$ を求めるための **INDSCAL** (INdividual Differences SCALing) と呼ぶ方法を提案した．ここで，便宜上，

$$x_{ik}^{\mathrm{L}} := x_{ik} \quad ; \quad x_{jk}^{\mathrm{R}} := x_{jk} \qquad 1 \le i,j \le n,\ 1 \le k \le p$$

を別々のパラメタとして扱う．以下において，INDSCAL の手順を Cox and Cox (2001, p. 205) と齋藤 (1980, p. 144) に従って説明する．

行列表記を簡単にするために，2 次元の添え字 (i,j) を

$$l = n(i-1) + j \qquad 1 \le i,j \le n$$

により，1次元の添え字 $l\ (1 \le l \le n^2)$ に変換する．また，3つの行列 F, W, B を次のように定義する．

$n^2 \times p$ 行列 F : $\quad F_{lk} = x_{ik}^{\mathrm{L}} x_{jk}^{\mathrm{R}} \quad\quad 1 \le l \le n^2, \quad 1 \le k \le p,$

$m \times p$ 行列 W : $\quad W_{rk} = w_{rk} \quad\quad\quad 1 \le r \le m, \quad 1 \le k \le p,$

$m \times n^2$ 行列 B : $\quad B_{rl} = b_{r;ij} \quad\quad\quad 1 \le r \le m, \quad 1 \le l \le n^2.$

このとき，式 (2.33) は

$$B_{rl} = \sum_{k=1}^{p} W_{rk} F_{kl}^{\top} \quad 1 \le r \le m,\ 1 \le l \le n^2,$$

$$B := (B_{rl}) = W F^{\top} \tag{2.37}$$

と書くことができる．

INDSCAL では，式 (2.36) に現れる3組のパラメタ $\{w_{rk}\}, \{x_{ik}^{\mathrm{L}}\}, \{x_{jk}^{\mathrm{R}}\}$ のうちの2組が与えられたときに S を最小化するように他の1組を決めるという **CANDECOMP** (CANonical DECOMPosition) と呼ばれる操作を，すべてのパラメタの値が収束するまで繰り返す．この反復計算により S の値は単調に減少する．また，$\{b_{r;ij}\}$ の添え字 i と j に関する対称性により，$\{x_{ik}^{\mathrm{L}}\}$ と $\{x_{jk}^{\mathrm{R}}\}$ は，座標軸の回転を除いて，同じ $\{x_{ik}\}$ に収束する．収束判定基準と初期値の与え方については後述する．

CANDECOMP は以下のステップ (1)〜(3) で与えられる．

(1) 与えられた行列 $B = (B_{rl})$ と $F = (F_{lk})$ に対して，

$$S = \sum_{r=1}^{m} \sum_{l=1}^{n^2} \left(B_{rl} - \sum_{k=1}^{p} W_{rk} F_{kl}^{\top} \right)^2$$

を最小化する行列 $W = (W_{rk})$ を求め，これを行列 $\hat{W} = (\hat{w}_{rk})$ とする．そのために，最小2乗法により，S を $W_{r'k'}$ で偏微分した結果を0とおく．

$$\frac{\partial S}{\partial W_{r'k'}} = \sum_{l=1}^{n^2} \left(B_{r'l} - \sum_{k=1}^{p} W_{r'k} F_{kl}^{\top} \right) \left(-2 F_{k'l}^{\top} \right)$$

$$= -2 \left[(BF)_{r'k'} - \sum_{k=1}^{p} W_{r'k} \left(F^{\top} F \right)_{kk'} \right]$$

2.5 個人差多次元尺度構成法

$$= -2\left[BF - W\left(F^\top F\right)\right]_{r'k'}.$$

これを 0 とするような $m \times p$ 行列 W は

$$\hat{W} = (\hat{w}_{rk}) = BF\left(F^\top F\right)^{-1} \quad 1 \le r \le m,\ 1 \le k \le p \quad (2.38)$$

で与えられる*18. この結果を使って，次のように行列 G と B^* を作る.

$mn \times p$ 行列 G: $\quad G_{uk} = \hat{w}_{rk} x_{jk}^{\mathrm{R}} \quad 1 \le u \le mn,\ 1 \le k \le p,$
$n \times mn$ 行列 B^*: $\quad B_{iu}^* = b_{r;ij} \quad 1 \le i \le n,\ 1 \le u \le mn.$

ここで，2 次元の添え字 (r,j) を次のようにして 1 次元の添え字 u ($1 \le u \le mn$) に変換した.

$$u = n(r-1) + j \quad 1 \le r \le m,\ 1 \le j \le n.$$

$n \times mn$ 行列 B^* は $m \times n^2$ 行列 B の要素を並べ替えたものであることに注意する.

(2) 与えられた行列 $B^* = (B_{iu}^*)$ と $G = (G_{uk})$ に対して，

$$S^* := \sum_{i=1}^{n}\sum_{u=1}^{mn}\left(B_{iu}^* - \sum_{k=1}^{p} X_{ik}^{\mathrm{L}} G_{uk}\right)^2$$

を最小化する行列 $X^{\mathrm{L}} = (X_{ik}^{\mathrm{L}})$ を求め，これを行列 $\hat{X}^{\mathrm{L}} = (\hat{x}_{ik}^{\mathrm{L}})$ とする. そのために，最小 2 乗法により，S^* を $X_{i'k'}^{\mathrm{L}}$ で偏微分した結果を 0 とおく.

---

*18 式 (2.37) の右辺において，W の代わりに式 (2.38) で与えられる $\hat{W}$ を用いることにより，B の推定量として

$$\hat{B} = BF\left(F^\top F\right)^{-1} F^\top = BP_F \quad ; \quad P_F := F\left(F^\top F\right)^{-1} F^\top$$

が得られる. ここで，P_F は $m \times n^2$ 行列 B を $n^2 \times p$ 行列 F の列ベクトルで作る p 次元線形空間に射影する**直交射影行列** (orthogonal projector) と呼ばれ，次の性質をもつ (柳井・竹内, 1983, p. 26).

(i) $(P_F)^2 = P_F$ （冪等性）, (ii) $(P_F)^\top = P_F$ （対称性）.

2章 データの類似度と多元尺度構成法

$$\frac{\partial S^*}{\partial X^{\mathrm{L}}_{i'k'}} = \sum_{u=1}^{mn} \left(B^*_{i'u} - \sum_{k=1}^{p} X^{\mathrm{L}}_{i'k} G_{uk} \right)(-2G_{uk'})$$

$$= -2 \left[\left(B^* G\right)_{i'k'} - \sum_{k=1}^{p} X^{\mathrm{L}}_{i'k} \left(G^\top G\right)_{kk'} \right]$$

$$= -2 \left[B^* G - X^{\mathrm{L}} \left(G^\top G\right) \right]_{i'k'}.$$

これを 0 とするような $n \times p$ 行列 X^{L} は

$$\hat{X}^{\mathrm{L}} = (\hat{x}^{\mathrm{L}}_{ik}) = B^* G \left(G^\top G\right)^{-1} \quad 1 \le i \le n,\ 1 \le k \le p \quad (2.39)$$

で与えられる．この結果を使って，次のように行列 H と B^{**} を作る．

$mn \times p$ 行列 H : $\quad H_{vk} = \hat{w}_{rk} \hat{x}^{\mathrm{L}}_{ik} \quad 1 \le v \le mn,\ 1 \le k \le p,$
$n \times mn$ 行列 B^{**} : $\quad B^{**}_{jv} = b_{r;ij} \quad 1 \le j \le n,\ 1 \le v \le mn.$

ここで，2次元の添え字 (r,j) を次のようにして1次元の添え字 $v\,(1 \le v \le mn)$ に変換した．

$$v = n(r-1) + i \quad 1 \le r \le m,\ 1 \le i \le n.$$

$n \times mn$ 行列 B^{**} は $m \times n^2$ 行列 B の要素を並べ替えたものであることに注意する．

(3) 与えられた行列 $B^{**} = (B^{**}_{jv})$ と $H = (H_{vk})$ に対して，

$$S^{**} := \sum_{j=1}^{n} \sum_{v=1}^{mn} \left(B^{**}_{jv} - \sum_{k=1}^{p} X^{\mathrm{R}}_{jk} H_{vk} \right)^2$$

を最小化する行列 $X^{\mathrm{R}} = (X^{\mathrm{R}}_{jk})$ を求め，これを $\hat{X}^{\mathrm{R}} = (\hat{x}^{\mathrm{R}}_{jk})$ とする．そのために，最小2乗法により，S^{**} を $X^{\mathrm{R}}_{j'k'}$ で偏微分した結果を 0 とおく．

$$\frac{\partial S^{**}}{\partial X^{\mathrm{R}}_{j'k'}} = \sum_{v=1}^{mn} \left(B^{**}_{j'v} - \sum_{k=1}^{p} X^{\mathrm{R}}_{j'k} H_{vk} \right)(-2H_{vk'})$$

$$= -2 \left[\left(B^{**} H\right)_{j'k'} - \sum_{k=1}^{p} X^{\mathrm{R}}_{j'k} \left(H^\top H\right)_{kk'} \right]$$

2.5 個人差多次元尺度構成法

$$= -2\left[B^{**}H - X^{\mathrm{R}}\left(H^\top H\right)\right]_{j'k'}.$$

これを 0 とするような $n \times p$ 行列 X^{R} は

$$\hat{X}^{\mathrm{R}} = (\hat{x}_{jk}^{\mathrm{R}}) = B^{**}H\left(H^\top H\right)^{-1} \quad 1 \leq j \leq n,\ 1 \leq k \leq p \quad (2.40)$$

で与えられる.

以上で 1 回の CANDECOMP が完了し,パラメタ $\{\hat{w}_{rk}\}, \{\hat{x}_{ik}^{\mathrm{L}}\}, \{\hat{x}_{jk}^{\mathrm{R}}\}$ に対する新たな値が得られる. INDSCAL では,これらから計算した行列 F と B を用いて,下記の判定基準に従って収束するまで,CANDECOMP を繰り返す. 収束後,式 (2.34) に準じて,次の規準化を行う.

$$\frac{1}{n}\sum_{i=1}^{n}\left(\hat{x}_{ik}^{\mathrm{L}}\right)^2 = 1 \quad ; \quad \frac{1}{n}\sum_{j=1}^{n}\left(\hat{x}_{jk}^{\mathrm{R}}\right)^2 = 1 \quad 1 \leq k \leq p.$$

なお,式 (2.36) において

$$\sum_{k=1}^{p} w_{rk} x_{ik}^{\mathrm{L}} x_{jk}^{\mathrm{R}} = \sum_{k=1}^{p} \left(\frac{w_{rk}}{c_k}\right) x_{ik}^{\mathrm{L}} \left(x_{jk}^{\mathrm{R}} c_k\right) \quad (2.41)$$

と書くことができることに注意する. このため,最終的な $\{x_{ik}^{\mathrm{L}}\}$ と $\{x_{jk}^{\mathrm{R}}\}$ の間には,座標軸の回転に相当する不定性

$$X^{\mathrm{L}} = X^{\mathrm{R}} C$$

が存在する. ここで,C は c_k を k 番目の対角要素とする p 次対角行列である. 回転 $\{c_k, 1 \leq k \leq p\}$ が存在しても式 (2.36) の値は変らない. Carroll and Chang (1970) は,収束後に C を決定し,それを用いて,式 (2.41) の右辺のように,$\{\hat{w}_{rk}\}$ と $\{\hat{x}_{ik}^{\mathrm{R}}\}$ を修正することを提案している.

反復計算の**収束判定基準** (convergence criterion) を示す. INDSCAL 開始前の内積 $\{b_{r;ij}\}$ に対し,各ステップにおける CANDECOMP 実行後の $\{\hat{w}_{rk}\}, \{\hat{x}_{ik}^{\mathrm{L}}\}$,および $\{\hat{x}_{jk}^{\mathrm{R}}\}$ を使った内積行列

$$\hat{b}_{r;ij}^* = \sum_{k=1}^{p} \hat{w}_{rk}\hat{x}_{ik}^{\mathrm{L}}\hat{x}_{jk}^{\mathrm{R}}$$

2 章 データの類似度と多次元尺度構成法

との相対誤差を表す **STRESS** (STandardized REsidual Sum of Squares) と呼ばれる非適合度指標 η を

$$\eta^2 := \sum_{r=1}^{m}\sum_{i=1}^{n}\sum_{j=1}^{n}\left(b_{r;ij}-\hat{b}_{r;ij}^{*}\right)^2 \bigg/ \sum_{r=1}^{m}\sum_{i=1}^{n}\sum_{j=1}^{n}(b_{r;ij})^2 \qquad (2.42)$$

で計算し,この値が各ステップであまり変動しなくなれば収束したと見なして,反復計算を終了する[*19].

反復計算の**初期値**は任意でよいが,収束を速めるために,次のような方法が考えられる (齋藤, 1980, p. 147). 各個人が与えた非類似度から計算された内積行列をすべての個人にわたって平均をとった $\overline{B} := \frac{1}{m}\sum_{r=1}^{m} B_r$ に対して,前節の(個人差でない)多次元尺度構成法を適用する. 行列 $\overline{B}$ の固有値の大きい方から取った p 個に対応する固有ベクトルから,p 次元空間における配置

$$\boldsymbol{x}_i = (x_{i1}, x_{i2}, \ldots, x_{ip}) \qquad 1 \leq i \leq n$$

を求めて,$\{x_{ik}^{\mathrm{L}}\}$ および $\{x_{jk}^{\mathrm{R}}\}$ の初期値とする.

2.5.3 数値例 (INDSCAL)

個人差多次元尺度構成法の数値例として,『アエラ』誌に掲載された「強い会社総合ランキング・トップ 100 社」の上位 8 社について,「収益性スコア」「成長性スコア」「安定性スコア」を 3 人の個人評価に見立てたデータを考える (アエラ, 2016). このデータは,2,514 社にこれらの観点から順位を付け,1 位を 1,000 点,最下位を 0 点として,その間に等間隔に得点を付けたもので,表 2.6 に示した得点は 3 人の観点からの得点の平均値(小数点以下を四捨五入)である.

> 個人 1:収益性の観点から評価する人,
> 個人 2:成長性の観点から評価する人,
> 個人 3:安定性の観点から評価する人.

[*19] 「変動しなくなった」という判断は主観的である.通常,η の値が 0 に収束することはない.

2.5 個人差多次元尺度構成法

表 2.6 数値例 (INDSCAL)：「強い会社」総合ランキング上位 8 社.

	社名	収益性	成長性	安定性
A	シマノ	949	726	953
B	ヒロセ電機	819	811	952
C	オリエンタルランド	942	758	870
D	富士重工業	948	835	785
E	ファナック	920	671	974
F	オービック	929	706	914
G	エンプラス	976	690	878
H	良品計画	850	831	847

3 人が判定する会社間の得点差を単純に非類似度とする行列 $D_1^{(2)}, D_2^{(2)}, D_3^{(2)}$ は次のように与えられる.

$$D_1^{(2)} = \begin{bmatrix} 0 & 130 & 7 & 1 & 29 & 20 & 27 & 99 \\ 130 & 0 & 123 & 129 & 101 & 110 & 157 & 31 \\ 7 & 123 & 0 & 6 & 22 & 13 & 34 & 92 \\ 1 & 129 & 6 & 0 & 28 & 19 & 28 & 98 \\ 29 & 101 & 22 & 28 & 0 & 9 & 56 & 70 \\ 20 & 110 & 13 & 19 & 9 & 0 & 47 & 79 \\ 27 & 157 & 34 & 28 & 56 & 47 & 0 & 126 \\ 99 & 31 & 92 & 98 & 70 & 79 & 126 & 0 \end{bmatrix},$$

$$D_2^{(2)} = \begin{bmatrix} 0 & 85 & 32 & 109 & 55 & 20 & 36 & 105 \\ 85 & 0 & 53 & 24 & 140 & 105 & 121 & 20 \\ 32 & 53 & 0 & 77 & 87 & 52 & 68 & 73 \\ 109 & 24 & 77 & 0 & 164 & 129 & 145 & 4 \\ 55 & 140 & 87 & 164 & 0 & 35 & 19 & 160 \\ 20 & 105 & 52 & 129 & 35 & 0 & 16 & 125 \\ 36 & 121 & 68 & 145 & 19 & 16 & 0 & 141 \\ 105 & 20 & 73 & 4 & 160 & 125 & 141 & 0 \end{bmatrix},$$

$$D_3^{(2)} = \begin{bmatrix} 0 & 1 & 83 & 168 & 21 & 39 & 75 & 106 \\ 1 & 0 & 82 & 167 & 22 & 38 & 74 & 105 \\ 83 & 82 & 0 & 85 & 104 & 44 & 8 & 23 \\ 168 & 167 & 85 & 0 & 189 & 129 & 93 & 62 \\ 21 & 22 & 104 & 189 & 0 & 60 & 96 & 127 \\ 39 & 38 & 44 & 129 & 60 & 0 & 36 & 67 \\ 75 & 74 & 8 & 93 & 96 & 36 & 0 & 31 \\ 106 & 105 & 23 & 62 & 127 & 67 & 31 & 0 \end{bmatrix}.$$

これらをそれぞれ二重中心化し，式 (2.32) により分散を規準化すると，次の

2章 データの類似度と多次元尺度構成法

ような内積行列が得られる．

$$B_1 = \begin{bmatrix} 0.680 & -1.233 & 0.439 & 0.640 & -0.089 & 0.091 & 0.499 & -1.026 \\ -1.233 & 3.810 & -1.099 & -1.220 & -0.451 & -0.752 & -1.414 & 2.359 \\ 0.439 & -1.099 & 0.573 & 0.452 & 0.044 & 0.225 & 0.258 & -0.892 \\ 0.640 & -1.220 & 0.452 & 0.653 & -0.076 & 0.105 & 0.459 & -1.012 \\ -0.089 & -0.451 & 0.044 & -0.076 & 0.693 & 0.392 & -0.270 & -0.243 \\ 0.091 & -0.752 & 0.225 & 0.105 & 0.392 & 0.573 & -0.089 & -0.544 \\ 0.499 & -1.414 & 0.258 & 0.459 & -0.270 & -0.089 & 1.763 & -1.206 \\ -1.026 & 2.359 & -0.892 & -1.012 & -0.243 & -0.544 & -1.206 & 2.566 \end{bmatrix},$$

$$B_2 = \begin{bmatrix} 0.834 & -0.599 & 0.195 & -0.819 & 0.279 & 0.534 & 0.374 & -0.799 \\ -0.599 & 1.363 & 0.040 & 1.143 & -1.153 & -0.898 & -1.058 & 1.163 \\ 0.195 & 0.040 & 0.834 & -0.180 & -0.359 & -0.105 & -0.265 & -0.160 \\ -0.819 & 1.143 & -0.180 & 1.882 & -1.373 & -1.118 & -1.278 & 1.742 \\ 0.279 & -1.153 & -0.359 & -1.373 & 1.922 & 0.779 & 1.258 & -1.353 \\ 0.534 & -0.898 & -0.105 & -1.118 & 0.779 & 1.033 & 0.873 & -1.098 \\ 0.374 & -1.058 & -0.265 & -1.278 & 1.258 & 0.873 & 1.353 & -1.258 \\ -0.799 & 1.163 & -0.160 & 1.742 & -1.353 & -1.098 & -1.258 & 1.762 \end{bmatrix},$$

$$B_3 = \begin{bmatrix} 1.273 & 1.239 & -0.776 & -1.384 & 1.155 & 0.170 & -0.641 & -1.035 \\ 1.239 & 1.250 & -0.765 & -1.373 & 1.121 & 0.181 & -0.630 & -1.024 \\ -0.776 & -0.765 & 0.913 & 0.305 & -0.894 & -0.123 & 0.687 & 0.654 \\ -1.384 & -1.373 & 0.305 & 3.525 & -1.502 & -0.731 & 0.080 & 1.082 \\ 1.155 & 1.121 & -0.894 & -1.502 & 1.982 & 0.051 & -0.759 & -1.153 \\ 0.170 & 0.181 & -0.123 & -0.731 & 0.051 & 0.823 & 0.012 & -0.382 \\ -0.641 & -0.630 & 0.687 & 0.080 & -0.759 & 0.012 & 0.823 & 0.429 \\ -1.035 & -1.024 & 0.654 & 1.082 & -1.153 & -0.382 & 0.429 & 1.431 \end{bmatrix}.$$

CANDECOMP の初期値を $\overline{B} = \frac{1}{3}(B_1 + B_2 + B_3)$ から作る空間配置とする．

$$\overline{B} = \begin{bmatrix} 0.929 & -0.198 & -0.048 & -0.521 & 0.448 & 0.265 & 0.077 & -0.953 \\ -0.198 & 2.141 & -0.608 & -0.483 & -0.161 & -0.490 & -1.034 & 0.833 \\ -0.048 & -0.608 & 0.773 & 0.192 & -0.403 & -0.001 & 0.227 & -0.133 \\ -0.521 & -0.483 & 0.192 & 2.020 & -0.984 & -0.582 & -0.246 & 0.604 \\ 0.448 & -0.161 & -0.403 & -0.984 & 1.532 & 0.407 & 0.076 & -0.916 \\ 0.265 & -0.490 & -0.001 & -0.582 & 0.407 & 0.809 & 0.265 & -0.675 \\ 0.077 & -1.034 & 0.227 & -0.246 & 0.076 & 0.265 & 1.313 & -0.679 \\ -0.953 & 0.833 & -0.133 & 0.604 & -0.916 & -0.675 & -0.679 & 1.919 \end{bmatrix}.$$

共通空間の次元を $p = 2$ とし，行列 $\overline{B}$ の固有値のうち大きい方から $\lambda_1 = 4.61924$ と $\lambda_2 = 3.22789$ の2つを使って，以下のように X を得る．

$$\Lambda^{1/2} = \begin{bmatrix} \sqrt{\lambda_1} & 0 \\ 0 & \sqrt{\lambda_2} \end{bmatrix} = \begin{bmatrix} 2.14924 & 0 \\ 0 & 1.79663 \end{bmatrix},$$

2.5 個人差多次元尺度構成法

$$V = \begin{bmatrix} 0.29252 & -0.11008 \\ -0.36005 & -0.64654 \\ 0.03189 & 0.28728 \\ -0.36215 & 0.53806 \\ 0.38834 & -0.31809 \\ 0.28609 & -0.01961 \\ 0.29855 & 0.30782 \\ -0.57519 & -0.03884 \end{bmatrix} \quad ; \quad X = V\Lambda^{1/2} = \begin{bmatrix} 0.62870 & -0.19778 \\ -0.77384 & -1.16160 \\ 0.06853 & 0.51614 \\ -0.77834 & 0.96669 \\ 0.83463 & -0.57148 \\ 0.61487 & -0.03523 \\ 0.64166 & 0.55304 \\ -1.23622 & -0.06978 \end{bmatrix}.$$

この X を，式 (2.34) を満たすように，次のように規準化して，CANDECOMP の初期値とする．対応する重み W も示す．

$$X^{\mathrm{L}} = X^{\mathrm{R}} = \begin{bmatrix} 0.82738 & -0.31136 \\ -1.01838 & -1.82870 \\ 0.09019 & 0.81255 \\ -1.02431 & 1.52185 \\ 1.09838 & -0.89968 \\ 0.80917 & -0.05546 \\ 0.84444 & 0.87066 \\ -1.62688 & -0.10985 \end{bmatrix} \quad ; \quad W = \begin{bmatrix} 0.48085 & 0.49733 \\ 0.93783 & 0.04922 \\ 0.31354 & 0.66391 \end{bmatrix}.$$

初期値における非適合度指標は $\eta = 0.60565$ であった．

1 回の CANDECOMP 実行後に規準化した $X^{\mathrm{L}}, X^{\mathrm{R}}$ と対応する重み W は次のようになる．

$$X^{\mathrm{L}} = \begin{bmatrix} 0.71682 & -0.46809 \\ -1.12984 & -1.75460 \\ 0.08751 & 0.80060 \\ -1.05401 & 1.54914 \\ 1.08611 & -0.94277 \\ 0.83605 & -0.08226 \\ 0.96667 & 0.87485 \\ -1.50930 & 0.02313 \end{bmatrix} \quad ; \quad X^{\mathrm{R}} = \begin{bmatrix} 0.68951 & -0.52283 \\ -1.17590 & -1.72422 \\ 0.09831 & 0.79457 \\ -1.02891 & 1.54805 \\ 1.06937 & -0.97303 \\ 0.83704 & -0.09848 \\ 1.00219 & 0.87086 \\ -1.49162 & 0.10507 \end{bmatrix},$$

$$W = \begin{bmatrix} 0.49309 & 0.40622 \\ 0.94710 & 0.05769 \\ 0.26707 & 0.73156 \end{bmatrix}.$$

この段階での非適合度指標は $\eta = 0.59571$ であった．

10 回の CANDECOMP 実行後に規準化した $X^{\mathrm{L}}, X^{\mathrm{R}}$ と対応する重み W は次のようになる．

2 章 データの類似度と多次元尺度構成法

$$X^{\mathrm{L}} = \begin{bmatrix} 0.65531 & -1.01535 \\ -1.76018 & -0.84454 \\ 0.39806 & 0.56742 \\ -0.14766 & 1.70721 \\ 0.62274 & -1.29042 \\ 0.66095 & -0.42842 \\ 1.08448 & 0.25191 \\ -1.51371 & 1.05219 \end{bmatrix} \;;\; X^{\mathrm{R}} = \begin{bmatrix} 0.65739 & -1.01367 \\ -1.76384 & -0.83615 \\ 0.40157 & 0.56382 \\ -0.13762 & 1.71106 \\ 0.61626 & -1.29131 \\ 0.65749 & -0.43280 \\ 1.08273 & 0.24384 \\ -1.51398 & 1.05521 \end{bmatrix},$$

$$W = \begin{bmatrix} 0.86222 & 0.02310 \\ 0.70387 & 0.33102 \\ 0.03090 & 0.81366 \end{bmatrix}.$$

この段階で，X^{L} と X^{R} は小数点以下第 2 位までほぼ一致しており，非適合度指標は $\eta = 0.51353$ であった．ここで反復計算を停止する．表 2.7 に CANDECOMP を繰り返したときの η の収束の様子を示す．

図 2.5 に共通空間と重みをプロットする（但し，共通空間では y 軸を反転させた）．重みのプロットから，もとの 3 人の観点は，収益性指向と安定性指向に大別されることが分かる．共通空間の中で，この 2 つの指向性から 8 社を見ると，収益性は，G 社が最も高く，続いて A, E, F, C 社も高いが，B 社と H 社は低い．安定性が高いのは E, A, B, F 社であり，D 社と H 社は低い．これらの観察は表 2.6 の数値データからも察知できるが，図 2.5 のようなプロットは全体の中での各社の位置を直観的に明示するものである．

最後に，式 (2.29) により計算した 3 つの観点の空間における 8 社の位置を図 2.6(a)〜(c) に示す．縦軸と横軸の尺度を統一すれば，観点による評価の違いが浮き彫りになる．

表 2.7 CANDECOMP 反復計算における非適合度指標 η の収束．

回数	η	回数	η
1	0.59132	6	0.51947
2	0.57069	7	0.51669
3	0.54690	8	0.51504
4	0.53198	9	0.51408
5	0.52408	10	0.51353

2.5 個人差多次元尺度構成法

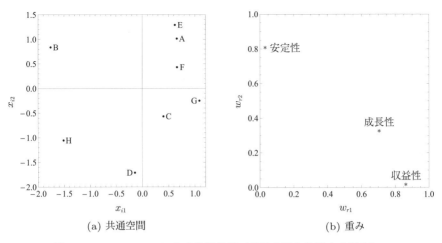

(a) 共通空間   (b) 重み

図 2.5 INDSCAL による分析結果（共通空間と各観点の重み）．

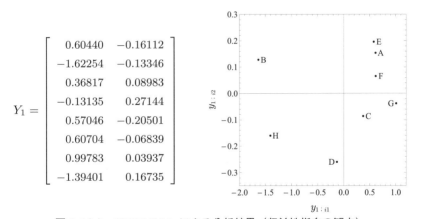

$$Y_1 = \begin{bmatrix} 0.60440 & -0.16112 \\ -1.62254 & -0.13346 \\ 0.36817 & 0.08983 \\ -0.13135 & 0.27144 \\ 0.57046 & -0.20501 \\ 0.60704 & -0.06839 \\ 0.99783 & 0.03937 \\ -1.39401 & 0.16735 \end{bmatrix}$$

図 2.6(a)　INDSCAL による分析結果（収益性指向の観点）．

61

$$Y_2 = \begin{bmatrix} 0.55732 & -0.57154 \\ -1.49616 & -0.47342 \\ 0.33949 & 0.31865 \\ -0.12112 & 0.96287 \\ 0.52603 & -0.72723 \\ 0.55976 & -0.24259 \\ 0.92011 & 0.13965 \\ -1.28544 & 0.59362 \end{bmatrix}$$

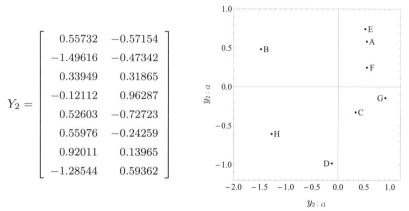

図 2.6(b)　INDSCAL による分析結果（成長性指向の観点）．

$$Y_3 = \begin{bmatrix} 0.12150 & -0.91786 \\ -0.32618 & -0.76029 \\ 0.07401 & 0.51174 \\ -0.02640 & 1.54631 \\ 0.11468 & -1.16789 \\ 0.12203 & -0.38959 \\ 0.20060 & 0.22426 \\ -0.28024 & 0.95332 \end{bmatrix}$$

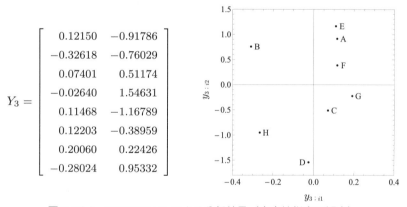

図 2.6(c)　INDSCAL による分析結果（安定性指向の観点）．

謝　辞

第 2.3 節に関して有益なご助言をいただいた IBM の井手剛博士に感謝します．

参考文献

アエラ (2016), トヨタ超え最強企業：収益性・成長性・安定性の最強 100 社, アエラ, Vol.29, No.8, pp.10–15, 2016 年 2 月 22 日.

井手剛 (2013), センサー・データによる状態監視技術, *PROVISION*, No.78, pp.28–33, Summer 2013.

井手剛 (2015), 入門 機械学習による異常検知－R による実践ガイド－, コロナ社, 2015 年 3 月.

今村美穂 (2012), 記述型の官能評価/製品開発における QDA 法の活用, 化学と生物, Vol.50, No.11, pp.818–824, 2012 年 11 月.

川崎寛也 (2016), Temporal Dominance of Sensations (TDS)：感覚の経時変化を測定する新たな方法, 日本調理科学会誌, Vol.49, No.3, pp.243–247, 2016 年 7 月.

齋藤堯幸 (1980), 多次元尺度構成法, 朝倉書店, 1980 年 8 月.

齋藤堯幸・宿久洋 (2006), 関連性データの解析法－多次元尺度構成法とクラスター分析法－, 共立出版, 2006 年 9 月.

高根芳雄 (1980), 多次元尺度法, 東京大学出版会, 1980 年 2 月.

古屋茂 (1959), 行列と行列式, 増補版, 培風館, 1959 年 5 月.

宮埜寿夫 (1986), 官能検査と多次元尺度構成法, 計数管理, Vol.35, No.3, pp.126–131, 1986 年 3 月.

柳井晴夫・竹内啓 (1983), 射影行列・一般逆行列・特異値分解, 東京大学出版会, 1983 年 7 月.

Anderberg, M. R. (1973), *Cluster Analysis for Applications*, Academic Press, 1973. 西田英郎監訳, クラスター分析とその応用, 内田老鶴圃, 1988 年 12 月.

Anderson, T. W. (2003), *An Introduction to Multivariate Statistical Analysis*, Chapter 5: The Generalized T^2-Statistic, Third edition, John Wiley & Sons, 2003.

Carroll, J. D. and J.-J. Chang (1970), Analysis of individual differences in multidimensional scaling via an N-way generalization of "Eckart-Young" decomposition, *Psychometrica*, Vol.35, No.3, pp.283–319, September 1970.

Cox, T. F. and M. A. A. Cox (2001), *Multidimensional Scaling*, Second edition, Chapman & Hall, 2001.

Cronbach, L. J. and G. C. Gleser (1953), Assessing similarity between profiles, *Psychological Bulletin*, Vol.50, No.6, pp.456–473, November 1953.

Everitt, B. S., S. Landau, M. Leese, and D. Stahl (2011), *Cluster Analysis*, Fifth edition, John Wiley & Sons, 2011.

Gower, J. C. and P. Legendre (1986), Metric and Euclidean properties of dissimilarity coefficients, *Journal of Classification*, Vol.3, No.1, pp.5–48, March 1986.

Horan, C. B. (1969), Multidimensional scaling: combining observations when individuals have different perceptual structures, *Psychometrica*, Vol.34, No.2, pp.139–165, June 1969.

Olympic Games Official London 2012 website, http://www.london2012.com/gymnastics-artistic/event/men-qualifications/ (2012 年 7 月 30 日確認, 現在無効). https://www.olympic.org/london-2012/gymnastics-artistic/team-competition-men (2016 年 10 月 17 日確認, 各国の合計点のみ).

Stevens, S. S. (1946), On the theory of scales of measurement, *Science*, Vol.103, No.2684, pp.677–680, Friday, June 7, 1946.

Taguchi, G. and J. Rajesh (2000), New trends in multivariate diagnosis, *Sankhyā: The Indian Journal of Statistics*, Series B, Vol.62, No.2, pp.233–248, August 2000.

Torgerson, W. S. (1952), Multidimensional scaling: I. theory and method, *Psychometrica*, Vol.17, No.4, pp.401–419, December 1952.

Tullis, T. S. and W. Albert (2008), *Measuring the User Experience: Collecting, Analyzing, and Presenting Usability Metrics*, Morgan Kaufmann, 2008. 篠原稔和 訳, ユーザエクスペリエンスの測定：UX メトリクスの理論と実践, 東京電機大学出版局, 2014 年 11 月.

Woodall, W. H., R. Koudelik, K.-L. Tsui, S.-B. Kim, Z. G. Stoumbos, and C. P. C. Carvounis (2003), A review and analysis of the Mahalanobis-Taguchi system, *Technometrics*, Vol.45, No.1, pp.1–15, February 2003. Discussion and response by R. Jugulum, G. Taguchi, S. Taguchi, J. O. Wilkins, B. Abraham, A. M. Variyath, and D. H. Hawkins, *ibid.*, pp.16–30.

Young, G. and A. S. Householder (1938), Discussion of a set of points in terms of their mutual distances, *Psychometrika*, Vol.3, No.1, pp.19–22, March 1938.

著者紹介

イリチュ（佐藤）美佳

1991 年北海道大学大学院工学研究科情報工学専攻修士課程修了. 1994 年同博士後期課程修了. 博士(工学). 1994 年北海道武蔵女子短期大学講師. 1997 年 Leiden University, Department of Data Theory, Leiden, The Netherlands, Visiting Researcher. 1997 年筑波大学講師社会工学系, 2000 年同助教授. 2012, 2014 年 University of Paris (UPMC), Department of Databases and Machine Learning LIP6, Paris, France, Invited Professor. 2011 年筑波大学システム情報系社会工学域准教授, 2013 年同教授. 大学院システム情報工学研究科リスク工学専攻担当. 2017 年独立行政法人統計センター研究担当理事（兼任）. 研究分野は統計科学, データマイニング. 主な著書は, *Fuzzy Clustering Models and Applications* (Springer-Verlag, 1997), *Innovations in Fuzzy Clustering* (Springer-Verlag, 2006),『サービスサイエンスことはじめ―数理モデルとデータ分析によるイノベーション』（分担執筆第 8 章 ビジネスデータの線形回帰モデル, 高木英明編著, 筑波大学出版会, 2014 年 8 月）など.

高木英明

1 章を参照.

3章 分かるために分けるクラスター分析
Data Clustering for Understanding

イリチュ（佐藤）美佳 (筑波大学)
mika@risk.tsukuba.ac.jp
高木 英明 (筑波大学)
takagi@sk.tsukuba.ac.jp

　データで表されたいろいろな特性をもつ個体の集団を，特性が似ている個体どうしを集めていくつかの組（クラスター）に分けるクラスタリングはデータ分析の基本である．本章では，始めに，n 個のデータをクラスターに分解する方法が何通りあるかを順列組合せの手法で考察する．続いて，クラスターを形成すると，すべての個体にわたるデータ間のばらつきが，クラスターの重心間のばらつきと，各クラスター内におけるばらつきの和に分解できることを示す．その後，量的データに限定して，実際にクラスタリングを行うアルゴリズムを紹介する．凝集型階層的クラスター分析法として，最近隣法等によるデンドログラム（樹形図）の形成を説明する．また，非階層的クラスター分析法として，代表的な k 平均法を説明する．さらに，それぞれの方法の適用例を示す．

キーワード：クラスタリングの数，第2種 Stirling 数，Bell 数，包除原理，クラスター間分散，クラスター内分散，クラスターの重心，平方和分解，Caliński-Harabasz の評価基準，階層的クラスター分析法，デンドログラム，最近隣法，最遠隣法，群平均法，McQuitty 法，重心法，メディアン法，Ward 法，Lance-Williams の組合せ公式，距離空間の変形，非階層的クラスター分析法，Forgy の k 平均法，MacQueen の k 平均法，MacQueen の粗密化パラメタ k 平均法，Hartigan の k 平均法

3.1 データのクラスタリング

　「分かる」という言葉の語源は「分ける」であると言われている[*1]．「分かる」ためには「分け」なければならない．「分からない」とは「分けられない」「分けられていない」ことである．

[*1] 北原保雄,『青葉は青いか：日本語を歩く』,「分ける」と「分かる」, pp. 22–31, 大修館書店, 1997 年 12 月.

3章　分かるために分けるクラスター分析

データで表されたいろいろな特性をもつ個体の集団が「分かる」ために，特性が似ている個体どうしを集めていくつかの組に分ける**分類** (classification) は，データ分析の基本である．こうして分けられた組を**クラスター** (cluster) と呼び，組分けすることを**クラスタリング** (clustering) という[*2].

本章では，データに基づいて個体群を統計的に分類する**クラスター分析** (cluster analysis) の原理と手法を説明する．但し，対象とするデータは（2.1節に示された間隔尺度または比尺度で表される）量的データに限定する．始めに，クラスター分類の総数を示し，良いクラスター分類の基準について考察する．その後，分類を実行するアルゴリズムとして，階層的クラスター分析法と非階層的クラスター分析法を説明する．これらのクラスター分析法は，データの構造に関する予備知識がないときでも適用できるので，データマイニングにおいて，**教師なし学習** (unsupervised learning) と言われる[*3].

本章の数値例としても，第2章の表2.2に示されている2012年ロンドン・オリンピックにおける体操男子予選団体総合得点を用いる．

3.1.1 クラスター分類の数

まず，n 個の個体をいくつかのクラスターに分けるクラスター構造の数は，自然数 n を n 以下の自然数の和で表す（順序は問わない）方法の数に等しい．例えば，自然数5には

$$5 = 5, \quad 5 = 4+1, \quad 5 = 3+2, \quad 5 = 3+1+1, \quad 5 = 2+2+1,$$
$$5 = 2+1+1+1, \quad 5 = 1+1+1+1+1$$

という7通り分割の方法がある．このような分割方法の数を**分割数** (partition number) という．自然数 n の分割数 P_n を表3.1に示す．

次に，n 個の個体を k 個のクラスターに分ける方法の数を考える．もし l 番目のクラスターに n_l 個の個体を入れることが決まっていれば $(1 \leq l \leq k)$，そのように分類する方法の数は，次の**多項係数** (multinomial coefficient) で与えられる．

[*2] クラスター (cluster) とは葡萄などの房のことである．
[*3] 第3次AIブーム（1.3節）の基礎技術である機械学習においても，学習の根幹を成すのは「分ける」という処理である（松尾豊，『人工知能は人間を超えるか』, p. 116, 2015年）．

3.1 データのクラスタリング

表 3.1 n 個の個体を分割する方法の数（分割数）．

n	1	2	3	4	5	10	20	30	40	50	100
P_n	1	2	3	5	7	42	627	5,604	37,338	204,226	190,569,292

$$\frac{n!}{n_1! n_2! \cdots n_k!} \quad 但し，\sum_{l=1}^{k} n_l = n.$$

各クラスターに入れる個体の数が決まっていない場合には，それらを分類する方法の数は**第 2 種の Stirling 数** (Stirling number of the second kind)

$$N(n, k) = \frac{1}{k!} \sum_{m=1}^{k} (-1)^{k-m} \binom{k}{m} m^n \quad 1 \leq k \leq n \quad (3.1)$$

で与えられる (Everitt et al., 2011, p. 121)[*4]．また，クラスター数にかかわらず，n 個の個体を分類する方法の数は **Bell 数** (Bell number)

$$B_n = \sum_{k=1}^{n} N(n, k) = \sum_{k=1}^{n} \frac{1}{k!} \sum_{m=1}^{k} (-1)^{k-m} \binom{k}{m} m^n$$

で与えられる[*5]．個体の数があまり多くない場合でも，可能な分類の数は非常に大きくなる（表 3.2 および 3.3）．従って，すべての分け方を網羅的に調べ上げて，その中から最適なクラスタリングを求めることは現実的に不可能である．

式 (3.1) は以下のようにして導くことができる．n 個の個体を k 個のクラスターに分ける方法の数は，n 個の物を k 個の箱に入れるときに，どの箱も空でない

[*4] 特に，

$$N(n, 1) = N(n, n) = 1 \quad ; \quad N(n, 2) = 2^{n-1} - 1 \quad ; \quad N(n, n-1) = \binom{n}{2}$$

となる．これらの結果は次のように説明できる．2 つのクラスターに分ける場合は，n 個の個体をどちらかのクラスターに入れる方法が 2^n 通りあり，クラスターの順序は区別しないので 2 で割り，1 つのクラスターだけに偏る場合を除くと，$2^{n-1} - 1$ 通りの方法があることが分かる．また，$n - 1$ 個のクラスターに分ける場合は，2 つの個体を含むクラスターが 1 つと 1 つだけの個体を含むクラスターが $n - 2$ 個となるので，前者のクラスターに含まれる 2 つの個体を選ぶ $\binom{n}{2}$ 通りの方法がある．

[*5] James Stirling, 1692–1770, イギリスの数学者．
Eric Temple Bell, 1883–1960, アメリカの数学者・小説家．

3章 分かるために分けるクラスター分析

表 3.2 n 個の個体を k 個のクラスターに分類する方法の数（第 2 種の Stirling 数）．

n	$k=2$	$k=3$	$k=4$	$k=5$
5	15	25	10	1
8	127	966	1,701	1,050
10	511	9,330	34,105	42,525
20	524,287	580,606,446	45,232,115,901	749,206,090,500
30	5.369×10^8	3.431×10^{13}	4.800×10^{16}	7.713×10^{18}
40	5.498×10^{11}	2.026×10^{18}	5.037×10^{22}	7.574×10^{25}
50	5.629×10^{14}	1.196×10^{23}	5.282×10^{28}	7.401×10^{32}
100	6.338×10^{29}	8.590×10^{46}	6.696×10^{58}	6.574×10^{67}

表 3.3 n 個の個体をクラスターに分類する方法の数（Bell 数）．

n	1	2	3	4	5	10	20
B_n	1	2	5	15	52	115,975	5.772×10^{13}

ように入れる方法の数に等しい．n 個の物を k 個の箱に入れる方法は k^n 通りある．このとき，箱 i が空であるという事象を A_i で表す $(i = 1, 2, \ldots, k)$．事象 A_i が起こるのは，すべての物が i 以外の箱に入る場合であるから，その確率は

$$P\{A_i\} = \left(1 - \frac{1}{k}\right)^n$$

で与えられる．同様に，事象 $A_i \cap A_j$ $(i \neq j)$ が起こるのは，すべての物が i と j 以外の箱に入る場合であるから，その確率は

$$P\{A_i \cap A_j\} = \left(1 - \frac{2}{k}\right)^n \qquad i \neq j$$

で与えられる．確率論における**包除原理** (principle of inclusion-exclusion) により，どれかの箱が空である確率は

$$\begin{aligned} P\{A_1 \cup A_2 \cup \cdots \cup A_k\} = & \sum_{m=1}^{k} P\{A_i\} - \sum_{i<j} P\{A_i \cap A_j\} \\ & + \sum_{i<j<l} P\{A_i \cap A_j \cap A_l\} + \cdots \\ & + (-1)^{m-1} \sum_{i_1 < i_2 < \cdots < i_m} P\{A_{i_1} \cap A_{i_2} \cap \cdots \cap A_{i_m}\} \end{aligned}$$

$$+ \cdots + (-1)^{k-1} P\{A_1 \cap A_2 \cap \cdots \cap A_k\} \qquad (3.2)$$

で与えられる*6. 一般に,特定の m 個の箱がすべて空である確率は

$$P\{A_{i_1} \cap A_{i_2} \cap \cdots \cap A_{i_m}\} = \left(1 - \frac{m}{k}\right)^n \qquad m = 1, 2, \ldots, k-1$$

である. n 個の箱の中から特定の m 個の箱を選ぶ方法は $\binom{n}{m}$ 通りあるので,

$$P\{A_1 \cup A_2 \cup \cdots \cup A_k\} = k\left(1 - \frac{1}{k}\right)^n - \binom{k}{2}\left(1 - \frac{2}{k}\right)^n + \cdots$$

$$+ (-1)^{m-1}\binom{k}{m}\left(1 - \frac{m}{k}\right)^n + \cdots + (-1)^{k-2}\binom{k}{k-1}\left(1 - \frac{k-1}{k}\right)^n$$

$$= \sum_{m=1}^{k-1}(-1)^{m-1}\binom{k}{m}\left(1 - \frac{m}{k}\right)^n$$

が得られる. よって,空箱が 1 つもない確率は

$$P\left\{\overline{A_1} \cap \overline{A_2} \cap \cdots \cap \overline{A_k}\right\} = P\left\{\overline{A_1 \cup A_2 \cup \cdots \cup A_k}\right\}$$

$$= 1 - P\{A_1 \cup A_2 \cup \cdots \cup A_k\} = 1 - \sum_{m=1}^{k-1}(-1)^{m-1}\binom{k}{m}\left(1 - \frac{m}{k}\right)^n$$

$$= \sum_{m=0}^{k-1}(-1)^m \binom{k}{m}\left(1 - \frac{m}{k}\right)^n = \sum_{m=1}^{k}(-1)^{k-m}\binom{k}{k-m}\left(1 - \frac{k-m}{k}\right)^n$$

$$= \frac{1}{k^n}\sum_{m=1}^{k}(-1)^{k-m}\binom{k}{m}m^n$$

---

*6 包除原理は, $k=2$ のとき

$$P\{A \cup B\} = P\{A\} + P\{B\} - P\{A \cap B\}$$

であり, $k=3$ のとき

$$P\{A \cup B \cup C\} = P\{A\} + P\{B\} + P\{C\} - P\{A \cap B\} - P\{A \cap C\}$$
$$- P\{B \cap C\} + P\{A \cap B \cap C\}$$

というよく知られた形になる. 一般の場合の公式 (3.2) は, k に関する数学的帰納法により証明できる.

で与えられる*7．これにすべての入れ方の数 k^n を掛けて，箱の並べ方には依存しないので，並べる方法の数 $k!$ で割ると，式 (3.1) が得られる．

3.1.2 クラスター間分散とクラスター内分散

与えられた多数の個体からクラスターを形成するとき，すべての個体にわたる観察値のばらつきは，クラスター（の重心）間 (between-clusters) のばらつきと，各クラスター内 (within-clusters) におけるばらつきの和に分解することができる．このことを分散と分散共分散行列で示す．記号が複雑になるので，以下において使用する添え字を表 3.4 に示す．

n 個の個体のうちの i 番目の個体の観察値を

$$\boldsymbol{x}_i = (x_{i1}, x_{i2}, \ldots, x_{ir}, \ldots, x_{ip}) \quad 1 \leq i \leq n$$

で表す．これらの個体を k 個のクラスター $C_1, C_2, \ldots, C_k$ に分けると仮定し，クラスター C_l に属する個体の数を n_l とする $(1 \leq l \leq k)$．従って，

$$\sum_{i \in C_l} 1 = n_l \quad (1 \leq l \leq k) \quad ; \quad \sum_{l=1}^{k} n_l = n$$

である．クラスター C_l に属する個体についての観察値の平均

表 3.4 平方和分解において使用する添え字．

	全数	添え字
個体	n	i, j
変数	p	r, s
クラスター	k	l, m

---

*7 事象 A に対し，$\overline{A}$ は A が起こらないという事象（A の余事象）を表す．このとき，事象 A と B について，**de Morgan** の法則 (de Morgan's law)

$$\overline{A \cup B} = \overline{A} \cap \overline{B} \quad ; \quad \overline{A \cap B} = \overline{A} \cup \overline{B}$$

が成り立つ．Augustus de Morgan (1806–1871) はイギリスの数学者．村上ほか (2016, p. 8) は，de Morgan が 1851 年に示した「文章に関する統計量の分析で著者が推定できるのではないか」という発想が**計量文体学** (stylometrics) の発端になったと書いている．

$$\bar{\boldsymbol{x}}^l := \frac{1}{n_l}\sum_{i \in C_l}\boldsymbol{x}_i = (\bar{x}_1^l, \bar{x}_2^l, \ldots, \bar{x}_r^l, \ldots, \bar{x}_p^l) \quad ; \quad \bar{x}_r^l := \frac{1}{n_l}\sum_{i \in C_l} x_{ir} \quad 1 \leq r \leq p$$

を C_l の**重心** (centroid) と呼ぶ．すべての個体の重心（全観察値の平均）は

$$\bar{\boldsymbol{x}} = \frac{1}{n}\sum_{l=1}^{k} n_l \bar{\boldsymbol{x}}^l = \frac{1}{n}\sum_{l=1}^{k}\sum_{i \in C_l}\boldsymbol{x}_i = \frac{1}{n}\sum_{i=1}^{n}\boldsymbol{x}_i = (\bar{x}_1, \bar{x}_2, \ldots, \bar{x}_r, \ldots, \bar{x}_p),$$

$$\bar{x}_r := \frac{1}{n}\sum_{l=1}^{k} n_l \bar{x}_r^l = \frac{1}{n}\sum_{l=1}^{k}\sum_{i \in C_l} x_{ir} = \frac{1}{n}\sum_{i=1}^{n} x_{ir} \quad 1 \leq r \leq p$$

である．

さて，すべての個体の観察値の分散は

$$T := \frac{1}{n}\sum_{i=1}^{n}(\boldsymbol{x}_i - \bar{\boldsymbol{x}})(\boldsymbol{x}_i - \bar{\boldsymbol{x}})^\top = \frac{1}{n}\sum_{i=1}^{n}\sum_{r=1}^{p}(x_{ir} - \bar{x}_r)^2$$

で与えられる．これは各個体と全個体の重心 $\bar{\boldsymbol{x}}$ との間の平方 Euclid 距離の平均である．これを

$$T = \frac{1}{n}\sum_{l=1}^{k}\sum_{i \in C_l}(\boldsymbol{x}_i - \bar{\boldsymbol{x}})(\boldsymbol{x}_i - \bar{\boldsymbol{x}})^\top$$
$$= \frac{1}{n}\sum_{l=1}^{k}\sum_{i \in C_l}(\boldsymbol{x}_i - \bar{\boldsymbol{x}}^l)(\boldsymbol{x}_i - \bar{\boldsymbol{x}}^l)^\top + \frac{1}{n}\sum_{l=1}^{k} n_l (\bar{\boldsymbol{x}}^l - \bar{\boldsymbol{x}})(\bar{\boldsymbol{x}}^l - \bar{\boldsymbol{x}})^\top \quad (3.3)$$

と書くことができる．実際，最後の辺におけるクラスター C_l に係る項は

$$\sum_{i \in C_l}(\boldsymbol{x}_i - \bar{\boldsymbol{x}}^l)(\boldsymbol{x}_i - \bar{\boldsymbol{x}}^l)^\top + n_l(\bar{\boldsymbol{x}}^l - \bar{\boldsymbol{x}})(\bar{\boldsymbol{x}}^l - \bar{\boldsymbol{x}})^\top$$
$$= \sum_{i \in C_l}\boldsymbol{x}_i\boldsymbol{x}_i^\top - \bar{\boldsymbol{x}}^l\sum_{i \in C_l}\boldsymbol{x}_i^\top - \sum_{i \in C_l}\boldsymbol{x}_i(\bar{\boldsymbol{x}}^l)^\top + n_l\bar{\boldsymbol{x}}^l(\bar{\boldsymbol{x}}^l)^\top$$
$$\quad + n_l\bar{\boldsymbol{x}}^l(\bar{\boldsymbol{x}}^l)^\top - n_l\bar{\boldsymbol{x}}(\bar{\boldsymbol{x}}^l)^\top - n_l\bar{\boldsymbol{x}}^l\bar{\boldsymbol{x}}^\top + n_l\bar{\boldsymbol{x}}\bar{\boldsymbol{x}}^\top$$
$$= \sum_{i \in C_l}\boldsymbol{x}_i\boldsymbol{x}_i^\top - n_l\bar{\boldsymbol{x}}(\bar{\boldsymbol{x}}^l)^\top - n_l\bar{\boldsymbol{x}}^l\bar{\boldsymbol{x}}^\top + n_l\bar{\boldsymbol{x}}\bar{\boldsymbol{x}}^\top$$
$$= \sum_{i \in C_l}(\boldsymbol{x}_i - \bar{\boldsymbol{x}})(\boldsymbol{x}_i - \bar{\boldsymbol{x}})^\top$$

3章　分かるために分けるクラスター分析

となる．

式 (3.3) の第 2 項

$$B(k) := \frac{1}{n} \sum_{l=1}^{k} n_l (\bar{\boldsymbol{x}}^l - \bar{\boldsymbol{x}})(\bar{\boldsymbol{x}}^l - \bar{\boldsymbol{x}})^\top$$

はクラスター（の重心）間の分散である．また，式 (3.3) の第 1 項に現れる

$$W_l(k) := \frac{1}{n_l} \sum_{i \in C_l} (\boldsymbol{x}_i - \bar{\boldsymbol{x}}^l)(\boldsymbol{x}_i - \bar{\boldsymbol{x}}^l)^\top = \frac{1}{n_l} \sum_{i \in C_l} \sum_{r=1}^{p} (x_{ir} - \bar{x}_r^l)^2$$

$$= \frac{1}{2n_l^2} \sum_{i \in C_l} \sum_{j \in C_l} (\boldsymbol{x}_i - \boldsymbol{x}_j)(\boldsymbol{x}_i - \boldsymbol{x}_j)^\top = \frac{1}{2n_l^2} \sum_{i \in C_l} \sum_{j \in C_l} \sum_{r=1}^{p} (x_{ir} - x_{jr})^2$$

はクラスター C_l における観察値の分散である $(1 \leq l \leq k)$．$W_l(k)$ を与える上記の 2 つの表現式が等しいことは次のようにして分かる．

$$\sum_{i \in C_l} (\boldsymbol{x}_i - \bar{\boldsymbol{x}}^l)(\boldsymbol{x}_i - \bar{\boldsymbol{x}}^l)^\top$$

$$= \sum_{i \in C_l} \boldsymbol{x}_i \boldsymbol{x}_i^\top - \bar{\boldsymbol{x}}^l \sum_{i \in C_l} \boldsymbol{x}_i^\top - \sum_{i \in C_l} \boldsymbol{x}_i (\bar{\boldsymbol{x}}^l)^\top + n_l \bar{\boldsymbol{x}}^l (\bar{\boldsymbol{x}}^l)^\top$$

$$= \sum_{i \in C_l} \boldsymbol{x}_i \boldsymbol{x}_i^\top - n_l \bar{\boldsymbol{x}}^l (\bar{\boldsymbol{x}}^l)^\top,$$

$$\sum_{i \in C_l} \sum_{j \in C_l} (\boldsymbol{x}_i - \boldsymbol{x}_j)(\boldsymbol{x}_i - \boldsymbol{x}_j)^\top$$

$$= \sum_{i \in C_l} \sum_{j \in C_l} \boldsymbol{x}_i \boldsymbol{x}_i^\top - \sum_{i \in C_l} \sum_{j \in C_l} \boldsymbol{x}_j \boldsymbol{x}_i^\top - \sum_{i \in C_l} \sum_{j \in C_l} \boldsymbol{x}_i \boldsymbol{x}_j^\top + \sum_{i \in C_l} \sum_{j \in C_l} \boldsymbol{x}_j \boldsymbol{x}_j^\top$$

$$= 2n_l \sum_{i \in C_l} \boldsymbol{x}_i \boldsymbol{x}_i^\top - 2n_l^2 \bar{\boldsymbol{x}}^l (\bar{\boldsymbol{x}}^l)^\top = 2n_l \left[\sum_{i \in C_l} \boldsymbol{x}_i \boldsymbol{x}_i^\top - n_l \bar{\boldsymbol{x}}^l (\bar{\boldsymbol{x}}^l)^\top \right].$$

従って，次の $W(k)$ はすべてのクラスター内分散の和である．

$$W(k) := \frac{1}{n} \sum_{l=1}^{k} n_l W_l(k) = \frac{1}{n} \sum_{l=1}^{k} \sum_{i \in C_l} (\boldsymbol{x}_i - \bar{\boldsymbol{x}}^l)(\boldsymbol{x}_i - \bar{\boldsymbol{x}}^l)^\top$$

$$= \frac{1}{n} \sum_{l=1}^{k} \frac{1}{2n_l} \sum_{i \in C_l} \sum_{j \in C_l} (\boldsymbol{x}_i - \boldsymbol{x}_j)(\boldsymbol{x}_i - \boldsymbol{x}_j)^\top.$$

3.1 データのクラスタリング

このようにして，n 個の個体を k 個のクラスターに分けるとき，全観察値の分散はクラスター（の重心）間分散とクラスター内分散の和とに分解される．

$$T = B(k) + W(k). \tag{3.4}$$

この式（の両辺の n 倍）を**平方和の分解** (division of the total sum-of-squares) という（中村, 2009, p. 214; Everitt *et al.*, 2011, p. 114）．

同じことは，分散共分散行列を用いて

$$\tilde{T} := \frac{1}{n} \sum_{i=1}^{n} (\boldsymbol{x}_i - \bar{\boldsymbol{x}})^\top (\boldsymbol{x}_i - \bar{\boldsymbol{x}}) = \frac{1}{n} \sum_{l=1}^{k} \sum_{i \in C_l} (\boldsymbol{x}_i - \bar{\boldsymbol{x}})^\top (\boldsymbol{x}_i - \bar{\boldsymbol{x}})$$
$$= \tilde{B}(k) + \tilde{W}(k)$$

と表すことができる．ここで

$$\tilde{B}(k) := \frac{1}{n} \sum_{l=1}^{k} n_l (\bar{\boldsymbol{x}}^l - \bar{\boldsymbol{x}})^\top (\bar{\boldsymbol{x}}^l - \bar{\boldsymbol{x}}),$$
$$\tilde{W}(k) := \frac{1}{n} \sum_{l=1}^{k} \sum_{i \in C_l} (\boldsymbol{x}_i - \bar{\boldsymbol{x}}^l)^\top (\boldsymbol{x}_i - \bar{\boldsymbol{x}}^l)$$
$$= \frac{1}{n} \sum_{l=1}^{k} \frac{1}{2n_l} \sum_{i \in C_l} \sum_{j \in C_l} (\boldsymbol{x}_i - \boldsymbol{x}_j)^\top (\boldsymbol{x}_i - \boldsymbol{x}_j)$$

である．これらはそれぞれ p 次正方行列である．これらの行列の対角要素の和（トレース）がそれぞれ式 (3.4) における分散になっている．

$$T = \mathrm{Tr}\left[\tilde{T}\right] \quad ; \quad B(k) = \mathrm{Tr}\left[\tilde{B}(k)\right] \quad ; \quad W(k) = \mathrm{Tr}\left[\tilde{W}(k)\right].$$

全観察値の分散 T の値はクラスター形成の方法に依存しない．クラスター数 k が与えられたときの最適クラスタリングは，クラスターの重心間の分散 $B(k)$ を最大にし，クラスター内分散の和 $W(k)$ を最小にするように，すべての個体を k 個のクラスターに分けることである．この考えに基づく1つの評価基準として，**Caliński-Harabasz の評価基準** (Caliński-Harabasz index)

$$\mathrm{Pseud}\ F := \frac{B(k)}{n-k} \bigg/ \frac{W(k)}{k-1}$$

3章 分かるために分けるクラスター分析

表 3.5 クラスター内分散とクラスター間分散の数値例.

C_1	C_2	C_3	群内分散の和	群間分散	全分散	C-B 評価基準
$W_1(3)$	$W_2(3)$	$W_3(3)$	$W(3)$	$B(3)$	T	Pseudo F
米日中	露英ウ	独仏				
4.936	2.197	1.372	3.018	2.614	5.631	2.165
日中	露英ウ	米独仏				
3.139	2.197	3.558	2.943	2.689	5.631	2.284
日中	米露独仏	英ウ				
3.139	3.578	1.424	2.930	2.702	5.631	2.305
日中	米露英ウ	独仏				
3.139	2.971	1.372	2.613	3.018	5.631	2.887

が提案されている (Caliński and Harabasz, 1974).

数値例として，表 2.2 のデータについて，8 ヶ国にわたる分散を計算すると $T = 5.631$ となる．表 3.5 に $k = 3$ 個のクラスターに分ける 4 通りのクラスタリングの例について，各クラスター内分散とそれらの和 $W(3)$ およびクラスター間分散 $B(3)$ を示す．さらに Caliński-Harabasz の評価基準の値を示す．この 4 通りのうちでは，{日中，米露英ウ，独仏} と分ける場合が最も高い基準値となっている．8 ヶ国を 3 つのクラスターに分ける方法は 966 通りある（表 3.2）ので，すべての場合を計算して最適クラスタリングを見つけることは大変な手間を要する．

3.2 階層的クラスター分析法

クラスター分析法は，階層的クラスター分析法と非階層的クラスター分析法に大別される．**階層的クラスター分析** (hierarchical clustering) には，与えられた個体間の類似度または非類似度（または距離）を用いて，最も似ている（類似度が高い，または距離的に近い）個体を 1 つずつ順に集めて，クラスターを形成していく**凝集型** (agglomerative) 分類法と，逆に，最初にすべての個体を 1 つのクラスターと考え，これを分割していく**分岐型** (divisive) 分類法がある．

本節において，凝集型階層的分類法の基本アルゴリズムを説明し，それが作る 2 分木デンドログラムの数を導出する．第 3.3 節において 7 つの凝集型階層

的分類法を挙げ，3.4 節において，クラスター間距離空間の変形の観点からそれらの方法を分類する．第 3.5 節に数値例を示す．本章では分岐型階層的分類法は扱わない（例えば，Everitt *et al.* (2011) の pp. 84–88 を見よ）．階層的ではないクラスター分析法を**非階層的クラスター分析**という．第 3.6 節にその代表的方法である k 平均法のいくつかのアルゴリズムを紹介する．

3.2.1 凝集型階層的分類法

凝集型階層的分類法の基本的アルゴリズムを以下に示す．ここでは，類似度を用いてアルゴリズムを記すが，非類似度（または距離）を用いても同様に記述することができる．以下において，**類似度行列** (similarity matrix) と呼ぶものは，「クラスター間の類似度」を要素とする対称行列のことであり，その定義に基づいて，3.3 節に述べる類似度を更新する方法が決まる．従って，具体的な類似度または非類似度の定義とそれらの更新方法は，そこで一緒に述べることにする．

ステップ 1： n 個の個体が与えられたとき，それぞれの個体 1 つずつから成る n 個のクラスターからアルゴリズムを始める．クラスター間の類似度行列の初期値は個体間の類似度行列である．

ステップ 2： 類似度行列の要素の中で最も大きい値に対応するクラスターの対（ペア） C_p と C_q $(p \neq q)$ を見つける．もし 2 つ以上の対が同じ最大値になっていれば，そのうちのどれか一対を任意に取ればよい．

ステップ 3： クラスター C_p と C_q を融合してクラスター C_t を作る．類似度行列において，クラスター C_p と C_q に属していた行と列を除去し，クラスター C_t に属する行と列を追加する．これでクラスターの数が 1 つ減る．クラスター C_t と他のすべてのクラスター C_r $(r \neq p, q)$ との間の類似度を更新する．第 3.3 節に示すように，この更新には，いくつかの方法がある．

ステップ 4： ステップ 2 と 3 を，すべてのクラスターが 1 つに融合するまで， $n-1$ 回繰り返す．

類似度の代わりに非類似度（または距離）を用いる場合には，上記のアルゴリズムにおいて，「類似度行列」を「非類似度（または距離）行列」に変え，ステップ 2 において，「最も大きい値に対応する」を「最も小さい値に対応する」

3章 分かるために分けるクラスター分析

表 3.6 共表型行列の表示.

個体	1	2	$\cdots$	j	$\cdots$	$i-1$	$\cdots$	$n-1$
2	c_{21}	-	$\cdots$	-	$\cdots$	-	$\cdots$	-
3	c_{31}	c_{32}		-	$\cdots$	-	$\cdots$	-
$\vdots$	$\vdots$	$\vdots$						$\vdots$
i	c_{i1}	c_{i2}	$\cdots$	c_{ij}	$\cdots$	$c_{i,i-1}$		-
$\vdots$	$\vdots$	$\vdots$		$\vdots$		$\vdots$		
n	c_{n1}	c_{n2}	$\cdots$	c_{nj}	$\cdots$	$c_{n,i-1}$	$\cdots$	$c_{n,n-1}$

に,「最大値」を「最小値」に読み換えればよい.

n 個の個体に対してこのアルゴリズムを実行する計算時間は, ステップ2とステップ3を n 回繰り返す中で, ステップ2で融合する2つのクラスターを見つけるために $O(n \log n)$ 時間と, ステップ3で類似度の更新に $O(n)$ 時間を要するので, 合計で $O(n^2 \log n)$ 時間を要することになる.

上記の凝集型アルゴリズムを実行すると, 個体 i を含むクラスターと個体 j を含むクラスターが融合するときの類似度あるいは非類似度 (または距離) c_{ij} が得られる. この c_{ij} ($i > j$) を個体 i と j の**共表型類似度** (cophenetic similarity) あるいは**共表型距離** (cophenetic distance) と呼び, これを第 i 行 j 列要素とする $n-1$ 次下三角行列を**共表型行列** (cophenetic matrix) という[*8].

共表型行列は表 3.6 のように示される. 共表型類似度および共表型行列は, 次節で具体的に述べるクラスター間の類似度の定義と, クラスターを融合するときに類似度を更新する方法に依存して, 異なる値になることに注意する.

3.2.2 2分木デンドログラムの数

クラスターが形成されていく過程は共表型行列に示されるが, これを視覚的に分かりやすく, **デンドログラム** (dendrogram) と呼ばれる樹形図に描くことが

[*8] "phenetics" とは生物学の用語で, 進化の系統ではなく, 形態上に現れた類似度に基づいて生物を分類する方法のことであり,「表型分類」と訳される. "cophenetic matrix" の訳を「Cophen 行列」(齋藤・宿久, 2006, p. 151) とか,「コーフェン行列」(金, 2017, p. 107) としている文献があるが, 言語的に適当な翻訳ではないと思われるので, 本章では「共表型行列」とする.

3.2 階層的クラスター分析法

できる*9. 以下では，クラスター形成過程において，個体間およびクラスター間の類似度や距離に同じ値のものは現れないと仮定する．また，クラスターの融合が単調でない場合にデンドログラムが 2 分木にならないことが起こり得るが（3.4.2 項），本項では 2 分木デンドログラムを仮定する．

n 個の個体を凝集型分類してできるデンドログラムは，$2n-1$ 個のノードから成る **2 分木** (binary tree) の構造をもつ．n 個の葉（子をもたないノード）が個体を表し，$n-1$ 個の各中間ノードは 2 つのクラスターの融合で作られるクラスターを表す．デンドログラムにおいては，2 つのクラスターが融合するときを表すノードの高さによって，融合時の距離を表すことが多いが，本章では，類似度や距離を数字で書き込むことにする．

n 個の個体からできるデンドログラムの数は，融合の順序を考慮に入れると，

$$D_n = \frac{n!(n-1)!}{2^{n-1}}$$

である (Murtagh, 1984). この結果は次のようにして導かれる．n 個の個体の中から最初に融合する 2 つの個体を選ぶ方法は $\binom{n}{2}$ 通りあり，次に $n-1$ 個のクラスターまたは個体から 2 つを選ぶ方法は $\binom{n-1}{2}$ 通りあり，…というようにして，最後に 2 つのクラスターを融合させるので，融合方法の数として

$$\begin{aligned}D_n &= \binom{n}{2}\binom{n-1}{2}\binom{n-2}{2}\cdots\binom{3}{2}\binom{2}{2} \\ &= \frac{n(n-1)}{2}\cdot\frac{(n-1)(n-2)}{2}\cdot\frac{(n-2)(n-3)}{2}\cdots\frac{3\cdot 2}{2}\cdot\frac{2}{2} = \frac{n!(n-1)!}{2^{n-1}}\end{aligned}$$

が得られる*10．

n 個の個体から作られるデンドログラムの数は，融合の順序を考慮に入れない場合には，

---

*9 'dendro-' は「木」の意味を表す接頭辞．
*10 この結果の導き方は，グラフ理論において，n 個のノードとそれらの間の距離が与えられたときに**最小全域木** (minimum spanning tree) を形成する **Kruskal の方法** (Kruskal's algorithm) と同じである．但し，クラスター形成においては，どの個体とどの個体がどのような順序で結び付いてクラスターを形成するのかが重要であるのに対して，最小全域木では，閉路を作らずに全ノードを結ぶ距離の総和を最小にすることが目的である．

$$D'_n = \frac{(2n-2)!}{2^{n-1}(n-1)!}$$

である (Murtagh, 1984). なぜならば, $n-1$ 個の個体によるデンドログラムは $2(n-1)-1 = 2n-3$ 個のノードから成り, そこに 1 つの個体を葉として追加するとき, その葉を $2n-3$ 個の既存のノードのどれとでも結ぶことができるので, 漸化式

$$D'_n = (2n-3)D'_{n-1}$$

が成り立つ. よって

$$D'_n = (2n-3)(2n-1)\cdots 3 \cdot 1 = \frac{(2n-3)!}{2^{n-2}(n-2)!} = \frac{(2n-2)!}{2^{n-1}(n-1)!}$$

が得られる. 表 3.7 に $n = 1 \sim 10$ について D_n と D'_n を示す.

表 3.7 n 個の個体によるデンドログラムの数.

n	1	2	3	4	5	6	7	8	9	10
D_n	1	1	3	18	180	2,700	56,700	1,587,600	57,153,600	2,571,912,000
D'_n	1	1	3	15	105	945	10,395	135,135	2,027,025	34,459,425

図 3.1 に 5 つの個体が作るデンドログラムの形を示す. 融合の順序を考慮に入れる場合は, (a) の形のものが $\binom{5}{2} \times 3 \times 2 = 60$ 通りあり, (b), (c), (d), (e) の形のものがそれぞれ $\binom{5}{2} \times \binom{3}{2} = 30$ 通りあるので, 合計で $D_5 = 180$ 通りが存在する. 一方, 融合の順序を考慮に入れない場合は, (b), (d), (e) は同形と見なされ, (a) の形のものが 60 通り, (b) の形のものが 30 通り, (c) の形のものは順序を考慮する場合の 30 通りの半分として 15 通りあるので, 合計で $D'_5 = 105$

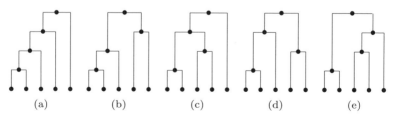

図 3.1 5 つの個体が作るデンドログラムの形.

通りが存在することが分かる．

3.3 クラスター間の類似度の更新

第3.2.1項の凝集型階層的分類法のアルゴリズムで言及された「クラスター間の類似度」あるいは「クラスター間の非類似度（または距離）」とそれらを更新する方法については，多くの方式が提案されている．本節では，そのうちの代表的な方法をいくつか紹介する．クラスター C_p と C_q ($p \neq q, C_p \cap C_q = \emptyset$) を融合してできる新しいクラスターを $C_t = C_p \cup C_q$ とする．個体 i と j の類似度を s_{ij} で表し，非類似度（または距離）を d_{ij} で表す．クラスター C_p と C_q の類似度を S_{pq} で表し，非類似度（または距離）を D_{pq} で表す．また，クラスター C_p および C_q に含まれる個体の数をそれぞれ n_p および n_q と書くと，C_p と C_q の両方に含まれる個体は存在しないので，$n_t = n_p + n_q$ である．

3.3.1 最近隣法

最近隣法 (nearest neighbor method) または**単連結法** (single linkage method) と呼ばれる方法では，クラスター間の類似度と非類似度（または距離）を

$$S_{pq} := \max_{i \in C_p, j \in C_q} \{s_{ij}\} \quad ; \quad D_{pq} := \min_{i \in C_p, j \in C_q} \{d_{ij}\}$$

と定義する．すなわち，2つのクラスター間の類似度は双方に属する2つの個体間の類似度のうち最大のものとし，非類似度（または距離）は双方に属する2つの個体間の非類似度（または距離）のうち最小のものとする．

従って，新しいクラスター $C_t = C_p \cup C_q$ と他のクラスター C_r の間の類似度および非類似度（または距離）は以下のように更新される．

$$\begin{aligned}
S_{tr} &:= \max_{i \in C_t, j \in C_r} \{s_{ij}\} = \max\left\{\max_{i \in C_p, j \in C_r}\{s_{ij}\}, \max_{i \in C_q, j \in C_r}\{s_{ij}\}\right\} \\
&= \max\{S_{pr}, S_{qr}\}, \\
D_{tr} &:= \min_{i \in C_t, j \in C_r} \{d_{ij}\} = \min\left\{\min_{i \in C_p, j \in C_r}\{d_{ij}\}, \min_{i \in C_q, j \in C_r}\{d_{ij}\}\right\} \\
&= \min\{D_{pr}, D_{qr}\}.
\end{aligned}$$

この方法が単連結法と呼ばれる理由は，各段階においてクラスター間で最大の類似性をもつ（または最短距離の）個体どうしを結ぶことにより，クラスターを結合するからである．

3.3.2 最遠隣法

最遠隣法 (furthest neighbor method) または**完全連結法** (complete linkage method) と呼ばれる方法では，クラスター間の類似度と非類似度（または距離）を

$$S_{pq} := \min_{i \in C_p, j \in C_q} \{s_{ij}\} \quad ; \quad D_{pq} := \max_{i \in C_p, j \in C_q} \{d_{ij}\}$$

と定義する．すなわち，2つのクラスター間の類似度は双方に属する2つの個体間の類似度のうち最小のものとし，非類似度（または距離）は双方に属する2つの個体間の非類似度（または距離）のうち最大のものとする．

前項の最近隣法と対称的な演算により，新しいクラスター $C_t = C_p \cup C_q$ と他のクラスター C_r の間の類似度および非類似度（または距離）は以下のように更新されることが分かる．

$$S_{tr} = \min\{S_{pr}, S_{qr}\} \quad ; \quad D_{tr} = \max\{D_{pr}, D_{qr}\}.$$

この方法が完全連結法と呼ばれる理由は，各段階においてクラスター間で最小の類似性をもつ（または最長距離の）個体どうしを結ぶことにより，クラスターを結合するからである．

3.3.3 群平均法

群平均法 (group average method) では，クラスター間の類似度と非類似度（または距離）を

$$S_{pq} := \frac{1}{n_p n_q} \sum_{i \in C_p, j \in C_q} s_{ij} \quad ; \quad D_{pq} := \frac{1}{n_p n_q} \sum_{i \in C_p, j \in C_q} d_{ij}$$

と定義する．すなわち，2つのクラスター間の類似度は双方に属する2つの個体間の類似度の平均とし，非類似度（または距離）もまた，双方に属する2つの個体間の非類似度（または距離）の平均とする (Sokal and Michener, 1958).

3.3 クラスター間の類似度の更新

このとき，新しいクラスター $C_t = C_p \cup C_q$ と他のクラスター C_r の間の類似度は次のように更新される．

$$S_{tr} := \frac{1}{n_t n_r} \sum_{i \in C_t, j \in C_r} s_{ij} = \frac{1}{n_t n_r} \left(\sum_{i \in C_p, j \in C_r} s_{ij} + \sum_{i \in C_q, j \in C_r} s_{ij} \right)$$

$$= \frac{n_p}{n_t} \cdot \frac{1}{n_p n_r} \sum_{i \in C_p, j \in C_r} s_{ij} + \frac{n_q}{n_t} \cdot \frac{1}{n_q n_r} \sum_{i \in C_q, j \in C_r} s_{ij}$$

$$= \frac{n_p}{n_t} S_{pr} + \frac{n_q}{n_t} S_{qr} = \frac{n_p S_{pr} + n_q S_{qr}}{n_p + n_q}.$$

同様にして，非類似度（または距離）は，次のように更新される．

$$D_{tr} := \frac{1}{n_t n_r} \sum_{i \in C_t, j \in C_r} d_{ij} = \frac{n_p D_{pr} + n_q D_{qr}}{n_p + n_q}.$$

群平均法は，クラスター内の個体を同じ重みで加算しているので，**UPGMA** (unweighted pair-group method using the average approach) とも呼ばれる．

3.3.4 McQuitty 法

McQuitty 法 (McQuitty method) または **WPGMA** (weighted pair-group method using the average approach) と呼ばれる方法では，個体間の類似度を 3.2.1 項の基本アルゴリズムのステップ 1 におけるクラスター間の類似度とし，ステップ 3 において融合の結果として作られるクラスター C_t と他のクラスター C_r の間の類似度を，単純に

$$S_{tr} = \frac{S_{pr} + S_{qr}}{2}$$

で与える．

また，クラスター間の非類似度を $D_{pq} = 1 - S_{pq}$ または $D_{pq} = \frac{1}{2}(1 - S_{pq})$ とすれば，融合してできるクラスター C_t と他のクラスター C_r の非類似度を

$$D_{tr} = \frac{D_{pr} + D_{qr}}{2}$$

で与えることになる．McQuitty (1966) は，個体間の類似度を 2.2.1 項 (2) に示した Pearson の積率相関係数，またはその平方とする例を示している．

3 章　分かるために分けるクラスター分析

3.3.5　重　心　法

クラスター C_p と C_q の重心（3.1.2 項）をそれぞれ $\bar{\boldsymbol{x}}^p$ および $\bar{\boldsymbol{x}}^q$ とするとき，**重心法** (centroid method) では，クラスター間の非類似度を両クラスターの重心間の平方 Euclid 距離（2.2.3 項 (5)）で定義する (Sokal and Michener, 1958).

$$D_{pq} := (\bar{\boldsymbol{x}}^p - \bar{\boldsymbol{x}}^q)(\bar{\boldsymbol{x}}^p - \bar{\boldsymbol{x}}^q)^\top.$$

このとき，2 つのクラスターを融合したクラスター $C_t = C_p \cup C_q$ の重心は $\bar{\boldsymbol{x}}^p$ と $\bar{\boldsymbol{x}}^q$ に各クラスターに属する個体数の重みを付けて平均を取った

$$\bar{\boldsymbol{x}}^t = \frac{n_p \bar{\boldsymbol{x}}^p + n_q \bar{\boldsymbol{x}}^q}{n_p + n_q}$$

である．従って，クラスター C_t と他のクラスター C_r との非類似度は

$$\begin{aligned}
D_{tr} &= (\bar{\boldsymbol{x}}^t - \bar{\boldsymbol{x}}^r)(\bar{\boldsymbol{x}}^t - \bar{\boldsymbol{x}}^r)^\top \\
&= \left(\frac{n_p \bar{\boldsymbol{x}}^p + n_q \bar{\boldsymbol{x}}^q}{n_p + n_q} - \bar{\boldsymbol{x}}^r\right)\left(\frac{n_p \bar{\boldsymbol{x}}^p + n_q \bar{\boldsymbol{x}}^q}{n_p + n_q} - \bar{\boldsymbol{x}}^r\right)^\top \\
&= \frac{n_p}{n_p + n_q}(\bar{\boldsymbol{x}}^p - \bar{\boldsymbol{x}}^r)(\bar{\boldsymbol{x}}^p - \bar{\boldsymbol{x}}^r)^\top + \frac{n_q}{n_p + n_q}(\bar{\boldsymbol{x}}^q - \bar{\boldsymbol{x}}^r)(\bar{\boldsymbol{x}}^q - \bar{\boldsymbol{x}}^r)^\top \\
&\quad - \frac{n_p n_q}{(n_p + n_q)^2}(\bar{\boldsymbol{x}}^p - \bar{\boldsymbol{x}}^q)(\bar{\boldsymbol{x}}^p - \bar{\boldsymbol{x}}^q)^\top \\
&= \frac{n_p}{n_p + n_q} D_{pr} + \frac{n_q}{n_p + n_q} D_{qr} - \frac{n_p n_q}{(n_p + n_q)^2} D_{pq}
\end{aligned}$$

となる．この導出方法から明らかなように，重心法では，非類似度が平方 Euclid 距離で定義されていることを前提としていることに注意する．

重心法は，クラスター内の個体の数を同じ重みで加算しているので，**UPGMC** (unweighted pair-group method using the centroid approach) とも呼ばれる．

3.3.6　メディアン法

メディアン法 (median method) または **WPGMC** (weighted pair-group method using the centroid approach) と呼ばれる方法では，重心法と同様に，クラスター間の非類似度両クラスターの重心間の平方 Euclid 距離で定義するが，融合した

クラスターの代表点 $\bar{\boldsymbol{x}}^t$ は，各クラスターに属する個体の数にかかわらず，代表点 $\bar{\boldsymbol{x}}^p$ と $\bar{\boldsymbol{x}}^q$ の中点に取る．

$$\bar{\boldsymbol{x}}^t = \frac{\bar{\boldsymbol{x}}^p + \bar{\boldsymbol{x}}^q}{2}.$$

このとき，融合したクラスター C_t と他のクラスター C_r との距離は

$$D_{tr} = \frac{1}{2}D_{pr} + \frac{1}{2}D_{qr} - \frac{1}{4}D_{pq}$$

となる（これは，前項の重心法の計算において $n_p = n_q$ とおけば得られる）．

3.3.7 Ward の最小分散法

Ward の最小分散法 (Ward's minimum variance method) では，2 つのクラスター間の非類似度を，それらを融合する場合における「クラスター内の重心と各個体の平方 Euclid 距離の和の増分」と定義する[*11]．すなわち，クラスター C_p と C_q の非類似度は，それらを融合したクラスター C_t 内での重心と各個体の平方 Euclid 距離の和から，クラスター C_p と C_q のそれぞれにおける重心と各個体の平方 Euclid 距離の和を引いたものとする (Ward, 1963)．

$$\begin{aligned}
D_{pq} &:= \sum_{i \in C_t}(\boldsymbol{x}_i - \bar{\boldsymbol{x}}^t)(\boldsymbol{x}_i - \bar{\boldsymbol{x}}^t)^\top - \sum_{i \in C_p}(\boldsymbol{x}_i - \bar{\boldsymbol{x}}^p)(\boldsymbol{x}_i - \bar{\boldsymbol{x}}^p)^\top \\
&\quad - \sum_{i \in C_q}(\boldsymbol{x}_i - \bar{\boldsymbol{x}}^q)(\boldsymbol{x}_i - \bar{\boldsymbol{x}}^q)^\top \\
&= \sum_{i \in C_p}(\boldsymbol{x}_i - \bar{\boldsymbol{x}}^t)(\boldsymbol{x}_i - \bar{\boldsymbol{x}}^t)^\top - \sum_{i \in C_p}(\boldsymbol{x}_i - \bar{\boldsymbol{x}}^p)(\boldsymbol{x}_i - \bar{\boldsymbol{x}}^p)^\top \\
&\quad + \sum_{i \in C_q}(\boldsymbol{x}_i - \bar{\boldsymbol{x}}^t)(\boldsymbol{x}_i - \bar{\boldsymbol{x}}^t)^\top - \sum_{i \in C_q}(\boldsymbol{x}_i - \bar{\boldsymbol{x}}^q)(\boldsymbol{x}_i - \bar{\boldsymbol{x}}^q)^\top.
\end{aligned}$$

ここで，クラスター C_t の重心は

$$\bar{\boldsymbol{x}}^t = \frac{n_p \bar{\boldsymbol{x}}^p + n_q \bar{\boldsymbol{x}}^q}{n_p + n_q} = \bar{\boldsymbol{x}}^p - \frac{n_q}{n_p + n_q}(\bar{\boldsymbol{x}}^p - \bar{\boldsymbol{x}}^q)$$

と書くことができるので，

[*11] Joe H. Ward, Jr., 1926–2011, アメリカの統計学者.

3章　分かるために分けるクラスター分析

$$\sum_{i \in C_p}(\boldsymbol{x}_i - \bar{\boldsymbol{x}}^t)(\boldsymbol{x}_i - \bar{\boldsymbol{x}}^t)^\top$$
$$= \sum_{i \in C_p}\left[\boldsymbol{x}_i - \bar{\boldsymbol{x}}^p + \frac{n_q}{n_p + n_q}(\bar{\boldsymbol{x}}^p - \bar{\boldsymbol{x}}^q)\right]\left[\boldsymbol{x}_i - \bar{\boldsymbol{x}}^p + \frac{n_q}{n_p + n_q}(\bar{\boldsymbol{x}}^p - \bar{\boldsymbol{x}}^q)\right]^\top$$
$$= \sum_{i \in C_p}(\boldsymbol{x}_i - \bar{\boldsymbol{x}}^p)(\boldsymbol{x}_i - \bar{\boldsymbol{x}}^p)^\top + \frac{n_p n_q^2}{(n_p + n_q)^2}(\bar{\boldsymbol{x}}^p - \bar{\boldsymbol{x}}^q)(\bar{\boldsymbol{x}}^p - \bar{\boldsymbol{x}}^q)^\top$$

である．同様にして，

$$\sum_{i \in C_q}(\boldsymbol{x}_i - \bar{\boldsymbol{x}}^t)(\boldsymbol{x}_i - \bar{\boldsymbol{x}}^t)^\top$$
$$= \sum_{i \in C_q}(\boldsymbol{x}_i - \bar{\boldsymbol{x}}^q)(\boldsymbol{x}_i - \bar{\boldsymbol{x}}^q)^\top + \frac{n_q n_p^2}{(n_p + n_q)^2}(\bar{\boldsymbol{x}}^p - \bar{\boldsymbol{x}}^q)(\bar{\boldsymbol{x}}^p - \bar{\boldsymbol{x}}^q)^\top$$

であるから，

$$D_{pq} = \frac{n_p n_q}{n_p + n_q}(\bar{\boldsymbol{x}}^p - \bar{\boldsymbol{x}}^q)(\bar{\boldsymbol{x}}^p - \bar{\boldsymbol{x}}^q)^\top$$

が得られる．これはまた，各クラスターの個体数の調和平均を重みとする距離

$$D_{pq} = (\bar{\boldsymbol{x}}^p - \bar{\boldsymbol{x}}^q)(\bar{\boldsymbol{x}}^p - \bar{\boldsymbol{x}}^q)^\top \bigg/ \left(\frac{1}{n_p} + \frac{1}{n_q}\right)$$

の形に書くことができる．

　Ward法では，D_{pq} が最も小さいクラスターの対（ペア）C_p と C_q を選んで融合する．このとき，融合したクラスター C_t と他のクラスター C_r との非類似度は（重心法における計算を流用して），

$$D_{tr} = \frac{n_t n_r}{n_t + n_r}(\bar{\boldsymbol{x}}^t - \bar{\boldsymbol{x}}^r)(\bar{\boldsymbol{x}}^t - \bar{\boldsymbol{x}}^r)^\top$$
$$= \frac{n_t n_r}{n_t + n_r}\left[\frac{n_p}{n_p + n_q}(\bar{\boldsymbol{x}}^p - \bar{\boldsymbol{x}}^r)(\bar{\boldsymbol{x}}^p - \bar{\boldsymbol{x}}^r)^\top \right.$$
$$\left. + \frac{n_q}{n_p + n_q}(\bar{\boldsymbol{x}}^q - \bar{\boldsymbol{x}}^r)(\bar{\boldsymbol{x}}^q - \bar{\boldsymbol{x}}^r)^\top - \frac{n_p n_q}{(n_p + n_q)^2}(\bar{\boldsymbol{x}}^p - \bar{\boldsymbol{x}}^q)(\bar{\boldsymbol{x}}^p - \bar{\boldsymbol{x}}^q)^\top\right]$$
$$= \frac{n_p n_r}{n_t + n_r}(\bar{\boldsymbol{x}}^p - \bar{\boldsymbol{x}}^r)(\bar{\boldsymbol{x}}^p - \bar{\boldsymbol{x}}^r)^\top + \frac{n_q n_r}{n_t + n_r}(\bar{\boldsymbol{x}}^q - \bar{\boldsymbol{x}}^r)(\bar{\boldsymbol{x}}^q - \bar{\boldsymbol{x}}^r)^\top$$
$$- \frac{n_p n_q n_r}{(n_t + n_r)(n_p + n_q)}(\bar{\boldsymbol{x}}^p - \bar{\boldsymbol{x}}^q)(\bar{\boldsymbol{x}}^p - \bar{\boldsymbol{x}}^q)^\top$$

$$= \frac{n_p + n_r}{n_p + n_q + n_r} D_{pr} + \frac{n_q + n_r}{n_p + n_q + n_r} D_{qr} - \frac{n_r}{n_p + n_q + n_r} D_{pq}$$

のように更新される．

3.3.8 Lance-Williams の組合せ公式

上記の非類似度の更新はすべて $\{\alpha_p, \alpha_q, \beta, \gamma\}$ をパラメタとして，

$$D_{tr} = \alpha_p D_{pr} + \alpha_q D_{qr} + \beta D_{pq} + \gamma |D_{pr} - D_{qr}| \tag{3.5}$$

の形に書くことができる．これは，融合してできたクラスターから他のクラスターへの距離をもとのクラスターからの距離の組合せによって表すので，**Lance-Williams の組合せ公式** (Lance-Williams combinatorial formula) と呼ばれる．このことは，Ward 法以外について Lance and Williams (1967) が指摘しており，Ward 法にも適用できる．各方法に対する式 (3.5) のパラメタを表 3.8 に示す．

例えば，最近隣法なら $\alpha_p = \alpha_q = \frac{1}{2}, \beta = 0, \gamma = -\frac{1}{2}$ であるから，

$$D_{tr} = \frac{1}{2} D_{pr} + \frac{1}{2} D_{qr} - \frac{1}{2} |D_{pr} - D_{qr}|$$

となる．この式は，もし $D_{pr} > D_{qr}$ なら $|D_{pr} - D_{qr}| = D_{pr} - D_{qr}$ であるから，$D_{tr} = D_{qr}$ となり，同様にして，もし $D_{pr} < D_{qr}$ なら $D_{tr} = D_{pr}$ となるので，まとめて $D_{tr} = \min\{D_{pr}, D_{qr}\}$ と書くことができる．

表 3.8 Lance-Williams の組合せ公式のパラメタ．

方法	α_p	α_q	β	γ
最近隣法	$\frac{1}{2}$	$\frac{1}{2}$	0	$-\frac{1}{2}$
最遠隣法	$\frac{1}{2}$	$\frac{1}{2}$	0	$\frac{1}{2}$
群平均法	$\frac{n_p}{n_p + n_q}$	$\frac{n_q}{n_p + n_q}$	0	0
McQuitty 法	$\frac{1}{2}$	$\frac{1}{2}$	0	0
重心法	$\frac{n_p}{n_p + n_q}$	$\frac{n_q}{n_p + n_q}$	$-\frac{n_p n_q}{(n_p + n_q)^2}$	0
メディアン法	$\frac{1}{2}$	$\frac{1}{2}$	$-\frac{1}{4}$	0
Ward 法	$\frac{n_p + n_r}{n_p + n_q + n_r}$	$\frac{n_q + n_r}{n_p + n_q + n_r}$	$-\frac{n_r}{n_p + n_q + n_r}$	0

3.4 クラスター間距離空間の変形

前節と同様に,クラスター C_p と C_q $(p \neq q, C_p \cap C_q = \emptyset)$ を融合した新しいクラスターを $C_t = C_p \cup C_q$ とし,それらとは別のクラスターを C_r として,クラスターの融合によるクラスター間距離の空間の変形を考える(齋藤・宿久,2006, p. 152; 中村, 2009, p. 202, DuBien and Warde, 1979, Everitt et al., 2011, p. 92).

第3.2.1項に示された凝集型階層的分類法の基本アルゴリズムのステップ2において,距離が最も短いクラスターの対としてクラスター C_p と C_q が選ばれるのであるから,必ず $D_{pq} \leq \min\{D_{pr}, D_{qr}\}$ という関係が成り立っている.そこで,本節の証明では,一般性を失わずに,以下を仮定する.

$$D_{pq} \leq D_{pr} \leq D_{qr}.$$

3.4.1 距離空間の歪み

凝集型階層的分類法は,クラスター C_p, C_q, C_r と $C_t = C_p \cup C_q$ に対して,
(i) $D_{tr} \leq \min\{D_{pr}, D_{qr}\}$ のとき,距離空間を**縮小する** (contracting) という.
(ii) $D_{tr} \geq \max\{D_{pr}, D_{qr}\}$ のとき,距離空間を**拡大する** (dilating) という.
(iii) $\min\{D_{pr}, D_{qr}\} < D_{tr} < \max\{D_{pr}, D_{qr}\}$ のとき,距離空間を**保存する** (conserving) という.

このようなクラスターの融合により,もとのクラスター間距離空間に**歪み** (space distortion) が進んでいく.明らかに,最近隣法は距離空間を縮小し,最遠隣法は距離空間を拡大する.また,群平均法は距離空間を保存する.

$$\begin{aligned}
D_{tr} &= \frac{n_p D_{pr} + n_q D_{qr}}{n_p + n_q} \\
&= \begin{cases} \dfrac{n_q}{n_p + n_q}(D_{qr} - D_{pr}) + D_{pr} > D_{pr} = \min\{D_{pr}, D_{qr}\}, \\ -\dfrac{n_p}{n_p + n_q}(D_{qr} - D_{pr}) + D_{qr} < D_{qr} = \max\{D_{pr}, D_{qr}\}. \end{cases}
\end{aligned}$$

McQuitty 法もまた距離空間を保存する．

$$D_{tr} = \frac{D_{pr} + D_{qr}}{2} = \begin{cases} \dfrac{1}{2}(D_{qr} - D_{pr}) + D_{pr} > D_{pr} = \min\{D_{pr}, D_{qr}\}, \\ -\dfrac{1}{2}(D_{qr} - D_{pr}) + D_{qr} < D_{qr} = \max\{D_{pr}, D_{qr}\}. \end{cases}$$

さらに，重心法とメディアン法は距離空間を拡大しないこと，および Ward 法は距離空間を縮小しないことを示すことができる．

3.4.2 凝集型分類法の単調性

凝集型階層的分類法は，各回の融合において，クラスター C_p, C_q, C_r と $C_t = C_p \cup C_q$ に対して $D_{tr} \geq D_{pq}$ であるとき，**単調** (monotone) であるという．単調でない凝集型分類法では，$D_{tr} < D_{pq} \leq \min\{D_{pr}, D_{qr}\} \leq \max\{D_{pr}, D_{qr}\}$ となることが起こり得る．このとき，デンドログラムが2分木にならない**逆転** (inversion, reversal) が起こる（図 3.7）．

定義から，直ちに，クラスター間距離空間を拡大または保存する凝集法は単調であることが分かる．従って，最遠隣法，群平均法，および McQuitty 法は単調である．最近隣法は，クラスター間距離空間を縮小するが，単調である．

$$D_{tr} = \min\{D_{pr}, D_{qr}\} \geq D_{pq}.$$

Ward の最小分散法もまた単調である．

$$\begin{aligned}
& D_{tr} - D_{pq} \\
&= \frac{n_p + n_r}{n_p + n_q + n_r} D_{pr} + \frac{n_q + n_r}{n_p + n_q + n_r} D_{qr} - \frac{n_r}{n_p + n_q + n_r} D_{pq} - D_{pq} \\
&\geq \frac{n_p + n_r}{n_p + n_q + n_r} D_{pr} + \frac{n_q + n_r}{n_p + n_q + n_r} D_{pr} - \left(\frac{n_r}{n_p + n_q + n_r} + 1\right) D_{pq} \\
&= \left(\frac{n_r}{n_p + n_q + n_r} + 1\right)(D_{pr} - D_{pq}) \geq 0.
\end{aligned}$$

3 章　分かるために分けるクラスター分析

表 3.9　クラスター間距離空間の歪みと単調性.

	最近隣	最遠隣	群平均	McQuitty	重心	メディアン	Ward
距離空間	縮小	拡大	保存	保存	縮小保存	縮小保存	拡大保存
単調性	○	○	○	○	×	×	○

Lance-Williams の組合せ公式 (3.5) で表される凝集型分類法が単調であるための必要十分条件は次のように与えられる (Batagelj, 1981).

(i) $\alpha_p + \alpha_q \geq 0$,
(ii) $\alpha_p + \alpha_q + \beta \geq 1$,
(iii) $\gamma \geq -\min\{\alpha_p, \alpha_q\}$.

重心法とメディアン法は，条件 (ii) を満たさないので，単調でない（図 3.7）.

第 3.3 節に示した 7 つの凝集型階層的分類法について，クラスター間距離空間の歪みと単調性を表 3.9 に示す.

3.5　数値例（階層的クラスター分析）

第 3.3 節に示した種々の凝集型階層的分類法を適用するに際しては，各方法の前提となっているクラスター間の類似度または非類似度の定義と，2 つのクラスターを融合してできる新しいクラスターと他のクラスターとの類似度または非類似度の更新方法は整合していなければならない (中村, 2009, p. 207). 例えば，2 つのクラスター間の非類似度として双方のクラスターに属する個体間の最短 Euclid 距離を用いながら，クラスター融合時の非類似度の更新を Ward 法の組合せ公式で計算するようなことをしてはいけない.

本節では，表 2.2 に示した 2012 年ロンドン・オリンピックにおける体操男子予選団体総合得点を例にして，階層的クラスター分析法の数値例を紹介する．クラスター形成過程と樹形図の一覧を表 3.10 に示す．以下で見られるように，用いる類似度または非類似度（または距離）と，クラスターを融合する方法の組合せによって，何通りもの異なるクラスタリングの結果が生じるので注意されたい.

3.5 数値例（階層的クラスター分析）

表 3.10　本章に示された階層的クラスター分析の数値例．

融合法	類似度・距離	クラスター形成過程	樹形図
最近隣法	類似度（表 2.3(c)）	表 3.11	図 3.2
最遠隣法	類似度（表 2.3(c)）	表 3.12	図 3.3
群平均法	類似度（表 2.3(c)）	表 3.13	図 3.4
McQuitty 法	類似度（表 2.3(a)）	表 3.14	図 3.5
重心法	平方 Euclid 距離	表 3.15, 3.16	図 3.6
メディアン法	平方 Euclid 距離	表 3.17, 3.18	図 3.7
Ward 法	3.3.7 項	表 3.19, 3.20	図 3.8

表 2.3(c) に示された各国間の類似度を使って，最近隣法（単連結法）により，8 ヶ国がクラスターを形成する過程を表 3.11 に示し，樹形図を図 3.2 に示す．このときの共表型行列は次のようになる．

$$\begin{array}{c c c c c c c c}
 & 米 & 露 & 英 & 独 & 日 & 中 & ウ \\
露 & 0.293 \\
英 & 0.293 & 0.294 \\
独 & 0.293 & 0.321 & 0.294 \\
日 & 0.253 & 0.253 & 0.253 & 0.253 \\
中 & 0.246 & 0.246 & 0.246 & 0.246 & 0.246 \\
ウ & 0.293 & 0.294 & 0.295 & 0.294 & 0.253 & 0.246 \\
仏 & 0.293 & 0.299 & 0.294 & 0.299 & 0.253 & 0.246 & 0.294
\end{array}$$

図 3.2 に見られるように，クラスター間距離の空間を縮小する最近隣法を用いると，融合されてできる新しいクラスターは，他のクラスターとの類似度が大きくなるので，以後の融合の対象として選ばれる可能性が加速度的に大きくなる．その結果として，既存のクラスターに個体が 1 つずつ加わり，大クラスターに融合していくことになり，樹形図が階段のような形になる．これを**鎖状効果** (chaining effect) という．

同じ類似度を用いて，最遠隣法（完全連結法）によりクラスターを形成する過程を図 3.3 と表 3.12 に示す．また，群平均法により，クラスターを形成する過程を図 3.4 と表 3.13 に示す．図 3.5 と表 3.14 には，表 2.3(a) に示された Pearson の積率相関係数を類似度とする McQuitty 法によるクラスター形成過程を示す．

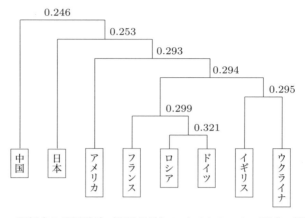

図 3.2　類似度と最近隣法（単連結法）によるクラスター形成の樹形図.

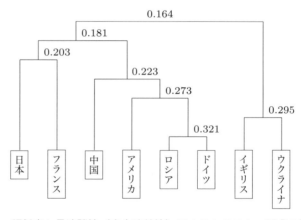

図 3.3　類似度と最遠隣法（完全連結法）によるクラスター形成の樹形図.

さらに，表 3.15，3.16 と図 3.6 に，クラスター間の非類似度として両クラスターの重心間の平方 Euclid 距離を用いる重心法によるクラスター形成過程を示す．表 3.17，3.18 と図 3.7 にクラスター間の非類似度として両クラスターの重心間の平方 Euclid 距離を用いるメディアン法によるクラスター形成過程を示す．図 3.7 では，単調性が崩れて，2 分木でない樹形図となっていることに注意する．最後に，表 3.19，3.20 と図 3.8 に Ward 法によるクラスター形成過程を示す．

3.5 数値例（階層的クラスター分析）

表 3.11 類似度と最近隣法（単連結法）によるクラスターの形成.

クラスター「露独」ができる.

	米	露独	英	日	中	ウ	仏
米	-	0.288	0.293	0.181	0.228	0.206	0.181
露独	0.288	-	0.257	0.253	0.246	0.294	**0.299**
英	0.293	0.257	-	0.164	0.181	0.295	0.198
日	0.181	0.253	0.164	-	0.220	0.175	0.203
中	0.228	0.246	0.181	0.220	-	0.175	0.194
ウ	0.206	0.294	0.295	0.175	0.175	-	0.198
仏	0.181	**0.299**	0.198	0.203	0.194	0.198	-

クラスター「露独仏」ができる.

	米	露独仏	英	日	中	ウ
米	-	0.288	0.293	0.181	0.228	0.206
露独仏	0.288	-	0.257	0.253	0.246	0.294
英	0.293	0.257	-	0.164	0.181	**0.295**
日	0.181	0.253	0.164	-	0.220	0.175
中	0.228	0.246	0.181	0.220	-	0.175
ウ	0.206	0.294	**0.295**	0.175	0.175	-

クラスター「英ウ」ができる.

	米	露独仏	英ウ	日	中
米	-	0.288	0.293	0.181	0.228
露独仏	0.288	-	**0.294**	0.253	0.246
英ウ	0.292	**0.294**	-	0.175	0.181
日	0.181	0.253	0.175	-	0.220
中	0.228	0.246	0.181	0.220	-

クラスター「露独仏英ウ」ができる.

	米	露独仏英ウ	日	中
米	-	**0.293**	0.181	0.228
露独仏英ウ	**0.293**	-	0.253	0.246
日	0.181	0.253	-	0.220
中	0.228	0.246	0.220	-

クラスター「米露独仏英ウ」ができる.

	米露独仏英ウ	日	中
米露独仏英ウ	-	**0.253**	0.246
日	**0.253**	-	0.220
中	0.246	0.220	-

3章 分かるために分けるクラスター分析

表 3.12 類似度と最遠隣法（完全連結法）によるクラスターの形成.

クラスター「露独」ができる.

	米	露独	英	日	中	ウ	仏
米	-	0.273	0.293	0.181	0.228	0.206	0.181
露独	0.273	-	0.247	0.242	0.223	0.221	0.213
英	0.293	0.247	-	0.164	0.181	**0.295**	0.198
日	0.181	0.242	0.164	-	0.220	0.175	0.203
中	0.228	0.223	0.181	0.220	-	0.175	0.194
ウ	0.206	0.221	**0.295**	0.175	0.175	-	0.198
仏	0.181	0.213	0.198	0.203	0.194	0.198	-

クラスター「英ウ」ができる.

	米	露独	英ウ	日	中	仏
米	-	**0.273**	0.206	0.181	0.228	0.181
露独	**0.273**	-	0.221	0.242	0.223	0.213
英ウ	0.206	0.221	-	0.164	0.175	0.19
日	0.181	0.242	0.164	-	0.220	0.203
中	0.228	0.223	0.175	0.220	-	0.194
仏	0.181	0.213	0.198	0.203	0.194	-

クラスター「米露独」ができる.

	米露独	英ウ	日	中	仏
米露独	-	0.206	0.181	**0.223**	0.181
英ウ	0.206	-	0.164	0.175	0.198
日	0.181	0.164	-	0.220	0.203
中	**0.223**	0.175	0.220	-	0.194
仏	0.181	0.198	0.203	0.194	-

クラスター「米露独中」ができる.

	米露独中	英ウ	日	仏
米露独中	-	0.175	0.181	0.181
英ウ	0.175	-	0.164	0.198
日	0.181	0.164	-	**0.203**
仏	0.181	0.198	**0.203**	-

クラスター「日仏」ができる.

	米露独中	英ウ	日仏
米露独中	-	0.175	**0.181**
英ウ	0.175	-	0.164
日仏	**0.181**	0.164	-

3.5 数値例（階層的クラスター分析）

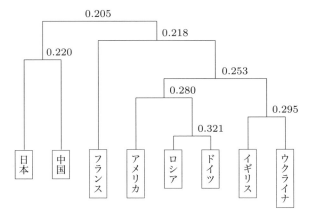

図 3.4　類似度と群平均法によるクラスター形成の樹形図．

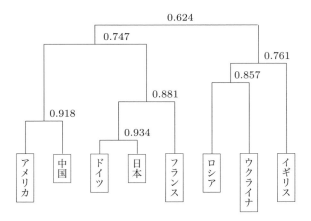

図 3.5　相関係数を類似度とする McQuitty 法によるクラスター形成の樹形図．

3章 分かるために分けるクラスター分析

表 3.13 類似度と群平均法によるクラスターの形成.

クラスター「露独」ができる.

	米	露独	英	日	中	ウ	仏
米	-	0.280	0.293	0.181	0.228	0.206	0.181
露独	0.280	-	0.252	0.247	0.234	0.258	0.256
英	0.293	0.252	-	0.164	0.181	**0.295**	0.198
日	0.181	0.247	0.164	-	0.220	0.175	0.203
中	0.228	0.234	0.181	0.220	-	0.174	0.194
ウ	0.206	0.258	**0.295**	0.175	0.175	-	0.198
仏	0.181	0.256	0.198	0.203	0.194	0.198	-

クラスター「英ウ」ができる.

	米	露独	英ウ	日	中	仏
米	-	**0.280**	0.249	0.181	0.228	0.181
露独	**0.280**	-	0.255	0.247	0.234	0.256
英ウ	0.249	0.255	-	0.169	0.178	0.198
日	0.181	0.247	0.169	-	0.220	0.203
中	0.228	0.234	0.178	0.220	-	0.194
仏	0.181	0.256	0.198	0.203	0.194	-

クラスター「米露独」ができる.

	米露独	英ウ	日	中	仏
米露独	-	**0.253**	0.225	0.232	0.231
英ウ	**0.253**	-	0.169	0.178	0.198
日	0.225	0.169	-	0.220	0.203
中	0.232	0.178	0.220	-	0.194
仏	0.231	0.198	0.203	0.194	-

クラスター「米露独英ウ」ができる.

	米露独英ウ	日	中	仏
米露独英ウ	-	0.203	0.211	0.218
日	0.203	-	**0.220**	0.203
中	0.211	**0.220**	-	0.194
仏	0.218	0.203	0.194	-

クラスター「日中」ができる.

	米露独英ウ	日中	仏
米露独英ウ	-	0.207	**0.218**
日中	0.207	-	0.199
仏	**0.218**	0.199	-

3.5 数値例（階層的クラスター分析）

表 3.14 相関係数を類似度とする McQuitty 法によるクラスターの形成．

クラスター「独日」ができる．

	米	露	英	独日	中	ウ	仏
米	-	0.747	0.807	0.743	**0.918**	0.656	0.699
露	0.747	-	0.669	0.854	0.764	0.857	0.732
英	0.807	0.669	-	0.478	0.533	0.854	0.557
独日	0.743	0.854	0.478	-	0.842	0.524	0.881
中	**0.918**	0.764	0.533	0.842	-	0.494	0.706
ウ	0.656	0.857	0.854	0.524	0.494	-	0.464
仏	0.699	0.732	0.557	0.881	0.706	0.464	-

クラスター「米中」ができる．

	米中	露	英	独日	ウ	仏
米中	-	0.756	0.670	0.792	0.575	0.703
露	0.756	-	0.669	0.854	0.857	0.732
英	0.670	0.669	-	0.478	0.854	0.557
独日	0.792	0.854	0.478	-	0.524	**0.881**
ウ	0.575	0.857	0.854	0.524	-	0.464
仏	0.703	0.732	0.557	**0.881**	0.464	-

クラスター「独日仏」ができる．

	米中	露	英	独日仏	ウ
米中	-	0.756	0.670	0.747	0.575
露	0.756	-	0.669	0.793	**0.857**
英	0.670	0.669	-	0.518	0.854
独日仏	0.747	0.793	0.518	-	0.494
ウ	0.575	**0.857**	0.854	0.494	-

クラスター「露ウ」ができる．

	米中	露ウ	英	独日仏
米中	-	0.665	0.670	0.747
露ウ	0.665	-	**0.761**	0.643
英	0.670	**0.761**	-	0.518
独日仏	0.747	0.643	0.518	-

クラスター「露英ウ」ができる．

	米中	露英ウ	独日仏
米中	-	0.668	**0.747**
露英ウ	0.668	-	0.581
独日仏	**0.747**	0.581	-

3章 分かるために分けるクラスター分析

表3.15 重心法によるクラスターの形成.

初期値（平方 Euclid 距離）

	米	露	英	独	日	中	ウ	仏
米	-	7.071	5.847	6.133	20.458	11.409	14.848	20.398
露	7.071	-	8.328	**4.495**	8.752	12.151	5.753	13.670
英	5.847	8.328	-	9.275	26.142	20.391	5.694	16.328
独	6.133	**4.495**	9.275	-	9.814	9.412	12.426	5.487
日	20.458	8.752	26.142	9.814	-	12.556	22.307	15.387
中	11.409	12.151	20.391	9.412	12.556	-	22.282	17.263
ウ	14.848	5.753	5.694	12.426	22.307	22.282	-	16.337
仏	20.398	13.670	16.328	5.487	15.387	17.263	16.337	-

クラスター「露独」ができる.

	米	露独	英	日	中	ウ	仏
米	-	**5.479**	5.847	20.458	11.409	14.848	20.398
露独	**5.479**	-	7.678	8.159	9.658	7.966	8.455
英	5.847	7.678	-	26.142	20.391	5.694	16.328
日	20.458	8.159	36.142	-	12.556	22.307	15.387
中	11.409	9.658	20.391	12.556	-	22.282	17.263
ウ	14.848	7.966	5.694	22.307	22.282	-	16.337
仏	20.398	8.455	16.328	15.387	17.263	16.337	-

クラスター「米露独」ができる.

	米露独	英	日	中	ウ	仏
米露独	-	5.850	11.041	9.024	9.043	11.219
英	5.850	-	26.142	20.391	**5.694**	16.328
日	11.041	26.142	-	12.556	22.307	15.387
中	9.024	20.391	12.556	-	22.282	17.263
ウ	9.043	**5.694**	22.307	22.282	-	16.337
仏	11.219	16.328	15.387	17.263	16.337	-

クラスター「英ウ」ができる.

	米露独	英ウ	日	中	仏
米露独	-	**6.023**	11.041	9.024	11.219
英ウ	**6.023**	-	22.801	19.913	14.908
日	11.041	22.801	-	12.556	15.387
中	9.024	19.913	12.556	-	17.263
仏	11.219	14.908	15.387	17.263	-

3.5 数値例（階層的クラスター分析）

表 3.16 重心法によるクラスターの形成（続き）.

クラスター「米露英独ウ」ができる.

	米露英独ウ	日	中	仏
米露英独ウ	-	14.300	11.934	**11.249**
日	14.300	-	12.556	15.387
中	11.934	12.556	-	17.263
仏	**11.249**	15.387	17.263	-

クラスター「米露英独ウ仏」ができる.

	米露英独ウ仏	日	中
米露英独ウ仏	-	12.918	**11.260**
日	12.918	-	12.556
中	**11.260**	12.556	-

クラスター「米露英独中ウ仏」ができる.

	米露英独中ウ仏	日
米露英独中ウ仏	-	**11.488**
日	**11.488**	-

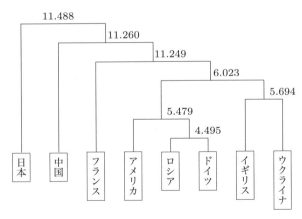

図 3.6 重心法によるクラスター形成の樹形図.

3 章　分かるために分けるクラスター分析

表 3.17　メディアン法によるクラスターの形成.

初期値 (平方 Euclid 距離)

	米	露	英	独	日	中	ウ	仏
米	-	7.071	5.847	6.133	20.458	11.409	14.848	20.398
露	7.071	-	8.328	**4.495**	8.752	12.151	5.753	13.670
英	5.847	8.328	-	9.275	26.142	20.391	5.694	16.328
独	6.133	**4.495**	9.275	-	9.814	9.412	12.426	5.487
日	20.458	8.752	26.142	9.814	-	12.556	22.307	15.387
中	11.409	12.151	20.391	9.412	12.556	-	22.282	17.263
ウ	14.848	5.753	5.694	12.426	22.307	22.282	-	16.337
仏	20.398	13.670	16.328	5.487	15.387	17.263	16.337	-

クラスター「露独」ができる.

	米	露独	英	日	中	ウ	仏
米	-	**5.479**	5.847	20.458	11.409	14.848	20.398
露独	**5.479**	-	7.678	8.159	9.658	7.966	8.455
英	5.847	7.678	-	26.142	20.391	5.694	16.328
日	20.458	8.159	36.142	-	12.556	22.307	15.387
中	11.409	9.658	20.391	12.556	-	22.282	17.263
ウ	14.848	7.966	5.694	22.307	22.282	-	16.337
仏	20.398	8.455	16.328	15.387	17.263	16.337	-

クラスター「米露独」ができる.

	米露独	英	日	中	ウ	仏
米露独	-	**5.393**	12.939	9.164	10.037	13.057
英	**5.393**	-	26.142	20.391	5.694	16.328
日	12.939	26.142	-	12.556	22.307	15.387
中	9.164	20.391	12.556	-	22.282	17.263
ウ	10.037	5.694	22.307	22.282	-	16.337
仏	13.057	16.328	15.387	17.263	16.337	-

クラスター「米露英独」ができる.

	米露英独	日	中	ウ	仏
米露英独	-	18.192	13.430	**6.518**	13.344
日	18.192	-	12.556	22.307	15.387
中	13.430	12.556	-	22.282	17.263
ウ	**6.518**	22.307	22.282	-	16.337
仏	13.344	15.387	17.263	16.337	-

3.5 数値例（階層的クラスター分析）

表 3.18 メディアン法によるクラスターの形成（続き）.

クラスター「米露英独ウ」ができる.

	米露英独ウ	日	中	仏
米露英独ウ	-	18.620	16.227	13.211
日	18.620	-	**12.556**	15.387
中	16.227	**12.556**	-	17.263
仏	13.211	15.387	17.263	-

クラスター「日中」ができる.

	米露英独ウ	日中	仏
米露英独ウ	-	14.284	13.211
日中	14.284	-	**13.186**
仏	13.211	**13.186**	-

クラスター「日中仏」ができる.

	米露英独ウ	日中仏
米露英独ウ	-	**10.451**
日中仏	**10.451**	-

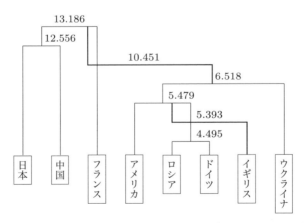

図 3.7 メディアン法によるクラスター形成の樹形図（太線は 2 分木の逆転を示す）.

3章 分かるために分けるクラスター分析

表 3.19 Ward の最小分散法によるクラスターの形成.

初期値(クラスター内分散の増分)

	米	露	英	独	日	中	ウ	仏
米	-	3.536	2.923	3.066	10.229	5.705	7.424	10.199
露	3.536	-	4.164	**2.247**	4.376	6.076	2.876	6.835
英	2.923	4.164	-	4.637	13.071	10.196	2.847	8.164
独	3.066	**2.247**	4.637	-	4.907	4.706	6.213	2.744
日	10.229	4.376	13.071	4.907	-	6.278	11.153	7.693
中	5.705	6.076	10.196	4.706	6.278	-	11.141	8.632
ウ	7.424	2.876	2.847	6.213	11.153	11.141	-	8.168
仏	10.199	6.835	8.164	2.744	7.693	8.632	8.168	-

クラスター「露独」ができる.

	米	露独	英	日	中	ウ	仏
米	-	3.652	2.923	10.229	5.705	7.424	10.199
露独	3.652	-	5.118	5.440	6.439	5.311	5.637
英	2.923	5.118	-	13.071	10.196	**2.847**	8.164
日	10.229	5.440	13.071	-	6.278	11.153	7.693
中	5.705	6.439	10.196	6.278	-	11.141	8.632
ウ	7.424	5.311	**2.847**	11.153	11.141	-	8.168
仏	10.199	5.637	8.164	7.693	8.632	8.168	-

クラスター「英ウ」ができる.

	米	露独	英ウ	日	中	仏
米	-	**3.652**	5.949	10.229	5.705	10.199
露独	**3.652**	-	6.398	5.440	6.439	5.637
英ウ	5.949	6.398	-	15.200	13.276	9.939
日	10.229	5.440	15.200	-	6.278	7.693
中	5.705	6.439	13.2756	6.278	-	8.632
仏	10.199	5.637	9.939	7.693	8.632	-

クラスター「米露独」ができる.

	米露独	英ウ	日	中	仏
米露独	-	7.227	8.281	6.768	8.414
英ウ	7.227	-	15.200	13.276	9.939
日	8.281	15.200	-	**6.278**	7.693
中	6.768	13.276	**6.278**	-	8.632
仏	8.414	9.939	7.693	8.632	-

表 3.20 Ward の最小分散法によるクラスターの形成（続き）．

クラスター「日中」ができる．

	米露独	英ウ	日中	仏
米露独	-	**7.227**	8.273	8.414
英ウ	**7.227**	-	18.218	9.939
日中	8.273	18.218	-	8.791
仏	8.414	9.939	8.791	-

クラスター「米露英独ウ」ができる．

	米露英独ウ	日中	仏
米露英独ウ	-	14.254	9.374
日中	14.254	-	**8.791**
仏	9.374	**8.791**	-

クラスター「日中仏」ができる．

	米露英独ウ	日中仏
米露英独ウ	-	14.009
日中仏	14.009	-

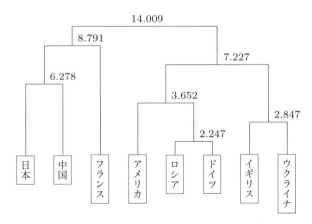

図 3.8 Ward の最小分散法によるクラスター形成の樹形図．

3.6 非階層的クラスター分析法

非階層的クラスター分析 (non-hierarchical clustering) では，あらかじめクラスター数を決めておき，各個体を適当なクラスターに割り当てていく．そのために，まず初期分割を行い，基準となる関数の最適解が得られるまでその分割を逐次的に改良する．ここで問題となることは，クラスター数をいくつにするかということと，クラスター数を決めた後に初期分割をどのように設定するかということである．本章では，クラスター数は与えられたものとする．また，初期分割の方法として，クラスター数に等しい個数の適当な個体を選ぶ方法，または必ずしも個体の値ではない点をクラスターの初期値（**種子点** (seed) という）として与える方法があるが，本章では細かく立ち入らない（それらについては，例えば，Anderberg（1973, 邦訳, p. 202 以降）を参照されたい）．

数多くある 非階層的クラスター分析法の中で，本節では最も基本的な k 平均法 (k-means algorithm) を説明する．まず，クラスター数 k を固定する古典的な Forgy および MacQueen の k 平均法を示した後，MacQueen による k の値を固定せずにその上限と下限を与える方法を述べ，最後に，Hartigan によるクラスター内分散を確実に減少させる k 平均法の原理を詳しく説明する．

3.6.1 Forgy の k 平均法

Forgy の k 平均法は以下のステップから成る（Anderberg, 1973, 邦訳, p. 207; Forgy, 1965）．ここで，「距離」として，2.2.3 項に述べた距離の公理を満たす任意の非類似度を用いてよい．

ステップ 1： n 個の個体の中から k 個の個体を適当に選び，選択した各個体を 1 つの個体だけから成るクラスターとする．

ステップ 2： 残りの $n-k$ 個のすべての個体について，それぞれ k 個のクラスターの重心（ステップ 1 で選んだ個体）からの距離を計算し，最も近い重心をもつクラスターに割り当てる．

ステップ 3： 各クラスターにおける重心を再計算する（3.1.2 項）．

ステップ 4： すべての個体から各クラスターの重心までの距離を計算し，各個

体を最も近い重心をもつクラスターに割り当て直す．
ステップ5： 個体の入れ替わりがなくなるまでステップ3と4を繰り返す．

この方法では，最終結果はステップ1で選ばれる k 個の個体に大きく依存する．また，次項で述べる McQueen の方法と比べて，次の2点に特徴がある．

- ステップ2と4において，各個体について最も近いクラスターの重心を探し，そのクラスターに割り当て直すが，その間，重心の位置は固定しておく．重心の位置の再計算は，ステップ2または4が終了してから，ステップ3で行い，この間，個体のクラスターへの割り当て変更は行わない．
- クラスターの重心の再計算と個体のクラスターへの再割り当ては，収束するまで，ステップ3と4を繰り返す．

Forgy の方法では，結果の収束に時間が掛かりそうであるが，多くの場合，少ない繰り返しの回数で収束する．

表3.21に，表2.2のデータを例として，Euclid 距離を用いた Forgy の k 平均法によるクラスター形成の過程を示す．クラスターの数を $k=3$ とする．ステップ1で，中国，ウクライナ，フランスの3ヶ国をそれぞれクラスターとする．ステップ2で，他の5ヶ国からこれらのクラスターへの Euclid 距離を計算し（表2.4(b)），各国を最も近い重心をもつクラスターに割り当てることにより，クラスター「米日中」「露英ウ」「独仏」が作られる．ステップ3で，これらのクラスターの重心を再計算し，そこから各国間の距離を計算したところ，各国は既に最も近い重心をもつクラスターに属していることが確認できたので，ステップ3と4を繰り返すことなく，アルゴリズムが終了した．

3.6.2 MacQueen の k 平均法

MacQueen の k 平均法は以下のステップから成る（Anderberg, 1973, 邦訳, p. 209; MacQueen, 1967）．ここでも，「距離」は 2.2.3 項に述べた距離の公理を満たす任意の非類似度でよい．

ステップ1： n 個の個体の中から k 個の個体を適当に選び，選択した各個体を1つの個体だけから成るクラスターとする．
ステップ2： 残りの $n-k$ 個の個体について，1つずつ k 個のクラスターの

3章 分かるために分けるクラスター分析

表 3.21　Forgy の k 平均法によるクラスターの形成.

(1) 初期値として，中国，ウクライナ，フランスの 3 ヶ国をそれぞれクラスターとし，各国までの Euclid 距離を計算する．

各国からクラスターの重心までの距離

クラスター	米	露	英	独	日	中	ウ	仏
中	**3.378**	3.486	4.516	3.068	**3.543**	0	4.720	4.155
ウ	3.853	**2.398**	**2.386**	3.525	4.723	4.720	0	4.042
仏	4.516	3.697	4.041	**2.343**	3.923	4.155	4.042	0

(2) 残りの 5 ヶ国を最も近いクラスターに入れ，クラスターの重心を再計算する．

クラスターの重心

クラスター	床運動	鞍馬	つり輪	跳馬	平行棒	鉄棒
米日中	45.576	42.010	45.185	47.772	45.757	45.643
露英ウ	45.166	44.177	45.055	48.338	44.485	44.388
独仏	44.383	43.099	43.966	46.149	45.562	44.716

(3) クラスターの重心と各国間の Euclid 距離を再計算する．

各国からクラスターの重心までの距離

クラスター	米	露	英	独	日	中	ウ	仏
米日中	**2.385**	2.095	3.539	1.875	**2.463**	**1.747**	3.857	3.570
露英ウ	2.657	**1.580**	**1.574**	2.556	4.107	4.010	**1.272**	3.640
独仏	3.449	2.777	3.381	**1.171**	3.351	3.459	3.607	**1.171**

各国が最も近い重心をもつクラスターに属していることが確認できるので，終了する．

　　　重心（ステップ 1 で選んだ個体）からの距離を計算し，最も近い重心をもつクラスターに割り当てる．その都度，クラスターの重心を再計算する．
ステップ 3：　すべての個体がクラスターに割り当てられた後，各クラスターの重心を再計算し，各個体を最も近い重心をもつクラスターに割り当てる．

この方法のステップ 1 は Forgy の方法と同じであり，ここでの k 個の個体の選択方法に最終結果が依存する．Forgy の方法との違いは次の点である．

- ステップ 2 において，$n-k$ 個の個体を 1 つずつ取り上げ，それを最も近い重心をもつクラスターに割り当てるが，その都度，クラスターの重心を再計算するので，作られるクラスターは $n-k$ 個の個体を取り上げる順序に依存する．

- ステップ 3 において，各個体のクラスターへの再割り当てがただ一度行わ

3.6 非階層的クラスター分析法

れるだけである．ただ一度の割り当てであることにより，Forgy の方法よりも計算量が少なくなる利点がある．
- 各個体のクラスターへの割り当てを収束するまで行うためには，ステップ 3 を繰り返せばよい．

ステップ 3 において，重心の位置を調整することにより，3.1.2 項で導入されたクラスター内分散

$$W_l(k) := \frac{1}{n_l} \sum_{i \in C_l} (\boldsymbol{x}_i - \bar{\boldsymbol{x}}^l)(\boldsymbol{x}_i - \bar{\boldsymbol{x}}^l)^\top = \frac{1}{n_l} \sum_{i \in C_l} \sum_{r=1}^{p} (x_{ir} - \bar{x}_r^l)^2$$

が確実に減少することを示す．そのために，クラスター C_l に属する各個体と点 $\boldsymbol{y} := (y_1, y_2, \ldots, y_p)$ との平方 Euclid 距離の和を考えると，

$$\sum_{i \in C_l} \sum_{r=1}^{p} (x_{ir} - y_r)^2 = \sum_{r=1}^{p} \sum_{i \in C_l} x_{ir}^2 - 2 \sum_{r=1}^{p} y_r \sum_{i \in C_l} x_{ir} + n_l \sum_{r=1}^{p} y_r^2$$

となる．この式の右辺において，各 r について

$$\sum_{i \in C_l} x_{ir}^2 - 2 y_r \sum_{i \in C_l} x_{ir} + n_l y_r^2 = n_l \left(y_r - \frac{1}{n_l} \sum_{i \in C_l} x_{ir} \right)^2 + \sum_{i \in C_l} x_{ir}^2 - \frac{1}{n_l} \left(\sum_{i \in C_l} x_{ir} \right)^2$$

は

$$y_r = \frac{1}{n_l} \sum_{i \in C_l} x_{ir} = \bar{x}_r^l \qquad 1 \leq r \leq p$$

のときに最小になることが分かる．

表 3.22 に，表 2.2 のデータを例として，Euclid 距離を用いた MacQueen の k 平均法によるクラスター形成の過程を示す．クラスターの数を $k = 3$ とする．ステップ 1 で，中国，ウクライナ，フランスの 3 ヶ国をそれぞれクラスターとする．ステップ 2 で，残りの 5 ヶ国を表 2.2 に現れる逆順に 1 つずつ取り上げ，最も近い重心をもつクラスターに割り当てては，重心を再計算する．その結果，クラスター「日中」，「米露英ウ」，「独仏」が作られる．ステップ 3 で，これらのクラスターの重心と各国間の距離を再計算したところ，各国は最も近い重心をもつクラスターに属していることが確認できた．

3 章 分かるために分けるクラスター分析

表 3.22 MacQueen の k 平均法によるクラスターの形成.

数値は各クラスターの重心と他のクラスターの重心または各国までの Euclid 距離

(1) 初期値として,中国,ウクライナ,フランスの 3 ヶ国をそれぞれクラスターとすれば,日本は中国に最も近い(表 2.4(b)).

(2) 日本をクラスター「中」に入れて,各クラスターの重心からドイツまでの距離を計算.

クラスター	日中	ウ	仏	独
日中	0	4.377	3.631	2.544
ウ	4.377	0	4.042	3.525
仏	3.631	4.042	0	**2.343**

(3) ドイツをクラスター「仏」に入れて,各クラスターの重心からイギリスまでの距離を計算.

クラスター	日中	ウ	独仏	英
日中	0	4.377	2.908	4.486
ウ	4.377	0	3.607	**2.386**
独仏	2.908	3.607	0	3.381

(4) イギリスをクラスター「ウ」に入れて,各クラスターの重心からロシアまでの距離を計算.

クラスター	日中	英ウ	独仏	露
日中	0	4.268	2.908	2.704
英ウ	4.268	0	3.286	**2.370**
独仏	2.908	3.286	0	2.777

(5) ロシアをクラスター「英ウ」に入れて,各クラスターの重心からアメリカまでの距離を計算.

クラスター	日中	露英ウ	独仏	米
日中	0	3.652	2.908	3.577
露英ウ	3.652	0	2.919	**2.657**
独仏	2.908	2.919	0	3.449

アメリカをクラスター「露英ウ」に入れる.

(6) クラスターの重心と各国間の距離を再計算.

クラスター	米	露	英	独	日	中	ウ	仏
日中	3.577	2.704	4.486	2.544	**1.772**	**1.772**	4.377	3.631
米露英ウ	**1.993**	**1.522**	**1.413**	2.261	4.055	3.686	**1.898**	3.703
独仏	3.449	2.777	3.381	**1.171**	3.351	3.459	3.607	**1.171**

各国が最も近い重心をもつクラスターに属していることが確認できる.

3.6.3 MacQueen の粗密化パラメタ k 平均法

MacQueen (1967) は，さらに，分類の過程でクラスター数が変化することを許す次のような k 平均法を提案した (Anderberg, 1973, 邦訳, p. 217)．この方法では，粗化パラメタ (coarsening parameter) M と密化パラメタ (refinement parameter) R の値を予め決めておく．「距離」は 2.2.3 項に述べた距離の公理を満たす任意の非類似度でよい．

ステップ1： クラスター数の初期値 k を適当に設定し，n 個の個体の中から k 個を適当に選び，選択した各個体を 1 個体から成るクラスターとする．

ステップ2： k 個のクラスター間の距離を計算する．これらの距離のうちの最小値が粗化パラメタ M 未満なら，最小距離に対応する 2 つのクラスターを融合して，新しいクラスターを作る．このクラスターの重心と残りのすべてのクラスターとの間の距離を再計算する．距離の最小値が M 以上になるまで，最小距離で結ばれた 2 つのクラスターを融合し続ける．

ステップ3： 残りの $n-k$ 個の個体について，クラスターの重心までの距離を計算し，1 つずつ最も近い重心をもつクラスターに割り当てる．このとき，最も近い重心までの距離が，密化パラメタ R よりも大きければ，その 1 個だけの個体で新しいクラスターを作る．クラスターの重心を再計算し，別のクラスターの重心までの距離を計算する．これらの重心間の距離のうち M 未満のものがあれば，それらを結ぶ 2 つのクラスターを融合する．

ステップ4： すべての個体がクラスターに割り当てられた後，各クラスターの重心を再計算し，各個体を最も近い重心をもつクラスターに割り当てる．

ステップ2では，最初に選んだ k 個の各個体から成るクラスター間の最短距離が M よりも大きくなるように，クラスターを形成する．ステップ3では，残りの $n-k$ 個の個体を 1 つずつ最近隣のクラスターに追加していくが，もし個体がどのクラスターの重心からも R 以上離れていれば，その個体だけで新しく 1 つのクラスターを作る．このステップで作られるクラスターは，$n-k$ 個の個体を 1 つずつ取り上げる順序に依存する．

表 3.23 と 3.24 に，表 2.2 のデータを例として，Euclid 距離と粗密化パラメタ $M = 2.4$ および $R = 3.3$ を用いた k 平均法によるクラスター形成の過程を示す．

3 章 分かるために分けるクラスター分析

表 3.23 粗密化パラメタをもつ k 平均法によるクラスターの形成.

(1) 初期値として，米，露，英，独，日の 5 ヶ国をそれぞれクラスターとする．

5 ヶ国間の Euclid 距離

	米	露	英	独	日
米	0	2.659	2.418	2.476	4.523
露	2.659	0	2.886	**2.120**	2.958
英	2.418	2.886	0	3.045	5.113
独	2.476	**2.120**	3.045	0	3.133
日	4.523	2.958	5.113	3.133	0

(2) 最短の露独間の距離が $M = 2.4$ より小さいので，クラスター「露独」を作る．

4 つのクラスターの重心間の Euclid 距離

	米	露独	英	日
米	0	**2.341**	2.418	4.523
露独	**2.341**	0	2.771	2.856
英	2.418	2.771	0	5.113
日	4.523	2.856	5.113	0

(3) クラスター「米」と「露独」の距離が $M = 2.4$ より小さいので，クラスター「米露独」を作る．クラスターの重心を再計算し，それらと残りの 3 ヶ国との距離を計算する．

3 つのクラスターの重心と残りの 3 ヶ国（中国，ウクライナ，フランス）との Euclid 距離

	米露独	英	日	中	ウ	仏
米露独	0	2.419	3.323	**3.004**	3.007	3.349
英	2.419	0	5.113	4.516	2.386	4.041
日	3.323	5.113	0	3.543	4.723	3.923

(4) 中国をクラスター「米露独」に入れる．クラスターの重心を再計算し，それらと残りの 2 ヶ国との距離を計算する．

3 つのクラスターの重心と残りの 2 ヶ国（ウクライナ，フランス）との Euclid 距離

	米露独中	英	日	ウ	仏
米露独中	0	2.792	3.119	3.265	3.322
英	2.792	0	5.113	**2.386**	4.041
日	3.119	5.113	0	4.723	3.923

3.6 非階層的クラスター分析法

表 **3.24** 粗密化パラメタをもつ k 平均法によるクラスターの形成（続き）.

(5) ウクライナをクラスター「英」に入れる．クラスターの重心を再計算し，それらと残りの 1 ヶ国（フランス）との距離を計算する．

3 つのクラスターの重心と残りの 1 ヶ国（フランス）との Euclid 距離

	米露独中	英ウ	日	仏
米露独中	0	2.793	3.119	**3.322**
英ウ	2.793	0	4.775	3.861
日	3.119	4.775	0	3.923

フランスから最も近いクラスターへの距離が $R = 3.3$ より大きいので，フランスを 1 ヶ国から成るクラスターとする．

(6) 各国が最も近い重心をもつクラスターに入っていることを確認する．

クラスターの重心から各国までの Euclid 距離

クラスター	米	露	英	独	日	中	ウ	仏
米露独中	**1.728**	**1.662**	2.792	**1.358**	3.119	**2.253**	3.265	3.323
英ウ	2.987	2.370	**1.193**	3.070	4.775	4.462	**1.193**	3.861
日	4.523	2.958	5.113	3.133	**0**	3.543	4.723	3.923
仏	4.516	3.697	4.041	2.343	3.923	4.155	4.042	**0**

3.6.4 Hartigan の k 平均法

n 個の個体に対する p 個の変数の観察値

$$\boldsymbol{x}_i = (x_{i1}, x_{i2}, \ldots, x_{ip}) \qquad 1 \leq i \leq n$$

を k 個のクラスター $C_1, C_2, \ldots, C_k$ に分けることを考える．クラスター数 k は与えられているものとする．クラスター C_l に属する個体の数を n_l で表す $(1 \leq l \leq k)$．このとき，クラスター C_l の重心 $\bar{\boldsymbol{x}}^l$ とクラスター内分散の和 $W(k)$ は次のように与えられる．

$$\bar{\boldsymbol{x}}^l := \frac{1}{n_l} \sum_{i \in C_l} \boldsymbol{x}_i = (\bar{x}_1^l, \bar{x}_2^l, \ldots, \bar{x}_p^l) \quad ; \quad \bar{x}_r^l := \frac{1}{n_l} \sum_{i \in C_l} x_{ir} \qquad 1 \leq r \leq p,$$

$$W(k) = \frac{1}{n} \sum_{l=1}^{k} \sum_{i \in C_l} (\boldsymbol{x}_i - \bar{\boldsymbol{x}}^l)(\boldsymbol{x}_i - \bar{\boldsymbol{x}}^l)^\top.$$

3章 分かるために分けるクラスター分析

　第3.1.2項に示したように，クラスター数 k が与えられたときの最適クラスタリングは，クラスター内分散の和 $W(k)$ を最小にするようにすべての個体を分けることである．以下の **Hartigan の k 平均法**では，$W(k)$ が減るようにクラスター間で個体を移動する (Hartigan, 1975, p. 85; Hartigan and Wong, 1979).

ステップ1： n 個の個体を k 個のクラスターに適当に初期分割する．そして，各クラスター C_l の重心 $\bar{\boldsymbol{x}}^l$ を求め $(1 \leq l \leq k)$，クラスター内分散の和 $W(k)$ を計算する．$i=1$ とおく．

ステップ2： 移動させる候補として個体 i が属するクラスターを C_l とする．クラスター C_l に含まれる個体の数 n_l が1であるときには，次の個体を試みる $(i \to i+1)$．$n_l \geq 2$ のときは，判定条件

$$\frac{n_t}{n_t+1}(\boldsymbol{x}_i - \bar{\boldsymbol{x}}^t)(\boldsymbol{x}_i - \bar{\boldsymbol{x}}^t)^\top < \frac{n_l}{n_l-1}(\boldsymbol{x}_i - \bar{\boldsymbol{x}}^l)(\boldsymbol{x}_i - \bar{\boldsymbol{x}}^l)^\top \quad (3.6)$$

の右辺を計算するとともに，すべてのクラスター C_t について左辺を計算し，それらのうちで最小値を与えるクラスターを C_t とする．

ステップ3： 判定条件 (3.6) を満たすクラスター C_t が見つかったときには，個体 i をクラスター C_l から C_t へ移す．該当するクラスターがない場合には，個体 i を動かさずに C_l に留める．$i<n$ なら $i \to i+1$ として，ステップ2に行く．

ステップ4： ステップ3において，個体 i がクラスター C_l から C_t に移動したときには，2つのクラスターの重心を再計算し，クラスター内分散の和 $W(k)$ も再計算する．$i<n$ なら $i \to i+1$ として，ステップ2に行く．

ステップ5： 個体が一巡する間に入れ替えが起こらなければ計算を終了する．それ以外のときは，$i=1$ としてステップ2に行き，上のことを反復する．

　判定条件 (3.6) によって個体 i がクラスター C_l から C_t に移ることによりクラスター内分散の和 $W(k)$ が減少することを証明する (Wishart, 1978)．まず，クラスター C_l から個体 i を取り出した後，C_l の重心は

$$\begin{aligned}(\bar{\boldsymbol{x}}^l)' &= \frac{1}{n_l-1}\sum_{j \in C_l \setminus \{i\}} \boldsymbol{x}_j = \frac{1}{n_l-1}\left(\sum_{j \in C_l} \boldsymbol{x}_j - \boldsymbol{x}_i\right) \\ &= \frac{1}{n_l-1}\left(n_l \bar{\boldsymbol{x}}^l - \boldsymbol{x}_i\right) = \frac{n_l}{n_l-1}\bar{\boldsymbol{x}}^l - \frac{\boldsymbol{x}_i}{n_l-1}\end{aligned}$$

3.6 非階層的クラスター分析法

となる.従って,$C_l \setminus \{i\}$ に属する個体 $\boldsymbol{x}_j$ と $(\bar{\boldsymbol{x}}^l)'$ の平方 Euclid 距離は

$$\left[\boldsymbol{x}_j - (\bar{\boldsymbol{x}}^l)'\right]\left[\boldsymbol{x}_j - (\bar{\boldsymbol{x}}^l)'\right]^\top$$
$$= \left(\boldsymbol{x}_j - \frac{n_l}{n_l-1}\bar{\boldsymbol{x}}^l + \frac{\boldsymbol{x}_i}{n_l-1}\right)\left(\boldsymbol{x}_j - \frac{n_l}{n_l-1}\bar{\boldsymbol{x}}^l + \frac{\boldsymbol{x}_i}{n_l-1}\right)^\top$$
$$= \boldsymbol{x}_j\boldsymbol{x}_j^\top + \left(\frac{n_l}{n_l-1}\right)^2 \bar{\boldsymbol{x}}^l(\bar{\boldsymbol{x}}^l)^\top + \frac{1}{(n_l-1)^2}\boldsymbol{x}_i\boldsymbol{x}_i^\top$$
$$+ \frac{2}{n_l-1}\boldsymbol{x}_j\boldsymbol{x}_i^\top - \frac{2n_l}{n_l-1}\bar{\boldsymbol{x}}^l\boldsymbol{x}_j^\top - \frac{2n_l}{(n_l-1)^2}\bar{\boldsymbol{x}}^l\boldsymbol{x}_i^\top$$

となる.ここで,

$$\boldsymbol{x}_i\boldsymbol{x}_j^\top = \boldsymbol{x}_j\boldsymbol{x}_i^\top \quad ; \quad \boldsymbol{x}_j(\bar{\boldsymbol{x}}^l)^\top = \bar{\boldsymbol{x}}^l\boldsymbol{x}_j^\top \quad ; \quad \boldsymbol{x}_i(\bar{\boldsymbol{x}}^l)^\top = \bar{\boldsymbol{x}}^l\boldsymbol{x}_i^\top$$

を使った(これらはスカラーであるから成り立つ).これをすべての $j \in C_l \setminus \{i\}$ について加える.このとき,

$$\sum_{j \in C_l \setminus \{i\}} \boldsymbol{x}_j = \sum_{j \in C_l} \boldsymbol{x}_j - \boldsymbol{x}_i = n_l\bar{\boldsymbol{x}}^l - \boldsymbol{x}_i,$$
$$\sum_{j \in C_l \setminus \{i\}} \boldsymbol{x}_j^\top = \sum_{j \in C_l} \boldsymbol{x}_j^\top - \boldsymbol{x}_i^\top = n_l(\bar{\boldsymbol{x}}^l)^\top - \boldsymbol{x}_i^\top,$$
$$\sum_{j \in C_l \setminus \{i\}} \boldsymbol{x}_j\boldsymbol{x}_j^\top = \sum_{j \in C_l} \boldsymbol{x}_j\boldsymbol{x}_j^\top - \boldsymbol{x}_i\boldsymbol{x}_i^\top \quad ; \quad \sum_{j \in C_l \setminus \{i\}} 1 = n_l - 1$$

に注意して計算すると,以下の結果が得られる.

$$\sum_{j \in C_l \setminus \{i\}} \left[\boldsymbol{x}_j - (\bar{\boldsymbol{x}}^l)'\right]\left[\boldsymbol{x}_j - (\bar{\boldsymbol{x}}^l)'\right]^\top$$
$$= \sum_{j \in C_l} \boldsymbol{x}_j\boldsymbol{x}_j^\top + \frac{n_l}{n_l-1}\left(2\bar{\boldsymbol{x}}^l\boldsymbol{x}_i^\top - \boldsymbol{x}_i\boldsymbol{x}_i^\top\right) - \frac{n_l^2}{n_l-1}\bar{\boldsymbol{x}}^l(\bar{\boldsymbol{x}}^l)^\top.$$

もとのクラスター C_l における各個体と重心との間の平方 Euclid 距離の和

$$\sum_{j \in C_l} (\boldsymbol{x}_j - \bar{\boldsymbol{x}}^l)(\boldsymbol{x}_j - \bar{\boldsymbol{x}}^l)^\top = \sum_{j \in C_l} \boldsymbol{x}_j\boldsymbol{x}_j^\top - n_l\bar{\boldsymbol{x}}^l(\bar{\boldsymbol{x}}^l)^\top$$

から上の結果を差し引いた

$$\frac{n_l}{n_l-1}\left[\boldsymbol{x}_i\boldsymbol{x}_i^\top - 2\bar{\boldsymbol{x}}^l\boldsymbol{x}_i^\top + \bar{\boldsymbol{x}}^l(\bar{\boldsymbol{x}}^l)^\top\right] = \frac{n_l}{n_l-1}(\boldsymbol{x}_i - \bar{\boldsymbol{x}}^l)(\boldsymbol{x}_i - \bar{\boldsymbol{x}}^l)^\top$$

が式 (3.6) の右辺に現れる量であり，個体 i がクラスター C_l から出ることによる $W(k)$ の減少分である．

同様にして，クラスター C_t に個体 i を入れた後の C_t の重心は

$$(\bar{\boldsymbol{x}}^t)' = \frac{1}{n_t+1}\sum_{j\in C_t\cup\{i\}}\boldsymbol{x}_j = \frac{1}{n_t+1}\left(n_t\bar{\boldsymbol{x}}^t + \boldsymbol{x}_i\right)$$

であり，C_t に属する個体 $\boldsymbol{x}_j$ と $(\bar{\boldsymbol{x}}^t)'$ の間の平方 Euclid 距離は

$$\begin{aligned}&\left[\boldsymbol{x}_j - (\bar{\boldsymbol{x}}^t)'\right]\left[\boldsymbol{x}_j - (\bar{\boldsymbol{x}}^t)'\right]^\top \\ &= \left(\boldsymbol{x}_j - \frac{n_t}{n_t+1}\bar{\boldsymbol{x}}^t - \frac{\boldsymbol{x}_i}{n_t+1}\right)\left(\boldsymbol{x}_j - \frac{n_t}{n_t+1}\bar{\boldsymbol{x}}^t - \frac{\boldsymbol{x}_i}{n_t+1}\right)^\top\end{aligned}$$

となる．これをすべての $j\in C_t\cup\{i\}$ について加えると，

$$\begin{aligned}&\sum_{j\in C_t\cup\{i\}}\left[\boldsymbol{x}_j - (\bar{\boldsymbol{x}}^t)'\right]\left[\boldsymbol{x}_j - (\bar{\boldsymbol{x}}^t)'\right]^\top \\ &= \sum_{j\in C_t}\boldsymbol{x}_j\boldsymbol{x}_j^\top - \frac{n_t}{n_t+1}\left(2\bar{\boldsymbol{x}}^t\boldsymbol{x}_i^\top - \boldsymbol{x}_i\boldsymbol{x}_i^\top\right) - \frac{n_t^2}{n_t+1}\bar{\boldsymbol{x}}^t(\bar{\boldsymbol{x}}^t)^\top\end{aligned}$$

が得られる．この結果からもとのクラスター C_t における各個体と重心との間の平方 Euclid 距離の和

$$\sum_{j\in C_t}(\boldsymbol{x}_j - \bar{\boldsymbol{x}}^t)(\boldsymbol{x}_j - \bar{\boldsymbol{x}}^t)^\top = \sum_{j\in C_t}\boldsymbol{x}_j\boldsymbol{x}_j^\top - n_t\bar{\boldsymbol{x}}^t(\bar{\boldsymbol{x}}^t)^\top$$

を引くと，

$$\frac{n_t}{n_t+1}(\boldsymbol{x}_i - \bar{\boldsymbol{x}}^t)(\boldsymbol{x}_i - \bar{\boldsymbol{x}}^t)^\top$$

が得られる．これが式 (3.6) の左辺に現れる量であり，クラスター C_t に個体 i が入ることによる $W(k)$ の増加分である．

以上により，判定条件 (3.6) が成り立てば，個体 i をクラスター C_l からクラスター C_t に移すことで，$W(k)$ が減ることが分かる．Hartigan のアルゴリズムのステップ 2 において，式 (3.6) の左辺をすべてのクラスター C_t について計算し，

3.6 非階層的クラスター分析法

表 3.25 Hartigan の k 平均法によるクラスターの形成.

クラスター	$W(k)$	i	C_1	C_2	C_3	国の入れ替え
米露英；独日中；ウ仏	5.988	米	<u>2.918</u>	6.851	9.026	
		露	<u>4.159</u>	**3.701**	3.751	露を C_2 に
米英；露独日中；ウ仏	3.173	英	<u>2.923</u>	9.968	4.618	
		独	4.161	<u>3.142</u>	3.248	
		日	14.559	<u>5.609</u>	9.842	
		中	9.626	<u>6.608</u>	10.459	
		ウ	**5.873**	9.695	<u>8.168</u>	ウを C_1 に
米英ウ；露独日中；仏	2.886	米	<u>5.949</u>	6.155	10.199	
		露	**3.089**	<u>3.701</u>	6.835	露を C_1 に
米露英ウ；独日中；仏	2.810	英	<u>2.661</u>	11.3036	8.164	
		独	4.089	<u>4.316</u>	**2.744**	独を C_3 に
米露英ウ；日中；独仏	2.613	日	13.155	<u>6.278</u>	7.486	
		中	10.870	<u>6.278</u>	7.977	
		ウ	<u>4.803</u>	12.770	8.673	
		仏	10.969	8.791	<u>2.744</u>	
		米	<u>5.294</u>	8.530	7.929	
		露	<u>3.089</u>	4.875	5.140	
		英	<u>2.661</u>	13.418	7.620	
		独	4.089	4.316	<u>2.744</u>	

最小値を与えるクラスターに個体 i を移すことにしているので，$W(k)$ が最も多く減ることになる．

表 3.25 に，表 2.2 のデータを例として，Hartigan の k 平均法によるクラスター形成の過程を示す．クラスターの数を $k=3$ とする．最初のクラスターを「米露英」「独日中」「ウ仏」とする．C_l の欄の数値は，考えている国 i が属するクラスター C_l については $n_l(\boldsymbol{x}_i - \bar{\boldsymbol{x}}^l)(\boldsymbol{x}_i - \bar{\boldsymbol{x}}^l)^\top/(n_l - 1)$ であり，そうでないクラスターについては $n_l(\boldsymbol{x}_i - \bar{\boldsymbol{x}}^l)(\boldsymbol{x}_i - \bar{\boldsymbol{x}}^l)^\top/(n_l + 1)$ である．下線は，国 i が属するクラスターを示す．太字は下線のない数値が最小になっていることを示すので，国の入れ替えをしなければならない．最終的なクラスターは「米露英ウ」「日中」「独仏」となった．このときのクラスター内分散の和 $W(k) = 2.613$ は 3.1.2 項の表 3.5（74 ページ）にも示されている．

Column 源氏香(げんじこう)

『源氏物語』全54帖のうち最初の巻「桐壺」と最後の巻「夢浮橋」を除く52帖の巻見出しに用いられている**源氏香** (Murasaki diagram) は，5つの物の $B_5 = 52$ 通りのクラスタリングの図的表現である（Bell数 B_5 は5つの物をクラスターに分類する方法の数．第3.1.1項参照）．組香は数種の香を聞き分ける香遊びで，その代表的な源氏香では，5つの香を聞いて同じ種類の香を判断し，その組合せを図3.9に示された源氏物語の巻名で答える．室町時代以降の遊びで，その数理は17世紀の和算家に負う．源氏物語の各巻に，対応する源氏香の記号が加えられるようになったのは，明治以後らしい*12．

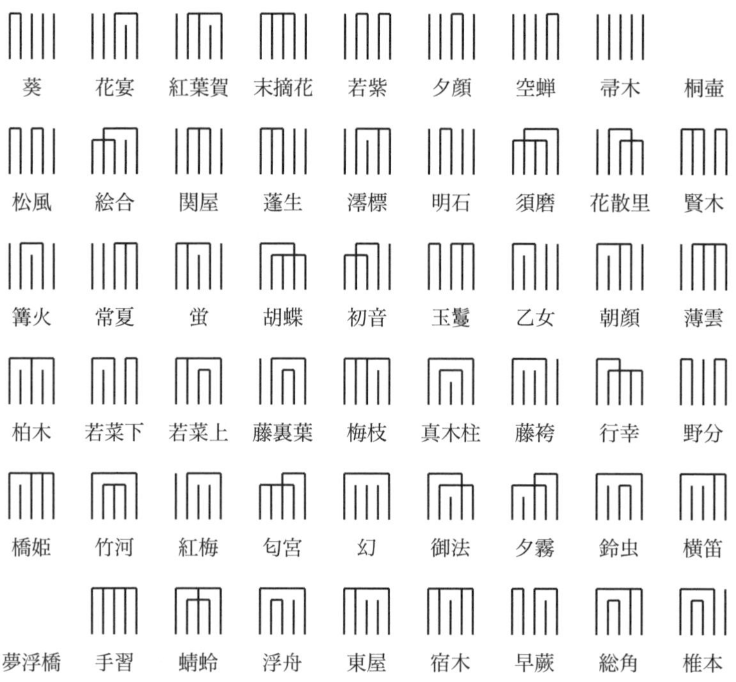

葵	花宴	紅葉賀	末摘花	若紫	夕顔	空蝉	帚木	桐壺
松風	絵合	関屋	蓬生	澪標	明石	須磨	花散里	賢木
篝火	常夏	蛍	胡蝶	初音	玉鬘	乙女	朝顔	薄雲
柏木	若菜下	若菜上	藤裏葉	梅枝	真木柱	藤袴	行幸	野分
橋姫	竹河	紅梅	匂宮	幻	御法	夕霧	鈴虫	横笛
夢浮橋	手習	蜻蛉	浮舟	東屋	宿木	早蕨	総角	椎本

図 3.9 源氏香の図

---

*12 一松信，ベル数，『数学セミナー』，1986年11月号，特集 かずかずの数，pp.48–49.

参考文献

金明哲 (2017)，R によるデータサイエンス（第 2 版）データ解析の基礎から最新手法まで，9 章 クラスター分析，森北出版，2017 年 3 月．

齋藤堯幸・宿久洋 (2006)，関連性データの解析法 – 多次元尺度構成法とクラスター分析法 –，共立出版，2006 年 9 月．

中村永友 (2009)，多次元データ解析法，11 章 クラスター分析法，共立出版，2009 年 8 月．

村上征勝・金明哲・土山玄・上阪彩香 (2016)，計量文献学の射程，勉誠出版，2016 年 3 月．

Anderberg, M. R. (1973), *Cluster Analysis for Applications*, Academic Press, 1973. 西田英郎監訳，クラスター分析とその応用，内田老鶴圃，1988 年 12 月．

Batagelj, V. (1981), Note on ultrametric hierarchical clustering algorithms, *Psychometrika*, Vol.46, No.3, pp.351–352, September 1981.

Caliński, T. and J. Harabasz (1974), A dendrite method for cluster analysis, *Communications in Statistics*, Vol.3, No.1, pp.1–27, January 1974.

DuBien, J. L. and W. D. Warde (1979), A mathematical comparison of the members of an infinite family of agglomerative clustering algorithms, *The Canadian Journal of Statistics*, Vol.7, No.1, pp.29–38, 1979.

Everitt, B. S., S. Landau, M. Leese, and D. Stahl (2011), *Cluster Analysis*, Fifth edition, John Wiley & Sons, 2011.

Forgy, E. W. (1965), Cluster analysis of multivariate data: efficiency versus interpretability of classifications, *Biometrics*, Vol.21, No.3, pp.768–769, 1965.

Hartigan, J. A. (1975), *Clustering Algorithms*, John Wiley & Sons, 1975.

Hartigan, J. A. and M. A. Wong (1979), Algorithm AS 136: A k-means clustering algorithm, *Journal of the Royal Statistical Society*, Series C (Applied Statistics), Vol.28, No.1, pp.100–108, 1979.

Lance, G. N. and W. T. Williams (1967), A general theory of classificatory sorting strategies. 1. hierarchical systems, *The Computer Journal*, Vol.9, No.4, pp.373–380, February 1967.

MacQueen, J. (1967), Some methods for classification and analysis of multivariate observations. In: *Proceedings of the Fifth Berkeley Symposium on Mathematical Statistics and Probability*, Volume 1: *Statistics*, L. M. Le Cam and J. Neyman (editors), pp.281–297, University of California Press, 1967.

McQuitty, L. L. (1966), Similarity analysis by reciprocal pairs for discrete and continuous data, *Educational and Psychological Measurement*, Vol.26, pp.825–831, 1966.

Murtagh, F. (1984), Counting dendrograms: a survey, *Discrete Applied Mathematics*, Vol.7, No.2, pp.191–199, February 1984.

Sokal, R. R. and C. D. Michener (1958), A statistical method for evaluating systematic relationships, *The University of Kansas Science Bulletin*, Vol.38, Pt.2, pp.1409–1438, 1958.

Ward, J. H., Jr. (1963), Hierarchical grouping to optimize an objective function, *Journal of the American Statistical Association*, Vol.58, No.301, pp.236–244, March 1963.

Wishart, D. (1978), Treatment of missing values in cluster analysis. In: *Proceed-

ings in Computational Statistics Symposium (COMPSTAT 1978, Leiden), L. C. A. Corsten and J. Hermans (editors), pp.281–287, Physica-Verlag, Wien, 1978.

著者紹介

イリチュ（佐藤）美佳
　2章を参照.

高木 英明
　1章を参照.

4章 ロジスティック回帰とCox回帰
Logistic and Cox Regression Models

池田拓史 (テクノスデータサイエンス・エンジニアリング株式会社)
ikeda.hi@gmail.com
高木英明 (筑波大学)
takagi@sk.tsukuba.ac.jp

　ある商品を顧客が買うか買わないか，というような顧客の二者択一的行動を，その行動の理由と考えられる複数の説明変数を用いた回帰モデルで考えるとき，線形回帰モデルの代わりに，線形式を 0 と 1 の間の値を取る関数に変換する方法がロジスティック回帰モデルである．また，顧客がそのような行動を取るまでの時間も併せて推定するための方法が Cox 回帰モデルである．このような方法は，マーケティング分野における顧客行動の数理モデルとして使うことができる．本章では，これらのモデル化を説明し，応用例として，ホテルの顧客満足度アンケートの回答分析と，ウェブ販売における顧客への接触手段の効果を探るアトリビューション分析を示す．

キーワード：顧客行動，2 値的確率変数，Bernoulli 分布，ロジスティック変換，オッズ，オッズ比，ダミー変数，ロジスティック回帰，最尤法，対数尤度，仮説検定，信頼区間，p 値，生存関数，ハザード関数，パラメトリック推定，Weibull 分布，Kaplan-Meier 推定量，比例ハザード性，対数線形性，Cox 回帰，Cox の部分尤度，Breslow-Pete の部分尤度，Efron の部分尤度，顧客満足度アンケート調査，アトリビューション分析

4.1 はじめに

　顧客は自由な意思をもった存在である．その行動を数理的に理解しようとする際に，例えば物理学における Newton の運動方程式のような決定論的な方程式を当てはめることができると期待することは適切ではない．確かに，人間の行動を支配する脳細胞も物質の分子から構成され，その動作は外部の刺激を受けた分子間の力学的および電気的相互作用によって決定すると考えられるので，そのミクロな動きを膨大な数の非線形連立方程式で記述することができるかも

しれないが，その解を求めることは現代のスーパーコンピュータをもってしても現実的には不可能である．その代わりに，無数の分子のミクロな動きが総合されて顧客のマクロな行動となって現れると想定し，初めから確率論的な不確定さを考慮に入れた簡単な方程式で記述して解くことが現実的である．言い換えると，気まぐれな顧客の行動を数理的に扱おうとするならば，それを単なる変数としてではなく，確率変数として扱い，その確率変数が従う確率分布を，数式などの形でモデル化することが基本的な方法となる．これが顧客行動理解のための統計的アプローチである．

4.1.1 顧客行動を表す確率変数

確率変数 (random variable) とは，その値が一定ではなく，ある統計的な法則に従って，いろいろな値を取る量としてしか定義できない変数のことである．例えば，あるレストランで食事をした客のうち再来店する客が5人のうち1人程度（確率0.2）であり，再来店しない客が5人のうち4人程度（確率0.8）であるとする．このとき，顧客の「再来店」という行動を，変数 Y を用いて

$$Y = 1 \iff 再来店する \ ; \ Y = 0 \iff 再来店しない$$

と表すことにすれば，Y が取る値は一定ではないので，Y は確率変数である．確率変数 Y をこのように定義することによって，「再来店」を示す法則を Y の値を決める法則

$$Y = \begin{cases} 1 & 確率\ 0.2\ で, \\ 0 & 確率\ 0.8\ で \end{cases}$$

として書くことができる．一般に，確率変数がいろいろな値を取る確率を示す法則を**確率分布** (probability distribution) という．この例のように，与えられたそれぞれの確率で2種類の値のうち1つを取るという**2値的確率変数** (binary または dichotomous random variable) の確率分布は（取る値が0と1でなくても）一般に **Bernoulli 分布** (Bernoulli distribution) と呼ばれる[*1]．

顧客の判断や行動として，2つの選択肢のうち1つが起こる場合がよくある．

[*1] Jacob Bernoulli, 1654–1705, スイスの数学者．

4.1 はじめに

- レストランでの食事に満足, 不満足.
- ある政策に賛成, 反対.
- 広告の結果として, 商品が売れる, 売れない.
- 病気の人に対して, 薬剤投与の効果がある, ない.

このような二者択一的行動を数学的に扱うために, どちらか一方の選択肢を値 1 で表し, 他方の選択肢を値 0 で表す.

上記の Bernoulli 分布に従う確率変数 Y が取り得る値は 1 または 0 だけであるが, どちらか一方の値だけが許されるというわけではない. Y は 1 になるかもしれないし, 0 になるかもしれない. しかし, その平均値 (期待値) が $1 \times 0.2 + 0 \times 0.8 = 0.2$ であることは確定している. 平均値は Bernoulli 分布の (唯一の) パラメタである. このように, 確率変数を定義するためには, その確率変数が従う分布の形とともに, そのパラメタの値が必要である. 逆に, ある確率変数の従う確率分布 (分布の関数形とパラメタの値) が示されると, その確率変数が理解できたことになる.

0 または 1 の値を取り, 平均値パラメタ $\mu \, (0 < \mu < 1)$ をもつ Bernoulli 分布に従う確率変数 Y の確率分布は次のように与えられる.

$$Y = \begin{cases} 1 & \text{確率 } \mu \text{ で,} \\ 0 & \text{確率 } 1 - \mu \text{ で.} \end{cases}$$

この確率分布を図 4.1 に示す.

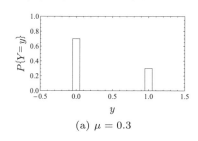
(a) $\mu = 0.3$

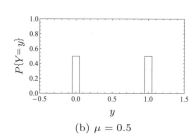
(b) $\mu = 0.5$

図 4.1 Bernoulli 分布 (平均値 μ).

顧客行動を表す確率変数には大きく分けて 2 つの種類がある. 1 つは, 「ある店に行って商品を買う」「行ったが買わない」「行かない」というような個々の特定

の行動を表す確率変数である．これを顧客の**質的行動** (qualitative behavior) という．もう1つは，「1年間に支払うケータイ電話料金」などのように，大小関係があり，加減乗除の計算もできる実数値をもつ確率変数である．これを顧客の**量的行動** (quantitative behavior) という．

第2章において，質的データの尺度として，名義尺度と順序尺度を挙げ，量的データの尺度として，間隔尺度と比尺度を挙げた．アンケートの質問に対する回答「1. そう思う，2. どちらとも言えない，3. そう思わない」の選択肢番号は，番号で加減演算をすることができない順序尺度であるが，回帰モデルにおいて，便宜的に，それができる間隔尺度として取り扱われることが多い．

前述のように，確率分布とは確率変数を定義する関数である．確率変数は，許される値が質的か量的かで大きく2つに分けられるが，関数形が同じでもそのパラメタが異なれば，それが規定する確率変数の振る舞いも異なってくる．例えば，0または1の2つの値のうちのどちらかを与えられた確率で取る離散型確率分布である Bernoulli 分布の関数に使われるパラメタは平均値 μ の1つだけであるが，その値を変えることによって0と1の出現頻度は異なってくる（図4.1）．また，連続的な確率分布である正規分布のパラメタは平均値 μ と標準偏差 σ の2つであり，この2つの値を決定すればその正規分布は一意的に定まる．

4.1.2 顧客行動の数理モデル化

前項の議論をまとめると，顧客行動を数理的に理解するとは，

(i) 解明したい顧客行動を確率変数で表し，
(ii) その確率変数が従うであろう確率的法則（確率分布）を想定し，
(iii) その確率分布の関数形に付随するパラメタの値を決定する

ということである．顧客の一人ひとりに対して，上述のような確率分布とそのパラメタ値を決定できれば，顧客行動を数理モデル化できたことになる．

なお，確率分布の関数形とそのパラメタが特定できなくても，つまり数式の形に書かれていなくても，確率変数が従う法則さえ一意的に特定できればそれで十分という立場もあり得る．例えば，事例から学習した確率分布をいつでも再生できるコンピュータプログラムが実装できていれば実用上は十分であるし，

そもそも人間行動のような現実の事象を単純な確率分布で表す関数式を書き下すことができると期待すること自体が自然でないとする立場である (Breiman, 2001). このような考えは**機械学習的アプローチ** (machine learning approach) と呼ばれ，最近のビッグデータ処理においてよく用いられる．

4.2　ロジスティック回帰モデル

ロジスティック回帰モデルは，顧客の**2値的行動**（binary または dichotomous behavior）を**目的変数** (response variable) として，2値的確率変数で数理モデル化する場合によく使われる統計モデルである．2値的確率変数の確率分布として前述の Bernoulli 分布を使い，その形状を決めるパラメタは分布の平均値である．ロジスティック回帰モデルを用いて，特定の顧客 i の2値的行動に対応する Bernoulli 分布の平均値 μ_i を推定するためには，それぞれの顧客について，目的変数である2値的行動の要因と考えられるいくつかの行動を表す複数の変数（例えば，月収や過去の購買履歴など）と目的変数との関係を与える必要がある．後者の変数を**説明変数** (explanatory variable) と呼ぶ．

4.2.1　ロジスティック変換

最も単純な例として，優待サービスを望むかどうかという顧客 i の行動を平均値 μ_i の Bernoulli 分布に従う確率変数 Y_i で表すモデルを考える．

$$Y_i := \begin{cases} 1\,(\text{顧客 } i \text{ が優待サービスを望む}) & \text{確率 } \mu_i \text{ で,} \\ 0\,(\text{顧客 } i \text{ が優待サービスを望まない}) & \text{確率 } 1-\mu_i \text{ で.} \end{cases}$$

そして，顧客 i の月収 $x_{i,1}$ によって平均値 μ_i を説明することを試みる．

まず，次のように，μ_i が $x_{i,1}$ に比例する**線形回帰モデル**を仮定してみよう．

$$\mu_i = \beta_0 + x_{i,1}\beta_1. \tag{4.1}$$

ここで，β_0 と β_1 はモデルのパラメタである．しかし，このモデルには次のような問題点がある．式 (4.1) の左辺にある μ_i は Bernoulli 分布の平均値に相当

4章 ロジスティック回帰と Cox 回帰

するため，その値は 0 と 1 の間に存在しなくてはならない．一方，右辺は説明変数 $x_{i,1}$ の 1 次関数となっており，その変動域は 0 と 1 の間に留まらない．実際，$\beta_1 > 0$ とすれば，右辺の変動域はマイナス無限大 $(-\infty)$ からプラス無限大 $(+\infty)$ までにわたる．従って，左辺を単純な 1 次関数で表すのは不適切である．これを解決する方法の 1 つは，右辺の変動域を無限区間 $(-\infty, +\infty)$ から 0 と 1 の間の開区間 $(0,1)$ に射影するような変換を 1 次関数に施すことである．

そのような変換式として，**ロジスティック変換** (logistic transformation)

$$\mu_i = \frac{1}{1 + \exp(-g_i)}, \tag{4.2}$$

$$g_i = \beta_0 + x_{i,1}\beta_1 \tag{4.3}$$

がある．ロジスティック変換は式 (4.2) で使われている．式 (4.2) で与えられる g_i の関数としての μ_i を図 4.2 に示す．このような関数の形を**シグモイド曲線** (sigmoid curve) という．この図において，以下の特徴を観察することができる．

- μ_i は g_i の単調増加関数である．
- $g_i \to +\infty$ のとき，$\mu_i \to 1$ となる．
- $g_i \to -\infty$ のとき，$\mu_i \to 0$ となる．

こうして，ロジスティック変換を使ったモデルにおいては，上述の変動域に関する問題が解決されていることが分かる．また，式 (4.3) により，μ_i を説明変

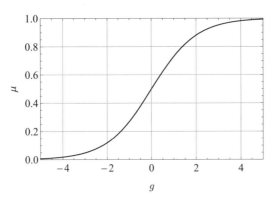

図 **4.2** ロジスティック変換．

数 $x_{i,1}$ によって（間接的に）説明するということにも成功している．このように，説明変数の 1 次関数に対してロジスティック変換を作用することにより，目的変数が従う Bernoulli 分布の平均値を説明しようとするモデルが**ロジスティック回帰モデル** (logistic regression model) である[*2]．

4.2.2 ロジスティック回帰

前項のモデルにおいて，顧客 i が優待サービスを望むかどうかという目的変数 Y_i が従う Bernoulli 分布の平均値 μ_i は，月収 $x_{i,1}$ だけでなく，その他の観察可能な説明変数，例えば，預金額 $x_{i,2}$，抱えているローン $x_{i,3}$，家賃 $x_{i,4}$，年齢 $x_{i,5}$ などにも依存するかもしれない．そこで，顧客 i についての 2 値的確率変数 Y_i を複数（r 個とする）の説明変数のベクトル（便宜上，最初の要素として定数 1 を追加する）

$$\boldsymbol{x}_i := (1, x_{i1}, x_{i2}, \ldots, x_{ir})$$

を用いて統計モデル化するため，式 (4.2) と (4.3) を拡張することを考える[*3]．

次に示す式がロジスティック回帰の一般的な定義式である．

$$Y_i := \begin{cases} 1 & \text{確率 } \mu_i \text{ で,} \\ 0 & \text{確率 } 1 - \mu_i \text{ で,} \end{cases} \quad ; \quad \mu_i = \frac{1}{1 + \exp(-g_i)},$$

$$g_i = \beta_0 + \sum_{k=1}^{r} x_{ik} \beta_k = \boldsymbol{x}_i \boldsymbol{\beta}. \tag{4.4}$$

ここで，

$$\boldsymbol{\beta} := (\beta_0, \beta_1, \beta_2, \ldots, \beta_r)^\top$$

とする．パラメタ β_k $(0 \leq k \leq r)$ は**回帰係数** (regression coefficient) と呼ばれ，説明変数 x_{ik} $(1 \leq k \leq r)$ が g_i に与える影響の大きさを示す．また，β_0 は切片

[*2] 類似の「ロジスティ（ッ）クス」(logistics) という用語が，オペレーションズ・リサーチ分野において，物流や兵站という意味で使われているが，本章の「ロジスティック回帰」という名称は次ページの脚注 4 に示された「ロジット分析」に由来するものであり，両者の間に語源上の関係はないと思われる．

[*3] 以降では，顧客 i に関する k 番目の説明変数を（これまでの $x_{i,k}$ ではなく）x_{ik} と書く．

(intercept) と呼ばれ，すべての説明変数の値が 0 である場合の g_i を与える．$\boldsymbol{\beta}$ の値は顧客ごとに別々に与えられるのではなく，すべての顧客に対して共通に与えられていることに注意する．従って，$\{\mu_1, \mu_2, \ldots, \mu_n\}$ は互いに無関係ではなく，共通の $\boldsymbol{\beta}$ を通して相互に関係をもつことが分かる．

次項で示すように，説明変数は，量的な変数だけでなく質的な変数にも拡張できるが，まずは量的な変数だけを考えよう．

線形回帰モデルにおいて，回帰係数の意味は「説明変数の値が 1 だけ増加したときの目的変数の増分」という直接的な解釈が可能である．一方，ロジスティック回帰モデルにおいては，ロジスティック変換を施しているため，そのような直接的解釈は成り立たない．そこで，式 (4.4) を次のように変形する．

$$\frac{\mu_i}{1-\mu_i} = \exp(g_i) = \exp(\boldsymbol{x}_i\boldsymbol{\beta}) = \exp(\beta_0) \prod_{k=1}^{r} \exp(x_{ik}\beta_k). \tag{4.5}$$

ここで，$\mu_i/(1-\mu_i)$ は**オッズ** (odds) と呼ばれ，Bernoulli 分布における一方の値の確率 μ_i と，もう一方の値の確率 $1-\mu_i$ の比を表す．例えば，賭け事で言えば，勝つ確率と負ける確率の比であり，医療で言えば，手術を受けた患者の治癒確率と死亡確率の比である．なお，μ_i が小さいときには $\mu_i/(1-\mu_i) \approx \mu_i$ であるから，オッズと確率はほぼ同じものと見なすことができる．確率の上限は 1 に抑えられているが，オッズの上限は存在しないことに注意する[*4]．

さて，k' 番目の説明変数 $x_{ik'}$ を $x_{ik'}+1$ に置き換えたときの式 (4.5) の左辺を $\mu_i'/(1-\mu_i')$ と表すと，右辺における積の k' 番目の因子は

$$\exp(x_{ik'}\beta_{k'}) \to \exp[(x_{ik'}+1)\beta_{k'}] = \exp(x_{ik'}\beta_{k'})\exp(\beta_{k'})$$

となるので，オッズとして

[*4] 式 (4.5) から得られるオッズの対数

$$g_i = \log\left(\frac{\mu_i}{1-\mu_i}\right)$$

を**ロジット** (logit) と呼ぶ．ロジスティック回帰モデルは，ロジットの線形表現 $g_i = \boldsymbol{x}_i\boldsymbol{\beta}$ の係数 $\boldsymbol{\beta}$ の最適値を推定するための定式化であるので，**ロジット分析** (logit analysis) とも呼ばれる (丹後ほか，2001, p. 3)．

$$\frac{\mu_i{'}}{1-\mu_i{'}} = \exp(\beta_0) \prod_{k=1}^{r} \exp(x_{ik}\beta_k) \cdot \exp(\beta_{k'}) = \frac{\mu_i}{1-\mu_i}\exp(\beta_{k'})$$

が得られる．よって，**オッズ比** (odds ratio) は

$$\frac{\mu_i{'}}{1-\mu_i{'}} \bigg/ \frac{\mu_i}{1-\mu_i} = \exp(\beta_{k'})$$

となる．すなわち，変数 $x_{ik'}$ を 1 だけ増やすと，オッズが $\exp(\beta_{k'})$ 倍になることが分かる．これが，ロジスティック回帰における回帰係数の意味である．

4.2.3 質的変数に対する回帰係数

顧客行動の数理モデルにおいて質的行動を表す説明変数を取り扱う場合によく使われるのが，その変数を量的な**ダミー変数** (dummy variable) に変換する便法である．例えば，「フィットネスクラブの会員種別」という質的な変数の場合，平日会員，高齢者会員，通常会員という 3 種類の会員種別（順序尺度ではないが，**水準** (level) と呼ぶ）に対応して，3 つのダミー変数 $\{x_1, x_2, x_3\}$ を次のように定義し，もとの 1 つの質的変数の代わりに，3 つのあたかも量的な（0 または 1 の値を取る）説明変数として使用するのである[*5]．

$$x_1 = \begin{cases} 1 & \text{顧客が平日会員であるとき,} \\ 0 & \text{そうでないとき.} \end{cases}$$

$$x_2 = \begin{cases} 1 & \text{顧客が高齢者会員であるとき,} \\ 0 & \text{そうでないとき.} \end{cases}$$

$$x_3 = 0 \quad \text{すべての顧客について.}$$

通常会員に対応するダミー変数はすべて 0 と定義するため，説明変数としては使用しない．そもそも，平日会員でもなく高齢者会員でもないならば，通常会員以外の選択肢はないため，情報としては，平日会員なのか高齢者会員なのかが

[*5] 一般に，k 通りの値を取る 1 つの質的変数に対応して $k-1$ 個のダミー変数が必要になる．

4 章　ロジスティック回帰と Cox 回帰

表 4.1　フィットネスクラブの会員種別を表すダミー変数.

会員種別	ダミー変数 x_1	ダミー変数 x_2	ダミー変数 x_3
平日会員	1	0	0
高齢者会員	0	1	0
通常会員	0	0	0

分かるだけで十分である．一般に，1 つの質的変数に含まれるすべての水準を別々のダミー変数とみなして説明変数に使用すると，後述の最尤方程式の解が一意的に定まらないため，回帰係数を求めることができなくなる．従って，ダミー変数の値がすべて 0 と定義される水準を 1 つ選び，このダミー変数は説明変数として使用しないようにする必要がある．この水準のことを**参照水準** (reference level) と呼ぶ．参照水準の選び方は任意であるが，以下に述べるように，実務的には，最も出現頻度の高い水準を参照水準として選ぶと都合がよい．

ダミー変数に対する回帰係数の意味を解釈するため，式 (4.5) に立ち返り，x_{ik} を顧客 i が k 番目のダミー変数に対して取る値とする．式 (4.5) では，他の変数の値が一切変化せず，$x_{ik'}$ のみが 1 だけ増加する状況を考察した．今は x_{ik} をダミー変数と想定する．従って，すべてのダミー変数の値が 0 である状態から特定の $x_{ik'}$ のみが 1 に変わるということは，参照水準が選択されていた状態から，顧客 i において k' 番目のダミー変数に対応する水準が選択されたという状況を表す．このとき，オッズは $\exp(\beta_{k'})$ 倍に変化する．従って，最もありふれた水準を参照水準として選んでおけば，それが暗黙のうちに比較の基準点として使われていることになる．

4.2.4　ロジスティック回帰係数の推定

最初に述べたように，ロジスティック回帰モデルの目的は，Bernoulli 分布のパラメタ（平均値）μ の値を推定することにある．もしロジスティック回帰モデルによって得られる μ の推定値が観察された目的変数によく合う結果を導けば，そのモデルは観察データをよく説明していると言うことができる．

まず，ある顧客について「2 値的行動 Y の観察値 $y \in \{0, 1\}$ に対して，最も適合する μ を探す」という問題を考える．説明変数は存在しないと仮定する．確率変数 Y が従う Bernoulli 分布のパラメタ μ を仮定した上で，Y が y という

4.2 ロジスティック回帰モデル

値を取る確率は

$$\mathcal{L}(\mu;y) := P\{Y=y\} = \mu^y(1-\mu)^{1-y} = \begin{cases} \mu & y=1, \\ 1-\mu & y=0 \end{cases} \qquad (4.6)$$

で与えられる．これは，数式としては，確率分布の記述と同じ形をしているが，パラメタ μ を寧ろ変数と見なし，確率 $P\{Y=y\}$ が最も大きくなるように μ の値を決めるための式として用いるときに，尤度 (likelihood, 尤もらしさ) と呼ぶ．すなわち，尤度を最大にする μ の値が，データを説明する上で「最も尤もらしい」(most likely な) 値である．このようにして，尤度を使って確率分布のパラメタの最適値を見つける方法を，一般に，**最尤推定法**，あるいは簡単に**最尤法** (maximum likelihood method) と呼ぶ．

式 (4.6) で与えられる尤度 $\mathcal{L}(\mu;y)$ を最大化する μ の値を求めよう．尤度 $\mathcal{L}(\mu;y)$ を最大にする μ の値は，関数 $\mathcal{L}(\mu;y)$ の μ に関する微分係数を 0 とする値でなければならない．

$$\frac{\partial \mathcal{L}(\mu;y)}{\partial \mu} = 0.$$

この方程式の解を直接に求めてもよいが，式の両辺を $\mathcal{L}(\mu;y)$ で割っておく方がいろいろな計算が簡単になる．そうすると，

$$\frac{1}{\mathcal{L}(\mu;y)}\frac{\partial \mathcal{L}(\mu;y)}{\partial \mu} = \frac{\partial \log \mathcal{L}(\mu;y)}{\partial \mu} = 0 \qquad (4.7)$$

となり，尤度 $\mathcal{L}(\mu;y)$ の最大化は，**対数尤度** (log-likelihood) と呼ばれる $\log \mathcal{L}(\mu;y)$ の最大化と同等である．式 (4.7) に式 (4.6) を代入すると，

$$\frac{\partial}{d\mu}\log \mathcal{L}(\mu;y) = \frac{d}{d\mu}[y\log\mu + (1-y)\log(1-\mu)] = \frac{y}{\mu} - \frac{1-y}{1-\mu} = \frac{y-\mu}{\mu(1-\mu)}$$

となる．従って，$\log \mathcal{L}(\mu;y)$ を最大にする μ の値は観察値 y である[*6]．

[*6] 必要条件 (4.7) からは，$\log \mathcal{L}(\mu;y)$ が $\mu = y$ において極大または極小であることが分かるだけであるが，そこでの 2 階微分係数の値が

$$\left.\frac{\partial^2 \log \mathcal{L}(\mu;y)}{\partial \mu^2}\right|_{\mu=y} = \left.-\frac{y}{\mu^2} - \frac{1-y}{(1-\mu)^2}\right|_{\mu=y} = -\frac{1}{y(1-y)} < 0$$

となるので，$\log \mathcal{L}(\mu;y)$ が $\mu = y$ において極大になるための十分条件も満たされている．

次に,n 人の顧客から,Y について 1 つずつの観察値 $\boldsymbol{y} := (y_1, y_2, \ldots, y_n)$ が得られている場合を想定しよう.この場合も説明変数は存在しないと仮定する.もしそれぞれの顧客の行動が独立であるとすれば,これらの観察値を得る尤度と対数尤度は

$$\mathcal{L}(\mu; \boldsymbol{y}) = \prod_{i=1}^n \mathcal{L}_i(\mu; y_i) = \prod_{i=1}^n \mu^{y_i}(1-\mu)^{1-y_i},$$

$$\log \mathcal{L}(\mu; \boldsymbol{y}) = \sum_{i=1}^n \log \mathcal{L}_i(\mu; y_i) = \sum_{i=1}^n [y_i \log \mu + (1-y_i) \log (1-\mu)]$$

である.これより,

$$\frac{\partial \log \mathcal{L}(\mu; \boldsymbol{y})}{\partial \mu} = \sum_{i=1}^n \left(\frac{y_i}{\mu} - \frac{1-y_i}{1-\mu} \right) = \frac{1}{\mu(1-\mu)} \left(\sum_{i=1}^n y_i - n\mu \right)$$

となるので,μ の最適値は n 人の顧客にわたる観察値の標本平均

$$\mu = \frac{1}{n} \sum_{i=1}^n y_i$$

で与えられる.この結果は直感と一致する.

ロジスティック回帰モデルでは,個々の顧客の行動は独立であるが,それらのパラメタ $\boldsymbol{\mu} := (\mu_1, \ldots, \mu_n)$ は互いに無関係ではなく,式 (4.4) により,共通の回帰係数 $\boldsymbol{\beta}$ を通して相互に関係すると仮定する.このとき,式 (4.4) を尤度

$$\mathcal{L}(\boldsymbol{\mu}; \boldsymbol{y}) = \prod_{i=1}^n \mathcal{L}_i(\mu_i; y_i) = \prod_{i=1}^n \mu_i^{y_i}(1-\mu_i)^{1-y_i}$$

に代入すると,対数尤度は

$$\begin{aligned}
\log \mathcal{L}(\boldsymbol{\mu}; \boldsymbol{y}) &= \sum_{i=1}^n [y_i \log \mu_i + (1-y_i) \log(1-\mu_i)] \\
&= \sum_{i=1}^n \left\{ y_i \log \left[\frac{1}{1+\exp(-g_i)} \right] + (1-y_i) \log \left[\frac{\exp(-g_i)}{1+\exp(-g_i)} \right] \right\} \\
&= -\sum_{i=1}^n \{ y_i \log [1+\exp(-g_i)] + (1-y_i) \log [1+\exp(g_i)] \}
\end{aligned}$$

4.2 ロジスティック回帰モデル

$$= -\sum_{i=1}^{n} \log\left[1 + \exp\left(g_i\right)\right] + \sum_{i=1}^{n} y_i \log \frac{1 + \exp\left(g_i\right)}{1 + \exp\left(-g_i\right)}$$

$$= \sum_{i=1}^{n} \{y_i g_i - \log\left[1 + \exp\left(g_i\right)\right]\}$$

となる．ここで，式 (4.4) により，$g_i = \boldsymbol{x}_i \boldsymbol{\beta}$ である．従って，対数尤度 $\log \mathcal{L}(\boldsymbol{\mu}; \boldsymbol{y})$ をそれぞれの回帰係数で偏微分した結果を 0 とおいた $r+1$ 個の連立方程式

$$\frac{\partial \log \mathcal{L}(\boldsymbol{\mu}; \boldsymbol{y})}{\partial \beta_k} = 0 \qquad 0 \le k \le r \tag{4.8}$$

の解として，対数尤度を最大化する回帰係数の推定値 $\hat{\boldsymbol{\beta}} = (\hat{\beta}_0, \hat{\beta}_1, \ldots, \hat{\beta}_r)^\top$ を得ることができる．

式 (4.4) により，

$$\frac{\partial g_i}{\partial \beta_0} = 1 \quad ; \quad \frac{\partial g_i}{\partial \beta_k} = x_{ik} \qquad 1 \le k \le r$$

であるから，式 (4.8) の左辺は次のようにして計算できる．

$$\frac{\partial \log \mathcal{L}(\boldsymbol{\mu}; \boldsymbol{y})}{\partial \beta_0} = \sum_{i=1}^{n} \left[y_i \frac{\partial g_i}{\partial \beta_0} - \frac{\exp\left(g_i\right)}{1 + \exp\left(g_i\right)} \frac{\partial g_i}{\partial \beta_0}\right]$$

$$= \sum_{i=1}^{n} \left[y_i - \frac{\exp\left(g_i\right)}{1 + \exp\left(g_i\right)}\right] = \sum_{i=1}^{n} (y_i - \mu_i),$$

$$\frac{\partial \log \mathcal{L}(\boldsymbol{\mu}; \boldsymbol{y})}{\partial \beta_k} = \sum_{i=1}^{n} \left[y_i \frac{\partial g_i}{\partial \beta_k} - \frac{\exp\left(g_i\right)}{1 + \exp\left(g_i\right)} \frac{\partial g_i}{\partial \beta_k}\right]$$

$$= \sum_{i=1}^{n} \left[y_i x_{ik} - \frac{\exp\left(g_i\right) x_{ik}}{1 + \exp\left(g_i\right)}\right] = \sum_{i=1}^{n} (y_i - \mu_i) x_{ik}$$

$$1 \le k \le r.$$

従って，式 (4.8) は $r+1$ 個の未知数 $\hat{\boldsymbol{\beta}} = (\hat{\beta}_0, \hat{\beta}_1, \ldots, \hat{\beta}_r)^\top$ に対する次の $r+1$ 個の非線形連立方程式となる[7]．この連立方程式は**尤度方程式** (likelihood equation, maximum likelihood score equation) と呼ばれる．

---

[7] この連立方程式の両辺を n で割ると，第 1 式はモデルから算出される $\{\mu_i\}$ の標本平均と観察値 $\{y_i\}$ の標本平均を等しいとおき，第 2 式は $\{\mu_i\}$ と $\{y_i\}$ で重み付けた観察値 $\{\boldsymbol{x}_i\}$ の各変数の標本平均を等しくなるようにおくことで，$\{\beta_k\}$ を決めるものである．

4 章　ロジスティック回帰と Cox 回帰

$$\sum_{i=1}^{n} \frac{1}{1 + \exp\left(-\hat{\beta}_0 - \sum_{l=1}^{r} x_{il}\hat{\beta}_j\right)} = \sum_{i=1}^{n} y_i,$$

$$\sum_{i=1}^{n} \frac{x_{ik}}{1 + \exp\left(-\hat{\beta}_0 - \sum_{l=1}^{r} x_{il}\hat{\beta}_l\right)} = \sum_{i=1}^{n} y_i x_{ik} \quad 1 \leq k \leq r. \quad (4.9)$$

この非線形連立方程式は一般に解析的に解くことができないが，Newton-Raphson 法などの数値計算法によって解くことができる (丹後ほか, 2001, p. 182). しかし，今では，統計解析や数値計算のソフトウェアを使って解が得られる. このようにして求められる $\hat{\beta}$ は回帰係数の**最尤推定値** (maximum likelihood estimator) と呼ばれる．これらの最尤推定値は，顧客ごとに異なるパラメタ $\{\mu_1, \mu_2, \ldots, \mu_n\}$ を関連づけ，4.2.2 項に示した解釈によって，顧客全員を包括する行動様式を規定することになる．

なお，回帰係数の最尤推定値 $\hat{\beta}$ に対応するパラメタ $\boldsymbol{\mu}$ の推定値（点推定）$\hat{\boldsymbol{\mu}} := (\hat{\mu}_1, \hat{\mu}_2, \ldots, \hat{\mu}_n)$ の各要素は次のように与えられる．

$$\hat{\mu}_i = \frac{1}{1 + \exp\left(-\hat{\beta}_0 - \sum_{k=1}^{r} x_{ik}\hat{\beta}_k\right)} \quad 1 \leq i \leq n. \quad (4.10)$$

4.2.5　最尤推定された回帰係数の確率分布

最尤推定された回帰係数 $\hat{\boldsymbol{\beta}}$ は，手元の観察値 $\{x_{ik}\}$ と $\{y_i\}$ を用いて，方程式 (4.9) を解いて求めた推定値である．観察値は確率的に変動するため，計算結果である $\hat{\boldsymbol{\beta}}$ も確率変数である．

中心極限定理の応用により，回帰係数 $\hat{\boldsymbol{\beta}}$ の確率分布は，漸近的に（$n \to \infty$ のとき）平均ベクトルと分散共分散行列が

$$E[\hat{\boldsymbol{\beta}}] = \boldsymbol{\beta} \quad ; \quad \mathrm{Var}[\hat{\boldsymbol{\beta}}] = -H(\boldsymbol{\beta})^{-1} \quad (4.11)$$

で与えられる $r + 1$ 変量正規分布に従うことが知られている (丹後ほか, 2001, p. 180; Hosmer et al., 2013, p. 37). ここで，$H(\boldsymbol{\beta})$ は **Hesse 行列** (Hessian matrix) と呼ばれる次の $r + 1$ 次対称行列である[8]．

---

[8] Hesse 行列の符号を変えた $r + 1$ 次正方行列【右ページに続く】

4.2 ロジスティック回帰モデル

$$H(\boldsymbol{\beta}) := \begin{bmatrix} \dfrac{\partial^2 \log \mathcal{L}}{\partial \beta_0^2} & \dfrac{\partial^2 \log \mathcal{L}}{\partial \beta_0 \partial \beta_1} & \dfrac{\partial^2 \log \mathcal{L}}{\partial \beta_0 \partial \beta_2} & \cdots & \dfrac{\partial^2 \log \mathcal{L}}{\partial \beta_0 \partial \beta_r} \\ \dfrac{\partial^2 \log \mathcal{L}}{\partial \beta_1 \partial \beta_0} & \dfrac{\partial^2 \log \mathcal{L}}{\partial \beta_1^2} & \dfrac{\partial^2 \log \mathcal{L}}{\partial \beta_1 \partial \beta_2} & \cdots & \dfrac{\partial^2 \log \mathcal{L}}{\partial \beta_1 \partial \beta_r} \\ \dfrac{\partial^2 \log \mathcal{L}}{\partial \beta_2 \partial \beta_0} & \dfrac{\partial^2 \log \mathcal{L}}{\partial \beta_2 \partial \beta_1} & \dfrac{\partial^2 \log \mathcal{L}}{\partial \beta_2^2} & \cdots & \dfrac{\partial^2 \log \mathcal{L}}{\partial \beta_2 \partial \beta_r} \\ \vdots & \vdots & \vdots & \ddots & \vdots \\ \dfrac{\partial^2 \log \mathcal{L}}{\partial \beta_r \partial \beta_0} & \dfrac{\partial^2 \log \mathcal{L}}{\partial \beta_r \partial \beta_1} & \dfrac{\partial^2 \log \mathcal{L}}{\partial \beta_r \partial \beta_2} & \cdots & \dfrac{\partial^2 \log \mathcal{L}}{\partial \beta_r^2} \end{bmatrix}.$$

この行列の各要素は次のように計算される．

$$\frac{\partial^2 \log \mathcal{L}}{\partial \beta_0^2} = \frac{\partial}{\partial \beta_0} \sum_{i=1}^{n} (y_i - \mu_i) = -\sum_{i=1}^{n} \mu_i(1-\mu_i),$$

$$\frac{\partial^2 \log \mathcal{L}}{\partial \beta_0 \beta_k} = \frac{\partial^2 \log \mathcal{L}}{\partial \beta_k \beta_0} = \frac{\partial}{\partial \beta_k} \sum_{i=1}^{n} (y_i - \mu_i) = -\sum_{i=1}^{n} \mu_i(1-\mu_i)x_{ik} \quad 1 \leq k \leq r,$$

$$\frac{\partial^2 \log \mathcal{L}}{\partial \beta_k \beta_l} = \frac{\partial}{\partial \beta_l} \sum_{i=1}^{n} (y_i - \mu_i)x_{ik} = -\sum_{i=1}^{n} \mu_i(1-\mu_i)x_{ik}x_{il} \quad 1 \leq k,l \leq r.$$

Hesse 行列 $H(\boldsymbol{\beta})$ に $\boldsymbol{\beta} = \hat{\boldsymbol{\beta}}$ を代入した $H(\hat{\boldsymbol{\beta}})$ を用いて，確率変数 $\hat{\boldsymbol{\beta}}$ の分散共分散行列の推定値を

$$\widehat{\mathrm{Var}}[\hat{\boldsymbol{\beta}}] = -H(\hat{\boldsymbol{\beta}})^{-1} \tag{4.12}$$

で表す．このとき，**Wald 統計量** (Wald statistic)[*9]と呼ばれるスカラー量

$$W := (\hat{\boldsymbol{\beta}} - \boldsymbol{\beta})^\top \left[\widehat{\mathrm{Var}}[\hat{\boldsymbol{\beta}}] \right]^{-1} (\hat{\boldsymbol{\beta}} - \boldsymbol{\beta}) \tag{4.13}$$

は，漸近的に自由度 $r+1$ の χ^2（カイ 2 乗）分布に従う (丹後ほか, 2001, p. 195; Hosmer et al., 2013, p. 42)．また，式 (4.11) が成り立つ．

[*8]【続き】　　　　　　　　　$I(\boldsymbol{\beta}) := -H(\boldsymbol{\beta})$

は（漸近的）**Fisher の情報行列** (Fisher information matrix) と呼ばれる．
Ludwig Otto Hesse, 1811–1874，ドイツの数学者．
Sir Ronald Aylmer Fisher, 1890–1962，イギリスの統計学者．

[*9] Abraham Wald, 1902–1950，オーストリアハンガリー帝国（現ルーマニア）生まれの数学者．

4章 ロジスティック回帰と Cox 回帰

分散共分散行列の推定値 $\widehat{\mathrm{Var}}[\hat{\boldsymbol{\beta}}]$ の対角要素の平方根

$$\widehat{\mathrm{se}}\,(\hat{\beta}_k) := \sqrt{\widehat{\mathrm{Var}}[\hat{\boldsymbol{\beta}}]_{kk}} \qquad 0 \leq k \leq r \qquad (4.14)$$

を**標準誤差** (standard error) と呼ぶ．k 番目の回帰係数の推定値 $\hat{\beta}_k$ は，漸近的に（式 (4.11) の意味での）真の回帰変数 β_k で与えられる平均と標準誤差 $\widehat{\mathrm{se}}\,(\hat{\beta}_k)$ で与えられる分散をもつ正規分布に従うと近似できる．このことは，統計量

$$w_k^2 := \left[\frac{\hat{\beta}_k - \beta_k}{\widehat{\mathrm{se}}\,(\hat{\beta}_k)}\right]^2 = \frac{(\hat{\beta}_k - \beta_k)^2}{\widehat{\mathrm{Var}}[\hat{\boldsymbol{\beta}}]_{kk}} \qquad 0 \leq k \leq r$$

が自由度 1 の χ^2 分布に従うことと同等である．

4.2.6 回帰係数の信頼性

前項に示された回帰係数の近似的確率分布に関する結果を踏まえて，回帰係数に関する仮説検定と信頼区間を示す．さらに，新しい顧客について説明変数の値が与えられたとき，その顧客に対する目的変数のパラメタ μ の予測値を示す．

(1) 説明変数の妥当性に関する**仮説検定** (hypothesis testing)

k 番目の説明変数 $\{x_{1k}, x_{2k}, \ldots, x_{nk}\}$ が目的変数に影響するという仮定が妥当であるかどうかについて，対応する k 番目の回帰係数 β_k に関して

$$\text{帰無仮説 } H_0 : \beta_k = 0 \quad ; \quad \text{対立仮説 } H_1 : \beta_k \neq 0$$

を立て，**両側検定** (two-tailed test) を行う ($1 \leq k \leq r$)．前項で示したように，もし帰無仮説 H_0 が成り立てば，確率変数

$$w_k := \frac{\hat{\beta}_k}{\widehat{\mathrm{se}}\,(\hat{\beta}_k)}$$

は標準正規分布に従う．従って，もし $|w_k|$ がかなり大きな値であれば，そのような生起確率が極めて低いことが起こることはありそうにないと見なし，仮説 H_0 を棄却する．すなわち，k 番目の説明変数を用いることは妥当であると判断する．この判断が間違っている確率は，Z を標準正規分布に従う確率変数とするとき，w_k の分布の **p 値** (p-value) と呼ばれる定数

4.2 ロジスティック回帰モデル

$$p_k := 2P\{Z > |w_k|\} = 2[1 - \Phi(|w_k|)]$$

で与えられる（p 値は小さい方が良い）．ここで，

$$\Phi(x) := P\{Z \leq x\} = \frac{1}{\sqrt{2\pi}} \int_{-\infty}^{x} \exp\left(-\frac{u^2}{2}\right) du \qquad -\infty < x < \infty$$

は標準正規分布の分布関数である．

(2) ロジスティック回帰モデルの妥当性に関する仮説検定

式 (4.4) で定義される回帰モデル全体が妥当であるかどうかを

$$\text{帰無仮説 } H_0 : \beta_1 = \beta_2 = \cdots = \beta_r = 0,$$
$$\text{対立仮説 } H_1 : 少なくとも1つの k について \beta_k \neq 0$$

で仮説検定する．もし帰無仮説 H_0 が成り立てば，β_0 を除く回帰係数の最尤推定値 $\hat{\boldsymbol{\beta}} := (\hat{\beta}_1, \hat{\beta}_2, \ldots, \hat{\beta}_r)$ に対する Wald 統計量

$$W_r := \hat{\boldsymbol{\beta}}^\top \widehat{\text{Var}}[\,\hat{\boldsymbol{\beta}}\,]^{-1} \hat{\boldsymbol{\beta}} \tag{4.15}$$

（ここで $\widehat{\text{Var}}[\,\hat{\boldsymbol{\beta}}\,]$ は $\hat{\boldsymbol{\beta}}$ の分散共分散行列とする）は，自由度 r の χ^2 分布に従う．この分布の分布関数は

$$F_r(x) := \frac{1}{2^{r/2}\Gamma(r/2)} \int_0^x u^{(r/2)-1} e^{-u/2} du \qquad x \geq 0$$

である．従って，もし W_r が，$1 - F_r(W_r)$ が指定された有意水準よりも小さくなるほどの大きな値になっていれば，そのようなことは稀にしか起こらないので，仮説 H_0 を棄却し，回帰モデルが妥当であると判断する．

(3) 回帰係数の**信頼区間** (confidence interval)

k 番目の回帰係数 β_k について，前項で示したように，

$$P\left\{-z_{\alpha/2} < \frac{\beta_k - \hat{\beta}_k}{\widehat{\text{se}}\,(\hat{\beta}_k)} < z_{\alpha/2}\right\} = 1 - \alpha \qquad 0 \leq k \leq r$$

が成り立つ．ここで，$z_{\alpha/2}\,(>0)$ は標準正規分布に従う確率変数の絶対値が $z_{\alpha/2}$ よりも大きい値を取る確率が $\alpha/2$ になるような点を表す．

4 章　ロジスティック回帰と Cox 回帰

$$\frac{\alpha}{2} = \frac{1}{\sqrt{2\pi}} \int_{z_{\alpha/2}}^{\infty} \exp\left(-\frac{u^2}{2}\right) du = 1 - \Phi(z_{\alpha/2}).$$

従って, β_k の $100(1-\alpha)$ %信頼区間は次のように与えられる.

$$\hat{\beta}_k - z_{\alpha/2}\,\widehat{\text{se}}\,(\hat{\beta}_k) < \beta_k < \hat{\beta}_k + z_{\alpha/2}\,\widehat{\text{se}}\,(\hat{\beta}_k) \qquad 0 \le k \le r.$$

例えば, 95%信頼区間 ($\alpha = 0.05$) は

$$\hat{\beta}_k - 1.95996\,\widehat{\text{se}}\,(\hat{\beta}_k) < \beta_k < \hat{\beta}_k + 1.95996\,\widehat{\text{se}}\,(\hat{\beta}_k) \qquad 0 \le k \le r$$

である. これに対応して, 式 (4.10) で与えられる $\hat{\mu}_i$ の信頼区間も分かる.

(4) 新しい顧客に対するパラメタ μ の**予測値** (predicted value) の信頼区間

回帰係数を推定に際して使われた n 人の顧客とは別に, 説明変数の観察値

$$\boldsymbol{x}' := (1, x_1', x_2', \ldots, x_r')$$

を示した新しい顧客のパラメタ μ' の予測値（点推定）は

$$\hat{\mu}' = \frac{1}{1 + \exp\left(-\boldsymbol{x}'\hat{\boldsymbol{\beta}}\right)}$$

である. ここで, $\boldsymbol{x}'\hat{\boldsymbol{\beta}}$ は $\hat{\boldsymbol{\beta}}$ の線形結合であるから, その分散を

$$\text{Var}[\boldsymbol{x}'\hat{\boldsymbol{\beta}}] = \boldsymbol{x}'\widehat{\text{Var}}[\hat{\boldsymbol{\beta}}](\boldsymbol{x}')^\top$$

で近似する. このとき,

$$L(\boldsymbol{x}';\alpha) := \boldsymbol{x}'\hat{\boldsymbol{\beta}} - z_{\alpha/2}\sqrt{\boldsymbol{x}'\widehat{\text{Var}}[\hat{\boldsymbol{\beta}}](\boldsymbol{x}')^\top},$$

$$U(\boldsymbol{x}';\alpha) := \boldsymbol{x}'\hat{\boldsymbol{\beta}} + z_{\alpha/2}\sqrt{\boldsymbol{x}'\widehat{\text{Var}}[\hat{\boldsymbol{\beta}}](\boldsymbol{x}')^\top}$$

を定義すれば, $\boldsymbol{x}'\boldsymbol{\beta}$ の $100(1-\alpha)$ %信頼区間は

$$L(\boldsymbol{x}';\alpha) < \boldsymbol{x}'\boldsymbol{\beta} < U(\boldsymbol{x}';\alpha)$$

で与えられる. 従って, μ' の $100(1-\alpha)$ %信頼区間は

$$\frac{1}{1 + \exp\left[-L(\boldsymbol{x}';\alpha)\right]} < \mu' < \frac{1}{1 + \exp\left[-U(\boldsymbol{x}';\alpha)\right]}$$

となる (Montgomery *et al.*, 2012, p. 439).

4.3　数値例（ホテルの顧客満足度アンケート回答分析）

ネットによる顧客どうしの情報交換が活発になっている現在，どうすれば顧客が自社のサービスを高く評価して他者に推奨してくれるのかを知ることは，サービス企業にとって重要な経営課題である．

あるホテルで，**顧客満足度** (customer satisfaction) の要因を探るため，以下の問 1 から問 3 までのどの要素を改善することが，総合的満足度（問 4）の向上に最も有効であるのかを調べるアンケートを実施した．

問 1　部屋の設備についての満足度，

問 2　静かさについての満足度，

問 3　大浴場についての満足度，

問 4　友人や知人への推奨（1 : はい，0 : いいえ）．

問 1〜3 における満足度の 5 段階評価は次のように設定した．

1　大変不満である　　2　やや不満である　　3　どちらともいえない

4　やや満足である　　5　大変満足である．

宿泊客 80 名からの回答を表 4.2 に示す．表 4.3 に，問 4 で「他者に推奨する」と答えた客と，「しない」と答えた客に分けて，問 1〜3 への回答数の集計を示す．

この問題をロジスティック回帰を用いて解析するためには，顧客 i からの回答を説明変数

$$x_{i1} = 問 1 に対する顧客 i の回答 (1〜5),$$
$$x_{i2} = 問 2 に対する顧客 i の回答 (1〜5),$$
$$x_{i3} = 問 3 に対する顧客 i の回答 (1〜5),$$
$$y_i = 問 4 に対する顧客 i の回答 (0, 1) \quad (i = 1〜80)$$

で表し，以下に示す尤度方程式を解いて，回帰係数 $\hat{\boldsymbol{\beta}} := \{\hat{\beta}_0, \hat{\beta}_1, \hat{\beta}_2, \hat{\beta}_3\}$ の最尤推定値を求めればよい．

4章 ロジスティック回帰と Cox 回帰

表 4.2 ホテルの顧客満足度アンケート結果（推定された $\hat{\mu}_i$ を追加）.

i	x_{i1}	x_{i2}	x_{i3}	y_i	$\hat{\mu}_i$	i	x_{i1}	x_{i2}	x_{i3}	y_i	$\hat{\mu}_i$
1	1	4	3	0	0.36	41	2	2	3	0	0.10
2	4	4	2	1	0.19	42	2	1	3	0	0.05
3	4	1	5	0	0.14	43	1	1	5	0	0.17
4	3	4	4	1	0.48	44	3	1	5	0	0.15
5	3	3	5	1	0.45	45	2	1	4	0	0.09
6	4	5	3	0	0.50	46	2	2	5	0	0.29
7	2	4	4	1	0.50	47	1	4	3	1	0.36
8	5	1	5	1	0.13	48	1	4	4	1	0.52
9	5	1	2	0	0.02	49	1	5	4	0	0.70
10	3	2	5	0	0.27	50	4	5	2	0	0.34
11	1	2	1	0	0.03	51	4	4	4	1	0.47
12	3	2	5	0	0.27	52	3	5	2	0	0.36
13	2	5	3	0	0.53	53	4	1	3	0	0.04
14	1	1	2	0	0.03	54	3	2	3	0	0.09
15	2	2	3	0	0.10	55	3	2	5	0	0.27
16	2	2	2	0	0.05	56	2	1	1	0	0.01
17	5	1	2	0	0.02	57	1	2	4	0	0.18
18	3	3	5	0	0.45	58	1	2	2	1	0.06
19	4	4	5	0	0.63	59	1	2	3	0	0.10
20	5	5	5	1	0.77	60	4	1	2	0	0.02
21	2	3	2	0	0.11	61	5	3	3	0	0.16
22	1	1	1	0	0.01	62	1	3	1	0	0.06
23	2	5	3	1	0.53	63	1	4	3	0	0.36
24	5	1	3	0	0.04	64	5	5	3	0	0.48
25	1	4	5	1	0.67	65	4	2	4	0	0.15
26	3	2	3	0	0.09	66	1	4	5	1	0.67
27	1	1	5	0	0.17	67	4	2	2	0	0.05
28	1	3	5	1	0.49	68	2	2	3	1	0.10
29	5	5	3	1	0.48	69	3	4	1	1	0.12
30	4	4	3	1	0.31	70	1	4	1	0	0.13
31	4	5	4	1	0.66	71	4	3	3	0	0.17
32	1	2	2	0	0.06	72	4	1	2	0	0.02
33	2	4	1	0	0.12	73	3	3	2	0	0.10
34	2	5	1	0	0.24	74	5	3	2	0	0.09
35	5	3	1	0	0.05	75	1	4	2	0	0.23
36	4	3	1	0	0.05	76	4	3	2	0	0.10
37	5	2	4	0	0.15	77	2	1	1	0	0.01
38	4	2	3	0	0.09	78	4	2	2	0	0.05
39	5	5	1	0	0.20	79	4	4	1	0	0.11
40	1	4	3	0	0.36	80	3	4	5	0	0.64

4.3 数値例（ホテルの顧客満足度アンケート回答分析）

表 4.3 ホテルの顧客満足度アンケート回答集計.

(a) 他者に推奨する客の回答

回答	1	2	3	4	5	計
問 1	6	3	3	4	3	19
問 2	1	2	2	10	4	19
問 3	1	2	5	5	6	19
計	8	7	10	19	13	57

(b) 他者に推奨しない客の回答

回答	1	2	3	4	5	計
問 1	15	12	10	15	9	61
問 2	16	18	10	9	8	61
問 3	12	16	17	5	11	61
計	43	46	37	29	28	183

$$\sum_{i=1}^{80} \frac{1}{1 + \exp\left(-\hat{\beta}_0 - x_{i1}\hat{\beta}_1 - x_{i2}\hat{\beta}_2 - x_{i3}\hat{\beta}_3\right)} = \sum_{i=1}^{80} y_i = 19,$$

$$\sum_{i=1}^{80} \frac{x_{i1}}{1 + \exp\left(-\hat{\beta}_0 - x_{i1}\hat{\beta}_1 - x_{i2}\hat{\beta}_2 - x_{i3}\hat{\beta}_3\right)} = \sum_{i=1}^{80} y_i x_{i1} = 52,$$

$$\sum_{i=1}^{80} \frac{x_{i2}}{1 + \exp\left(-\hat{\beta}_0 - x_{i1}\hat{\beta}_1 - x_{i2}\hat{\beta}_2 - x_{i3}\hat{\beta}_3\right)} = \sum_{i=1}^{80} y_i x_{i2} = 71,$$

$$\sum_{i=1}^{80} \frac{x_{i3}}{1 + \exp\left(-\hat{\beta}_0 - x_{i1}\hat{\beta}_1 - x_{i2}\hat{\beta}_2 - x_{i3}\hat{\beta}_3\right)} = \sum_{i=1}^{80} y_i x_{i3} = 70.$$

数値計算により，次の解が得られた.

$$\hat{\boldsymbol{\beta}} = (-5.60084, -0.06950, 0.78097, 0.65512).$$

さらに，Hesse 行列と $\hat{\boldsymbol{\beta}}$ の分散共分散行列は以下のように得られた.

$$H(\hat{\boldsymbol{\beta}}) = -\begin{bmatrix} 11.06629 & 30.42403 & 38.20856 & 38.15857 \\ 30.42403 & 105.32336 & 106.77785 & 103.34329 \\ 38.20856 & 106.77785 & 150.09835 & 126.41102 \\ 38.15857 & 103.34329 & 126.41102 & 149.78316 \end{bmatrix},$$

$$\widehat{\mathrm{Var}}[\hat{\boldsymbol{\beta}}] = \begin{bmatrix} 2.28380 & -0.12603 & -0.25908 & -0.27621 \\ -0.12603 & 0.04662 & -0.00358 & 0.00296 \\ -0.25908 & -0.00358 & 0.06048 & 0.01743 \\ -0.27621 & 0.00296 & 0.01743 & 0.06029 \end{bmatrix}.$$

表 4.4　ホテルの顧客満足度アンケート回答のロジスティック解析.

説明変数	k	0 (切片)	1 設備	2 静かさ	3 大浴場
回帰係数	$\hat{\beta}_k$	-5.60084	-0.06950	0.78097	0.65512
オッズ比	$\exp(\hat{\beta}_k)$	—	0.93286	2.18360	1.92537
標準誤差	$\widehat{\mathrm{se}}(\hat{\beta}_k)$	1.51123	0.21593	0.24593	0.24555
仮説検定	w_k	-3.70616	-0.32186	3.17566	2.66799
p 値	p_k	0.00021	0.74756	0.00149	0.00763
信頼区間	下限	-6.783	-0.251	0.574	0.448
(60%)	上限	-4.328	0.112	0.988	0.862

　回帰係数の最尤推定値の信頼性に係る結果を表 4.4 に示す．また，これらから式 (4.10) で計算される $\hat{\mu}_i$ を表 4.2 に追加した．モデルの妥当性を検定するための式 (4.15) にある Wald 統計量は $W_3 = 264.69$ となった $(1-F_3(W_3)\approx 0)$ ので，モデルの妥当性にまったく問題はない．

　この結果を考察する．回帰係数が最大の説明変数は「静かさ」の 0.78097 であった．この数値のオッズ比は 2.18360 である．従って，静かさについての満足度が 1 だけ上がると，友人や知人に推奨してくれるオッズは約 2.2 倍になる．回帰係数が次に大きい説明変数は「大浴場」であり，この場合のオッズ比は約 1.9 である．これらの推定値の p 値を見ると，それぞれ 0.00149 および 0.00763 であるから，ともに有意水準 1% で妥当な説明変数であると言える．しかし，「設備」については，今の結果では妥当な説明変数とは言えず，結論を出すにはさらに多くの回答が必要である．回帰変数の信頼区間は 60% でもかなり広い．

4.4　生存時間解析

　これまでのロジスティック回帰モデルでは，顧客の 2 値的行動が起こるかどうかを Bernoulli 確率変数 Y として統計モデル化した．しかし，顧客の 2 値的な行動が起こるかどうかは，多くの場合，それを観察する期間をどれくらいに取

るかにも依存する．そこで，2値的行動が観察されるまでの時間にも着目する．

本節では，顧客の**2値的行動**はいつか必ず起こるものと想定し，その行動が発生するまでの期間 T を確率変数として統計モデル化することを考える．このアプローチは**生存時間解析** (survival time analysis) として，古くからヒトの寿命の解析方法として研究され，そこでは T を**生存時間** (survival time) と呼ぶ．近年では，医療分野において，患者の手術後の死亡や治癒までの期間と治療法との関連の分析等に広く応用されている (大橋・浜田, 1995; 高橋, 1995)．本章では，マーケティング分野における顧客行動モデルへの応用を念頭に置き，T として，例えば，顧客の再来店までの日数 (小西, 2006)，ウェブ販売における「コンバージョン」までの日数（4.6 節）等が考えられる．

2値的行動はいつか起こるが，それが観察されるかどうかを統計モデル化するためには，それぞれの顧客をどれくらいの期間にわたって観察できるのかも考慮しなければならない．例えば，docomo のケータイ端末販売店で，様々な販促手段を講じながら，顧客の新機種への買い替えまでの期間を観察していても，気まぐれな顧客は，突然 au に移ってしまうかもしれない．顧客行動の追跡中に観察ができなくなることを，生存解析では，観察の**打切り** (censoring) という．2値的行動の分析には，生存時間とともに観察打切りの発生も考慮する必要がある．各顧客について観察打切りが発生するまでの期間も確率変数と考え，C で表す．もし $T < C$ なら2値行動の発生が観察され，$T \geq C$ なら2値的行動が起こる前に観察が打切られることになる．本章では，モデルを簡単にするため，T と C は互いに独立な確率変数であると仮定する．

4.4.1 生存関数とハザード関数

まず，生存関数とその周辺の概念を導入する．生存関数やハザード関数という用語は，医療分野において患者の生存時間を解析する際に使用される生存時間解析に由来するものであり，マーケティング分野の用語ではないが，その簡便な名称を転用して，本章において使用する．

ある個体の生存時間を表す確率変数を T とする．まず，T が連続的な値を取る場合を考える．時刻 0 に生まれた個体が時刻 t の直前に生きている確率を

4章 ロジスティック回帰と Cox 回帰

$$S(t) := P\{T \geq t\} \qquad t \geq 0 \tag{4.16}$$

で表し，これを**生存関数** (survivor function) と呼ぶ．通常，t の半開区間 $[0, \infty)$ において，$S(t)$ は t の単調非増加関数（$t_i < t_2$ のとき $S(t_1) \geq S(t_2)$）であり，

$$S(0) = P\{T \geq 0\} = 1 \quad ; \quad S(\infty) = P\{T = \infty\} = 0$$

を仮定する．時刻 t の直前まで生きていた個体が，その直後の微小時間 $[t, t+\Delta t)$ の間に死ぬ確率を $\lambda(t)\Delta t$ と表すとき，$\lambda(t)$ を**ハザード関数** (hazard function) という．

$$\lambda(t) := \lim_{\Delta t \to 0} \frac{P\{t \leq T < t + \Delta t \mid T \geq t\}}{\Delta t} \qquad t \geq 0$$

ここで，条件付き確率の定義により

$$P\{t \leq T < t + \Delta t \mid T \geq t\} = \frac{P\{t \leq T < t + \Delta t, T \geq t\}}{P\{T \geq t\}}$$

$$= \frac{P\{t \leq T < t + \Delta t\}}{P\{T \geq t\}} = \frac{P\{T < t + \Delta t\} - P\{T < t\}}{P\{T \geq t\}}$$

$$= \frac{[1 - S(t + \Delta t)] - [1 - S(t)]}{S(t)} = -\frac{S(t + \Delta t) - S(t)}{S(t)}$$

であるから，連続関数 $S(t)$ が微分可能であると仮定すれば，

$$\lambda(t) = -\frac{1}{S(t)} \lim_{\Delta t \to 0} \frac{S(t + \Delta t) - S(t)}{\Delta t} = -\frac{1}{S(t)} \frac{dS(t)}{dt} = -\frac{d \log S(t)}{dt}$$

が成り立つ．逆に，生存関数をハザード関数で表す式は

$$S(t) = \exp\left[-\int_0^t \lambda(u)du\right] = \exp\left[-\Lambda(t)\right] \qquad t \geq 0$$

で与えられる．ここで，

$$\Lambda(t) := \int_0^t \lambda(u)du = -\log[S(t)] \qquad t \geq 0$$

を**累積ハザード関数** (cumulative hazard function) と呼ぶ．

さらに，生存時間の**確率密度関数** (probability density function) $f(t)$ は，生存時間が時刻 t と $t + \Delta t$ の間にある確率が $f(t)\Delta t$ として定義される．

4.4 生存時間解析

$$f(t)\Delta t = P\{t \leq T < t + \Delta t\} = P\{T \geq t\} - P\{T \geq t + \Delta t\}$$
$$= S(t) - S(t + \Delta t).$$

従って，次の関係が成り立つ．

$$f(t) := \lim_{\Delta t \to 0} \frac{S(t) - S(t + \Delta t)}{\Delta t} = -\frac{dS(t)}{dt} = \lambda(t)S(t) \qquad t \geq 0,$$

$$\lambda(t) = \frac{f(t)}{S(t)} \quad ; \quad S(t) = \int_t^\infty f(u)du \qquad t \geq 0.$$

次に，生存時間 T の取り得る値が離散的な $\{\tau_1, \tau_2, \ldots\}$ である場合を考える．ここで，$0 = \tau_0 < \tau_1 < \tau_2 < \cdots < \tau_j < \cdots$ とする．これらの各時刻において死ぬ個体は高々1つである（2つ以上の個体が同時に死ぬ確率は0である）と仮定するとき，時刻 τ_j におけるハザード関数は，時刻 τ_{j-1} に生きていた個体が時刻 τ_j に死ぬ確率

$$\lambda(\tau_j) := P\{T = \tau_j \mid T \geq \tau_j\} \qquad j = 0, 1, 2, \ldots$$

として定義される．但し，$\lambda(\tau_0) = P\{T = 0\} = 0$ とする．従って，時刻 τ_{j-1} に生きていた個体が時刻 τ_j にも生きている確率は

$$1 - \lambda(\tau_j) = P\{T \geq \tau_{j+1} \mid T \geq \tau_j\} = \frac{P\{T \geq \tau_{j+1}, T \geq \tau_j\}}{P\{T \geq \tau_j\}}$$
$$= \frac{P\{T \geq \tau_{j+1}\}}{P\{T \geq \tau_j\}} = \frac{S(\tau_{j+1})}{S(\tau_j)} \qquad j = 0, 1, 2, \ldots$$

である．よって，$S(\tau_0) = S(0) = P\{T \geq 0\} = 1$ により，時刻 τ_j の直前に生きている確率は，時刻 τ_j において死ぬ確率を含めて，

$$S(\tau_j) := P\{T \geq \tau_j\} = \frac{S(\tau_1)}{S(\tau_0)} \cdot \frac{S(\tau_2)}{S(\tau_1)} \cdots \frac{S(\tau_{j-1})}{S(\tau_{j-2})} \cdot \frac{S(\tau_j)}{S(\tau_{j-1})}$$
$$= [1 - \lambda(\tau_0)][1 - \lambda(\tau_1)] \cdots [1 - \lambda(\tau_{j-2})][1 - \lambda(\tau_{j-1})]$$
$$= \prod_{l=0}^{j-1} [1 - \lambda(\tau_l)] = \prod_{l=1}^{j-1} [1 - \lambda(\tau_l)] \qquad j = 1, 2, \ldots \qquad (4.17)$$

である（時刻 τ_1 の定義により，$S(\tau_1) = 1$ である）．従って，任意の連続的時点 t における生存関数は

4章 ロジスティック回帰と Cox 回帰

$$S(t) = P\{T \geq t\} = \prod_{j|\tau_j < t} [1 - \lambda(\tau_j)] \qquad t \geq 0 \tag{4.18}$$

と書くことができる．ここで，積 $\prod_{j|\tau_j<t}$ は，与えられた t に対し，$\tau_j < t \leq \tau_{j+1}$ であるような $\tau_1, \tau_2, \ldots, \tau_j$ について取るという意味である．関数 $S(t)$ は下り階段型であり，$\tau_{j-1} < t \leq \tau_j$ において一定値

$$S(t) = S(\tau_j) = \lim_{t \to t_j - 0} S(t) = \prod_{l=0}^{j-1} [1 - \lambda(\tau_l)]$$

を取り，$t = \tau_j$ において**左連続** (left-continuous) である $(j = 1, 2, \ldots)$．特に，$0 \leq t \leq \tau_1$ において $S(t) \equiv 1$ であることに注意する．

また，確率密度関数 $f(t)$ は $\{\tau_1, \tau_2, \ldots\}$ 以外の点では 0 であり，**デルタ関数** (delta function) $\delta(t)$ を用いて

$$f(t) = \sum_{j=1}^{\infty} f^\circ(\tau_j)\delta(t - \tau_j) \quad ; \quad f^\circ(\tau_j) = \int_{\tau_j - 0}^{\tau_j + 0} f(t)dt \qquad j = 1, 2, \ldots$$

と表すことができる[*10]．ここで，時刻 τ_j で死ぬ確率 $f^\circ(\tau_j)$ は $t = \tau_j$ における**確率質量** (probability mass) であり，生存関数 $S(t)$ の $t = \tau_j$ における不連続量

$$\begin{aligned}
f^\circ(\tau_j) &:= P\{T = \tau_j\} = P\{T = \tau_j \mid T \geq \tau_j\}P\{T \geq \tau_j\} = \lambda(\tau_j)S(\tau_j) \\
&= P\{T \geq \tau_j\} - P\{T \geq \tau_{j+1}\} = S(\tau_j) - S(\tau_{j+1}) \\
&= \lambda(\tau_j)\prod_{l=0}^{j-1}[1 - \lambda(\tau_l)] \qquad j = 1, 2, \ldots
\end{aligned} \tag{4.19}$$

で与えられる（図 4.3(a) を参照）．

なお，生存関数を，$P\{T = t\}$ を含まないように，

$$S(t) = P\{T > t\} \qquad t \geq 0$$

[*10] $t = 0$ に質量があるデルタ関数 $\delta(t)$ は

$$t \neq 0 \text{ のとき } \delta(t) = 0 \quad ; \quad \int_{-\infty}^{\infty} \delta(t)dt = 1$$

で定義され，t の物理的単位が「時間」であるとき，$\delta(t)$ の単位は「1/時間」である．

4.4 生存時間解析

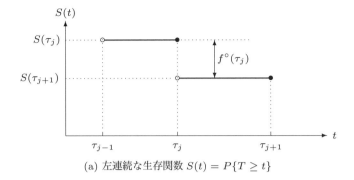

(a) 左連続な生存関数 $S(t) = P\{T \geq t\}$

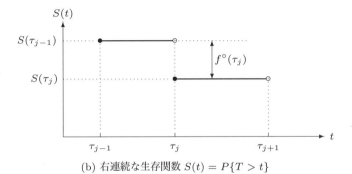

(b) 右連続な生存関数 $S(t) = P\{T > t\}$

図 4.3 離散的生存時間に対する生存関数.

と定義する文献もある (Kalbfleisch and Prentice, 2002, p. 6). 生存時間 T の取り得る値が連続的な場合には, $P\{T = t\} = 0$ であるから, これは式 (4.16) と同じことである. しかし, 生存時間の取り得る値が離散的な $\{\tau_1, \tau_2, \ldots\}$ である場合 ($\lambda(\tau_0) = P\{T = 0\} = 0$ とする) には,

$$\lambda(\tau_j) = P\{T = \tau_j \mid T \geq \tau_j\},$$
$$1 - \lambda(\tau_j) = P\{T \geq \tau_{j+1} \mid T \geq \tau_j\} = P\{T > \tau_j \mid T > \tau_{j-1}\} = \frac{S(\tau_j)}{S(\tau_{j-1})},$$
$$S(\tau_j) = P\{T > \tau_j\} = \prod_{l=0}^{j}[1 - \lambda(\tau_l)] \qquad j = 0, 1, 2, \ldots$$

が成り立つ．従って，式 (4.18) とは異なり，任意の連続的時点 t において

$$S(t) = \prod_{j|\tau_j \leq t}[1-\lambda(\tau_j)] \quad t \geq 0$$

となる．この関数も下り階段型であり，$\tau_j \leq t < \tau_{j+1}$ において一定値

$$S(t) = S(\tau_j) = \lim_{t \to t_j+0} S(t) = \prod_{l=0}^{j}[1-\lambda(\tau_l)]$$

を取り，$t = \tau_j$ において**右連続** (right-continuous) である $(j = 0, 1, 2, \ldots)$. 特に，$0 \leq t < \tau_1$ において $S(t) \equiv 1$ である．この定義では，死亡時刻 τ_j における生存関数の値 $S(\tau_j)$ にはその時刻に死ぬ確率が含まれない．これが式 (4.17) と異なる点であるが，関数 $S(t)$ の $t = \tau_j$ における不連続量を与える次の確率質量は式 (4.19) と同じである（図 4.3(b) を参照）．

$$f^\circ(\tau_j) := P\{T = \tau_j\} = P\{T > \tau_{j-1}\} - P\{T > \tau_j\}$$
$$= S(\tau_{j-1}) - S(\tau_j) = \lambda(\tau_j)\prod_{l=0}^{j-1}[1-\lambda(\tau_l)] \quad j = 1, 2, \ldots.$$

4.4.2　観察の打切りがあるデータ

行動分析のために個体を観察していても，何らかの理由により，途中で観察ができなくなることがある．例えば，次のようなことが起こる．
- 美容院で顧客の再来店までの日数を観察していたが，顧客が離反した．
- クルマ販売店で顧客の新車買い替えまでの期間を観察していたが，顧客が他のメーカーのクルマに変えた（**ブランドスイッチ** (brand switching))．
- コールセンターにおいて，コールの着信からオペレータの応答までの時間を記録していたが，顧客が待ち切れずに電話を切った．
- 県内で生まれた住民の寿命を観察していたが，住民が県外に引っ越した．
- ある病気の患者の<ruby>寛解<rt>かんかい</rt></ruby> (remission, 病気の症状が一時的に軽減している状態のことを言う医学用語) 期間に薬を投与して再発までの日数を観察していたが，再発する前に患者が死んだ．

このような観察の打切りは生存時間が長い個体ほど起こりやすいので，観察が打切られたデータを無視すると，正しい統計を取ることはできない．観察が打切られたデータについては「生存時間は観察打切りまでの時間よりも長い」ことは確かであるので，生存時間の推定においては，観察打切りまでの時間に関する情報も利用するのが賢策である．

n 個の個体について，i 番目の個体の死亡または観察打切りの発生時刻を t_i で表し，それが死亡であるとき $\delta_i = 1$ とし，観察打切りであるとき $\delta_i = 0$ とする指標 δ_i を定義する．死亡した個体 i が生存時間の推定に与える情報は，生存時間の確率密度関数 $f(t)$ の $t = t_i$ での値 $f(t_i)$ である[*11]．一方，観察の打切りが起こった個体 i が生存時間の推定に与える情報は，生存時間が t_i 以上であるという確率 $S(t_i)$ である．従って，生存時間の推定に係る尤度として

$$\mathcal{L} := \prod_{i=1}^{n} \left\{ [f(t_i)]^{\delta_i} [S(t_i)]^{1-\delta_i} \right\} = \prod_{i=1}^{n} \left\{ [\lambda(t_i)]^{\delta_i} S(t_i) \right\} \quad (4.20)$$

を考えるのが適当である．

4.4.3 生存関数のパラメトリック推定

生存関数あるいはハザード関数の具体的な関数式を仮定し，そのパラメタを観察値から推定する方法を**パラメトリック推定** (parametric estimation) という．

連続的な値を取る生存時間に対して，生存関数の関数式が具体的に与えられる 2 つの例について，そのパラメタを観察値から推定する例を示す．観察値の例として，表 4.5 に $n = 21$ 人の白血病患者の寛解持続時間（薬物療法による寛解から再発までの時間）$\{t_1, t_2, \ldots, t_{21}\}$ を示す (Gehan, 1965)．この例では，再発がモデルの「死亡」($\delta_i = 1$) に対応し，再発の前に死亡することがモデルの「観察打切り」($\delta_i = 0$) に対応する (Cox and Oakes, 1984, p. 9; Dobson and Barnett, 2008, p. 194)．表 4.5 から次のことが分かる．

[*11] 生存時間が連続的な値を取る場合，確率密度関数 $f(t_i)$ やハザード関数 $\lambda(t_i)$ は「1/時間」という物理的単位をもつ量であるから，本来，$\log[f(t_i)]$ や $\log[\lambda(t_i)]$ のように書くことはできないが，適当な単位をもつ数値として考える．生存時間が離散的な値 $\{\tau_1, \tau_2, \ldots\}$ を取る場合には，物理的に無次元の確率質量 $f^\circ(\tau_j)$ や確率 $\lambda(\tau_j)$ ($j = 1, 2, \ldots$) をそのまま使うことができる．

4 章 ロジスティック回帰と Cox 回帰

表 4.5　21 人の白血病患者の寛解持続時間.

i	t_i	δ_i	i	t_i	δ_i	i	t_i	δ_i
1	6	1	8	10	0	15	22	1
2	6	1	9	11	0	16	23	1
3	6	1	10	13	1	17	25	0
4	6	0	11	16	1	18	32	0
5	7	1	12	17	0	19	32	0
6	9	0	13	19	0	20	34	0
7	10	1	14	20	0	21	35	0

$$n = 21 \quad ; \quad d := \sum_{i=1}^{n} \delta_i = 9 \quad ; \quad \sum_{i=1}^{n} t_i = 359$$

(1) **指数分布** (exponential distribution) に従う生存関数

$$S(t) = e^{-\rho t} \qquad t \geq 0.$$

これに対応するハザード関数は定数である．

$$\lambda(t) = -\frac{d \log S(t)}{dt} = \frac{d(\rho t)}{dt} = \rho$$

パラメタ ρ を n 個の観察値 $\boldsymbol{t} = \{t_1, t_2, \ldots, t_n\}$ と $\boldsymbol{\delta} = \{\delta_1, \delta_2, \ldots, \delta_n\}$ から推定するための尤度関数 $\mathcal{L}(\rho; \boldsymbol{t}, \boldsymbol{\delta})$ と対数尤度は，式 (4.20) に従って，

$$\mathcal{L}(\rho; \boldsymbol{t}, \boldsymbol{\delta}) := \prod_{i=1}^{n} \left(\rho^{\delta_i} e^{-\rho t_i} \right) \quad ; \quad \log \mathcal{L}(\rho; \boldsymbol{t}, \boldsymbol{\delta}) = \log \rho \sum_{i=1}^{n} \delta_i - \rho \sum_{i=1}^{n} t_i$$

で与えられる．対数尤度のパラメタ ρ での微分

$$\frac{\partial \log \mathcal{L}(\rho; \boldsymbol{t}, \boldsymbol{\delta})}{\partial \rho} = \frac{1}{\rho} \sum_{i=1}^{n} \delta_i - \sum_{i=1}^{n} t_i = \frac{d}{\rho} - \sum_{i=1}^{n} t_i$$

を 0 とする ρ の値を表 4.5 の数値例について計算すると，ρ の推定値

$$\hat{\rho} = d \left/ \sum_{i=1}^{n} t_i \right. = \frac{9}{359} = 0.025$$

が得られる．この値を用いた生存関数 $S(t)$ の推定を図 4.5（151 ページ）に破線で示す．

(2) 指数 $\kappa\,(>0)$ の **Weibull 分布** (Weibull distribution)[*12]に従う生存関数

$$S(t) = \exp\left[-(\rho t)^{\kappa}\right] \qquad t \geq 0.$$

$\kappa = 1$ の Weibull 分布は指数分布である．対応するハザード関数は

$$\lambda(t) = -\frac{d \log S(t)}{dt} = \frac{d\left[(\rho t)^{\kappa}\right]}{dt} = \kappa \rho (\rho t)^{\kappa - 1}$$

となる．関数 $\lambda(t)$ は，$\kappa > 1$ なら単調増加，$\kappa < 1$ なら単調減少，$\kappa = 1$ なら定数である（図 4.4 を参照）．

パラメタ ρ と κ を n 個の観察値 $\boldsymbol{t} = \{t_1, t_2, \ldots, t_n\}$ と $\boldsymbol{\delta} = \{\delta_1, \delta_2, \ldots, \delta_n\}$ から推定するための尤度関数 $\mathcal{L}(\rho, \kappa; \boldsymbol{t}, \boldsymbol{\delta})$ と対数尤度は，式 (4.20) に従って，次のように与えられる．

$$\mathcal{L}(\rho, \kappa; \boldsymbol{t}, \boldsymbol{\delta}) := \prod_{i=1}^{n} \left\{ \left[\kappa \rho (\rho t_i)^{\kappa-1}\right]^{\delta_i} \exp\left[-(\rho t_i)^{\kappa}\right] \right\},$$

$$\log[\mathcal{L}(\rho, \kappa; \boldsymbol{t}, \boldsymbol{\delta})] = \sum_{i=1}^{n} \left\{ \delta_i [\log(\kappa \rho) + (\kappa - 1)\log(\rho t_i)] - (\rho t_i)^{\kappa} \right\}$$

$$= d\left(\log \kappa + \kappa \log \rho\right) + (\kappa - 1)\sum_{i=1}^{n} \delta_i \log t_i - \sum_{i=1}^{n} (\rho t_i)^{\kappa}.$$

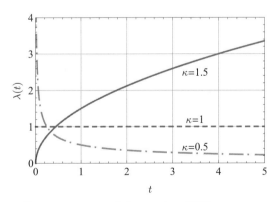

図 **4.4** Weibull 分布のハザード関数 $(\rho = 1)$．

[*12] Ernst Hjalmar Waloddi Weibull, 1887–1979, スウェーデンの工学研究者．

4 章　ロジスティック回帰と Cox 回帰

対数尤度をパラメタ ρ と κ で微分すると，

$$\frac{\partial \log[\mathcal{L}(\rho,\kappa;\boldsymbol{t},\boldsymbol{\delta})]}{\partial \rho} = \frac{\kappa d}{\rho} - \kappa \rho^{\kappa-1} \sum_{i=1}^{n} t_i^{\kappa},$$

$$\frac{\partial \log[\mathcal{L}(\rho,\kappa;\boldsymbol{t},\boldsymbol{\delta})]}{\partial \kappa} = \frac{d}{\kappa} + d \log \rho + \sum_{i=1}^{n} \delta_i \log t_i - \sum_{i=1}^{n} (\rho t_i)^{\kappa} \log(\rho t_i)$$

となる．最初の式を 0 にする ρ の値は

$$\hat{\rho} = \left[d \Big/ \sum_{i=1}^{n} t_i^{\kappa} \right]^{1/\kappa}$$

で与えられる．これを第 2 式を 0 とする式に代入すると，κ に関する非線形方程式

$$0 = \frac{d}{\kappa} + \sum_{i=1}^{n} \delta_i \log t_i - d \sum_{i=1}^{n} t_i^{\kappa} \log t_i \Big/ \sum_{i=1}^{n} t_i^{\kappa}$$

が得られる．これを解いて $\hat{\kappa}$ を求め，それから $\hat{\rho}$ を計算する．これらの値を表 4.5 の数値例について求めると，κ と ρ の推定値

$$\hat{\kappa} = 1.35373 \quad ; \quad \hat{\rho} = 0.029616$$

が得られる (Cox and Oakes, 1984, p. 43)．これらの値を用いた生存関数 $S(t)$ の推定を図 4.5（151 ページ）に一点鎖線で示す．

4.4.4　生存関数のノンパラメトリック推定

生存関数の具体的な関数式を仮定しないで，その関数形を観察値から推定する方法をノンパラメトリック推定 (nonparametric estimation) という．以下では，Kalbfleisch and Prentice (2002, p. 14) に従って，生存関数のノンパラメトリック推定の 1 つである Kaplan-Meier 推定量を導出する．

連続的時間を仮定し，個体の死亡が時刻 $\{\tau_1, \tau_2, \ldots, \tau_m\}$ に観察される場合を考える．ここで，$0 = \tau_0 < \tau_1 < \tau_2 < \cdots < \tau_m < \tau_{m+1} = \infty$ とする．時刻 τ_j に d_j 個の個体が死亡し，時間 $[\tau_j, \tau_{j+1})$ の間に c_j 個の個体の観察がそれぞれ時刻 $\tau_{j,1}, \tau_{j,2}, \ldots, \tau_{j,c_j}$ に打切られるとする．時刻の連続性の仮定により，どれか

の個体の観察の打切りが他の個体の死亡と同時に起こったり，2つ以上の個体の観察が同時刻に打切られたりする確率を無視することができるので，

$$\tau_j < \tau_{j,1} < \tau_{j,2} < \cdots < \tau_{j,l} < \cdots < \tau_{j,c_j} < \tau_{j+1} \qquad 0 \leq j \leq m$$

とする．時刻 τ_j の直前に生きている（すなわち，その後に死亡または観察打切りのリスクがある）個体の数は

$$r_j = (d_j + c_j) + (d_{j+1} + c_{j+1}) + \cdots + (d_m + c_m) \qquad 0 \leq j \leq m$$

である．但し，$d_0 = 0, c_0 \geq 0$ とする．

時間 $[\tau_j, \tau_{j+1})$ に観察対象から消える $d_j + c_j$ 個の個体のうち，時刻 τ_j に死ぬ d_j 個の個体の生存時間の確率は $P\{T = \tau_j\}$ であり，時刻 $\tau_{j,l}$ に観察を打切られる個体の生存時間は $\tau_{j,l}$ 以上である $(l = 1, 2, \ldots, c_j)$．従って，生存時間の確率分布を推定するための尤度として

$$\mathcal{L}(\lambda_1, \lambda_2, \ldots, \lambda_m) := \prod_{j=0}^{m} \left\{ [P\{T = \tau_j\}]^{d_j} \prod_{l=1}^{c_j} S(\tau_{j,l}) \right\}$$

を考えるのが適当である．ここで，$\lambda(\tau_l)$ を λ_l と書くことにすれば，

$$P\{T = \tau_j\} = S(\tau_j) - S(\tau_{j+1}) = \prod_{l=0}^{j-1}(1-\lambda_l) - \prod_{l=0}^{j}(1-\lambda_l) = \lambda_j \prod_{l=0}^{j-1}(1-\lambda_l)$$

である．但し，$\lambda_0 = 0$ とする．また，$S(t)$ の左連続性を仮定すれば，$\tau_j < t \leq \tau_{j+1}$ のとき $S(t) = S(\tau_{j+1})$ であるから，$l = 1, 2, \ldots, c_j$ について，l に依存せず，

$$S(\tau_{j,l}) = S(\tau_{j+1}) = \prod_{k=0}^{j}(1-\lambda_k)$$

が成り立つ．従って，上記の尤度関数は，積の順序の交換により，

$$\mathcal{L}(\lambda_1, \lambda_2, \ldots, \lambda_m) = \prod_{j=0}^{m} \left[(\lambda_j)^{d_j} \prod_{l=0}^{j-1}(1-\lambda_l)^{d_j} \prod_{l=0}^{j}(1-\lambda_l)^{c_j} \right]$$

$$= \prod_{j=0}^{m} \left[(\lambda_j)^{d_j}(1-\lambda_j)^{c_j} \right] \cdot \prod_{j=1}^{m} \prod_{l=0}^{j-1}(1-\lambda_l)^{d_j+c_j}$$

4 章 ロジスティック回帰と Cox 回帰

$$
\begin{aligned}
&= \prod_{j=0}^{m} \left[(\lambda_j)^{d_j} (1-\lambda_j)^{c_j} \right] \cdot \prod_{l=0}^{m-1} \prod_{j=l+1}^{m} (1-\lambda_l)^{d_j+c_j} \\
&= \prod_{j=0}^{m} \left[(\lambda_j)^{d_j} (1-\lambda_j)^{c_j} \right] \cdot \prod_{j=0}^{m-1} (1-\lambda_j)^{r_j - d_j - c_j} \\
&= \prod_{j=0}^{m} \left[(\lambda_j)^{d_j} (1-\lambda_j)^{r_j - d_j} \right]
\end{aligned}
$$

と書くことができる ($r_m = d_m + c_m$. また，$(\lambda_0)^{d_0} = 0^0 = 1$ と考える) [*13]．よって，対数尤度は

$$ \log \mathcal{L}(\lambda_1, \lambda_2, \ldots, \lambda_m) = \sum_{j=1}^{m} [d_j \log \lambda_j + (r_j - d_j) \log(1-\lambda_j)] $$

で与えられ，この式の λ_j についての偏微分

$$ \frac{\partial \log \mathcal{L}}{\partial \lambda_j} = \frac{d_j}{\lambda_j} - \frac{r_j - d_j}{1 - \lambda_j} = \frac{d_j - r_j \lambda_j}{\lambda_j (1 - \lambda_j)} $$

を 0 にする λ_j の値として，λ_j の推定値 $\hat{\lambda}_j = d_j/r_j$ が得られる ($j = 1, 2, \ldots, m$)．従って，生存関数 $S(t)$ の推定値は

$$ \hat{S}(t) = \prod_{j | \tau_j < t} \left(1 - \frac{d_j}{r_j} \right) \tag{4.21} $$

で与えられる．これを **Kaplan-Meier 推定量** (Kaplan-Meier estimator) または **積極限推定量** (product-limit estimator) という (Kaplan and Meier, 1958)．

Kaplan-Meier 推定量 (4.21) を式 (4.17) と比べると，時刻 τ_j におけるハザードの推定値 $\hat{\lambda}_j$ が，τ_j の直前に観察した r_j 個の個体のうち，時刻 τ_j に死ぬ d_j 個の個体の割合

$$ \hat{\lambda}_j = d_j / r_j \qquad j = 1, 2, \ldots $$

となっているので，直感的にも納得できる結果である．

[*13] この式の 2 行目から 3 行目への変形において，(j, l) 平面の領域 $1 \leq j \leq m, 0 \leq l \leq j-1$ が領域 $0 \leq l \leq m-1, l+1 \leq j \leq m$ と同じであることを使った．

表 4.6 に，表 4.5 の白血病患者の寛解持続時間に対する Kaplan-Meier 推定量を示す (Cox and Oakes, 1984, p. 49). 図 4.5 に，前述の指数分布および Weibull 分布を用いたパラメトリック推定とともに，上記の Kaplan-Meier のノンパラメトリック推定による生存関数 $\hat{S}(t)$ を実線で示す.

表 **4.6** 白血病患者の寛解持続時間に対する **Kaplan-Meier** 推定量.

j	t_j	$t_j < t \leq t_{j+1}$	d_j	r_j	$1 - d_j/r_j$	$\hat{S}(t)$
0	0	$0 < t \leq 6$	0	21	1	1
1	6	$6 < t \leq 7$	3	21	$\frac{6}{7}$	0.8571
2	7	$7 < t \leq 10$	1	17	$\frac{16}{17}$	0.8067
3	10	$10 < t \leq 13$	1	15	$\frac{14}{15}$	0.7529
4	13	$13 < t \leq 16$	1	12	$\frac{11}{12}$	0.6902
5	16	$16 < t \leq 22$	1	11	$\frac{10}{11}$	0.6275
6	22	$22 < t \leq 23$	1	7	$\frac{6}{7}$	0.5378
7	23	$23 < t$	1	6	$\frac{5}{6}$	0.4482

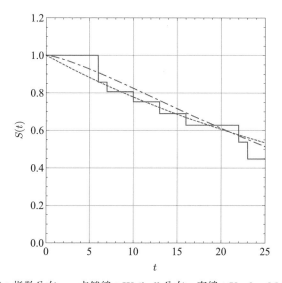

破線：指数分布，一点鎖線：Weibull 分布，実線：Kaplan-Meier 推定量

図 **4.5** 白血病患者の寛解持続時間に対する生存関数の推定.

4.5 Cox 比例ハザードモデル

ハザード関数に対する比例ハザード性と相対リスクに対する対数線形性を仮定する Cox の比例ハザードモデルを紹介する (Cox, 1972)[*14].

4.5.1 比例ハザード性

個体の生存時間に影響を与える要因を**共変量** (covariate) と呼ぶ. r 個の共変量が存在するとき, これを r 次元ベクトル

$$\boldsymbol{x} := (x_1, x_2, \ldots, x_r)$$

で表す. 共変量 $\boldsymbol{x}$ をもつ個体のハザード関数を $\lambda(t \mid \boldsymbol{x})$ と書く. このとき, 関数 $\lambda(t \mid \boldsymbol{x})$ において, もし時間 t への依存性と共変量 $\boldsymbol{x}$ への依存性が分離され, すべての $t \geq 0$ について

$$\lambda(t \mid \boldsymbol{x}) = \lambda_0(t) r(\boldsymbol{x}) \tag{4.22}$$

の形に書くことができれば, それぞれ共変量 $\boldsymbol{x}$ と $\boldsymbol{x}'$ をもつ 2 つの個体のハザード関数の比

$$\frac{\lambda(t \mid \boldsymbol{x}')}{\lambda(t \mid \boldsymbol{x})} = \frac{r(\boldsymbol{x}')}{r(\boldsymbol{x})}$$

は時間 t に依存しなくなる. この意味で, 条件 (4.22) を**比例ハザード性** (proportional hazard) と呼ぶ. また, $\lambda_0(t)$ を**基準ハザード関数** (baseline hazard function) といい, $r(\boldsymbol{x})$ を**相対リスク** (relative risk) という. ここで, $\boldsymbol{x} = \boldsymbol{0}$ を共変量の基準値として,

$$r(\boldsymbol{0}) \equiv 1 \quad ; \quad \lambda(t \mid \boldsymbol{0}) \equiv \lambda_0(t)$$

とする. このとき, 累積ハザード関数も時間 t のみに依存する部分と相対リスクの積の形に書くことができる.

[*14] Sir David Roxbee Cox, 1924–, イギリスの統計学者. 本章で紹介する回帰モデルを始め, 統計学や確率過程に関する多くのテーマにおいて先駆的研究成果を上げ, 1985 年に英国王室から Knight の称号を授けられた.

$$\Lambda(t \mid \boldsymbol{x}) := \int_0^t \lambda(u \mid \boldsymbol{x}) du = r(\boldsymbol{x}) \int_0^t \lambda_0(u) du = \Lambda_0(t) r(\boldsymbol{x}).$$

ここで,

$$\Lambda_0(t) := \int_0^t \lambda_0(u) du \qquad t \geq 0$$

を**累積基準ハザード関数** (cumulative baseline hazard function) と呼ぶ.

比例ハザードモデルにおいて,生存関数は

$$S(t \mid \boldsymbol{x}) = \exp\left[-\int_0^t \lambda(u \mid \boldsymbol{x}) du\right] = \exp\left[-r(\boldsymbol{x}) \int_0^t \lambda_0(u) du\right]$$

$$= [S_0(t)]^{r(\boldsymbol{x})} \qquad t \geq 0 \qquad (4.23)$$

と書くことができる.ここで,

$$S_0(t) := \exp\left[-\int_0^t \lambda_0(u) du\right] = \exp\left[-\Lambda_0(t)\right] \qquad t \geq 0$$

を**基準生存関数** (baseline survivor function) と呼ぶ.

4.5.2 対数線形性

比例ハザードモデルにおいて,共変量

$$\boldsymbol{x}_i := (x_{i1}, x_{i2}, \ldots, x_{ir})$$

をもつ個体 i の相対リスク $r(\boldsymbol{x}_i)$ の対数が共変量の要素の線形結合

$$\log[r(\boldsymbol{x}_i)] = x_{i1}\beta_1 + x_{i2}\beta_2 + \cdots + x_{ir}\beta_r = \boldsymbol{x}_i\boldsymbol{\beta} \qquad (4.24)$$

で表される場合を考える.ここで,係数

$$\boldsymbol{\beta} := (\beta_1, \beta_2, \ldots, \beta_r)^\top$$

はすべての個体 i について共通であることに注意する.式 (4.24) を**対数線形性** (log-linearity) という.

ハザード関数の比例ハザード性 (4.22) と相対リスクの対数線形性 (4.24) を合わせると,個体 i のハザード関数として,

$$\lambda(t \mid \boldsymbol{x}_i) = \lambda_0(t) \exp\left(\boldsymbol{x}_i \boldsymbol{\beta}\right) \quad 1 \leq i \leq n \tag{4.25}$$

が得られる．この形のハザード関数を仮定する回帰モデルを **Cox 比例ハザードモデル** (Cox proportional hazard model) と呼ぶ．そして，この式に現れる係数 $\boldsymbol{\beta}$ を **Cox 回帰係数** (Cox regression coefficient) という．

Cox 比例ハザードモデルでは，生存関数 $S(t \mid \boldsymbol{x})$ の土台となる本質的な形状は，ノンパラメトリックに定義される基準生存関数 $S_0(t)$ を使って全個体で同じであると割り切ってしまう代わりに，個体間の生存過程の違いに対して共通のパラメタ $\boldsymbol{\beta}$ を使って一定の制限を持たせるという立場を取っている．この理由により，Cox 比例ハザードモデルは**セミパラメトリック推定** (semi-parametric estimation) と呼ばれる．

Cox 回帰係数の意味を考えるために，共変量 $\boldsymbol{x}_i$ の k' 番目の要素 $x_{ik'}$ を 1 だけ増加させるときのハザード関数 $\lambda(t \mid \boldsymbol{x}_i)$ の変化を考えると，それは

$$\lambda(t \mid \boldsymbol{x}'_i) = \lambda_0(t) \exp\left[\sum_{k=1}^{r} x_{ik}\beta_k + \beta_{k'}\right] = \lambda_0(t) \exp\left[\sum_{k=1}^{r} x_{ik}\beta_k\right] \exp\left(\beta_{k'}\right)$$

$$= \lambda(t \mid \boldsymbol{x}_i) \exp\left(\beta_{k'}\right)$$

となる．よって，この変更に対する**ハザード比** (hazard ratio) を

$$\frac{\lambda(t \mid \boldsymbol{x}'_i)}{\lambda(t \mid \boldsymbol{x}_i)} = \exp\left(\beta_{k'}\right)$$

と書く．従って，回帰係数 β_k の指数 $\exp\left(\beta_k\right)$ は，k 番目の共変量 x_{ik} が 1 だけ増加する場合に，ハザードが何倍になるのかを表すと解釈することができる（章末に補注）．美容院への再来店の例では，来店した客に渡す割引券の枚数 x_k を 1 枚増やすと，この客が再来店する確率が $\exp\left(\beta_k\right)$ 倍になることを示す．

4.5.3 部分尤度法による Cox 回帰係数の推定

n 個の個体について，4.4.2 項と同様に，i 番目の個体の死亡または観察打切りの発生時刻を t_i で表し，それが死亡であるとき $\delta_i = 1$ とし，観察打切りであるとき $\delta_i = 0$ とする指標 δ_i を定義する ($1 \leq i \leq n$)．観察値として，

4.5 Cox 比例ハザードモデル

$$\boldsymbol{t} := \{t_1, t_2, \ldots, t_n\} \quad ; \quad \boldsymbol{\delta} := \{\delta_1, \delta_2, \ldots, \delta_n\} \quad ; \quad X := \{\boldsymbol{x}_1, \boldsymbol{x}_2, \ldots, \boldsymbol{x}_n\}$$

が与えられているとする.このとき,Cox 比例ハザードモデル (4.25) を仮定し,回帰係数 $\boldsymbol{\beta} := (\beta_1, \beta_2, \ldots, \beta_r)^\top$ の最適値を推定する**周辺尤度** (marginal likelihood) の方法を示す (Kalbfleisch and Prentice, 1973).

(1) すべての個体の死亡または観察打切り時刻 $\{t_1, t_2, \ldots, t_n\}$ が相異なる場合を考える.この場合には,**全尤度** (full likelihood) として

$$\mathcal{L}(\boldsymbol{t}, \boldsymbol{\delta}, X) := \prod_{i=1}^{n} \left\{ [\lambda(t_i \mid \boldsymbol{x}_i) S(t_i \mid \boldsymbol{x}_i)]^{\delta_i} [S(t_i \mid \boldsymbol{x}_i)]^{1-\delta_i} \right\}$$

$$= \prod_{i=1}^{n} [\lambda(t_i \mid \boldsymbol{x}_i)]^{\delta_i} \cdot \prod_{i=1}^{n} S(t_i \mid \boldsymbol{x}_i) \qquad (4.26)$$

を考えるのが適当である.

この式の右辺の第 2 項は次のように変形することができる.

$$\prod_{i=1}^{n} S(t_i \mid \boldsymbol{x}_i) = \prod_{i=1}^{n} \exp\left[-\int_0^{t_i} \lambda(t \mid \boldsymbol{x}_i) dt\right]$$

$$= \prod_{i=1}^{n} \exp\left[-\int_0^{\infty} \mathcal{I}\{t \leq t_i\} \lambda(t \mid \boldsymbol{x}_i) dt\right] = \exp\left[-\int_0^{\infty} H(t) dt\right].$$

ここで,**定義関数** (indicator function)

$$\mathcal{I}\{t \leq t_i\} := \begin{cases} 1 & t \leq t_i \text{のとき} \\ 0 & t > t_i \text{のとき} \end{cases}$$

を用いて,関数

$$H(t) := \sum_{i=1}^{n} \mathcal{I}\{t \leq t_i\} \lambda(t \mid \boldsymbol{x}_i) = \sum_{i \in \mathcal{R}(t)} \lambda(t \mid \boldsymbol{x}_i) \quad ; \quad \mathcal{R}(t) := \{i \mid t \leq t_i\}$$

を導入した.$\mathcal{R}(t)$ は,時刻 t の直前に生きていて,観察打切りにもなっていない個体の集合であり,それらは時刻 t 以後に死亡または観察打切りの危険性があるという意味で,時刻 t における**リスク集合** (risk set) と呼ばれる.従って,全尤度 (4.26) は次のように書くことができる.

4 章　ロジスティック回帰と Cox 回帰

$$\mathcal{L}(\boldsymbol{t}, \boldsymbol{\delta}, X) = \prod_{i=1}^{n} [\lambda(t_i \mid \boldsymbol{x}_i)]^{\delta_i} \cdot \exp\left[-\int_0^{\infty} H(t) dt\right]. \qquad (4.27)$$

ここで，Cox 比例ハザードモデル (4.25) を仮定すれば，

$$H(t) = \lambda_0(t) H_{\boldsymbol{\beta}}(t),$$

$$H_{\boldsymbol{\beta}}(t) := \sum_{i=1}^{n} \mathcal{I}\{t \leq t_i\} \exp(\boldsymbol{x}_i \boldsymbol{\beta}) = \sum_{i \in \mathcal{R}(t)} \exp(\boldsymbol{x}_i \boldsymbol{\beta})$$

であるから，回帰係数 $\boldsymbol{\beta}$ をパラメタとする全尤度は，次のように，基準ハザード関数 $\lambda_0(t)$ を含まない因子と含む因子の積の形に書くことができる．

$$\begin{aligned}
\mathcal{L}(\boldsymbol{\beta}; \boldsymbol{t}, \boldsymbol{\delta}, X) &= \prod_{i=1}^{n} [\lambda_0(t_i) \exp(\boldsymbol{x}_i \boldsymbol{\beta})]^{\delta_i} \cdot \exp\left[-\int_0^{\infty} \lambda_0(t) H_{\boldsymbol{\beta}}(t) dt\right] \\
&= \prod_{i=1}^{n} \left[\frac{\exp(\boldsymbol{x}_i \boldsymbol{\beta})}{H_{\boldsymbol{\beta}}(t_i)}\right]^{\delta_i} \\
&\quad \times \prod_{i=1}^{n} [\lambda_0(t_i) H_{\boldsymbol{\beta}}(t_i)]^{\delta_i} \cdot \exp\left[-\int_0^{\infty} \lambda_0(t) H_{\boldsymbol{\beta}}(t) dt\right].
\end{aligned}$$
$$(4.28)$$

ここで，個体 i の死亡時刻 t_i に対して

$$H_{\boldsymbol{\beta}}(t_i) = \sum_{l \in \mathcal{R}(t_i)} \exp(\boldsymbol{x}_l \boldsymbol{\beta}) \quad ; \quad \mathcal{R}(t_i) := \{l \mid t_l \geq t_i\}$$

であるから，全尤度 (4.28) の右辺における $\lambda_0(t)$ を含まない因子は

$$\mathcal{L}_{\mathrm{C}}(\boldsymbol{\beta}; \boldsymbol{t}, \boldsymbol{\delta}, X) := \prod_{i=1}^{n} \left[\frac{\exp(\boldsymbol{x}_i \boldsymbol{\beta})}{\sum_{l \in \mathcal{R}(t_i)} \exp(\boldsymbol{x}_l \boldsymbol{\beta})}\right]^{\delta_i} \qquad (4.29)$$

で与えられる．これを **Cox の部分尤度** (Cox partial likelihood) と呼ぶ．式 (4.29) の右辺における i 番目の因子は

$$\frac{\lambda(t_i \mid \boldsymbol{x}_i)}{\sum_{l \in \mathcal{R}(t_i)} \lambda(t_i \mid \boldsymbol{x}_l)} = \frac{\lambda_0(t_i) \exp(\boldsymbol{x}_i \boldsymbol{\beta})}{\sum_{l \in \mathcal{R}(t_i)} \lambda_0(t_i) \exp(\boldsymbol{x}_l \boldsymbol{\beta})}$$

と書くことができる．これは，リスク集合 $\mathcal{R}(t_i)$ に含まれる個体のうち，時刻 t_i に死亡または観察打切りになる個体の割合を表している．

4.5 Cox 比例ハザードモデル

(2) すべての個体について観察された $\{t, \delta, X\}$ に対して，部分尤度 $\mathcal{L}_C(\beta; t, \delta, X)$ が最大になるような r 個の未知数 $\beta = (\beta_1, \beta_2, \ldots, \beta_r)^\top$ の値 $\hat{\beta} = (\hat{\beta}_1, \hat{\beta}_2, \ldots, \hat{\beta}_r)^\top$ を求め，$\hat{\beta}$ を β の最尤推定値とするのが**部分尤度法** (partial likelihood method) である．なお，式 (4.28) に見られるように，全尤度の $\lambda_0(t)$ を含む因子も β に依存するので，部分最尤法による最尤推定値 $\hat{\beta}$ は必ずしも全尤度を最大にするものではない．

最尤法による回帰係数の推定とその信頼性の分析の方法は，ロジスティック回帰における 4.2.4 および 4.2.5 項の取り扱いと同様である (Hosmer et al., 2008, p. 77)．Cox の部分尤度 (4.29) の対数

$$\log \mathcal{L}_C(\beta; t, \delta, X) = \sum_{i=1}^n \delta_i \left\{ x_i \beta - \log \left[\sum_{l \in \mathcal{R}(t_i)} \exp(x_l \beta) \right] \right\}$$

を β_k で偏微分すると[*15]，

$$\frac{\partial \log \mathcal{L}_C(\beta)}{\partial \beta_k} = \sum_{i=1}^n \delta_i \left[x_{ik} - \frac{\sum_{l \in \mathcal{R}(t_i)} x_{lk} \exp(x_l \beta)}{\sum_{l \in \mathcal{R}(t_i)} \exp(x_l \beta)} \right] \quad 1 \leq k \leq r$$

が得られる．$1 \leq k \leq r$ について，これを 0 とおいた r 個の非線形連立方程式の解が最尤推定値 $\hat{\beta} = (\hat{\beta}_1, \hat{\beta}_2, \ldots, \hat{\beta}_r)^\top$ である．次の 2 階偏微分係数を要素とする r 次正方 Hesse 行列 $H_C(\beta)$ の逆行列の符号を変え，$\beta = \hat{\beta}$ とおいた行列が確率変数 $\hat{\beta}$ の分散共分散行列の推定値 $\widehat{\mathrm{Var}}[\hat{\beta}]$ である．その k 番目の対角要素の平方根として，回帰係数に係る信頼性評価に使われる標準誤差 $\widehat{\mathrm{se}}(\hat{\beta}_k)$ $(1 \leq k \leq r)$ が得られる．

$$H_C(\beta)_{k,k'} = \frac{\partial^2 \log \mathcal{L}_C(\beta)}{\partial \beta_k \partial \beta_{k'}} = -\sum_{i=1}^n \delta_i \left[\frac{\sum_{l \in \mathcal{R}(t_i)} x_{lk} x_{lk'} \exp(x_l \beta)}{\sum_{l \in \mathcal{R}(t_i)} \exp(x_l \beta)} \right.$$
$$\left. - \frac{\left\{ \sum_{l \in \mathcal{R}(t_i)} x_{lk} \exp(x_l \beta) \right\} \left\{ \sum_{l \in \mathcal{R}(t_i)} x_{lk'} \exp(x_l \beta) \right\}}{\left\{ \sum_{l \in \mathcal{R}(t_i)} \exp(x_l \beta) \right\}^2} \right]$$
$$1 \leq k, k' \leq r,$$
$$\widehat{\mathrm{Var}}[\hat{\beta}] = -[H_C(\hat{\beta})]^{-1} \quad ; \quad \widehat{\mathrm{se}}(\hat{\beta}_k) := \sqrt{\widehat{\mathrm{Var}}[\hat{\beta}]_{kk}} \quad 1 \leq k \leq r. \quad (4.30)$$

[*15] この式の右辺を 0 とおく方程式について，p. 129 の脚注と同様の解釈ができる．

4 章 ロジスティック回帰と Cox 回帰

最尤推定値 $\hat{\boldsymbol{\beta}}$ は確率変数である. 漸近的に ($n \to \infty$ において), 以下が成り立つ.

(i) $\hat{\boldsymbol{\beta}}$ は平均と分散共分散行列は

$$E[\hat{\boldsymbol{\beta}}] = \boldsymbol{\beta} \quad ; \quad \mathrm{Var}[\hat{\boldsymbol{\beta}}] = -[H_\mathrm{C}(\boldsymbol{\beta})]^{-1}$$

で与えられる r 変量正規分布に従う.

(ii) 統計量

$$w_k := \frac{\hat{\beta}_k - \beta_k}{\widehat{\mathrm{se}}\,(\hat{\beta}_k)} \qquad 1 \leq k \leq r$$

は標準正規分布に従う.

(iii) Wald 統計量

$$W_\mathrm{C} := (\hat{\boldsymbol{\beta}} - \boldsymbol{\beta})^\top \left[\widehat{\mathrm{Var}[\hat{\boldsymbol{\beta}}]}\right]^{-1} (\hat{\boldsymbol{\beta}} - \boldsymbol{\beta})$$

は自由度 r の χ^2 分布に従う.

(3) 次に, 各死亡時刻において複数の個体が死亡することがある場合を考える (中村, 2001, p. 102; Kalbfleisch and Prentice, 2002, p. 104). このとき, 各個体の相異なる死亡時刻を時間順に並べ直し, 個体の死亡が時刻 $\{\tau_1, \tau_2, \ldots, \tau_m\}$ が起こるとする ($\tau_1 < \tau_2 < \cdots < \tau_m, m \leq n$). 時刻 τ_j において死亡する個体の数を d_j とし, それらの個体の集合 $\mathcal{D}(\tau_j) := \{j_1, j_2, \ldots, j_{d_j}\} \subseteq \mathcal{R}(\tau_j)$ の $d_j!$ 通りの順列の集合を Q_j とする. そのうちの 1 つの順列 $P_j := (p_1, p_2, \ldots, p_{d_j}) \in Q_j$ に対して, d_j 個のリスク集合

$$\mathcal{R}(\tau_j), \quad \mathcal{R}(\tau_j) \setminus \{p_1\}, \mathcal{R}(\tau_j) \setminus \{p_1, p_2\}, \ldots,$$
$$\mathcal{R}(\tau_j) \setminus \{p_1, p_2, \ldots, p_{r-1}\}, \ldots, \mathcal{R}(\tau_j) \setminus \{p_1, p_2, \ldots, p_{d_j-1}\} \quad (4.31)$$

を考える[*16]. 表記を簡単にするため

$$\mathcal{R}(\tau_j, P_j, r) := \mathcal{R}(\tau_j) \setminus \{p_1, p_2, \ldots, p_{r-1}\} \qquad 1 \leq r \leq d_j$$

と書くことにする. また, Q_j に属する各個体の共変量の和を

[*16] 集合 A に含まれるが集合 B に含まれない要素の集合を差集合 $A \setminus B$ と表す.

$$\boldsymbol{s}_j(\tau_j) := \sum_{i \in \mathcal{D}(\tau_j)} \boldsymbol{x}_i = \boldsymbol{x}_{j_1} + \boldsymbol{x}_{j_2} + \cdots + \boldsymbol{x}_{j_{d_j}}$$

と書く（これは個体の順列に依存しない）．

このとき，順列 P_j に対応する d_j 個のリスク集合 (4.31) の尤度への寄与は

$$\exp\left[\boldsymbol{s}_j(\tau_j)\boldsymbol{\beta}\right] \prod_{r=1}^{d_j} \left[\sum_{l \in \mathcal{R}_j(\tau_j, P_j, r)} \exp\left(\boldsymbol{x}_l \boldsymbol{\beta}\right)\right]^{-1}$$

である．Q_j の順列1つ当たりの尤度への寄与は，各順列を平等に考えて，

$$\frac{1}{d_j!} \exp\left[\boldsymbol{s}_j(\tau_j)\boldsymbol{\beta}\right] \sum_{P_j \in Q_j} \left[\prod_{r=1}^{d_j} \sum_{l \in \mathcal{R}_j(\tau_j, P_j, r)} \exp\left(\boldsymbol{x}_l \boldsymbol{\beta}\right)\right]^{-1}$$

で与えられる．従って，すべての死亡時刻にわたる部分尤度は

$$\prod_{j=1}^{m} \left\{ \exp\left[\boldsymbol{s}_j(\tau_j)\boldsymbol{\beta}\right] \sum_{P_j \in Q_j} \left[\prod_{r=1}^{d_j} \sum_{l \in \mathcal{R}_j(\tau_j, P_j, r)} \exp\left(\boldsymbol{x}_l \boldsymbol{\beta}\right)\right]^{-1} \right\}$$

に比例する．しかし，これは計算が非常に複雑になるので，次の2つの近似法が提案されている．それらは，$d_j = 1$ $(1 \leq j \leq m)$ のとき（同時死亡がない場合）に，Cox の部分尤度 (4.29) に一致する．

(4) **Breslow-Pete の部分尤度** (Breslow, 1974; Pete, 1972)

$$\mathcal{L}_{\mathrm{BP}}(\boldsymbol{\beta}; \boldsymbol{t}, \boldsymbol{\delta}, X) := \prod_{j=1}^{m} \frac{\exp\left[\boldsymbol{s}_j(\tau_j)\boldsymbol{\beta}\right]}{\left[\sum_{l \in \mathcal{R}(\tau_j)} \exp\left(\boldsymbol{x}_l \boldsymbol{\beta}\right)\right]^{d_j}}. \tag{4.32}$$

同時死亡が少ない場合は，この近似の精度が良いと言われている．式 (4.32) の対数の β_k についての偏微分は次のように与えられる．

$$\frac{\partial \log \mathcal{L}_{\mathrm{BP}}(\boldsymbol{\beta})}{\partial \beta_k} = \sum_{j=1}^{m} \left[s_{jk}(\tau_j) - \frac{d_j \sum_{l \in \mathcal{R}(\tau_j)} x_{lk} \exp\left(\boldsymbol{x}_l \boldsymbol{\beta}\right)}{\sum_{l \in \mathcal{R}(\tau_j)} \exp\left(\boldsymbol{x}_l \boldsymbol{\beta}\right)} \right]$$
$$1 \leq k \leq r.$$

この各要素を0とおく r 個の連立方程式の解を $\hat{\boldsymbol{\beta}} = (\hat{\beta}_1, \hat{\beta}_2, \ldots, \hat{\beta}_r)$ とする．

4 章　ロジスティック回帰と Cox 回帰

次の 2 階偏微分係数を要素とする Hesse 行列から，式 (4.30) と同様にして，回帰係数の標準誤差 $\hat{\mathrm{se}}(\hat{\beta}_k)$ が得られる．

$$\frac{\partial^2 \log \mathcal{L}_{\mathrm{BP}}(\boldsymbol{\beta})}{\partial \beta_k \partial \beta_{k'}} = -\sum_{j=1}^{m} d_j \left[\frac{\sum_{l \in \mathcal{R}(\tau_j)} x_{lk} x_{lk'} \exp(\boldsymbol{x}_l \boldsymbol{\beta})}{\sum_{l \in \mathcal{R}(\tau_j)} \exp(\boldsymbol{x}_l \boldsymbol{\beta})} \right.$$

$$\left. - \frac{\left\{ \sum_{l \in \mathcal{R}(\tau_j)} x_{lk} \exp(\boldsymbol{x}_l \boldsymbol{\beta}) \right\} \left\{ \sum_{l \in \mathcal{R}(\tau_j)} x_{lk'} \exp(\boldsymbol{x}_l \boldsymbol{\beta}) \right\}}{\left\{ \sum_{l \in \mathcal{R}(\tau_j)} \exp(\boldsymbol{x}_l \boldsymbol{\beta}) \right\}^2} \right]$$

$$1 \le k, k' \le r.$$

(5) **Efron の部分尤度** (Efron, 1977)

$$\mathcal{L}_{\mathrm{E}}(\boldsymbol{\beta}; \boldsymbol{t}, \boldsymbol{\delta}, X) := \prod_{j=1}^{m} \frac{\exp[\boldsymbol{s}_j(\tau_j) \boldsymbol{\beta}]}{\prod_{i=0}^{d_j - 1} \left[\sum_{l \in \mathcal{R}(\tau_j)} \exp(\boldsymbol{x}_l \boldsymbol{\beta}) - i A(\boldsymbol{\beta}, \tau_j) \right]},$$

$$A(\boldsymbol{\beta}, \tau_j) := \frac{1}{d_j} \sum_{l \in \mathcal{D}(\tau_j)} \exp(\boldsymbol{x}_l \boldsymbol{\beta}). \tag{4.33}$$

同時死亡が多い場合は，この近似の精度が良いと言われている．式 (4.33) の対数の β_k についての偏微分は次のように与えられる．

$$\frac{\partial \log \mathcal{L}_{\mathrm{E}}(\boldsymbol{\beta})}{\partial \beta_k} = \sum_{j=1}^{m} \left[s_{jk}(\tau_j) - \sum_{i=0}^{d_j - 1} \frac{\sum_{l \in \mathcal{R}(\tau_j)} x_{lk} \exp(\boldsymbol{x}_l \boldsymbol{\beta}) - i A'_k(\boldsymbol{\beta}, \tau_j)}{\sum_{l \in \mathcal{R}(\tau_j)} \exp(\boldsymbol{x}_l \boldsymbol{\beta}) - i A(\boldsymbol{\beta}, \tau_j)} \right],$$

$$A'_k(\boldsymbol{\beta}, \tau_j) := \frac{\partial A(\boldsymbol{\beta}, \tau_j)}{\partial \beta_k} = \frac{1}{d_j} \sum_{l \in \mathcal{D}(\tau_j)} x_{lk} \exp(\boldsymbol{x}_l \boldsymbol{\beta}) \qquad 1 \le k \le r.$$

この各要素を 0 とおく r 個の連立方程式の解を $\hat{\boldsymbol{\beta}} = (\hat{\beta}_1, \hat{\beta}_2, \ldots, \hat{\beta}_r)$ とする．次の 2 階偏微分係数を要素とする Hesse 行列から，式 (4.30) と同様にして，回帰係数の標準誤差 $\hat{\mathrm{se}}(\hat{\beta}_k)$ が得られる．

$$\frac{\partial^2 \log \mathcal{L}_{\mathrm{E}}(\boldsymbol{\beta})}{\partial \beta_k \partial \beta_{k'}} = -\sum_{j=1}^{m} \sum_{i=0}^{d_j - 1} \left[\frac{\sum_{l \in \mathcal{R}(\tau_j)} x_{lk} x_{lk'} \exp(\boldsymbol{x}_l \boldsymbol{\beta}) - i A''_{kk'}(\boldsymbol{\beta}, \tau_j)}{\sum_{l \in \mathcal{R}(\tau_j)} \exp(\boldsymbol{x}_l \boldsymbol{\beta}) - i A(\boldsymbol{\beta}, \tau_j)} \right.$$

$$\left. - \frac{\left\{ \sum_{l \in \mathcal{R}(\tau_j)} x_{lk} \exp(\boldsymbol{x}_l \boldsymbol{\beta}) - i A'_k(\boldsymbol{\beta}, \tau_j) \right\} \left\{ \sum_{l \in \mathcal{R}(\tau_j)} x_{lk'} \exp(\boldsymbol{x}_l \boldsymbol{\beta}) - i A'_{k'}(\boldsymbol{\beta}, \tau_j) \right\}}{\left\{ \sum_{l \in \mathcal{R}(\tau_j)} \exp(\boldsymbol{x}_k \boldsymbol{\beta}) - i A(\boldsymbol{\beta}, \tau_j) \right\}^2} \right],$$

$$A''_{kk'}(\boldsymbol{\beta}, \tau_j) := \frac{\partial^2 A(\boldsymbol{\beta}, \tau_j)}{\partial \beta_k \partial \beta_{k'}} = \frac{1}{d_j} \sum_{l \in \mathcal{D}(\tau_j)} x_{lk} x_{lk'} \exp{(\boldsymbol{x}_l \boldsymbol{\beta})} \qquad 1 \leq k, k' \leq r.$$

4.5.4 基準生存関数の推定

n 個の個体について，各個体の死亡または観察打切り時刻 $\{t_i\}$ とともに，ハザード関数について比例ハザード性 (4.22) が仮定され，共変量 $\boldsymbol{x}_i$ に依存する相対リスク $r(\boldsymbol{x}_i)$ が与えられていると仮定する $(1 \leq i \leq n)$．対数線形性 (4.24) は仮定しない．このとき，基準生存関数 $S_0(t)$ を推定する方法を示す (Hosmer et al., 2008, p. 87; Kalbfleisch and Prentice, 2002, p. 114)．

n 個の個体の死亡時刻を時間順に並べ替え，個体の死亡が時刻 $\{\tau_1, \tau_2, \dots, \tau_m\}$ に起こったと考える．ここで，$0 = \tau_0 < \tau_1 < \tau_2 < \cdots < \tau_m < \tau_{m+1} = \infty$ とする．同時刻に複数の個体が死亡することも考えると，$m \leq n$ である．時刻 τ_j において，次のような個体の集合を定義する $(0 \leq j \leq m)$．

$\mathcal{D}_j$ ：時刻 τ_j に死ぬ個体の集合，

$\mathcal{C}_j$ ：時間 $[\tau_j, \tau_{j+1})$ に観察が打切られる個体の集合，

$\mathcal{R}_j := (\mathcal{D}_j \cup \mathcal{C}_j) \cup (\mathcal{D}_{j+1} \cup \mathcal{C}_{j+1}) \cup \cdots \cup (\mathcal{D}_m \cup \mathcal{C}_m)$

ここで，$\mathcal{D}_0 = \emptyset$（空集合）とする．最初の死亡時刻 τ_1 の前に観察が打切られる個体の集合 $\mathcal{C}_0$ は必ずしも空集合ではない．ある個体の死亡時刻に別の個体の観察打切りが起こることはあり得る．$\mathcal{R}_j$ は時刻 τ_j におけるリスク集合である．

死亡時刻 τ_j における基準ハザード関数 $\lambda_0(\tau_j)$ の代わりに

$$\alpha_j := 1 - \lambda_0(\tau_j) \qquad 0 \leq j \leq m \tag{4.34}$$

を使う（$\alpha_0 = 1$ とする）と，左連続性を仮定する基準生存関数は

$$S_0(\tau_j) = \prod_{l=0}^{j-1}[1 - \lambda_0(\tau_l)] = \prod_{l=0}^{j-1} \alpha_l \qquad 1 \leq j \leq m,$$

$$S_0(t) = \prod_{j|\tau_j < t}[1 - \lambda_0(\tau_j)]$$

4 章　ロジスティック回帰と Cox 回帰

$$= \begin{cases} S(\tau_1) = 1 & 0 \le t \le t_1, \\ S(\tau_j) & t_{j-1} < t \le t_j \quad (2 \le j \le m), \\ S(\tau_{m+1}) & t > \tau_m \end{cases} \quad (4.35)$$

で与えられる．従って，式 (4.23) により，時刻 τ_j に死ぬ個体 i の生存関数は

$$S(\tau_j \mid \boldsymbol{x}_i) = [S_0(\tau_j)]^{r(\boldsymbol{x}_i)} = \prod_{l=0}^{j-1} \alpha_l^{r(\boldsymbol{x}_i)} \quad i \in \mathcal{D}_j, \ 1 \le j \le m$$

と表される．この式と，式 (4.17) を共変量 $\boldsymbol{x}_i$ をもつ個体 i に適用した式

$$S(\tau_j \mid \boldsymbol{x}_i) = \prod_{l=0}^{j-1} [1 - \lambda(\tau_l \mid \boldsymbol{x}_i)] \quad 1 \le j \le m$$

を比べることにより，個体 $i \in \mathcal{D}_j$ のハザード関数 $\lambda(\tau_j \mid \boldsymbol{x}_i)$ を α_j で表す式

$$\lambda(\tau_j \mid \boldsymbol{x}_i) = 1 - \alpha_j^{r(\boldsymbol{x}_i)} \quad i \in \mathcal{D}_j, \ 1 \le j \le m \quad (4.36)$$

が得られる[17]．

以上のように，ハザード関数と生存関数を $\{\alpha_1, \alpha_2, \ldots, \alpha_m\}$ で表し，それらの確からしさを表す尤度を

$$\mathcal{L}(\alpha_1, \alpha_2, \ldots, \alpha_m) := \prod_{j=0}^{m} \left\{ \prod_{i \in \mathcal{D}_j} [\lambda(\tau_j \mid \boldsymbol{x}_i) S(\tau_j \mid \boldsymbol{x}_i)] \prod_{i \in \mathcal{C}_j} S(\tau_j \mid \boldsymbol{x}_i) \right\}$$

と定義して，これを最大にする $\{\alpha_1, \alpha_2, \ldots, \alpha_m\}$ の推定値を求める．ここで，時間 (τ_j, τ_{j+1}) に死亡は起こらないので，$\mathcal{C}_j$ に属する個体の生存関数は，$\mathcal{D}_{j+1}$ に属する個体の生存関数に等しいことに注意する．よって，以下が成り立つ．

$$S(\tau_j \mid \boldsymbol{x}_i)\big|_{i \in \mathcal{C}_j} = S(\tau_{j+1} \mid \boldsymbol{x}_i)\big|_{i \in \mathcal{D}_{j+1}} = \prod_{l=0}^{j} [1 - \lambda(\tau_l \mid \boldsymbol{x}_i)] \quad 0 \le j \le m.$$

---

[17] もし $\lambda_0(\tau_j) \ll 1$ なら，

$$\lambda(\tau_j \mid \boldsymbol{x}_i) = 1 - [1 - \lambda_0(\tau_j)]^{r(\boldsymbol{x}_i)} \approx \lambda_0(\tau_j) r(\boldsymbol{x}_i)$$

が成り立つ．

4.5 Cox 比例ハザードモデル

従って，上記の尤度は次のように変形できる（積の順序の交換を含む）[*18].

$$\prod_{j=0}^{m} \left\{ \prod_{i \in \mathcal{D}_j} [\lambda(\tau_j \mid \boldsymbol{x}_i) S(\tau_j \mid \boldsymbol{x}_i)] \prod_{i \in \mathcal{C}_j} S(\tau_j \mid \boldsymbol{x}_i) \right\}$$

$$= \prod_{j=0}^{m} \left\{ \prod_{i \in \mathcal{D}_j} \lambda(\tau_j \mid \boldsymbol{x}_i) \prod_{l=0}^{j-1} [1 - \lambda(\tau_l \mid \boldsymbol{x}_i)] \right\} \cdot \prod_{j=0}^{m} \left\{ \prod_{i \in \mathcal{C}_j} \prod_{l=0}^{j} [1 - \lambda(\tau_l \mid \boldsymbol{x}_i)] \right\}$$

$$= \prod_{j=0}^{m} \left\{ \prod_{i \in \mathcal{D}_j} \lambda(\tau_j \mid \boldsymbol{x}_i) \right\} \cdot \prod_{j=1}^{m} \left\{ \prod_{i \in (\mathcal{C}_j \cup \mathcal{D}_j)} \prod_{l=0}^{j-1} [1 - \lambda(\tau_l \mid \boldsymbol{x}_i)] \right\}$$

$$\times \prod_{j=0}^{m} \left\{ \prod_{i \in \mathcal{C}_j} [1 - \lambda(\tau_j \mid \boldsymbol{x}_i)] \right\}$$

$$= \prod_{j=0}^{m} \left\{ \prod_{i \in \mathcal{D}_j} \lambda(\tau_j \mid \boldsymbol{x}_i) \prod_{i \in \mathcal{C}_j} [1 - \lambda(\tau_j \mid \boldsymbol{x}_i)] \right\} \cdot \prod_{l=0}^{m-1} \left\{ \prod_{j=l+1}^{m} \prod_{i \in (\mathcal{C}_j \cup \mathcal{D}_j)} [1 - \lambda(\tau_l \mid \boldsymbol{x}_i)] \right\}$$

$$= \prod_{j=0}^{m} \left\{ \prod_{i \in \mathcal{D}_j} \lambda(\tau_j \mid \boldsymbol{x}_i) \prod_{i \in \mathcal{C}_j} [1 - \lambda(\tau_j \mid \boldsymbol{x}_i)] \right\} \cdot \prod_{j=0}^{m-1} \left\{ \prod_{i \in \mathcal{R}_j \setminus (\mathcal{C}_j \cup \mathcal{D}_j)} [1 - \lambda(\tau_j \mid \boldsymbol{x}_i)] \right\}$$

$$= \prod_{j=0}^{m} \left\{ \prod_{i \in \mathcal{D}_j} \lambda(\tau_j \mid \boldsymbol{x}_i) \prod_{i \in \mathcal{R}_j \setminus \mathcal{D}_j} [1 - \lambda(\tau_j \mid \boldsymbol{x}_i)] \right\}.$$

これに式 (4.36) を代入すると

$$\mathcal{L}(\alpha_1, \alpha_2, \ldots, \alpha_m) = \prod_{j=0}^{m} \left\{ \prod_{i \in \mathcal{D}_j} \left[1 - \alpha_j^{r(\boldsymbol{x}_i)} \right] \prod_{i \in \mathcal{R}_j \setminus \mathcal{D}_j} \alpha_j^{r(\boldsymbol{x}_i)} \right\}$$

$$= \prod_{j=0}^{m} \left\{ \prod_{i \in \mathcal{D}_j} \left[\alpha_j^{-r(\boldsymbol{x}_i)} - 1 \right] \prod_{i \in \mathcal{R}_j} \alpha_j^{r(\boldsymbol{x}_i)} \right\}$$

が得られる．よって，対数尤度は

$$\log \mathcal{L}(\alpha_1, \alpha_2, \ldots, \alpha_m) = \sum_{j=1}^{m} \left\{ \sum_{i \in \mathcal{D}_j} \log \left[\alpha_j^{-r(\boldsymbol{x}_i)} - 1 \right] + \sum_{i \in \mathcal{R}_j} r(\boldsymbol{x}_i) \log \alpha_j \right\}$$

[*18] $j=0$ に対する因子は次のように解釈する．

$$\prod_{i \in \mathcal{D}_0} [\lambda(\tau_0 \mid \boldsymbol{x}_i) S(\tau_0 \mid \boldsymbol{x}_i)] = 1 \quad ; \quad \prod_{i \in \mathcal{D}_0} \left[\alpha_0^{-r(\boldsymbol{x}_i)} - 1 \right] = 1.$$

で与えられる．これを α_j で偏微分すると，

$$\frac{\partial \log \mathcal{L}}{\partial \alpha_j} = \sum_{i \in \mathcal{D}_j} \frac{-r(\boldsymbol{x}_i)\alpha_j^{-r(\boldsymbol{x}_i)-1}}{\alpha_j^{-r(\boldsymbol{x}_i)}-1} + \sum_{i \in \mathcal{R}_j} \frac{r(\boldsymbol{x}_i)}{\alpha_j}$$

$$= -\frac{1}{\alpha_j} \sum_{i \in \mathcal{D}_j} \frac{r(\boldsymbol{x}_i)}{1 - \alpha_j^{r(\boldsymbol{x}_i)}} + \frac{1}{\alpha_j} \sum_{i \in \mathcal{R}_j} r(\boldsymbol{x}_i)$$

となる．従って，α_j は各 j について次の非線形方程式の解として求められる．

$$\sum_{i \in \mathcal{D}_j} \frac{r(\boldsymbol{x}_i)}{1 - \alpha_j^{r(\boldsymbol{x}_i)}} = \sum_{i \in \mathcal{R}_j} r(\boldsymbol{x}_i) \qquad 1 \le j \le m. \tag{4.37}$$

もし各時点において個体が 1 個ずつ死ぬと仮定すれば，集合 $\mathcal{D}_j$ には個体 j だけが含まれるので，方程式 (4.37) の解は次のように明示的に得られる．

$$\alpha_j = \left[1 - \frac{r(\boldsymbol{x}_j)}{\sum_{i \in \mathcal{R}_j} r(\boldsymbol{x}_i)}\right]^{1/r(\boldsymbol{x}_j)} \qquad 1 \le j \le m.$$

そうでない場合に，方程式 (4.37) の近似解を示す．$\alpha_j \approx 1$ を仮定すると，

$$\alpha_j^{r(\boldsymbol{x}_i)} \approx \exp\left[r(\boldsymbol{x}_i) \log \alpha_j\right] \approx 1 + r(\boldsymbol{x}_i) \log \alpha_j$$

が成り立つ．これを式 (4.37) に代入すると，

$$-\frac{d_j}{\log \alpha_j} \approx \sum_{i \in \mathcal{R}_j} r(\boldsymbol{x}_i)$$

となる．ここで，d_j は集合 $\mathcal{D}_j$ に含まれる個体の数である．よって，明示的な解

$$\alpha_j \approx \exp\left[-\frac{d_j}{\sum_{i \in \mathcal{R}_j} r(\boldsymbol{x}_i)}\right] \qquad 1 \le j \le m \tag{4.38}$$

が得られる (Breslow, 1974)．この値は方程式 (4.37) を反復計算法で解くときの初期値として使うこともできる．

4.6 数値例（アトリビューション分析）

ウェブを契約窓口とする販売業やサービス業においては，どのような広告素材（**クリエイティブ**，creative）や広告チャネルへの接触（**タッチポイント**，touch

4.6 数値例（アトリビューション分析）

point）が商品の購入（コンバージョン, conversion）にどれだけ寄与しているのかを把握することは重要な関心事である．コンバージョンに対する各接触の寄与の度合いの分析は**アトリビューション分析** (attribution analysis) と呼ばれる (田中ほか, 2012)．

各顧客のネット上の閲覧行動を個別に追跡したデータは，ウェブサイトがユーザのブラウザに情報を書き込む**クッキー** (cookie) の技術を用いることにより取得することが可能である．クッキーを使えば，例えば各顧客がコンバージョンの直前に接触したクリエイティブが何だったのかを特定することができる．ロジスティック回帰モデルを用いて，目的変数をコンバージョンの有無とし，説明変数を直前に接触したクリエイティブの種類として，各クリエイティブの影響度を評価することも可能である．しかし，この分析方法には以下のような問題点があると考えられる．

(i) ある時点でコンバージョンしていない顧客も，時間が経てばコンバージョンする可能性がある．従って，コンバージョンまでの観察期間の長さをいくらにすればよいのかがよく分からない．

(ii) 一般に，顧客は何度もクリエイティブに接触したりクリックしたりすることにより購入意欲に影響を受け，最終的にコンバージョンに至ると考えられる．従って，最後に接触したクリエイティブだけがコンバージョンに寄与するという考え方には無理がある．

これらの問題点は，ロジスティック回帰ではなく，Cox 回帰モデルを用いることによって解決することができる．クリエイティブへの接触からコンバージョン（もしくは次回の接触）に至るまでの日数を生存時間とし，接触したクリエイティブの種類などを共変量とすればよいのである．

Cox 回帰モデルではコンバージョンに至るまでの時間を目的変数とするため，観察期間をどのように取ればよいのかという問題 (i) は解消する．さらに，あるクリエイティブへの接触からコンバージョンに至る前に次の接触が生じた場合，これを Cox 回帰モデル上で観察打切りと見なすことができる．その後のデータには別の顧客番号を付ける (Therneau and Grambsch, 2000, p. 69)．そうすることで，コンバージョンに至らなかったクリエイティブへの接触についてもモデルに取り込むことができる．例えば，接触までの期間が長ければ長いほど，

4章　ロジスティック回帰と Cox 回帰

その顧客はリスク集合に留まり続けるため，そのクリエイティブがコンバージョンの発生度（＝ハザード関数）に与える影響は小さいと計算される．従って，問題 (ii) も解消する．

クッキーを利用して，顧客 i の行動について次のデータが取得されたとする．

Last Action 　（変数 x_{i1}）：最後の接触における行動がクリックなら 1, クリエイティブが表示されただけなら 0.

Previous Clicks 　（変数 x_{i2}）：過去にクリックして販売サイトを訪れた回数．

New Creative 　（変数 x_{i3}）：クリエイティブの種類．検討中の新しいクリエイティブが表示されたら 1, デフォルトのクリエイティブが表示されたら 0.

Time 　（変数 t_i）：最後の接触からコンバージョンが起こるまで，もしくは，コンバージョンの前に次の接触が発生するまでの日数．

Conversion 　（変数 δ_i）：次の接触までの間にコンバージョンが起これば 1, 起こらなければ 0.

延べ $n = 80$ 人の顧客について，これらの行動データを表 4.7 に示す．また，コンバージョン時刻に沿って並べ直し，各時刻においてコンバージョンまたは接触が起こった顧客の集合を表 4.8 に示す．

部分尤度法により，回帰係数の最尤推定値を求めるためには，死亡が起こる各時刻におけるリスク集合を特定しなければならない．それを表 4.9 に示す．

Breslow-Pete の部分尤度法では，回帰係数の推定値

$$\hat{\boldsymbol{\beta}} = (0.69835, 0.20149, -0.38785)$$

に対し，

$$H_{BP}(\hat{\boldsymbol{\beta}}) = -\begin{bmatrix} -13.87126 & 5.02249 & 0.09928 \\ 5.02249 & -71.78453 & -0.95151 \\ 0.09928 & -0.95151 & -14.37929 \end{bmatrix},$$

$$[H_{BP}(\hat{\boldsymbol{\beta}})]^{-1} = -\begin{bmatrix} 0.07397 & 0.00517 & 0.00017 \\ 0.00517 & 0.01430 & -0.00091 \\ 0.00017 & -0.00091 & 0.06961 \end{bmatrix}$$

が得られる．これらの信頼性に係る結果を表 4.10(a) に示す．

表 4.7 アトリビューション分析における顧客行動.

i	x_{i1}	x_{i2}	x_{i3}	t_i	δ_i	i	x_{i1}	x_{i2}	x_{i3}	t_i	δ_i
1	0	2	1	15	1	41	0	3	1	31	0
2	0	3	0	13	1	42	0	2	0	1	1
3	0	0	1	15	1	43	0	0	0	30	0
4	0	3	1	10	1	44	0	2	1	2	1
5	0	2	1	3	1	45	1	1	0	5	1
6	0	1	1	2	1	46	1	2	1	2	1
7	0	1	0	2	1	47	0	0	1	6	1
8	0	1	1	2	1	48	0	3	1	5	1
9	0	3	0	1	1	49	0	1	0	5	1
10	0	0	1	18	0	50	0	1	0	10	1
11	1	2	0	4	1	51	1	3	0	3	1
12	0	0	0	5	1	52	0	3	1	7	1
13	1	2	1	2	1	53	0	3	0	1	0
14	1	0	0	6	1	54	1	2	0	1	1
15	1	2	1	1	1	55	0	0	1	5	0
16	0	3	0	1	1	56	0	3	0	1	1
17	0	1	1	22	0	57	1	3	1	2	1
18	1	2	1	11	0	58	0	2	1	11	1
19	0	2	1	19	0	59	0	3	1	21	0
20	1	1	0	1	1	60	1	3	1	14	1
21	1	1	1	23	1	61	0	0	1	3	0
22	1	2	0	1	1	62	1	3	1	1	1
23	0	1	1	22	0	63	1	0	0	2	0
24	0	3	0	22	0	64	1	2	1	6	0
25	0	3	0	10	1	65	0	2	0	31	0
26	1	1	1	1	1	66	1	2	1	4	1
27	1	1	1	31	0	67	0	3	1	14	1
28	0	2	1	1	1	68	1	1	0	25	1
29	1	3	0	3	1	69	1	3	1	6	1
30	1	1	0	4	1	70	0	0	1	31	0
31	1	1	1	10	1	71	1	0	0	11	1
32	0	3	1	20	1	72	1	3	1	7	1
33	0	3	1	2	1	73	0	3	0	20	1
34	0	3	1	6	1	74	1	3	0	3	0
35	0	1	1	9	1	75	0	0	1	8	0
36	0	3	1	1	0	76	0	2	1	13	1
37	1	0	1	2	1	77	0	0	0	8	1
38	1	1	0	1	1	78	1	1	0	1	1
39	0	0	1	3	0	79	0	3	0	14	1
40	0	2	1	8	1	80	0	0	1	31	0

x_{i1}: Last Action, x_{i2}: Previous Clicks, x_{i3}: New Creative

4 章 ロジスティック回帰と Cox 回帰

表 4.8 アトリビューション分析における死亡と観察打切りが起こる個体の集合.

j	τ_j	d_j	$\mathcal{D}_j$ $(\cdot)$ は観察打切りの個体番号
1	1	13	9, 15, 16, 20, 22, 26, 28, (36), 38, 42, (53), 54, 56, 62, 78
2	2	9	6, 7, 8, 13, 33, 37, 44, 46, 57
3	3	3	5, 29, (39), 51, (61), (74)
4	4	3	11, 30, 66
5	5	4	12, 45, 48, 49, (55)
6	6	4	14, 34, 47, (64), 69
7	7	2	52, 72
8	8	2	40, (75), 77
9	9	1	35
10	10	4	4, 25, 31, 50
11	11	2	(18), 58, 71
12	13	2	2, 76
13	14	3	60, 67, 79
14	15	2	1, 3
	(18)	0	(10)
	(19)	0	(19)
15	20	2	32, 73
	(21)	0	(59)
16	22	1	(17), 23, (24)
17	23	1	21
18	25	1	68
	(30)	0	(43)
	(31)	0	(27), (41), (65), (70), (80)

一方，Efron の部分尤度法では

$$\hat{\boldsymbol{\beta}} = (0.72932, 0.20913, -0.40687),$$

$$H_E(\hat{\boldsymbol{\beta}}) = -\begin{bmatrix} -13.91680 & 5.05568 & 0.13524 \\ 5.05568 & -71.36155 & -0.86002 \\ 0.13524 & -0.86002 & -14.39902 \end{bmatrix},$$

$$[H_E(\hat{\boldsymbol{\beta}})]^{-1} = -\begin{bmatrix} 0.07373 & 0.00515 & 0.00039 \\ 0.00515 & 0.01419 & -0.00080 \\ 0.00039 & -0.00080 & 0.06951 \end{bmatrix}$$

4.6 数値例（アトリビューション分析）

表 4.9 アトリビューション分析におけるリスク集合.

j	τ_j	$\mathcal{R}_j$
1	1	1〜80
2	2	1, 2, 3, 4, 5, 9, 10, 11, 12, 14, 15, 16, 17, 18, 19, 20, 21, 22, 23, 24, 25, 26, 27, 28, 29, 30, 31, 32, 34, 35, 36, 38, 39, 40, 41, 42, 43, 45, 47, 48, 49, 50, 51, 52, 53, 54, 55, 58, 59, 60, 61, 62, 64, 65, 66, 67, 68, 69, 70, 71, 72, 73, 74, 75, 76, 77, 78, 79, 80
3	3	1, 2, 3, 4, 5, 10, 11, 12, 14, 17, 18, 19, 21, 23, 24, 25, 27, 29, 30, 31, 32, 34, 35, 39, 40, 41, 43, 45, 47, 48, 49, 50, 51, 52, 55, 58, 59, 60, 61, 64, 65, 66, 67, 68, 69, 70, 71, 72, 73, 74, 75, 76, 77, 79, 80
4	4	1, 2, 3, 4, 10, 11, 12, 14, 17, 18, 19, 21, 23, 24, 25, 27, 30, 31, 32, 34, 35, 40, 41, 43, 45, 47, 48, 49, 50, 52, 55, 58, 59, 60, 64, 65, 66, 67, 68, 69, 70, 71, 72, 73, 75, 76, 77, 79, 80
5	5	1, 2, 3, 4, 10, 12, 14, 17, 18, 19, 21, 23, 24, 25, 27, 31, 32, 34, 35, 40, 41, 43, 45, 47, 48, 49, 50, 52, 55, 58, 59, 60, 64, 65, 67, 68, 69, 70, 71, 72, 73, 75, 76, 77, 79, 80
6	6	1, 2, 3, 4, 10, 14, 17, 18, 19, 21, 23, 24, 25, 27, 31, 32, 34, 35, 40, 41, 43, 47, 50, 52, 58, 59, 60, 64, 65, 67, 68, 69, 70, 71, 72, 73, 75, 76, 77, 79, 80
7	7	1, 2, 3, 4, 10, 17, 18, 19, 21, 23, 24, 25, 27, 31, 32, 35, 40, 41, 43, 50, 52, 58, 59, 60, 65, 67, 68, 70, 71, 72, 73, 75, 76, 77, 79, 80
8	8	1, 2, 3, 4, 10, 17, 18, 19, 21, 23, 24, 25, 27, 31, 32, 35, 40, 41, 43, 50, 58, 59, 60, 65, 67, 68, 70, 71, 73, 75, 76, 77, 79, 80
9	9	1, 2, 3, 4, 10, 17, 18, 19, 21, 23, 24, 25, 27, 31, 32, 35, 41, 43, 50, 58, 59, 60, 65, 67, 68, 70, 71, 73, 76, 79, 80
10	10	1, 2, 3, 4, 10, 17, 18, 19, 21, 23, 24, 25, 27, 31, 32, 41, 43, 50, 58, 59, 60, 65, 67, 68, 70, 71, 73, 76, 79, 80
11	11	1, 2, 3, 10, 17, 18, 19, 21, 23, 24, 27, 32, 41, 43, 58, 59, 60, 65, 67, 68, 70, 71, 73, 76, 79, 80
12	13	1, 2, 3, 10, 17, 19, 21, 23, 24, 27, 32, 41, 43, 59, 60, 65, 67, 68, 70, 73, 76, 79, 80
13	14	1, 3, 10, 17, 19, 21, 23, 24, 27, 32, 41, 43, 59, 60, 65, 67, 68, 70, 73, 79, 80
14	15	1, 3, 10, 17, 19, 21, 23, 24, 27, 32, 41, 43, 59, 65, 68, 70, 73, 80
15	20	17, 23, 24, 27, 32, 41, 43, 59, 65, 68, 70, 73, 80
16	22	17, 21, 23, 24, 27, 41, 43, 65, 68, 70, 80
17	23	21, 27, 41, 43, 65, 68, 70, 80
18	25	27, 41, 43, 65, 68, 70, 80

4章 ロジスティック回帰と Cox 回帰

表 4.10 アトリビューション分析の Cox 回帰モデル.

(a) Breslow-Pete の部分尤度法

説明変数	k	1 Last Action	2 Previous Clicks	3 New Creative
回帰係数	$\hat{\beta}_k$	0.69835	0.20149	−0.38785
ハザード比	$\exp(\hat{\beta}_k)$	2.01042	1.22322	0.67852
標準誤差	$\widehat{\mathrm{se}}(\hat{\beta}_k)$	0.27197	0.11960	0.26383
仮説検定	w_k	2.56776	1.68464	−1.47007
p 値	p_k	0.01024	0.09206	0.14154
信頼区間 下限		0.46935	0.10078	−0.60999
(60%) 上限		0.92734	0.30219	−0.16570

(b) Efron の部分尤度法

説明変数	k	1 Last Action	2 Previous Clicks	3 New Creative
回帰係数	$\hat{\beta}_k$	0.72932	0.20913	−0.40687
ハザード比	$\exp(\hat{\beta}_k)$	2.07367	1.23260	0.66573
標準誤差	$\widehat{\mathrm{se}}(\hat{\beta}_k)$	0.27153	0.11912	0.26363
仮説検定	w_k	2.68596	1.75567	−1.54333
p 値	p_k	0.00723	0.07914	0.12275
信頼区間 下限		0.50069	0.10883	−0.62884
(60%) 上限		0.95795	0.30942	−0.18489

が得られる．これらの信頼性に係る結果を表 4.10(b) に示す．表 4.10(a) と (b) の数値は小数点以下第 2 位で異なっている．

表 4.10(b) に示された結果を考察する．回帰係数が最も大きい説明変数は Last Action の 0.72932 であった．この数値のハザード比は 2.07367 であるから，最後のアクションがクリックである場合，コンバージョンが発生するハザードは約 2.07 倍になる．この回帰係数の標準誤差は 0.27153 であり，Last Action の 0.72932 に比べてやや大きいが，p 値は小さく，99% の有意水準で，有効な説明変数と言える．問題は New Creative の回帰係数 −0.40687 である．ハザード比が 0.66573 と推定されているため，新しい広告は従来の広告よりもコンバージョンに与える影響は約 0.6 倍とされる．しかし，標準誤差は 0.26363 とかなり大きく，p 値も大きいので，この判断は決定的とは言えない．厳密に評価するためには，もっと多くの個体についてデータを収集する必要がある．

4.6 数値例（アトリビューション分析）

表 4.11 に，4.5.4 項の方法を適用して，Breslow-Pete および Efron の部分尤度法で得られた回帰係数を用いて計算した基準ハザード関数と基準生存関数の推定値を示す．Efron の部分尤度の場合の基準生存関数を図 4.6 に示す．

表 **4.11** アトリビューション分析の Cox 回帰モデル（基準ハザード関数の推定）．

		Breslow-Pete の部分尤度		Efron の部分尤度	
j	τ_j	$\lambda_0(\tau_j)$	$S_0(\tau_j)$	$\lambda_0(\tau_j)$	$S_0(\tau_j)$
1	1	0.10132	1.00000	0.09907	1.00000
2	2	0.09028	0.89868	0.08842	0.90093
3	3	0.03550	0.81754	0.03475	0.82127
4	4	0.04219	0.78852	0.04147	0.79274
5	5	0.06303	0.75525	0.06211	0.75986
6	6	0.07035	0.70765	0.06932	0.71267
7	7	0.04136	0.65787	0.04082	0.66326
8	8	0.04482	0.63066	0.04428	0.63619
9	8	0.02361	0.60240	0.02329	0.60801
10	10	0.09726	0.58817	0.09593	0.59385
11	11	0.05693	0.53096	0.05617	0.53688
12	12	0.06653	0.50073	0.06574	0.50673
13	14	0.10724	0.46742	0.10588	0.47342
14	15	0.08993	0.41730	0.08906	0.42329
15	20	0.10850	0.37977	0.10718	0.38559
16	22	0.06912	0.33856	0.06820	0.34427
17	23	0.09485	0.31516	0.09354	0.32079
18	25	0.04482	0.28527	0.11129	0.29708
19	∞		0.25311		0.25842

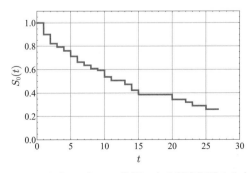

図 **4.6** アトリビューション分析による顧客行動の生存関数．

参考文献

大橋靖雄・浜田知久馬 (1995), 生存時間解析：SAS による生物統計, 東京大学出版会, 1995 年 4 月.

小西葉子 (2006), 存続時間分析による美容院顧客の来店確率予測, 統計数理, 第 54 巻第 2 号, pp.445–459, 2006 年 12 月.

高橋善弥太 (1995), 医者のためのロジスチック・Cox 回帰入門, 日本医学館, 1995 年 7 月.

田中豊・佐藤康夫・杉浦剛・有園雄一 (2012), アトリビューション：広告効果の考え方を根底から覆す新手法, インプレスジャパン, 2012 年 4 月.

丹後俊郎・山岡和枝・高木晴郎 (1996), ロジスティック回帰分析—SAS を利用した統計解析の基礎—, 朝倉書店, 1996 年 6 月.

中村剛 (2001), Cox 比例ハザードモデル, 朝倉書店, 2001 年 3 月.

Breiman, L. (2001), Statistical modeling: the two cultures (with comments and a rejoinder by the author), *Statistical Science*, Vol.16, No.3, pp.199–231, 2001.

Breslow, N. (1974), Covariance analysis of censored data, *Biometrics*, Vol.30, No.1, pp.89–99, March 1974.

Cox, D. R. (1972), Regression models and life-tables (with discussion), *Journal of the Royal Statistical Society*, Series B (Methodological), Vol.34, No.2, pp.187–220, 1972.

Cox, D. R. and D. Oakes (1984), *Analysis of Survival Data*, Chapman and Hall, 1984.

Dobson, A. J. and A. G. Barnett (2008), *An Introduction to Generalized Linear Models*, Third edition, CRC Press, 2008. 田中豊・森川敏彦・山中竹春・冨田誠 訳, 一般化線形モデル入門, 原著第 2 版, 共立出版, 2008 年 9 月.

Efron, B. (1977), Efficiency of Cox's likelihood function for censored data, *Journal of the American Statistical Association*, Vol.72, No.359, pp.557–565, September 1977.

Gehan, E. A. (1965), A generalized Wilcoxon test for comparing arbitrarily singly-censored samples, *Biometrika*, Vol.52, No.1/2, pp.203–223, June 1965.

Hosmer, D. W, Jr., S. Lemeshow, and S. May (2008), *Applied Survival Analysis: Regression Modeling of Time-to-Event Data*, Second edition, John Wiley & Sons, 2008. 五所正彦 監訳, 生存時間解析入門, 原書第 2 版, 東京大学出版会, 2014 年 4 月.

Hosmer, D. W, Jr., S. Lemeshow, and R. X. Sturdivant (2013), *Applied Logistic Regression*, Third edition, John Wiley & Sons, 2013. 宮川悦良 監訳, データ解析のためのロジスティック回帰入門, 共立出版, 2017 年 2 月.

Kalbfleisch, J. D. and R. L. Prentice (1973), Marginal likelihood based on Cox's regression and life model, *Biometrika*, Vol.60, No.2, pp.267–278, August 1973.

Kalbfleisch, J. D. and R. L. Prentice (2002), *The Statistical Analysis of Failure Time Data*, Second edition, John Wiley & Sons, 2002.

Kaplan, E. L. and P. Meier (1958), Nonparametric estimation from incomplete observations, *Journal of the American Statistical Association*, Vol.53, No.282, pp.457–481, June 1958.

Montgomery, D. C., E. A. Peck, and G. G. Vining (2012), *Introduction to Linear*

Regression Analysis, Fifth edition, John Wiley & Sons, 2012.

Pete, R. (1972), Cox (1972) の討論部分 pp.205–207.

Therneau, T. M. and P. M. Grambsch (2000), *Modeling Survival Data: Extending the Cox Model*, Springer, 2000.

著者紹介

池田拓史

1970年6月埼玉県に生まれる．1992年3月筑波大学第一学群自然学類物理学専攻卒業．1995年3月筑波大学大学院博士課程物理学研究科物理学専攻理学修士，1999年3月同専攻を修了，博士（理学）．その間，1995–97年アメリカ Fermi 国立加速器研究所において客員科学者．現在，テクノスデータサイエンス・エンジニアリング株式会社執行役員常務．ビジネス分野におけるデータアナリティクス業務に従事．

高木英明

1章を参照．

Column 世界のウェブサイト数

世界中には一体いくつの「ウェブページ」が存在するのだろうか？ 途轍もなく多いことは確かであるが，おおよそどのくらいあるのかは興味深い．しかし，世界中のウェブサイトを一括して管理している組織は存在しない（と思われる）．ウェブページは個々の検索エンジンのロボットが走り回って見つけるしかないので，世界全体のページ数の把握は困難である．しかも，類似のコピーが無数に存在するので，ウェブページの絶対数にほとんど意味はない．

Google 社の公式ブログ（2008年7月25日）
https://googleblog.blogspot.jp/2008/07/we-knew-web-was-big.html
によれば，1998年の最初のGoogle インデクスには既に2,600万ページが登録されていて，2000年までに10億ページを超し，2008年には1兆ページを超えているとある（これは全ページの1～3%を占める公開分に過ぎないとの投稿がある）．

Google 社では，かつて同社の検索ツールバーから PageRank を表示していたが，2013年12月以降は更新が停止され，今ではその表示も消えている．

一方，「ウェブサイト」を IP アドレスで識別されるサーバーのこととすれば，世界全体でのサイト数を把握することが可能である．但し，75%ぐらいが休眠中であるらしい．時々刻々のウェブサイト数は，Internet Live Stats 社が運営するサイト http://www.internetlivestats.com/watch/websites/ においてリアルタイムで示されている．

4章 ロジスティック回帰と Cox 回帰

ウェブサイト数の増加は次のサイトに記載されている (表 4.12 に転記).
http://www.internetlivestats.com/total-number-of-websites/
World wide web (www) は, 1989 年 3 月にイギリス出身の物理学者 Sir Timothy John ("Tim") Berners-Lee (1955–) により提唱された. 世界で最初のウェブサイトは, 1991 年 8 月 6 日に彼がスイスの欧州原子核研究機構 (CERN) に開設した info.cern.ch である (http://www.w3.org/History/1989/proposal.html). 1991 年に 1 個から始まったウェブサイトの数は, 1997 年に 100 万, 2000 年に 1,000 万, 2006 年 11 月に 1 億を超して, 2014 年 9 月に 10 億を突破した. その後, 休眠サイトの整理等によりいったん減少したが, 再び増加に転じて, 2016 年 3 月に 10 億ページを回復した. 2016 年 10 月 15 日午前 11 時 20 分において, 約 1,093,503,400 であった. 本章の校正時点 (2017 年 7 月 17 日午後 4 時 10 分) において, 約 1,223,710,000 である.

表4.12 世界中のウェブサイトの数 (毎年 6 月).

年	ウェブサイトの数	年	ウェブサイトの数	年	ウェブサイトの数
1992	10	2000	17,087,182	2008	172,338,726
1993	130	2001	29,254,370	2009	238,027,855
1994	2,738	2002	38,760,373	2010	206,956,723
1995	23,500	2003	40,912,332	2011	346,004,403
1996	257,601	2004	51,611,646	2012	697,089,489
1997	1,117,255	2005	64,780,617	2013	672,985,183
1998	2,410,067	2006	85,507,314	2014	968,882,453
1999	3,177,453	2007	121,892,559	2015	863,105,652

【154 ページに対する補注】式 (4.22) と (4.23) から, ハザード比は

$$\frac{\lambda(t|\boldsymbol{x}'_i)}{\lambda(t|\boldsymbol{x}_i)} = \frac{r(\boldsymbol{x}'_i)}{r(\boldsymbol{x}_i)} = \frac{\log S(t|\boldsymbol{x}'_i)}{\log S(t|\boldsymbol{x}_i)}$$

と書くことができる. 従って, 生存率が 1 に近い場合には, $S(t|\boldsymbol{x}'_i) \approx S(t|\boldsymbol{x}_i) \approx 1$ により, $\exp(\beta_k)$ は死亡率の比を表すとも言える.

$$\exp(\beta_k) \approx \frac{1 - S(t|\boldsymbol{x}'_i)}{1 - S(t|\boldsymbol{x}_i)}.$$

5章　ウェブページのランキング
Ranking of Web Pages

関谷 和之 (静岡大学)
sekitani.kazuyuki@shizuoka.ac.jp
高木 英明 (筑波大学)
takagi@sk.tsukuba.ac.jp

インターネット上のウェブページの人気度は，ページに書かれている内容の重要度や長さではなくて，ハイパーリンクという機能を利用した他のページとの間の相互参照の緊密さを基に算出される．本章では，代表的なアルゴリズムである PageRank, HITS, および SALSA について，線形代数（行列の固有値と固有ベクトル），グラフ理論，Markov 連鎖等の言葉を用いて定式化し，簡単な数値例を添えて説明する．さらに，参照先がないぶら下がりページ，画面の戻りボタン，恣意的に相互リンクを張る結託への対処法，個人の選好を取り込むパーソナル化等を紹介する．

キーワード：ウェブページ，人気度，PageRank, HITS, SALSA, ぶら下がりページ，Markov 連鎖，権威得点，ハブ得点，TKC 効果，有向グラフ，強連結および非連結グラフ，無向 2 部グラフ，反復計算法，Google 行列，テレポーテーションベクトル，減衰率，戻りボタン，ページ間の結託，パーソナル化された PageRank, 固有値と固有ベクトル，確率行列，半正定値行列，正則行列，原始行列，既約および可約行列，Perron-Frobenius の定理

5.1　はじめに

インターネットのユーザがパソコンやスマホで Google のような検索エンジンを開いてキーワードを入力すると，**world wide web**(www) につながった世界中のウェブサイトに搭載されているページの中から，そのキーワードに関連するすべてのウェブページが（Google が勝手に判断した）関連度や重要度に基づく順序に従って，画面に表示される．このとき，膨大な数のページが，ページの識別子である **url** (uniform resource locator) のアルファベット順などでは

5章 ウェブページのランキング

なく，関連度・重要度に基づく順序で表示されるので，情報を探しているユーザにとって探索効率が非常に良くなっている（ほとんどのユーザは検索結果表示画面を最初の 2～3 ページくらいしか見ない）．一方，サイトに広告情報やネット販売のページを開陳している企業や個人にとって，このとき上位に表示されることは，新聞雑誌やテレビ等に比べてはるかに少ない経費で高い宣伝効果が得られることになる．従って，検索エンジンの仕組みを理解して，検索結果において自分のページが上位に現れるようにサイトやページを設計するという**検索エンジン最適化** (search engine optimization, SEO) が頻りに試みられている．

それでは，検索エンジンは，(i) 与えられたキーワードに対して，関連が深いページをどのようにして見つけ，(ii) それらのページにどのような方法で重要度の順位を付けて，ユーザの画面に表示するのだろうか？

Google 等の検索エンジンは，クローラー (crawler) あるいはスパイダー (spider) と呼ばれるプログラムが www を自動的に巡回し，訪れたページの情報を収集する**ロボット型検索エンジン** (crawler-based search engine) である．インデクサ (indexer) というプログラムが，収集したページの構文解析と，形態素解析による単語の抽出を行い，各単語の使われ方やページ内位置等を検索プログラムが扱いやすいデータ形式に変換して，予めデータベースに登録しておく．こうして，キーワードとページが関連づけられている．ページの重要度は，その内容に基づいてではなく，「多くの重要なページからリンクされているページが重要なページである」(Page *et al.*, 1998) というリンク関係に基づく再帰的な原則に従って算出される．

Google の **PageRank** アルゴリズムでは，あるページから他のページへのリンクを，リンク先のページに対する「支持投票」とみなし，それにリンク元のページの重要度（そのページへのリンクの数）の重みを付けて加算するという操作を繰り返し，それらの相互投票の総合的結果として定まる得点を各ページの重要度としている．このような方法で算出される「重要度」は**リンク人気度** (link popularity) と呼ばれる．

Google 社は，キーワードとページ内容の関連性の高さとページの重要度の両方を総合的に判断して検索結果を表示しているとされ，どちらをどれくらい重視しているかは公表していない．Google のインデクサはページのリンク人気度

の計算も予め行っており，このように検索要求が発生する前に結果を表示する準備をしておく方法を**クエリ独立な順位付け** (query-independent ranking) という．クエリ独立な検索エンジンでは，ユーザのキーワード検索を受けてから結果を返すまでの応答時間が短くなる．Google 社は，人の瞬きの時間（一瞬）を目安に，検索結果を 0.25 秒以内に返すことを目標にしていると言われている．

一方，Yahoo!JAPAN 等の検索エンジンは，各サイトから提出されたページを人が審査して，合格したページだけをデータベースに登録している**ディレクトリ型検索エンジン** (human-based search engine) である．ロボット型に比べて登録されるページ数は少なくなるが，内容の質は高いと評価される．ディレクトリ型は検索エンジン最適化の対象とならない．

本章では，ウェブページに上記の人気度の順位を付けるアルゴリズムとして，PageRank を中心に，**HITS** (Hypertext Induced Topic Search) と **SALSA** (Stochastic Approach for Link-Structure Analysis) を含めて，線形代数（行列とベクトル，固有値問題等），グラフ理論，Markov 連鎖等の言葉を用いて定式化し，説明する．

Google 社の創始者である Sergey Brin (1973–) と Lawrence Edward ("Larry") Page (1973–) は，Stanford 大学の大学院生（休学中）のときに，PageRank アルゴリズムを発表し (Brin and Page, 1998)，これはアメリカ合衆国特許にもなっている[*1]．ウェブサイトの「ページ」を順位付けるアルゴリズムの発明者の姓が "Page" であることは偶然であろうか？

ちょうど同じ頃に，IBM Almaden 研究所において，Jon Michael Kleinberg (1971–, 現在 Cornell 大学教授) が HITS を考案した（Kleinberg, 1999）．HITS の特徴は，PageRank と同様に，他の多くのページからリンクを張られているページを「権威」として評価するとともに，他の多くのページに向けてリンクを張っているページを「ハブ」として評価したことである．HITS は，2001 年に設立された Teoma 社の検索エンジンとして採用された．Teoma はその後 Ask.com となったが，2010 年に検索エンジンの事業から撤退した．

[*1] 公告番号：US Patent 6285999 B1 Method for node ranking in a linked database（発明者 Lawrence Page, 出願日 1998 年 1 月 10 日，公開日 2001 年 9 月 4 日）．

また，2000年には，イスラエルのTechnion大学において，Ronny Lempelと Shlomo MoranがSALSAを開発した (Lempel and Moran, 2000, 2001)．SALSA では，HITSにおける権威とハブの概念を進め，ネット内のすべてのページに「権威側のページ」と「ハブ側のページ」の役割をもたせた無向2部グラフを導入して，各ページの権威得点とハブ得点を評価した．

本章では，Langville and Meyer (2006) を参考にして，PageRankおよび他のページ人気度の計算方法を紹介する[*2]．ウェブのグラフ構造とウェブページのランキング技術の概要が宇野 (2006, 2012) に示されている．宮嶋 (2009) は，PageRankを中心に関連する方法について詳しく説明している．Rajaraman and Ullman (2012, 邦訳, 2014, 5章) でもPageRankとHITSを解説している．本章で使われている線形代数については，Langville and Meyer (2006) の15章 (邦訳, pp. 201–264) のほか，古屋 (1959)，関谷 (2000)，室田・杉原 (2015a,b) 等を参照されたい．

5.2 PageRankにおける人気度

PageRankアルゴリズムの原論文はBrin and Page (1998) とPage et al. (1998) である．本節では，これらの論文に示されたされた基本モデルを紹介する．

5.2.1 隣接行列からハイパーリンク行列へ

n個のページ$i = 1, 2, \ldots, n$をもつネットを考える．それぞれのページは，ハイパーリンク（hyperlink, 以下では「リンク」という）というデータ構造によって他のいくつかのページを指し，ユーザが画面上で1つのリンクをクリックすると，今度は指されたページが画面に表示される．このような他のページへの参照リンクの有無を数学的に表す方法として，0または1の値を取る定数

[*2] 本章を通して，参考文献Langville and Meyer (2006) を "LM" の略記で引用し，読者の便宜のため，邦訳 (岩野ほか, 2009) のページ番号を示す．なお，本章では，固有値問題において，固有ベクトルを行列に右から掛ける縦ベクトルとしているのに対し，Langville and Meyer (2006) では，左から掛ける横ベクトルとする表記を用いているので，行列要素の添字において，行と列の番号の順序が逆になっていることに注意する．

5.2 PageRank における人気度

$$\alpha_{ij} = \begin{cases} 1 & \text{ページ } j \text{ から } i \text{ へのリンクがある} \\ 0 & \text{ページ } j \text{ から } i \text{ へのリンクがない} \end{cases} \quad i \neq j \text{ のとき,}$$
$$= 0 \qquad\qquad\qquad\qquad\qquad i = j \text{ のとき} \qquad (5.1)$$

を定義し（$1 \leq i,j \leq n$，添字の順序に注意），α_{ij} を第 i 行 j 列の要素とする n 次正方行列 $A := (\alpha_{ij})$ を考えて[*3]，これを**隣接行列** (adjacency matrix) と呼ぶ．PageRank でも HITS でも，人気度の計算は隣接行列から出発する．

これらのページのうち，他のどのページにもリンクが張られていないページを**ぶら下がりページ** (dangling page) という (LM, p. 43)．すなわち，ページ j がぶら下がりであることは，隣接行列 A の第 j 列のすべての要素が 0 であること ($\alpha_{ij} = 0, 1 \leq i \leq n$) として表される．ページ j がぶら下がりでないとき，隣接行列 A の第 j 列には正の要素が存在し，その列のすべての要素の和（列和）

$$L_j := \sum_{i=1}^{n} \alpha_{ij} > 0$$

は，ページ j から他のページに向かって張られているリンクの総数を表す．

PageRank では，隣接行列 A の各列の要素から n 次正方行列 $H := (H_{ij})$ を次のようにして作り，これを**ハイパーリンク行列** (hyperlink matrix) と呼ぶ (LM, p. 33)．まず，各ページ i について，もしすべてのページ j に対して $\alpha_{ij} = 0$ なら $H_{ij} = 0$ とする．次に，ぶら下がりではないページ j に対して，α_{ij} を j から出るリンクの数 L_j (> 0) で割って，

$$L_j > 0 \text{ のとき} \qquad H_{ij} = \frac{\alpha_{ij}}{L_j} \qquad 1 \leq i \leq n \qquad (5.2)$$

とする（α_{ij} は 0 または 1 であるので，各列において，0 でない要素はすべて同じ値になる）．このとき，行列 H の各列における列和は 1 になる．

$$L_j > 0 \text{ のとき} \qquad \sum_{i=1}^{n} H_{ij} = \sum_{i=1}^{n} \frac{\alpha_{ij}}{L_j} = \frac{1}{L_j} \sum_{i=1}^{n} \alpha_{ij} = 1 \qquad 1 \leq j \leq n.$$

[*3] 行と列の数が同じである行列を**正方行列** (square matrix) と呼び，その行および列の数を正方行列の**次数** (dimension) という（古屋，1959, p. 6）．

実際の www では，検索の最終目的として画像や文書等の人気度が高い多くのぶら下がりページが存在するので，ページの人気度の計算モデルにおいて，ぶら下がりページを無視することは適切ではない (LM, p. 106).

一般に，すべての要素が非負であり，すべての列について列和が 1 になるという性質をもつ行列は**確率行列** (stochastic matrix) と呼ばれる．従って，もしぶら下がりページが存在しなければ，ハイパーリンク行列 H は確率行列である．

5.2.2 離散時間 Markov 連鎖モデル

ネットユーザがウェブページをたどる過程を，ユーザが閲覧しているページを**状態** (state) と見なす**離散時間 Markov 連鎖** (discrete-time Markov chain) としてモデル化する方法がある[*4]．離散的時刻の進行は，ユーザが画面上で 1 つのリンクをクリックする操作に対応する．その状態が j から i に推移する確率を上記のハイパーリンク行列の要素 H_{ij} で与える．このことは，ページ j を見ているユーザが次にページ i を見ようとする確率が，過去にどのようなページを閲覧してきたかという履歴に関係なく[*5]，確率 H_{ij} で与えられる（添字の順序に注意）と仮定することに相当する．Markov 連鎖の理論では，状態間の推移確率を要素とする行列を**状態推移行列** (state transition matrix) と呼ぶ．

n 個のページの閲覧過程を表す n 個の状態をもつ Markov 連鎖を考える．ネットユーザが k 回目に閲覧するページが i である確率を，Markov 連鎖において時刻 k で状態 i を取る確率として，$\pi_i^{(k)}$ で表す ($k = 0, 1, 2, \ldots$)．$\pi_i^{(0)}$ はユーザが

[*4] 離散的な状態空間をもつ **Markov 過程** (Markov process) を **Markov 連鎖** (Markov chain) という．「離散的な状態空間をもつ」とは，すべての状態を「状態 1, 状態 2, ...」のように，自然数と 1 対 1 に対応させて数え上げることができることである．また，「離散時間」とは，状態の変化が起こるタイミングがとびとびの時刻であることを言う．これらのとびとびの時刻は，物理的に等間隔に並んでいなくてもよい．
Andrey Andreyevich Markov, 1856–1922, ロシアの数学者．

[*5] Markov 連鎖では，過去のすべての状態推移の結果は凝縮されて現在の状態に取り込まれているので，それ以前の状態を考える必要がない．この性質を**無記憶性** (memoryless property) という．インターネットのブラウザにある「戻りボタン」(back button) で「前のページに戻る」という操作をモデル化するためには，過去のページ閲覧履歴を維持していなければならないので，単純な Markov 連鎖でモデル化することはできず，何らかの工夫が必要となる（5.7.2 項）．

5.2 PageRank における人気度

最初に閲覧するランディングページ (landing page) が i である確率である．その後，ユーザが次々にページを閲覧していく過程は再帰的関係式

$$\pi_i^{(k)} = \sum_{j=1}^n H_{ij} \pi_j^{(k-1)} \quad 1 \le i \le n \quad ; \quad k = 1, 2, \ldots \quad (5.3)$$

で記述される．この式は，k 回目にページ i を閲覧する確率が，$k-1$ 回目にページ j を閲覧し，そこで確率 H_{ij} でページ i に向かうリンクをクリックするということが起こる確率を，すべてのページ j について足し合わせて計算できることを表している．式 (5.3) を行列とベクトルの積として書き表すと，

$$\begin{bmatrix} \pi_1^{(k)} \\ \pi_2^{(k)} \\ \vdots \\ \pi_n^{(k)} \end{bmatrix} = \begin{bmatrix} H_{11} & H_{12} & \cdots & H_{1n} \\ H_{21} & H_{22} & \cdots & H_{2n} \\ \vdots & \vdots & \ddots & \vdots \\ H_{n1} & H_{n2} & \cdots & H_{nn} \end{bmatrix} \begin{bmatrix} \pi_1^{(k-1)} \\ \pi_2^{(k-1)} \\ \vdots \\ \pi_n^{(k-1)} \end{bmatrix} \quad k = 1, 2, \ldots$$

となる．ここで，時刻 k における n 次元**状態ベクトル** (state vector)

$$\boldsymbol{\pi}^{(k)} = \left(\pi_1^{(k)}, \pi_2^{(k)}, \ldots, \pi_n^{(k)} \right)^\top \quad k = 0, 1, 2, \ldots$$

を定義すると，式 (5.3) は，ベクトルと行列を用いた表示により，

$$\boldsymbol{\pi}^{(k)} = H \boldsymbol{\pi}^{(k-1)} \quad k = 1, 2, \ldots$$

と書くことができる．この計算を繰り返すと，

$$\boldsymbol{\pi}^{(k)} = H^k \boldsymbol{\pi}^{(0)} \quad k = 0, 1, 2, \ldots$$

が得られる．ここで，H^k は行列 H の k 乗である．この式は，初期状態ベクトル $\boldsymbol{\pi}^{(0)}$ とハイパーリンク行列 H が与えられれば，ユーザが k 回目にどのページを閲覧するかという確率が行列演算によって計算できることを示している．

一般に，すべての要素が非負であり，その和が 1 であるベクトルを**確率ベクトル** (stochastic vector) と呼ぶ．初期の状態ベクトル $\boldsymbol{\pi}^{(0)}$ が確率ベクトルであれば，その後のすべての時刻における状態ベクトルは確率ベクトルである．この

ことは，数学的帰納法により，各時刻 $k = 1, 2, \ldots$ において，もし $\boldsymbol{\pi}^{(k-1)}$ が確率ベクトルであれば，$\boldsymbol{\pi}^{(k)}$ もまた確率ベクトルであること，すなわち，式 (5.3) により，もし $\pi_j^{(k-1)} \geq 0 \, (1 \leq j \leq n)$ なら，$\pi_j^{(k)} \geq 0 \, (1 \leq j \leq n)$ であり，また

$$\sum_{i=1}^{n} \pi_i^{(k)} = \sum_{i=1}^{n} \sum_{j=1}^{n} H_{ij} \pi_j^{(k-1)} = \sum_{j=1}^{n} \left(\sum_{i=1}^{n} H_{ij} \right) \pi_j^{(k-1)} = \sum_{j=1}^{n} \pi_j^{(k-1)} = 1$$

が成り立つことから分かる．各時刻 k において，状態ベクトル $\boldsymbol{\pi}^{(k)}$ が正規化されていること，すなわち，

$$\sum_{i=1}^{n} \pi_i^{(k)} = 1 \qquad k = 0, 1, 2, \ldots$$

は，各時刻において，確率 1 でどれかのページが閲覧されていることに対応する．

操作 (5.3) を繰り返すとき，もし初期値 $\boldsymbol{\pi}^{(0)}$ に依存せず，**極限確率** (limiting probability)

$$\begin{aligned}\boldsymbol{\pi}^{(\infty)} &:= \left(\pi_1^{(\infty)}, \pi_2^{(\infty)}, \ldots, \pi_n^{(\infty)} \right)^{\top} \\ &= \lim_{k \to \infty} \boldsymbol{\pi}^{(k)} = \left(\lim_{k \to \infty} \pi_1^{(k)}, \lim_{k \to \infty} \pi_2^{(k)}, \ldots, \lim_{k \to \infty} \pi_n^{(k)} \right)^{\top}\end{aligned}$$

が存在すれば，n 個の未知数 $\boldsymbol{\pi}^{(\infty)}$ に対する線形連立方程式

$$\boldsymbol{\pi}^{(\infty)} = H \boldsymbol{\pi}^{(\infty)} \quad ; \quad \sum_{i=1}^{n} \pi_i^{(\infty)} = 1 \tag{5.4}$$

が成り立つ．従って，もし何らかの方法によって，初期値 $\boldsymbol{\pi}^{(0)}$ に依存しない極限 $\boldsymbol{\pi}^{(\infty)}$ が存在することが分かっていれば，$\boldsymbol{\pi}^{(\infty)}$ を求めるために，式 (5.3) により $\boldsymbol{\pi}^{(k)}, k = 1, 2, \ldots$ を計算してから $k \to \infty$ とするような面倒な方法を取る必要はなく，与えられた行列 $H = (H_{ij})$ に対して，直ちに線形連立方程式 (5.4) を解けばよい．PageRank では，極限 $\boldsymbol{\pi}^{(\infty)}$ が存在すれば，その i 番目の要素をページ i の人気度と見なす．

一般に，極限 $\boldsymbol{\pi}^{(\infty)}$ が存在するとは限らないことに注意する．例えば，図 5.1 に示された 2 つのページしかないネットにおいて，それらのページを互いに閲覧するだけのリンクが張られている場合には，ハイパーリンク行列が

$$H = \begin{bmatrix} 0 & 1 \\ 1 & 0 \end{bmatrix}$$

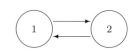

図 5.1 2 つのページから成るネット.

で与えられる．このとき，初期の状態ベクトルが $\boldsymbol{\pi}^{(0)} = \left(\frac{1}{2}, \frac{1}{2}\right)^\top$ ならば，その後のすべての時刻において $\boldsymbol{\pi}^{(k)} = \left(\frac{1}{2}, \frac{1}{2}\right)^\top$, $k = 1, 2, \ldots$ となるので，その極限も $\boldsymbol{\pi}^{(\infty)} = \left(\frac{1}{2}, \frac{1}{2}\right)^\top$ である．しかし，$\boldsymbol{\pi}^{(0)} = (1, 0)$ に対しては，

$$\boldsymbol{\pi}^{(k)} = \begin{bmatrix} 0 \\ 1 \end{bmatrix} \quad k = 1, 3, \ldots \quad ; \quad \boldsymbol{\pi}^{(k)} = \begin{bmatrix} 1 \\ 0 \end{bmatrix} \quad k = 2, 4, \ldots$$

となるので，極限 $\lim_{k \to \infty} \boldsymbol{\pi}^{(k)}$ は存在しない[*6]．

5.2.3 ぶら下がりページの取り扱い

あるページがぶら下がりページであることは，対応する Markov 連鎖において，そのページを表す状態が**吸収状態** (absorbing state) であることに似ているが，行列 H における表し方が異なることに注意する．ネットにおいてページ j がぶら下がりページであるとき，ハイパーリンク行列 H の第 j 列の要素はすべて 0 であるが，Markov 連鎖においては，状態 j が吸収状態であるとき，状態推移行列 H の第 j 列は $H_{jj} = 1, H_{ij} = 0$ ($i \ne j$) とされる．従って，吸収状態とは，そこからの推移が確率 1 でその状態自身に戻る推移しか存在しないという状態のことである．

有限個の状態をもつ Markov 連鎖において，複数の吸収状態が存在する場合

[*6] 後述（5.6.3 および 5.6.6 項）の言葉を用いると，図 5.1 のネットに対するハイパーリンク行列 H は既約な非負正方行列であるから，Frobenius の定理（216 ページ）を適用することができる．H の特性方程式 $|H - \lambda I| = \lambda^2 - 1 = 0$（$I$ は H と同じ次数の単位行列）の解として，固有値 1 と -1 は重複していないが，絶対値が最大の固有値（主固有値）が 2 つ存在する．主固有値 1 に対応する固有ベクトルは，$c(1, 1)^\top$（$c > 0$ は任意の定数）である．さらに，H は周期的である（周期は 2）．従って，H は確率行列であるが原始行列（224 ページ）ではなく，極限 $\lim_{k \to \infty} H^k$ は存在しない (LM, p. 226)．

には，この過程は，時間が経過すると，確率 1 でどれか 1 つの吸収状態に到達する（永遠にどの吸収状態にも到達しない確率は 0 である）．どの吸収状態に達するかは，通常，初期状態に依存する．Markov 連鎖が吸収状態に到達すると，そこから抜け出すことはできない．従って，極限確率が存在しても，それは初期値に依存して，一意的に決まらない．これでは，吸収状態ではない状態に対応するページに人気度を付けることができないので，次のような工夫をする．

n 個のページをもつネットにおいて，ページ j がぶら下がりページである場合には，すべての要素が 0 となっている行列 H の第 j 列を

$$\left(\tfrac{1}{n}, \tfrac{1}{n}, \ldots, \tfrac{1}{n}\right)^\top$$

で置き換えることにより，新しい n 次正方行列 $S := (S_{ij})$ を作る．

$$S_{ij} = \begin{cases} H_{ij} & \text{ページ } j \text{ がぶら下がりでないとき} \\ 1/n & \text{ページ } j \text{ がぶら下がりのとき} \end{cases} \quad 1 \leq i \leq n.$$

これを行列形式で書くために，**ぶら下がりページベクトル** (dangling page vector) として，ぶら下がりページの番号の要素を 1 とし，それ以外のページ番号の要素を 0 とする n 次元横ベクトル $\boldsymbol{a} := (a_1, a_2, \ldots, a_n)$ を用いる．

$$a_j = \begin{cases} 1 & \text{ページ } j \text{ がぶら下がりページのとき} \\ 0 & \text{ページ } j \text{ がぶら下がりページでないとき} \end{cases} \quad 1 \leq j \leq n.$$

また，すべての要素が 1 である n 次元横ベクトルを $\mathbf{1} := (1, 1, \ldots, 1)$ で表す．これらを使って表される**階数** (rank) が 1 の行列

$$\mathbf{1}^\top \boldsymbol{a} = \begin{bmatrix} 1 \\ 1 \\ \vdots \\ 1 \end{bmatrix} (a_1, a_2, \ldots, a_n) = \begin{bmatrix} a_1 & a_2 & \cdots & a_n \\ a_1 & a_2 & \cdots & a_n \\ \vdots & \vdots & \ddots & \vdots \\ a_1 & a_2 & \cdots & a_n \end{bmatrix}$$

を用いて，行列 H に**階数 1 の更新** (rank-one update) を行う (LM, p. 47)[7]．

---

[7] 行列の階数とは，線形独立な行または列の数のことである．ここでの行列 $\mathbf{1}^\top \boldsymbol{a}$ はすべての列が同じであるから，その階数は 1 である．

5.2 PageRank における人気度

$$S := H + \frac{1}{n}\mathbf{1}^\top \boldsymbol{a}. \tag{5.5}$$

このとき，行列 S のすべての要素は非負である．また，S のすべての列について，列和は 1 である．

$$S_{ij} \geq 0 \quad 1 \leq i,j \leq n \quad ; \quad \sum_{i=1}^{n} S_{ij} = 1 \quad 1 \leq j \leq n.$$

従って，S は必ず確率行列である．

もしぶら下がりページが存在しなければ，$S = H$ である．H から S を作る作業は，ぶら下がりページに対して，他のすべてのページに向けて新しくリンクを張ることを意味する．S は確率行列になるので，式 (5.5) を**確率性の調整** (stochasticity adjustment) と呼ぶ (LM, p. 47)．この調整を行うことにより，行き先がないページを解消する．対応する Markov 連鎖において，確率性の調整は，各吸収状態について，自身を含むすべての状態に等確率で推移させることで吸収状態をなくすことに相当する．

5.2.4 確率行列の固有値

確率行列 S を状態推移行列とする Markov 連鎖の状態ベクトル $\boldsymbol{\pi}^{(k)}$ は

$$\boldsymbol{\pi}^{(k)} = S\boldsymbol{\pi}^{(k-1)} \quad ; \quad \mathbf{1}\boldsymbol{\pi}^{(k)} = \sum_{i=1}^{n} \pi_i^{(k)} = 1 \quad k = 1, 2, \ldots$$

を満たす．従って，もし極限確率ベクトル

$$\boldsymbol{\pi}^{(\infty)} = \left(\pi_1^{(\infty)}, \pi_2^{(\infty)}, \ldots, \pi_n^{(\infty)}\right)^\top = \lim_{k \to \infty} \boldsymbol{\pi}^{(k)}$$

が存在すれば，

$$\boldsymbol{\pi}^{(\infty)} = S\boldsymbol{\pi}^{(\infty)} \quad ; \quad \mathbf{1}\boldsymbol{\pi}^{(\infty)} = \sum_{i=1}^{n} \pi_i^{(\infty)} = 1$$

が成り立つ．このとき，$\boldsymbol{\pi}^{(\infty)}$ は行列 S の**固有値** (eigenvalue) 1 に対応する正規化された右**固有ベクトル** (eigenvector) である．

この Markov 連鎖において，状態ベクトル $\boldsymbol{\pi} = (\pi_1, \pi_2, \ldots, \pi_n)^\top$ が平衡方程式 (balance equation)

$$\boldsymbol{\pi} = S\boldsymbol{\pi}$$

と正規化条件 (normalization condition)

$$\mathbf{1}\boldsymbol{\pi} = \sum_{i=1}^{n} \pi_i = 1$$

を満たすとき，$\boldsymbol{\pi}$ を定常分布 (stationary state) という．

行列論では，$\boldsymbol{\pi}$ は行列 S の固有値 1 に対応する右正規固有ベクトルであると言う．定常分布 $\boldsymbol{\pi}$ が存在しても，必ずしも極限分布 $\boldsymbol{\pi}^{(\infty)}$ は存在しないが，もし極限分布が存在すれば，それは必ず定常分布である．

絶対値が最大の固有値を**主固有値**（principal または dominant eigenvalue）という (LM, p. 51)．確率行列は固有値 1 をもち，1 が主固有値である．このことを次の 3 つの定理を用いて証明する．以下において，I は単位行列を表す．

(1) 正方行列 S の固有値とその転置行列 $S^\top$ の固有値は同じである．

（証明）正方行列 S の固有値は**特性方程式** (characteristic equation) $|S - \lambda I| = 0$ の解であり，転置行列の行列式はもとの行列の行列式に等しいので，

$$\left| S^\top - \lambda I \right| = \left| (S - \lambda I)^\top \right| = |S - \lambda I|$$

が成り立つ．従って，S の特性方定式と $S^\top$ の特性方定式は同じものである．よって，それらの解である固有値は同じである．証明終わり．

(2) 確率行列 S は固有値 1 をもつ．

（証明）$S^\top$ は固有値 1 に対応する右固有ベクトル $\mathbf{1}^\top$ をもつ．

$$(S^\top \mathbf{1}^\top)_i = \sum_{j=1}^{n} S_{ij}^\top \mathbf{1}_j^\top = \sum_{j=1}^{n} S_{ji} = 1 \quad 1 \leq i \leq n \quad ; \quad S^\top \mathbf{1}^\top = \mathbf{1}^\top.$$

従って，(1) により，行列 $S = (S^\top)^\top$ も固有値 1 をもつ．証明終わり．

（別証明）行列 $S - I$ の各行は線形独立でないことが次の式から分かる．

$$\sum_{i=1}^{n} (S - I)_{ij} = \sum_{i=1}^{n} S_{ij} - \sum_{i=1}^{n} I_{ij} = 1 - 1 = 0 \quad 1 \leq j \leq n.$$

5.2 PageRank における人気度

従って，行列 $S-I$ の行列式は 0 である．すなわち，$|S-I|=0$．これは 1 が S の固有値であることを示している．証明終わり．

(3) **Frobenius の min-max 定理** (Frobenius min-max theorem)：n 次正方非負行列 $B = (b_{ij})$ の非負の主固有値を $\lambda_{\max}(B)$ とするとき，次の不等式が成り立つ (古屋, 1959, p. 171; 関谷, 2000, p. 168)．

$$\min_{1 \leq i \leq n} \sum_{j=1}^{n} b_{ij} \leq \lambda_{\max}(B) \leq \max_{1 \leq i \leq n} \sum_{j=1}^{n} b_{ij}.$$

S が確率行列であるとき，定理 (3) を $B = S^\top$ に適用すると，$S^\top$ の主固有値 $\lambda_{\max}(S^\top)$ に対して

$$1 = \min_{1 \leq j \leq n} \sum_{i=1}^{n} S_{ij} \leq \lambda_{\max}(S^\top) \leq \max_{1 \leq j \leq n} \sum_{i=1}^{n} S_{ij} = 1$$

が成り立つ．従って，$S^\top$ の主固有値は 1 である．(1) により，S の主固有値は $S^\top$ の主固有値と同じであるから，S の主固有値も 1 である．

PageRank では，ハイパーリンク行列 H に階数 1 の更新を行った確率行列 S の極限確率ベクトルが一意的に存在すれば，その i 番目の要素をページ i のリンク人気度と見なす．但し，S に対しても，極限が一意的に存在するとは限らない．このようなことが起こる条件と，その場合の対処法を 5.6 節で述べる．

5.2.5 PageRank の反復計算法

PageRank の簡単な反復計算法を 2 つ紹介する．n 個のページ $i = 1, 2, \ldots, n$ から成るネットを考え，その隣接行列 $A = (\alpha_{ij})$ が与えられているとする．ページ j から他のページに向かうリンクの総数は $L_j = \sum_{i=1}^{n} \alpha_{ij}$ である $(1 \leq j \leq n)$．k 回目の反復ステップにおけるページ i の人気度を $P_i^{(k)}$ と書く $(k = 0, 1, 2, \ldots)$．

(1) ぶら下がりページがないネットに適用できるモデル

Page et al. (1998) に示されている簡単なモデルでは，初期人気度 $P_i^{(0)} = \frac{1}{n}$ $(1 \leq i \leq n)$ から始めて，次の計算を繰り返して，k 回目の人気度 $\{P_i^{(k)}\}$ を求める (LM, p. 40).

$$P_i^{(k)} \leftarrow \sum_{j: j \to i \text{ のリンクがある}} \frac{P_j^{(k-1)}}{L_j} \qquad k = 1, 2, \ldots. \tag{5.6}$$

ここで，等号の代わりに記号 "←" を用いた理由は，各ステップにおいて何らかの「正規化」を行うからである．例えば，人気度の総和を 1 とする正規化を行う．

$$\sum_{i=1}^{n} P_i^{(k)} = 1 \qquad k = 1, 2, \ldots .$$

もし極限 $P_i^{(\infty)} = \lim_{k \to \infty} P_i^{(k)}$ が存在すれば，$P_i^{(\infty)}$ をページ i の人気度とする．式 (5.6) の右辺において $P_j^{(k-1)}$ を L_j で割ることは，ページ j が他の L_j 個のページに向かうリンクをもつとき，各リンクが選ばれる確率を等しく $1/L_j$ とすることを意味する．もしすべてのページ j について $L_j > 0$ であれば，すなわち，ぶら下がりページが存在しない場合には，式 (5.6) の右辺を，隣接行列の要素 α_{ij} を用いて

$$P_i^{(k)} = \sum_{j=1}^{n} \alpha_{ij} \frac{P_j^{(k-1)}}{L_j}$$

と書くことができるので，人気度の総和は，各ステップにおいて自動的に一定に保たれ，初期条件として与えた値 1 になる．

$$\sum_{i=1}^{n} P_i^{(k)} = \sum_{i=1}^{n} \sum_{j=1}^{n} \alpha_{ij} \frac{P_j^{(k-1)}}{L_j} = \sum_{j=1}^{n} \frac{P_j^{(k-1)}}{L_j} \left(\sum_{i=1}^{n} \alpha_{ij} \right)$$
$$= \sum_{j=1}^{n} P_j^{(k-1)} = \cdots = \sum_{j=1}^{n} P_j^{(0)} = 1.$$

以下の 5.5.1 項において，ぶら下がりページが存在しない図 5.3（201 ページ）のネットに対する反復計算 (5.6) の実行結果を表 5.2（203 ページ）に示す．しかし，ぶら下がりページが存在するネットに対しては，この方法では，計算を繰り返す度に，ぶら下がりページに人気度が溜っていく．このようなページは**ランクシンク**（rank sink, 人気度の吸い込み口）と呼ばれる．例えば，図 5.2 のネットに対して反復計算 (5.6) を実行した結果を表 5.1 に示す．この例では，ページ 3 から他のページに向かうリンクが存在しないので，

$$P_1^{(k)} = \frac{1}{2} P_2^{(k-1)} \quad ; \quad P_2^{(k)} = \frac{1}{2} P_1^{(k-1)} \quad ; \quad P_3^{(k)} = 1 - P_1^{(k)} - P_2^{(k)}$$

5.2 PageRank における人気度

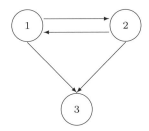

図 5.2 PageRank の反復計算でランクシンクを起こすネット.

表 5.1 図 5.2 のネットに対する PageRank の反復計算.

k	式 (5.6)			式 (5.7) $d = 0.85$		
	$P_1^{(k)}$	$P_2^{(k)}$	$P_3^{(k)}$	$P_1^{(k)}$	$P_2^{(k)}$	$P_3^{(k)}$
0	0.33333	0.33333	0.33333	0.33333	0.33333	0.33333
1	0.16667	0.16667	0.66667	0.44231	0.44231	0.11538
2	0.08333	0.08333	0.83333	0.45247	0.45247	0.09506
3	0.04167	0.04167	0.91667	0.45324	0.45324	0.09353
4	0.02083	0.02083	0.95833	0.45329	0.45329	0.09341
5	0.01042	0.01042	0.97917	0.45330	0.45330	0.09341
6	0.00521	0.00521	0.98958	0.45330	0.45330	0.09341
7	0.00260	0.00260	0.99479	0.45330	0.45330	0.09341
8	0.00130	0.00130	0.99740	0.45330	0.45330	0.09341
9	0.00065	0.00065	0.99870	0.45330	0.45330	0.09341
10	0.00033	0.00033	0.99935	0.45330	0.45330	0.09341

とした．初期値 $P_1^{(0)} = P_2^{(0)} = P_3^{(0)} = \frac{1}{3}$ から始めると，k 回目には

$$P_1^{(k)} = P_2^{(k)} = \frac{1}{3}\left(\frac{1}{2}\right)^k \quad;\quad P_3^{(k)} = 1 - \frac{2}{3}\left(\frac{1}{2}\right)^k \qquad k = 0, 1, 2, \ldots$$

となり，$k \to \infty$ の極限において，ページ3の人気度が1となって収束する．

$$\lim_{k \to \infty} P_1^{(k)} = \lim_{k \to \infty} P_2^{(k)} = 0 \quad;\quad \lim_{k \to \infty} P_3^{(k)} = 1.$$

すなわち，ページ3がランクシンクである．しかし，ページ1と2に向けてもリンクが張られているので，これらのページの人気度が0であるという結果には違和感がある．

5章 ウェブページのランキング

(2) ランダムサーファーモデル

反復計算法がぶら下がりページがあるネットにも適用できるように，Brin and Page (1998) は式 (5.6) を次のように修正した方法を提案している[*8]．

$$P_i^{(k)} \leftarrow \frac{1-d}{n} + d \sum_{j:j \to i \text{ のリンクがある}} \frac{P_j^{(k-1)}}{L_j} \quad k = 1, 2, \ldots. \quad (5.7)$$

この計算法は，気まぐれなネットユーザがどのページを閲覧しているときにでも，確率 d $(0 < d < 1)$ でしかそのページからのリンクをクリックせず，確率 $1-d$ でネットの全ページを等確率で見に行くという**ランダムサーファー** (random surfer) を表現している．定数 d は**減衰率**（damping または decay factor）と呼ばれ，$d = 0.85$ が推奨されている (LM, p. 79)．図 5.2 のネットに対して反復計算 (5.7) を実行した結果も表 5.1 に示す．ここでは，$d = 0.85$ とし，k 回目に

$$P_1^{(k)} \leftarrow \frac{1-d}{3} + \frac{d}{2}P_2^{(k-1)} \quad ; \quad P_2^{(k)} \leftarrow \frac{1-d}{3} + \frac{d}{2}P_1^{(k-1)} \quad ; \quad P_3^{(k)} \leftarrow \frac{1-d}{3}$$

の右辺を総和が 1 になるように按分して左辺とした．その結果，$k \to \infty$ の極限ではページ 1 と 2 にもそこそこの人気度が算出された．この極限は d の値に依存する．

5.3 HITS における人気度

HITS アルゴリズムの原論文は Kleinberg (1999) である．本節では，LM (pp. 149–152) に従って，HITS における人気度（権威得点）とハブ得点の計算方法を示す．

5.3.1 HITS の反復計算法

HITS では，多くのページからリンクが張られているページを**権威** (authority) と呼び，多くのページにリンクを張っているページを**ハブ** (hub) と呼ぶ．「良い

[*8] 原論文 (Brin and Page, 1998) では，式 (5.7) における右辺の第 1 項が $1 - d$ となっているが，Clausen (2003) の指摘に基づき，すべてのページにわたる人気度の和が 1 になるように，$(1-d)/n$ に訂正した．

5.3 HITSにおける人気度

権威」「良いハブ」と呼ばれるページは，PageRankと同様に，ページの内容に基づくのではなく，「良い権威たちは良いハブたちによって指されており，良いハブたちは良い権威たちを指している」(Good authorities are pointed to by good hubs and good hubs point to good authorities) という**相互強化アプローチ** (mutually reinforcing approach) に従って特定される (LM, p. 150)．

n個のページ$i = 1, 2, \ldots, n$から成るネットを考える．各ページについて，**権威得点** (authority score) と**ハブ得点** (hub score) を，以下に示す反復計算によって算出する．ページiについて，k回目の計算において得られる権威得点を$x_i^{(k)}$で表し，ハブ得点を$y_i^{(k)}$で表す ($k = 0, 1, 2, \ldots$)．初期の権威得点$x_i^{(0)}$を適当に設定した後，反復計算の各段階において，すべてのページを見て，他のページからリンクが張られていると権威得点を加算し，他のページにリンクを張っているとハブ得点を加算するという操作を行う．これは以下の計算をすることである．

$$y_i^{(k)} \leftarrow \sum_{j: i \to j \text{ のリンクがある}} x_j^{(k)} \qquad k = 0, 1, 2, \ldots,$$

$$x_i^{(k)} \leftarrow \sum_{j: j \to i \text{ のリンクがある}} y_j^{(k-1)} \qquad k = 1, 2, \ldots.$$

ここでも，等号の代わりに記号 "←" を用いた理由は，各ステップにおいて「何らかの正規化」を行うことを意味する．本章では，要素の総和を1とする正規化を行う[*9]．

$$\sum_{i=1}^{n} x_i^{(k)} = \sum_{i=1}^{n} y_i^{(k)} = 1 \qquad k = 0, 1, 2, \ldots.$$

しかし，下記では等号 "=" の表記を使うので注意されたい．

式 (5.1) で定義されたリンクの有無を表す定数α_{ij}を用いて，この関係を行列とベクトルの積の形で書くと，

[*9] 正規化の方法は上記に限らない．Kleinberg (1999) は要素の2乗の総和を1としている．

$$\sum_{i=1}^{n} \left(x_i^{(k)}\right)^2 = \sum_{i=1}^{n} \left(y_i^{(k)}\right)^2 = 1 \qquad k = 0, 1, 2, \ldots.$$

また，LM (p. 155) では，各要素を最大の要素で割るという正規化法を提案している．

5章 ウェブページのランキング

$$\begin{bmatrix} x_1^{(k)} \\ x_2^{(k)} \\ \vdots \\ x_n^{(k)} \end{bmatrix} = \begin{bmatrix} \alpha_{11} & \alpha_{12} & \cdots & \alpha_{1n} \\ \alpha_{21} & \alpha_{22} & \cdots & \alpha_{2n} \\ \vdots & \vdots & \ddots & \vdots \\ \alpha_{n1} & \alpha_{n2} & \cdots & \alpha_{nn} \end{bmatrix} \begin{bmatrix} y_1^{(k-1)} \\ y_2^{(k-1)} \\ \vdots \\ y_n^{(k-1)} \end{bmatrix},$$

$$\begin{bmatrix} y_1^{(k)} \\ y_2^{(k)} \\ \vdots \\ y_n^{(k)} \end{bmatrix} = \begin{bmatrix} \alpha_{11} & \alpha_{21} & \cdots & \alpha_{n1} \\ \alpha_{12} & \alpha_{22} & \cdots & \alpha_{n2} \\ \vdots & \vdots & \ddots & \vdots \\ \alpha_{1n} & \alpha_{2n} & \cdots & \alpha_{nn} \end{bmatrix} \begin{bmatrix} x_1^{(k)} \\ x_2^{(k)} \\ \vdots \\ x_n^{(k)} \end{bmatrix}$$

となる．ここで，$k=0,1,2,\ldots$ について，n 次元ベクトル

$$\boldsymbol{x}^{(k)} = \left(x_1^{(k)}, x_2^{(k)}, \ldots, x_n^{(k)}\right)^\top \quad ; \quad \boldsymbol{y}^{(k)} = \left(y_1^{(k)}, y_2^{(k)}, \ldots, y_n^{(k)}\right)^\top$$

を定義すると，隣接行列 $A = (\alpha_{ij})$ を用いて，上記の関係を

$$\boldsymbol{x}^{(k)} \leftarrow A\boldsymbol{y}^{(k-1)} \quad k=1,2,\ldots \quad ; \quad \boldsymbol{y}^{(k)} \leftarrow A^\top \boldsymbol{x}^{(k)} \quad k=0,1,2,\ldots$$

と書くことができる．よって

$$\boldsymbol{x}^{(k)} \leftarrow AA^\top \boldsymbol{x}^{(k-1)} \quad ; \quad \boldsymbol{y}^{(k)} \leftarrow A^\top A \boldsymbol{y}^{(k-1)} \quad k=1,2,\ldots$$

が成り立つ．

この操作を無限に繰り返すとき，もし極限確率

$$\boldsymbol{x}^{(\infty)} := \lim_{k \to \infty} \boldsymbol{x}^{(k)} \quad ; \quad \boldsymbol{y}^{(\infty)} := \lim_{k \to \infty} \boldsymbol{y}^{(k)}$$

が存在すれば，$\boldsymbol{x}^{(\infty)}$ と $\boldsymbol{y}^{(\infty)}$ は初期値に依存せず，別々に

$$\lambda \boldsymbol{x}^{(\infty)} = AA^\top \boldsymbol{x}^{(\infty)} \quad ; \quad \mu \boldsymbol{y}^{(\infty)} = A^\top A \boldsymbol{y}^{(\infty)}$$

が成り立つ．これは，$\boldsymbol{x}^{(\infty)}$ が**権威行列** (authority matrix) $AA^\top$ の固有値 λ に対応する右固有ベクトルであり，$\boldsymbol{y}^{(\infty)}$ が**ハブ行列** (hub matrix) $A^\top A$ の固有値 μ に対応する右固有ベクトルであることを示している．但し，必ずしも極限が

存在するとは限らないことに注意する．HITS では，権威行列の主固有値に対応する右正規主固有ベクトルの i 番目の要素をページ i の人気度と見なす[*10]．

なお，$\boldsymbol{x}^{(\infty)}$ と $\boldsymbol{y}^{(\infty)}$ は別々に計算する必要はなく，関係

$$\boldsymbol{x}^{(\infty)} \leftarrow A\boldsymbol{y}^{(\infty)} \quad ; \quad \boldsymbol{y}^{(\infty)} \leftarrow A^\top \boldsymbol{x}^{(\infty)}$$

を利用して，一方が得られれば他方を計算することができる．

5.3.2 権威行列とハブ行列

本項において，権威行列 $AA^\top$ とハブ行列 $A^\top A$ の性質をいくつか示す．

(1) 権威行列とハブ行列のすべての要素は非負である．
隣接行列 A と $A^\top$ のすべての要素は非負であるから，それらの積の行列の要素はすべて非負になる．

(2) 権威行列とハブ行列はそれぞれ対称である．一般に，対称行列の固有値は実数である (古屋, 1959, p. 97)．従って，権威行列とハブ行列の固有値は実数である．

$$\left(AA^\top\right)_{ij} = \sum_{l=1}^n A_{il}\left(A^\top\right)_{lj} = \sum_{l=1}^n A_{il}A_{jl} = \sum_{l=1}^n A_{jl}\left(A^\top\right)_{li} = \left(AA^\top\right)_{ji},$$

$$\left(A^\top A\right)_{ij} = \sum_{l=1}^n \left(A^\top\right)_{il} A_{lj} = \sum_{l=1}^n A_{li}A_{lj} = \sum_{l=1}^n \left(A^\top\right)_{jl} A_{li} = \left(A^\top A\right)_{ji}.$$

(3) 権威行列とハブ行列の固有値の集合は同じである．
一般に，正方行列 A と B について，行列 AB の固有値は行列 BA の固有値である (古屋, 1959, p. 102)．従って，権威行列 $AA^\top$ の固有値の集合とハブ行列 $A^\top A$ の固有値の集合は同じものになる．

(4) 権威行列 $AA^\top$ の固有値 λ に対応する固有ベクトルが $\boldsymbol{x}$ であるとき，ハブ行列 $A^\top A$ の固有値 λ に対応する固有ベクトルは $A^\top \boldsymbol{x}$ である．

$$AA^\top \boldsymbol{x} = \lambda \boldsymbol{x} \implies (A^\top A)A^\top \boldsymbol{x} = A^\top (AA^\top \boldsymbol{x}) = A^\top (\lambda \boldsymbol{x}) = \lambda (A^\top \boldsymbol{x}).$$

[*10] 一般に，主固有値に対応する固有ベクトルを**主固有ベクトル** (principal または dominant eigenvector) という (LM, p. 51).

(5) ハブ行列 $A^\top A$ の固有値 μ に対応する固有ベクトルが $\boldsymbol{y}$ であるとき,権威行列 $AA^\top$ の固有値 μ に対応する固有ベクトルは $A\boldsymbol{y}$ である.

$$A^\top A\boldsymbol{y} = \mu\boldsymbol{y} \implies (AA^\top)A\boldsymbol{y} = A(A^\top A\boldsymbol{y}) = A(\mu\boldsymbol{y}) = \mu(A\boldsymbol{y}).$$

(6) 権威行列とハブ行列は**半正定値行列** (positive semi-definite matrix) である.実際,任意の非零ベクトル $\boldsymbol{x}$ に対して,以下の **2 次形式** (quadratic form) は常に非負である.

$$\boldsymbol{x}^\top(AA^\top)\boldsymbol{x} = \boldsymbol{x}^\top AA^\top\boldsymbol{x} = \left(A^\top\boldsymbol{x}\right)^\top A^\top\boldsymbol{x} = \sum_{i=1}^n \left(\sum_{j=1}^n A_{ji}x_j\right)^2 \geq 0,$$

$$\boldsymbol{x}^\top(A^\top A)\boldsymbol{x} = \boldsymbol{x}^\top A^\top A\boldsymbol{x} = (A\boldsymbol{x})^\top A\boldsymbol{x} = \sum_{i=1}^n \left(\sum_{j=1}^n A_{ij}x_j\right)^2 \geq 0.$$

一般に,対称行列 A が半正定値行列であることと A の固有値がすべて非負であることは同等である (古屋, 1959, p. 114). 従って,権威行列とハブ行列の共通の固有値はすべて非負となる.それらのうちで最大のものが「主固有値」である.権威行列とハブ行列の主固有値は同じであるが,それに対応する主固有ベクトルは,権威行列とハブ行列で異なるものになる.

(7) 権威行列の i 番目の対角要素はページ i に向かって張られているリンクの数に等しい.また,対角ではない第 i 行 j 列要素 ($i \neq j$) はページ i とページ j に向けてともにリンクを張っているページの数である.
隣接行列 A の要素 α_{ij} は 0 または 1 であるから,次のことが分かる.

$$\left(AA^\top\right)_{ii} = \sum_{l=1}^n A_{il}\left(A^\top\right)_{li} = \sum_{l=1}^n (A_{il})^2 = \sum_{l=1}^n (\alpha_{il})^2 = \sum_{l=1}^n \alpha_{il},$$

$$\left(AA^\top\right)_{ij} = \sum_{l=1}^n A_{il}\left(A^\top\right)_{lj} = \sum_{l=1}^n A_{il}A_{jl} = \sum_{l=1}^n \alpha_{il}\alpha_{jl} \qquad i \neq j.$$

(8) ハブ行列の i 番目の対角要素はページ i から出ているリンクの数に等しい.また,対角ではない第 i 行 j 列要素 ($i \neq j$) はページ i とページ j からともにリンクが張られているページの数である.

$$\left(A^\top A\right)_{ii} = \sum_{l=1}^{n} \left(A^\top\right)_{il} A_{li} = \sum_{l=1}^{n} (A_{li})^2 = \sum_{l=1}^{n} (\alpha_{li})^2 = \sum_{l=1}^{n} \alpha_{li},$$

$$\left(A^\top A\right)_{ij} = \sum_{l=1}^{n} \left(A^\top\right)_{il} A_{lj} = \sum_{l=1}^{n} A_{li} A_{lj} = \sum_{l=1}^{n} \alpha_{li} \alpha_{lj} \quad i \neq j.$$

(9) 権威行列とハブ行列の（共通の）主固有値は 1 以上である．

権威行列 $AA^\top$ について証明する．性質 (7) により，権威行列には対角要素が 1 以上である列が必ず存在する．従って，例えば，j 番目の対角要素が 1 以上であるとき，j 番目の対角要素だけが 1 で他のすべての要素が 0 である対角行列を I_j とすれば，$AA^\top \geq I_j \geq O$（正方零行列）である．ここで，（必ずしも**既約でなくてよい**）非負の正方行列 P について成り立つ次の **Frobenius の定理** (古屋, 1959, p. 170) を導入する[*11]．

- 行列 P に非負の固有値 $\lambda_{\max}$ が存在し，その他のすべての固有値の絶対値は $\lambda_{\max}$ 以下である（P の主固有値は $\lambda_{\max}$ である）．
- $P \geq Q \geq O$ である正方行列 Q のすべての固有値の絶対値は $\lambda_{\max}$ 以下である．

この定理を $P = AA^\top, Q = I_j$ に適用すれば，I_j の固有値は 1 と 0 であるから，もし権威行列 $AA^\top$ の主固有値が 1 未満なら，この定理に反する．よって，$AA^\top$ の主固有値は 1 以上である．ハブ行列にも対角要素が 1 以上である列が必ず存在するので，同様の証明ができる．

5.4 SALSA における人気度

本項では，LM (pp. 172–175) および原論文 Lempel and Moran (2000, 2001) に従って，SALSA における人気度の計算方法を説明する．

5.4.1 無向 2 部グラフ

SALSA では，権威側 (authority side) のページの集合 V_a，ハブ側 (hub side) のページの集合 V_h，および V_a のページと V_b のページを結ぶ無方向の**辺** (edge)

[*11] 本章において，「Frobenius の定理」と呼ばれるいくつかの定理が示されている（187 ページ，216 ページ）．

の集合 E から構成される無向 2 部グラフ (bipartite undirected graph) を基本的なデータ構造として用いる. 第 5.5.4 項の図 5.6（209 ページ）に例を示す.

集合 V_a には他のページから張られたリンクをもつすべてのページが含まれ，集合 V_h には他のページに向けて張られたリンクをもつすべてのページが含まれる. 従って，ネットにつながっているそれぞれのページは，V_a だけに含まれるか，V_h だけに含まれるか，あるいは，V_a と V_h の両方に含まれる. V_a に含まれているページ i を i_a と書き，V_h に含まれているページ j を j_h と書く. もとのネットにおいて，ページ j からページ i にリンクが張られているとき，$i_a \in V_a$ と $j_h \in V_h$ を結ぶ辺を E に含める. もとのネットでは同じページである $i_a \in V_a$ と $i_h \in V_h$ を結ぶ辺は E に作らない.

もとのネットの隣接行列 $A = (\alpha_{ij})$ において，第 i 行のすべての要素の和（行和）は他のページからページ i に張られたリンクの総数であり，これを $\deg(i_a)$ と書く. 一方，A の第 j 列のすべての要素の和（列和）はページ j から他のページに向けて張られたリンクの総数であり，これを $\deg(j_h)$ と書く.

$$\deg(i_a) = \sum_{j=1}^{n} \alpha_{ij} \quad 1 \leq i \leq n \quad ; \quad \deg(j_h) = \sum_{i=1}^{n} \alpha_{ij} \quad 1 \leq j \leq n.$$

これらの記号を使えば，ページの集合 V_a と V_h を次のように書くことができる.

$$V_a = \{i_a \mid \deg(i_a) > 0\} \quad ; \quad V_h = \{j_h \mid \deg(j_h) > 0\}.$$

5.4.2 権威側とハブ側の Markov 連鎖

SALSA では，権威側のページとハブ側のページについて，別々に Markov 連鎖を作り，それらの定常分布における各要素をそれぞれ権威得点およびハブ得点とする[*12]. n 個のページ $n = 1, 2, \ldots, n$ をもつネットについて，権威側とハブ側のページに対して Markov 連鎖を作る方法を説明する.

ハブ側のページ j_h について，$\deg(j_h) > 0$ のとき，ページ j_h から張られた

[*12] SALSA においても，HITS においてと同じ「権威行列」「権威得点」「ハブ行列」「ハブ得点」という言葉を用いるが，両者における意味は異なることに注意する.

$\deg(j_h)$ 本のリンクにそれぞれ等確率を付し，それを権威側のページ i_a にリンクが張られている確率として，第 i 行 j 列要素とする n 次正方行列を A_r と書く．

$$(A_r)_{ij} = \begin{cases} \dfrac{\alpha_{ij}}{\deg(j_h)} & \deg(j_h) > 0 \text{ のとき} \\ 0 & \deg(j_h) = 0 \text{ のとき} \end{cases} \quad ; \quad \sum_{i=1}^{n}(A_r)_{ij} = 1.$$

すなわち，隣接行列 A において列和が正である列の要素 1 を「1/列和」で置き換えた行列が A_r である．

同様に，権威側のページ i_a について，$\deg(i_a) > 0$ のとき，ページ i_a に向けて張られた $\deg(i_a)$ 本のリンクにそれぞれ等確率を付し，それをハブ側のページ j_h からリンクが張られている確率として，第 i 行 j 列要素とする n 次正方行列を A_c と書く．

$$(A_c)_{ij} = \begin{cases} \dfrac{\alpha_{ij}}{\deg(i_a)} & \deg(i_a) > 0 \text{ のとき} \\ 0 & \deg(i_a) = 0 \text{ のとき} \end{cases} \quad ; \quad \sum_{j=1}^{n}(A_c)_{ij} = 1.$$

すなわち，隣接行列 A において行和が正である行の要素 1 を「1/行和」で置き換えた行列が A_c である．

権威側のページに対する Markov 連鎖の状態推移確率の行列を**権威行列** (authority matrix) と呼ぶ．権威行列 $\tilde{A} = (\tilde{a}_{ij})$ の第 i 行 j 列要素は，権威側のページ j_a からハブ側のどれかのページ l_h に向けてリンクが張られ，さらにページ l_h から再び権威側のページ i_a にリンクが張られている確率として

$$\tilde{a}_{ij} = \sum_{l:(j_a,l_h),(l_h,i_a)} \frac{1}{\deg(j_a)} \cdot \frac{1}{\deg(l_h)} = \sum_{l=1}^{n}(A_r)_{il}(A_c)_{jl}$$

で与えられる．これは，行列の積 $A_r A_c^\top$ を計算し，その非零の行と列を取り出して $\tilde{A}$ とすることを意味する．一般に，正方行列 $\tilde{A}$ の次数 n_a は n 以下である．権威行列 $\tilde{A}$ の列和は 1 である．

$$\sum_{i=1}^{n_a}\tilde{a}_{ij} = \sum_{i=1}^{n}\sum_{l=1}^{n}(A_r)_{il}(A_c)_{jl} = \sum_{l=1}^{n}(A_c)_{jl}\sum_{i=1}^{n}(A_r)_{il} = \sum_{l=1}^{n}(A_c)_{jl} = 1.$$

従って，権威行列 $\tilde{A}$ は確率行列であり，権威側の Markov 連鎖は極限確率を

もつ（他のページからのリンクがないページは権威側の Markov 連鎖に含まれない）．極限確率ベクトルは，行列 $\tilde{A}$ の最大の固有値 1 に対応する正規固有ベクトルで与えられ，その要素が**権威得点** (authority score) である．

同様に，ハブ側のページに対する Markov 連鎖の状態推移確率の行列を**ハブ行列** (hub matrix) と呼ぶ．ハブ行列 $\tilde{H} = (\tilde{h}_{ij})$ の第 i 行 j 列要素は，ハブ側のページ j_h から権威側のどれかのページ l_a にリンクが張られ，さらにページ l_a から再びハブ側のページ i_h にリンクが張られている確率として

$$\tilde{h}_{ij} = \sum_{l:(j_h,l_a),(l_a,i_h)} \frac{1}{\deg(j_h)} \cdot \frac{1}{\deg(l_a)} = \sum_{l=1}^{n} (A_c)_{li}(A_r)_{lj}$$

で与えられる．これは，行列の積 $A_c^\top A_r$ を計算し，その非零の行と列を取り出して $\tilde{H}$ とすることを意味する．一般に，正方行列 $\tilde{H}$ の次数 n_h は n 以下である．n_a と n_h は必ずしも一致しない．ハブ行列 $\tilde{H}$ の列和も 1 である．

$$\sum_{i=1}^{n_h} \tilde{h}_{ij} = \sum_{i=1}^{n}\sum_{l=1}^{n} (A_c)_{li}(A_r)_{lj} = \sum_{l=1}^{n}(A_r)_{lj}\sum_{i=1}^{n}(A_c)_{li} = \sum_{l=1}^{n}(A_r)_{lj} = 1.$$

従って，ハブ行列 $\tilde{H}$ も確率行列であり，ハブ側の Markov 連鎖は極限確率をもつ（他のページに向かうリンクがないページはハブ側の Markov 連鎖に含まれない）．極限確率ベクトルは，行列 $\tilde{H}$ の最大の固有値 1 に対応する正規固有ベクトルで与えられ，その要素が**ハブ得点** (hub score) である[*13]．

5.4.3　権威行列とハブ行列の固有値

SALSA における権威側の行列 $A_r A_c^\top$ の固有値の集合と，ハブ側の行列 $A_c^\top A_r$ の固有値の集合は，同じものになる．このことの証明を本項に示す．

A_r は A の列和を 1 にした行列なので，対角行列 D_r が存在して，

$$A_r = AD_r \quad;\quad D_r = \mathrm{diag}\left(d_r^{(1)}, d_r^{(2)}, \ldots, d_r^{(n)}\right), \quad d_r^{(j)} = 1\big/\textstyle\sum_{i=1}^{n} A_{ij}$$

と表すことができる．同様に，A_c は A の行和を 1 にした行列なので，対角行列 D_c が存在して，

[*13] 本項での権威行列 $\tilde{A}$ およびハブ行列 $\tilde{H}$ の記号を，隣接行列 A およびハイパーリンク行列 H と混同しないよう注意されたい．

5.4 SALSA における人気度

$$A_c = D_c A \quad ; \quad D_c = \mathrm{diag}\left(d_c^{(1)}, d_c^{(2)}, \ldots, d_c^{(n)}\right), \quad d_c^{(i)} = 1 \Big/ \sum_{j=1}^n A_{ij}$$

と表すことができる．但し，列和または行和が 0 であるような列または行に対応する要素は（どのような非負の値にしておいても A を掛けると消えるので問題はないが）1 にしておく．その他の対角要素はすべて正であるから，それぞれの対角要素の平方根を対角要素とする対角行列を $D_r^{1/2}$ および $D_c^{1/2}$ と書けば，以下が成り立つ．

$$D_r = D_r^{1/2} D_r^{1/2} \quad ; \quad D_c = D_c^{1/2} D_c^{1/2}.$$

さて，権威側の行列 $A_r A_c^\top$ に対する固有値問題は

$$\lambda \boldsymbol{p} = A_r A_c^\top \boldsymbol{p} = A D_r (D_c A)^\top \boldsymbol{p} = A D_r A^\top D_c^\top \boldsymbol{p} = A D_r A^\top D_c \boldsymbol{p}$$
$$= A D_r^{1/2} D_r^{1/2} A^\top D_c^{1/2} D_c^{1/2} \boldsymbol{p}$$

である．これは，$\boldsymbol{q} := D_c^{1/2} \boldsymbol{p}$ を使うと

$$\lambda (D_c^{1/2})^{-1} \boldsymbol{q} = A D_r^{1/2} D_r^{1/2} A^\top D_c^{1/2} \boldsymbol{q}$$

と書くことができる．この式の両辺に左から $D_c^{1/2}$ を掛けると

$$\lambda \boldsymbol{q} = D_c^{1/2} A D_r^{1/2} D_r^{1/2} A^\top D_c^{1/2} \boldsymbol{q} = (D_c^{1/2} A D_r^{1/2})(D_c^{1/2} A D_r^{1/2})^\top \boldsymbol{q}$$

が得られる．ここで，$W := D_c^{1/2} A D_r^{1/2}$ を導入すると

$$\lambda \boldsymbol{q} = W W^\top \boldsymbol{q} \tag{5.8}$$

となるので，行列 $W W^\top$ の固有値 λ に対応する固有ベクトルが $\boldsymbol{q}$ である．

一方，ハブ側の行列 $A_c^\top A_r$ に対する固有値問題は

$$\mu \boldsymbol{u} = A_c^\top A_r \boldsymbol{u} = (D_c A)^\top A D_r \boldsymbol{u} = A^\top D_c^\top A D_r \boldsymbol{u} = A^\top D_c A D_r \boldsymbol{u}$$
$$= A^\top D_c^{1/2} D_c^{1/2} A D_r^{1/2} D_r^{1/2} \boldsymbol{u}$$

である．これは，$\boldsymbol{v} := D_r^{1/2} \boldsymbol{u}$ を使うと

と書くことができる．この式の両辺に左から $D_r^{1/2}$ を掛けると

$$\mu\boldsymbol{v} = D_r^{1/2}A^\top D_c^{1/2}D_c^{1/2}AD_r^{1/2}\boldsymbol{v} = (D_c^{1/2}AD_r^{1/2})^\top (D_c^{1/2}AD_r^{1/2})\boldsymbol{v}$$

$$\mu(D_r^{1/2})^{-1}\boldsymbol{v} = A^\top D_c^{1/2}D_c^{1/2}AD_r^{1/2}\boldsymbol{v}$$

が得られ，これは，上と同じ $W = D_c^{1/2}AD_r^{1/2}$ を用いて

$$\mu\boldsymbol{v} = W^\top W\boldsymbol{v} \tag{5.9}$$

となるので，行列 $W^\top W$ の固有値 μ に対応する固有ベクトルが $\boldsymbol{v}$ である．

式 (5.8) を満たす λ と $\boldsymbol{q}$ に対して

$$\lambda(W^\top \boldsymbol{q}) = W^\top W(W^\top \boldsymbol{q})$$

が成り立つので，λ と $W^\top \boldsymbol{q}$ は行列 $W^\top W$ に対する固有値問題 (5.9) を満たす．すなわち，λ は $W^\top W$ の固有値である．逆に，式 (5.9) を満たす μ と $\boldsymbol{v}$ に対して

$$\mu(W\boldsymbol{v}) = WW^\top(W\boldsymbol{v})$$

が成り立つので，μ と $W\boldsymbol{v}$ は行列 $WW^\top$ に対する固有値問題 (5.8) を満たす．すなわち，μ は $WW^\top$ の固有値である．

従って，権威側の行列 $A_rA_c^\top$ の1つの固有値 λ はハブ側の行列 $A_c^\top A_r$ の固有値でもあり（固有ベクトルは異なる），また，ハブ側の行列 $A_c^\top A_r$ の1つの固有値 μ は権威側の行列 $A_rA_c^\top$ の固有値でもある（固有ベクトルは異なる）．よって，権威側の行列 $A_rA_c^\top$ の固有値の集合と，ハブ側の行列 $A_c^\top A_r$ の固有値の集合は，同じものになる．証明終わり．

5.4.4　Tightly-knit community (TKC) 効果

Tightly-knit community (TKC) とは，密接に相互結合した少数のページ集団のことである．**TKC 効果** (TKC effect) とは，TKC のページがそれほど権威的でないにもかかわらず，リンク人気度の計算アルゴリズムによって高い得点を得てしまうことを言う．

例えば，ネットの中に次のようなページ集団 C_l と C_s があるとする．集団 C_l は少数のハブページと権威ページから成り，それぞれのハブページからすべての権威ページにリンクが張られているような密接に相互結合したページ集団とする．一方，集団 C_s はネットの大多数のページを含むとする．C_s には多くの権威ページが含まれるので，ハブページはそれらのうちの一部の権威ページにリンクを張っているだけである．Lempel and Moran (2000) は，このような場合に，HITS のような相互強化アプローチでは TKC 効果が発生し，C_l の権威ページが C_s の権威ページよりも高く評価されることが起こり得るが，SALSA ではそのようなことは起こらないと主張している．

5.5 数値例（ウェブページの人気度）

PageRank, HITS および SALSA を用いて，図 5.3〜5.5 に**有向グラフ** (directed graph) として示される 3 つのネットの例について，ページ人気度を計算する．

5.5.1 ぶら下がりページが存在しない強連結ネット

図 5.3 に 6 つのページから成るネットを示す．このネットにはぶら下がりページは存在しない．また，有向グラフとして，**強連結** (strongly connected) である．すなわち，リンクの向きに沿ってページ間を移動することにより，どのページからでも，他のすべてのページに到達することができる[*14]．このネットに対し，

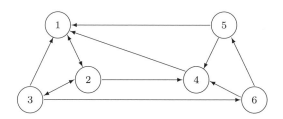

図 **5.3** 6 つのページから成る強連結ネット．

[*14] n 個のページ $i = 1, 2, \ldots, n$ をもつネットを表す有向グラフの隣接行列（n 次正方

5章 ウェブページのランキング

隣接行列 A と式 (5.2) によるハイパーリンク行列 H は次のように与えられる.

$$A = \begin{bmatrix} 0 & 1 & 1 & 1 & 1 & 0 \\ 1 & 0 & 1 & 0 & 0 & 0 \\ 0 & 1 & 0 & 0 & 0 & 0 \\ 0 & 1 & 0 & 0 & 1 & 1 \\ 0 & 0 & 0 & 0 & 0 & 1 \\ 0 & 0 & 1 & 0 & 0 & 0 \end{bmatrix} \quad ; \quad H = \begin{bmatrix} 0 & \frac{1}{3} & \frac{1}{3} & 1 & \frac{1}{2} & 0 \\ 1 & 0 & \frac{1}{3} & 0 & 0 & 0 \\ 0 & \frac{1}{3} & 0 & 0 & 0 & 0 \\ 0 & \frac{1}{3} & 0 & 0 & \frac{1}{2} & \frac{1}{2} \\ 0 & 0 & 0 & 0 & 0 & \frac{1}{2} \\ 0 & 0 & \frac{1}{3} & 0 & 0 & 0 \end{bmatrix}.$$

また,HITS における権威行列 $AA^\top$ とハブ行列 $A^\top A$ は次のように与えられる.

$$AA^\top = \begin{bmatrix} 4 & 1 & 1 & 2 & 0 & 1 \\ 1 & 2 & 0 & 0 & 0 & 1 \\ 1 & 0 & 1 & 1 & 0 & 0 \\ 2 & 0 & 1 & 3 & 1 & 0 \\ 0 & 0 & 0 & 1 & 1 & 0 \\ 1 & 1 & 0 & 0 & 0 & 1 \end{bmatrix} \quad ; \quad A^\top A = \begin{bmatrix} 1 & 0 & 1 & 0 & 0 & 0 \\ 0 & 3 & 1 & 1 & 2 & 1 \\ 1 & 1 & 3 & 1 & 1 & 0 \\ 0 & 1 & 1 & 1 & 1 & 0 \\ 0 & 2 & 1 & 1 & 2 & 1 \\ 0 & 1 & 0 & 0 & 1 & 2 \end{bmatrix}.$$

図 5.3 のネットに対する PageRank の反復計算 (5.6) の実行結果を表 5.2 に示す.極限値への収束は単調ではなく,増減を繰り返しながら極限値に近づくことが分かる.また,HITS における権威得点とハブ得点の反復計算の実行結果を表 5.3 に示す.さらに,PageRank における固有値問題の解として得られたページ推移行列 S の右正規主固有ベクトルと,HITS の権威行列 $AA^\top$ とハブ行列 $A^\top A$ の右正規主固有ベクトルを,ページの人気度として表 5.4 に示す.これらの計算では,各ページの得点の総和が 1 になるように正規化されている.

1 番人気のページは,PageRank ではページ 2 であるが,HITS ではページ 1 である.PageRank では,ハイパーリンク行列 S の第 1 列において第 2 行の要素だけが 1 であることから,ページ 1 を閲覧したユーザは必ず(確率 1 で)ペー

---

*14【続き】行列)を $A = (\alpha_{ij})$ とするとき,ネットが強連結であることは,どのような添字の組 (i,j), $1 \leq i,j \leq n$ についても,$\alpha_{ik_1}\alpha_{k_1 k_2}\cdots\alpha_{k_n j} \neq 0$ を満たすような有限列 $\{k_1, k_2, \ldots, k_n\}$ が存在することである.ネットが強連結であることと,ネットを表す有向グラフの隣接行列が既約であることは同等である.「既約行列」の定義は,脚注 15(212 ページ)を参照.

5.5 数値例（ウェブページの人気度）

表 5.2 図 5.3 のネットに対する **PageRank** の反復計算.

k	$P_1^{(k)}$	$P_2^{(k)}$	$P_3^{(k)}$	$P_4^{(k)}$	$P_5^{(k)}$	$P_6^{(k)}$
0	0.16667	0.16667	0.16667	0.16667	0.16667	0.16667
1	0.36111	0.22222	0.05556	0.22222	0.08333	0.05556
2	0.35648	0.37963	0.07407	0.01352	0.02778	0.01852
3	0.30864	0.38117	0.12654	0.14969	0.09259	0.02469
4	0.32356	0.35082	0.12706	0.14403	0.01235	0.04218
5	0.30950	0.36591	0.11694	0.14420	0.02109	0.04235
6	0.31570	0.34848	0.12917	0.15369	0.02118	0.03898
7	0.32110	0.35636	0.11616	0.14624	0.01949	0.04066
8	0.31349	0.35982	0.11879	0.14886	0.02033	0.03872
9	0.31856	0.35308	0.11994	0.14946	0.01936	0.03960
10	0.31682	0.35854	0.11769	0.14717	0.01980	0.03998
15	0.31709	0.35663	0.11858	0.14823	0.01976	0.03972
20	0.31693	0.35640	0.11878	0.14847	0.01979	0.03963

ジ 2 に移動する．そのため，PageRank では，ページ 2 の人気はページ 1 の人気を下回ることはない．しかし，ページ 1 に向かうリンク数 4 はページ 2 へ向かうリンク数 2 よりも多い．従って，ページ 2 が 1 番人気であるという PageRank の人気度には違和感がある．

この点を反映した人気度を HITS は与える．HITS の権威行列 $AA^\top$ の対角要素が各ページに向かうリンク数に一致すること，また，非対角要素がその行列番号に該当するページにともに向かっているリンクの数になっている（例えば，ページ 1 と 4 をともに引用しているページはページ 2 とページ 5 の 2 つがあるので，第 1 行 4 列および第 4 行 1 列の要素が 2 である）ことが確認できる．ハブ行列 $A^\top A$ についても，対角要素が各ページから出るリンクの数であり，非対角要素がその行列番号に該当するページから同じページに向かっているリンクの数になっていることが確認できる．HITS での人気度（権威得点）は，1 位がページ 1 であり，2 位がページ 4 である．そして，それぞれのページに向かうリンク数も 1 位がページ 1 であり，2 位がページ 4 である．HITS のハブ得点は，1 位がページ 2，2 位がページ 5，3 位がページ 3 であるが，各ページから出るリンクの数はページ 2 と 3 が 3 本の最多で，ページ 5 からは 2 本が出ている．

5章 ウェブページのランキング

表 5.3 図 5.3 のネットに対する HITS の反復計算.

(a) 権威得点

k	$x_1^{(k)}$	$x_2^{(k)}$	$x_3^{(k)}$	$x_4^{(k)}$	$x_5^{(k)}$	$x_6^{(k)}$
0	0.16667	0.16667	0.16667	0.16667	0.16667	0.16667
1	0.32143	0.14286	0.10714	0.25000	0.07143	0.10714
2	0.35714	0.11905	0.11310	0.26190	0.05357	0.09524
3	0.36441	0.11037	0.11703	0.26641	0.05043	0.09134
4	0.36584	0.10718	0.11848	0.26862	0.05020	0.08969
5	0.36607	0.10589	0.11901	0.26969	0.05039	0.08894
6	0.36608	0.10533	0.11923	0.27021	0.05056	0.08860
7	0.35505	0.10507	0.11832	0.27046	0.05066	0.08844
8	0.36604	0.10496	0.11936	0.27058	0.05071	0.08836
9	0.36603	0.10490	0.11937	0.27064	0.05073	0.08833
10	0.36602	0.10487	0.11938	0.27066	0.05075	0.08831

(b) ハブ得点

k	$y_1^{(k)}$	$y_2^{(k)}$	$y_3^{(k)}$	$y_4^{(k)}$	$y_5^{(k)}$	$y_6^{(k)}$
0	0.08333	0.25000	0.25000	0.08333	0.16667	0.16667
1	0.05479	0.26027	0.21918	0.12329	0.21918	0.12329
2	0.04386	0.26974	0.21053	0.13158	0.22807	0.11623
3	0.04033	0.27330	0.20688	0.12317	0.23053	0.11579
4	0.03909	0.27460	0.20552	0.13342	0.23139	0.11627
5	0.03860	0.27512	0.20445	0.13343	0.23174	0.11667
6	0.03838	0.27533	0.20408	0.13341	0.23189	0.11690
7	0.03829	0.27543	0.20391	0.13339	0.23195	0.11702
8	0.03825	0.27548	0.20383	0.13338	0.23198	0.11708
9	0.03823	0.27550	0.20379	0.13338	0.23200	0.11711
10	0.03822	0.27551	0.20377	0.13338	0.23201	0.11712

表 5.4 図 5.3 のネットに対する PageRank と HITS における人気度.

ページ	1	2	3	4	5	6
PageRank	0.31683	0.35644	0.11881	0.14851	0.01980	0.03960
HITS (権威得点)	0.36602	0.10485	0.11939	0.27069	0.05076	0.08829
HITS (ハブ得点)	0.03821	0.27552	0.20376	0.13338	0.23201	0.11713

5.5 数値例（ウェブページの人気度）

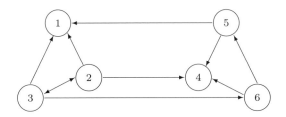

図 5.4　リンク $4 \to 1$ と $1 \to 2$ が切れた非連結ネット．

5.5.2　ぶら下がりページが存在するネット

図 5.3 のネットにおいて，ページ 4 からページ 1 に向かうリンクとページ 1 からページ 2 に向かうリンクを削除したネットを図 5.4 に示す．

ページ 1 と 4 は，そこから出るリンクがないぶら下がりページである．このとき，どのページから出発しても，リンクの矢印の向きに沿って進むと必ずページ 1 または 4 に到り，それ以上には進めないことが分かる．一般に，ぶら下がりページを含むネットは，有向グラフとして**非連結** (unconnected) である．

図 5.4 のネットの隣接行列 A' を考える．ページ 1 と 4 から出るリンクが存在しないので，A' の第 1 列と第 4 列の要素はすべて 0 となる．このようにすべての要素が 0 である列をもつ隣接行列に対して，PageRank では，式 (5.5) に従って，ぶら下がりページベクトル $\boldsymbol{a} = (1, 0, 0, 1, 0, 0)$ を用いて，第 1 列と第 4 列のすべての要素について $\frac{1}{6}$ を補完する階数 1 の更新により，確率行列 S' を作る．

$$
A' = \begin{bmatrix} 0 & 1 & 1 & 0 & 1 & 0 \\ 0 & 0 & 1 & 0 & 0 & 0 \\ 0 & 1 & 0 & 0 & 0 & 0 \\ 0 & 1 & 0 & 0 & 1 & 1 \\ 0 & 0 & 0 & 0 & 0 & 1 \\ 0 & 0 & 1 & 0 & 0 & 0 \end{bmatrix} \quad ; \quad H' = \begin{bmatrix} 0 & \frac{1}{3} & \frac{1}{3} & 0 & \frac{1}{2} & 0 \\ 0 & 0 & \frac{1}{3} & 0 & 0 & 0 \\ 0 & \frac{1}{3} & 0 & 0 & 0 & 0 \\ 0 & \frac{1}{3} & 0 & 0 & \frac{1}{2} & \frac{1}{2} \\ 0 & 0 & 0 & 0 & 0 & \frac{1}{2} \\ 0 & 0 & \frac{1}{3} & 0 & 0 & 0 \end{bmatrix},
$$

5章　ウェブページのランキング

$$S' = H' + \frac{1}{6}\begin{bmatrix} 1 \\ 1 \\ 1 \\ 1 \\ 1 \\ 1 \end{bmatrix}\boldsymbol{a} = \begin{bmatrix} \frac{1}{6} & \frac{1}{3} & \frac{1}{3} & \frac{1}{6} & \frac{1}{2} & 0 \\ \frac{1}{6} & 0 & \frac{1}{3} & \frac{1}{6} & 0 & 0 \\ \frac{1}{6} & \frac{1}{3} & 0 & \frac{1}{6} & 0 & 0 \\ \frac{1}{6} & \frac{1}{3} & 0 & \frac{1}{6} & \frac{1}{2} & \frac{1}{2} \\ \frac{1}{6} & 0 & 0 & \frac{1}{6} & 0 & \frac{1}{2} \\ \frac{1}{6} & 0 & \frac{1}{3} & \frac{1}{6} & 0 & 0 \end{bmatrix}.$$

HITSでは，隣接行列 A' に対する権威行列とハブ行列が次のようになる．

$$A'(A')^\top := \begin{bmatrix} 3 & 1 & 1 & 2 & 0 & 1 \\ 1 & 1 & 0 & 0 & 0 & 1 \\ 1 & 0 & 1 & 1 & 0 & 0 \\ 2 & 0 & 1 & 3 & 1 & 0 \\ 0 & 0 & 0 & 1 & 1 & 0 \\ 1 & 1 & 0 & 0 & 0 & 1 \end{bmatrix} \;;\; (A')^\top A' = \begin{bmatrix} 0 & 0 & 0 & 0 & 0 & 0 \\ 0 & 3 & 1 & 0 & 2 & 1 \\ 0 & 1 & 3 & 0 & 1 & 0 \\ 0 & 0 & 0 & 0 & 0 & 0 \\ 0 & 2 & 1 & 0 & 2 & 1 \\ 0 & 1 & 0 & 0 & 1 & 2 \end{bmatrix}.$$

PageRankの人気度を与える S' の右正規主固有ベクトルと，HITSの権威行列 $A'(A')^\top$ とハブ行列 $(A')^\top A'$ の右正規主固有ベクトルを表5.5に示す．このとき，1，2番人気は，PageRankではページ4，ページ1であるが，HITSではページ1，ページ4となり，逆転している．ページ1と4に向かうリンクの数はともに3本である．また，ハブ得点は，他のページに向かうリンクが3本あるページ2が最も高いが，同数の外向きリンクがあるページ3の得点は，外向きリンクの数が2本のページ5よりも低い．また，外向きリンクが存在しないページ1と4のハブ得点は0である．

表5.5　図5.4のネットに対する PageRank と HITS における人気度．

ページ	1	2	3	4	5	6
PageRank	0.23469	0.12245	0.12245	0.25710	0.14286	0.12245
HITS（権威得点）	0.32733	0.08634	0.13188	0.30455	0.06356	0.08634
HITS（ハブ得点）	0	0.33739	0.22087	0	0.27913	0.16261

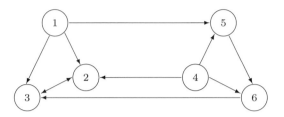

図 5.5 図 5.4 のネットにおけるすべてのリンクを逆向きにしたネット．

5.5.3 ぶら下がりページが存在しない非連結ネット

図 5.4 のネットにおけるすべてのリンクの矢印の向きを逆転させたネットを図 5.5 に示す．このネットにぶら下がりページは存在しないが，例えば，ページ 2 からリンクの向きに沿ってページ 1 に行くことができないので，このネットも有向グラフとして非連結である．

図 5.5 のネットの隣接行列は，図 5.4 のネットの隣接行列 A' の転置行列

$$A'' := (A')^\top = \begin{bmatrix} 0 & 0 & 0 & 0 & 0 & 0 \\ 1 & 0 & 1 & 1 & 0 & 0 \\ 1 & 1 & 0 & 0 & 0 & 1 \\ 0 & 0 & 0 & 0 & 0 & 0 \\ 1 & 0 & 0 & 1 & 0 & 0 \\ 0 & 0 & 0 & 1 & 1 & 0 \end{bmatrix}$$

で与えられる．HITS では，隣接行列 A'' に対する権威行列は，図 5.4 のネットのハブ行列 $(A')^\top A'$ の転置行列として，

$$A''(A'')^\top = (A')^\top A' = \begin{bmatrix} 0 & 0 & 0 & 0 & 0 & 0 \\ 0 & 3 & 1 & 0 & 2 & 1 \\ 0 & 1 & 3 & 0 & 1 & 0 \\ 0 & 0 & 0 & 0 & 0 & 0 \\ 0 & 2 & 1 & 0 & 2 & 1 \\ 0 & 1 & 0 & 0 & 1 & 2 \end{bmatrix}$$

となる．権威行列 $A''(A'')^\top$ の固有値は，5.79129, 2.61803, 1.20871, 0.38197, 0, 0 である．この行列は，第 1, 4 行と第 1, 4 列のすべての要素が 0 である．そのため，主固有値 5.79129 に対応する右正規主固有ベクトル

$$(0,\ 0.33739,\ 0.22087,\ 0,\ 0.27913,\ 0.16261)^\top$$

は，第 1, 4 要素が 0 であり，ページ 1 と 4 に権威得点を付けることができない．従って，図 5.5 のネットに対しては，上記の HITS の手順を修正するような何らかの対処が必要である（1 つの対処案を 5.6.7 項に示す）．

このような問題は，HITS だけでなく PageRank でも生じ，さらに深刻である．図 5.5 のネットでは，どのページから出発しても，リンクの矢印の向きに沿って進めるだけ進むと，必ずページ 2 または 3 に到達し，その後はページ 2 と 3 を往復することに陥る．つまり，定常状態におけるネットユーザはページ 2 と 3 を交互に閲覧することを繰り返し，それ以外のページがまったく存在しないも同然になることが分かる．

隣接行列 A'' から得られる次のハイパーリンク行列 H'' は確率行列である．

$$H'' = \begin{bmatrix} 0 & 0 & 0 & 0 & 0 & 0 \\ \frac{1}{3} & 0 & 1 & \frac{1}{3} & 0 & 0 \\ \frac{1}{3} & 1 & 0 & 0 & 0 & 1 \\ 0 & 0 & 0 & 0 & 0 & 0 \\ \frac{1}{3} & 0 & 0 & \frac{1}{3} & 0 & 0 \\ 0 & 0 & 0 & \frac{1}{3} & 1 & 0 \end{bmatrix}$$

行列 H'' の固有値は $1, -1, 0, 0, 0, 0$ であり，固有値 1 に対応する右主固有ベクトルは $(0, 0.5, 0.5, 0, 0, 0)^\top$ であり，固有値 -1 に対応する右主固有ベクトルは $(0, -0.5, 0.5, 0, 0, 0)^\top$ であるから，絶対値が最大の 2 つの固有値に対応する主固有ベクトルは一意的でない．主固有ベクトルの第 1, 4 要素のみならず第 5, 6 要素も 0 であり，ページ 1, 4, 5, 6 の人気度を算出することができない．すなわち，図 5.5 のネットに対しては，HITS や PageRank の手順を修正するような何らかの対処が必要である．

5.5.4 SALSA の適用例

図 5.4 のネットに SALSA（5.4 節）を適用してみよう．このネットの隣接行列を，改めて

$$A = \begin{bmatrix} 0 & 1 & 1 & 0 & 1 & 0 \\ 0 & 0 & 1 & 0 & 0 & 0 \\ 0 & 1 & 0 & 0 & 0 & 0 \\ 0 & 1 & 0 & 0 & 1 & 1 \\ 0 & 0 & 0 & 0 & 0 & 1 \\ 0 & 0 & 1 & 0 & 0 & 0 \end{bmatrix}$$

と書く．権威側のページの集合 $V_a = \{1,2,3,4,5,6\}$，ハブ側のページの集合 $V_h = \{2,3,5,6\}$，およびそれらを結ぶ辺の集合で構成する無向 2 部グラフを図 5.6 に示す．

隣接行列 A の各非零列をその列和で割った行列を A_r とし，A の各非零行をその行和で割った行列を A_c とする（5.4.2 項）．例えば，A_r の第 2 列は，ページ 2 からページ 1, 3, 4 にそれぞれ等確率 $\frac{1}{3}$ でリンクが張られていることを表す．また，A_c の第 1 行は，ページ 1 にページ 2, 3, 5 から等確率 $\frac{1}{3}$ でリンクが張られていることを示す．

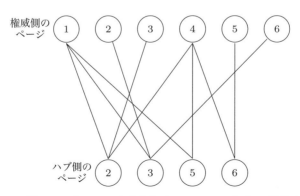

図 5.6　図 5.4 のネットから作られる SALSA の無向 2 部グラフ．

5章　ウェブページのランキング

$$A_r = \begin{bmatrix} 0 & \frac{1}{3} & \frac{1}{3} & 0 & \frac{1}{2} & 0 \\ 0 & 0 & \frac{1}{3} & 0 & 0 & 0 \\ 0 & \frac{1}{3} & 0 & 0 & 0 & 0 \\ 0 & \frac{1}{3} & 0 & 0 & \frac{1}{2} & \frac{1}{2} \\ 0 & 0 & 0 & 0 & 0 & \frac{1}{2} \\ 0 & 0 & \frac{1}{3} & 0 & 0 & 0 \end{bmatrix} \quad ; \quad A_c = \begin{bmatrix} 0 & \frac{1}{3} & \frac{1}{3} & 0 & \frac{1}{3} & 0 \\ 0 & 0 & 1 & 0 & 0 & 0 \\ 0 & 1 & 0 & 0 & 0 & 0 \\ 0 & \frac{1}{3} & 0 & 0 & \frac{1}{3} & \frac{1}{3} \\ 0 & 0 & 0 & 0 & 0 & 1 \\ 0 & 0 & 1 & 0 & 0 & 0 \end{bmatrix}.$$

権威行列 $\tilde{A}$ は行列 $A_r A_c^\top$ の非零の行と列から成り，ハブ行列 $\tilde{H}$ は行列 $A_c^\top A_r$ の非零の行と列から成る．

$$\tilde{A} = A_r A_c^\top = \begin{bmatrix} \frac{7}{18} & \frac{1}{3} & \frac{1}{3} & \frac{5}{18} & 0 & \frac{1}{3} \\ \frac{1}{9} & \frac{1}{3} & 0 & 0 & 0 & \frac{1}{3} \\ \frac{1}{9} & 0 & \frac{1}{3} & \frac{1}{9} & 0 & 0 \\ \frac{5}{18} & 0 & \frac{1}{3} & \frac{4}{9} & \frac{1}{2} & 0 \\ 0 & 0 & 0 & \frac{1}{6} & \frac{1}{2} & 0 \\ \frac{1}{9} & \frac{1}{3} & 0 & 0 & 0 & \frac{1}{3} \end{bmatrix},$$

$$A_c^\top A_r = \begin{bmatrix} 0 & 0 & 0 & 0 & 0 & 0 \\ 0 & \frac{5}{9} & \frac{1}{9} & 0 & \frac{1}{3} & \frac{1}{6} \\ 0 & \frac{1}{9} & \frac{7}{9} & 0 & \frac{1}{6} & 0 \\ 0 & 0 & 0 & 0 & 0 & 0 \\ 0 & \frac{2}{9} & \frac{1}{9} & 0 & \frac{1}{3} & \frac{1}{6} \\ 0 & \frac{1}{9} & 0 & 0 & \frac{1}{6} & \frac{2}{3} \end{bmatrix} \quad ; \quad \tilde{H} = \begin{bmatrix} \frac{5}{9} & \frac{1}{9} & \frac{1}{3} & \frac{1}{6} \\ \frac{1}{9} & \frac{7}{9} & \frac{1}{6} & 0 \\ \frac{2}{9} & \frac{1}{9} & \frac{1}{3} & \frac{1}{6} \\ \frac{1}{9} & 0 & \frac{1}{6} & \frac{2}{3} \end{bmatrix}.$$

権威行列 $\tilde{A}$ は確率行列であり，その固有値は $1, 0.73354, 0.46368, 0.13611, 0, 0$ である．最大の固有値 1 に対応する正規化された右固有ベクトル

$$\left(\tfrac{3}{10}, \tfrac{1}{10}, \tfrac{1}{10}, \tfrac{3}{10}, \tfrac{1}{10}, \tfrac{1}{10}\right)^\top$$

の各要素がページ 1, 2, 3, 4, 5, 6 の権威得点である．ハブ行列 $\tilde{H}$ もまた確率行列であり，その固有値は $1, 0.73354, 0.46368, 0.13611$ である（$\tilde{H}$ の非零の固有値は $\tilde{A}$ の非零の固有値と同じになっていることが確認できる）．最大の固有値 1 に対応する正規化された右固有ベクトル

$$\left(\tfrac{3}{10}, \tfrac{3}{10}, \tfrac{1}{5}, \tfrac{1}{5}\right)^\top$$

表 5.6 図 5.4 のネットに対する SALSA における人気度.

ページ	1	2	3	4	5	6
SALSA（権威得点）	0.3	0.1	0.1	0.3	0.1	0.1
SALSA（ハブ得点）	0	0.3	0.3	0	0.2	0.2

の各要素がページ 2, 3, 5, 6 のハブ得点である．他のページに向かうリンクがないページ 1 と 4 のハブ得点は 0 とする．図 5.4 のネットに対する SALSA における権威得点とハブ得点を表 5.6 に示す．表 5.5 にある HITS による人気度と比較すると，権威得点が高いページはともにページ 1 と 4 であり，これらに向かうリンクはともに 3 本である．一方，ハブ得点が高いページは，表 5.5 ではページ 2（外向きリンクは 3 本）とページ 5（外向きリンクは 2 本）であるが，表 5.6 ではページ 2 とページ 3（外向きリンクは 3 本）である．

5.6 Google 行列

前節の数値例で見たように，与えられたネットのリンク関係によっては，PageRank や HITS では人気度を適切に計算できないことがある．さらに，右の図 5.7 に示されたような非連結ネットに対しては，PageRank と HITS で計算する右主固有ベクトルはともに一意的でない．本節では，これらの問題に対する対処法として提案された Google 行列を説明する．

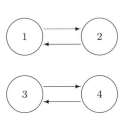

図 5.7 非連結ネット．

5.6.1 非連結ネットの取り扱い

単純な固有ベクトル法では人気度をいつも問題なく算出できるとは限らない．このことを図 5.7 に示すネットを表す下記の隣接行列 A に PageRank と HITS を適用することで示そう．

このネットにはぶら下がりページは存在せず，隣接行列 A は各列において列和が 1 であるから，PageRank で用いるハイパーリンク行列 H も，Markov 連鎖の状態推移行列 S も A と同じであり，S は確率行列である．

5章 ウェブページのランキング

$$A = H = S = \begin{array}{c} \\ 1 \\ 2 \\ 3 \\ 4 \end{array} \begin{array}{c} 1 \quad 2 \quad 3 \quad 4 \\ \left[\begin{array}{cc|cc} 0 & 1 & 0 & 0 \\ 1 & 0 & 0 & 0 \\ \hline 0 & 0 & 0 & 1 \\ 0 & 0 & 1 & 0 \end{array} \right] \end{array}. \tag{5.10}$$

図 5.7 のネットは，有向グラフとして非連結であることから，行列 S は**可約** (reducible) である[*15]．行列 S の固有値は 1（2 重）と -1（2 重）であり，絶対値が最大の固有値（主固有値）が 4 個存在する．それらの固有値に対応する固有ベクトルを表 5.7 に示す．

行列 S の主固有値 1 に対応する正の右主固有ベクトルは，定数倍の違いを無視しても，無数に存在する．例えば，独立な右主固有ベクトル $(1,1,0,0)^\top$ と $(0,0,1,1)^\top$ の線形結合

$$(\alpha, \alpha, \beta, \beta)^\top = \alpha(1,1,0,0)^\top + \beta(0,0,1,1)^\top \qquad \alpha \text{ と } \beta \text{ は正の定数}$$

[*15] まず，「置換行列」の定義と性質を述べる（古屋, 1959, p. 164）．n 個のページをもつネットの隣接行列 $A = (\alpha_{ij})$ に対し，ページ番号 $\{1, 2, \ldots, n\}$ を $\{i_1, i_2, \ldots, i_n\}$ に付け替えるときに，$(1, i_1), (2, i_2), \ldots, (n, i_n)$ 要素を 1 とし，他のすべての要素を 0 とする n 次正方行列 P を考えて，これを**置換行列**または**順列行列** (permutation matrix) と呼ぶ．このとき，

$$\left(P^\top A\right)_{jk} = \sum_{l=1}^{n} P_{lj} \alpha_{lk} = \alpha_{i_j k} \quad ; \quad \left(P^\top A P\right)_{jk} = \sum_{l=1}^{n} \alpha_{i_j l} P_{lk} = \alpha_{i_j i_k}$$

であるから，「正方行列 A を置換行列 P で変換した行列」$P^\top AP$ の第 j 行 k 列要素はもとの行列 A の第 i_j 行 i_k 列要素になっていることが分かる．因みに，置換行列 P は直交行列である（$PP^\top = P^\top P = I$, $P^{-1} = P^\top$）．

次に，「可約行列」と「既約行列」の定義（古屋, 1959, p. 165），およびそれらとネットの連結性との対応関係を述べる（LM, p. 225）．正方行列 A に対して，

$$P^\top AP = \begin{bmatrix} X & Y \\ O & Z \end{bmatrix} \qquad X \text{ と } Y \text{ は正方行列}$$

となるような置換行列 P が存在すれば，A は可約または**分解可能** (decomposable) な行列と呼ばれる．ネットが非連結であることと，ネットを表す有向グラフの隣接行列が可約であることは同等である．一方，正方行列 A に対して，上記のような置換行列 P が存在しないとき，A は**既約** (irreducible) または**分解不能** (indecomposable) な行列と呼ばれる．脚注 14（201 ページ）に述べたように，ネットが強連結であることと，ネットを表す有向グラフの隣接行列が既約であることは同等である．

表 5.7 式 (5.10) の状態推移行列 S に対する固有値と固有ベクトル.

固有値	固有ベクトル
1	$(1, 1, 0, 0)^\top$
1	$(0, 0, 1, 1)^\top$
-1	$(-1, 1, 0, 0)^\top$
-1	$(0, 0, -1, 1)^\top$

表 5.8 式 (5.10) の権威行列およびハブ行列 I に対する固有値と固有ベクトル.

固有値	固有ベクトル
1	$(1, 0, 0, 0)^\top$
1	$(0, 1, 0, 0)^\top$
1	$(0, 0, 1, 0)^\top$
1	$(0, 0, 0, 1)^\top$

はすべて主固有値 1 に対応する右主固有ベクトルである．このように，右主固有ベクトルが一意的には定まらない．

一方，HITS における権威行列とハブ行列は，同じ 4 次単位行列

$$AA^\top = A^\top A = I$$

となり，この行列の固有値は 1（4 重）である．最大の固有値 1 に対応する 4 つの主固有ベクトルを表 5.8 に示す．主固有ベクトルは，一意的に定まらないどころか，任意のベクトルが主固有ベクトルである．

5.6.2 テレポーテーションベクトル

非連結ネットについてもすべてのページの人気度を計算できるようにするために，PageRank では，与えられたすべての要素が正である確率横ベクトル

$$\boldsymbol{v} := (v_1, v_2, \ldots, v_n) \quad v_i > 0 \quad 1 \leq i \leq n \quad ; \quad \mathbf{1}\boldsymbol{v}^\top = \sum_{i=1}^{n} v_i = 1$$

を用いる．まず，ハイパーリンク行列 H から状態推移行列 S を作るときに，階数 1 の更新 (5.5) を一般化して，

5章 ウェブページのランキング

$$S := H + \boldsymbol{v}^\top \boldsymbol{a} \tag{5.11}$$

とする．ここで，$\boldsymbol{a}$ はぶら下がりページベクトル（5.2.3項）である．行列 $\boldsymbol{v}^\top \boldsymbol{a}$ は，ぶら下がりページの番号の列だけに縦ベクトル $\boldsymbol{v}^\top$ が並び，他の列の要素はすべて 0 である．従って，式 (5.11) で与えられる行列 S は，すべての要素が非負であり，すべての列において，要素の列和が 1 となるので，確率行列である．

さらに，$0 < d < 1$ とする**減衰率**（damping または decay factor）と呼ばれるスカラー定数 d を用いて，S を次に示す行列 G に修正する．

$$G := d \cdot S + (1 - d) \cdot \boldsymbol{v}^\top \mathbf{1} \qquad 0 < d < 1, \tag{5.12}$$

$$\boldsymbol{v}^\top \mathbf{1} = \begin{bmatrix} v_1 \\ v_2 \\ \vdots \\ v_n \end{bmatrix} (1, 1, \ldots, 1) = \begin{bmatrix} v_1 & v_1 & \cdots & v_1 \\ v_2 & v_2 & \cdots & v_2 \\ \vdots & \vdots & \ddots & \vdots \\ v_n & v_n & \cdots & v_n \end{bmatrix}.$$

行列 G を **Google 行列**（Google matrix）と呼ぶ (LM, p. 48)．式 (5.11) と (5.12) の右辺にある正の確率ベクトル $\boldsymbol{v}$ は，Markov 連鎖がどの状態からでも直ちに状態 i に確率 $v_i (> 0)$ で移ることを表すので，（テレビドラマ Star Trek で人を遠くに瞬間移動させることに似ていることから）**テレポーテーションベクトル**（teleportation vector）と呼ばれる (LM, p. 65)．特に，$\boldsymbol{v} = (1/n)\mathbf{1}$ の場合は，式 (5.11) は式 (5.5) となり，式 (5.12) は次のようになる．

$$G = d \cdot S + (1 - d) \cdot \frac{1}{n} \mathbf{1}^\top \mathbf{1} \qquad 0 < d < 1. \tag{5.13}$$

第 5.2.3 項において，ハイパーリンク行列 H から状態推移行列 S を作ることは，ぶら下がりページについて，他のすべてのページに向かうリンクを張り，ネットユーザは確率行列 S に従って次に見るページを選ぶことであると説明し，これを「確率性の調整」と呼んだ．Google 行列 (5.12) の構成は，それに加えて，気まぐれなネットユーザが確率 d で行列 S に従って行動し，確率 $1 - d$ で行列 S を無視してすべてのページをランダムに見に行く（同じページに戻る場合も含む）という行動を取ることに相当する．以下に示すように，その結果として

作られる Google 行列が原始行列となる（次項）ので，この 2 つ目の調整を**原始性の調整** (primitivity adjustment) という (LM, p. 47)．第 5.2.5 項 (2) において，このような行動を取るネットユーザを「ランダムサーファー」と呼び，その行動をなぞる PageRank の反復計算法を示した．Google 行列はその方法の理論化である．

5.6.3 Google 行列の性質

式 (5.12) で与えられる Google 行列 G は以下の性質をもつ (LM, pp. 48)．
(1) G は正行列である[*16]．
（証明）$G_{ij} = dS_{ij} + (1-d)v_i \geq (1-d)v_i > 0,\ 1 \leq i, j \leq n$．
従って，Google 行列 G には次の Perron の定理を適用できる．
Perron の定理 (Perron's theorem)：正の正方行列について，以下が成り立つ (関谷, 2000, p. 162; 古谷, 1959, p. 169; LM, p. 220)．
- 特性方程式の解が重複することはない．
- 絶対値が最大の正の固有値（主固有値）がただ 1 つ存在し，その他の固有値の絶対値は主固有値よりも厳密に小さい．
- 主固有値に対応する正の右固有ベクトルが，定数倍を除いて，一意的に存在する．

(2) G は確率行列である．従って，行列 G の主固有値は 1 である（5.2.4 項）．

$$\sum_{i=1}^{n} G_{ij} = d \sum_{i=1}^{n} S_{ij} + (1-d) \sum_{i=1}^{n} v_i = d + (1-d) = 1.$$

(3) G の表す有向グラフは強連結であるから，行列 G は既約である．
(4) 状態推移行列 G をもつ Markov 連鎖は**非周期的** (aperiodic) である[*17]．

[*16] 一般に，すべての要素が正の行列を**正行列** (positive matrix) といい，すべての要素が非負の行列を**非負行列** (nonnegative matrix) という．本章の行列では，隣接行列 A，ハイパーリンク行列 H，状態推移行列 S は非負行列であり，Google 行列は正行列である．同様に，すべての要素が正のベクトルを**正ベクトル** (positive vector) といい，すべての要素が非負のベクトルを**非負ベクトル** (nonnegative vector) という．

[*17] $G_{ii}^{k} > 0$ となるような整数 k の最大公約数が 2 以上であるとき，状態 i は**周期的** (periodic) であるといい，その最大公約数を状態 i の**周期** (period) と呼ぶ．そうでないとき ($G_{ii} > 0$

Markov 連鎖の状態 i について，$G_{ii} > 0$ により，1 ステップで状態 i から i に戻ることができる．従って，状態 i は非周期的である．すべての状態が非周期的であるので，Markov 連鎖の全体が非周期的である．

(5) G は既約な正行列であるから，次の Frobenius の定理を適用できる．

Frobenius の定理 (Frobenius theorem)：既約な非負の正方行列について，以下が成り立つ (関谷, 2000, 古谷, 1959, p. 168; p. 163; LM, p. 226)[18]．

- 特性方程式の解が重複することはない．
- 絶対値が最大の正の固有値（主固有値）が存在し，その他のすべての固有値の絶対値は主固有値以下である（主固有値と同じ絶対値をもつ固有値が他にも存在することがある[19]）．
- 主固有値に対応する正の右固有ベクトルが，定数倍を除いて，一意的に存在する．

(6) G は原始行列（224 ページ）である．

G は正行列であるから，Perron の定理により，その絶対値が主固有値に等しいような他の固有値は存在しない．従って，G の主固有値は 1 つしかない．さらに，G は既約でもあるから，原始行列である．

例えば，式 (5.10) の行列 S に対して，式 (5.13) で与えられる Google 行列は

$$G = \begin{bmatrix} \frac{1-d}{4} & \frac{1+3d}{4} & \frac{1-d}{4} & \frac{1-d}{4} \\ \frac{1+3d}{4} & \frac{1-d}{4} & \frac{1-d}{4} & \frac{1-d}{4} \\ \frac{1-d}{4} & \frac{1-d}{4} & \frac{1-d}{4} & \frac{1+3d}{4} \\ \frac{1-d}{4} & \frac{1-d}{4} & \frac{1+3d}{4} & \frac{1-d}{4} \end{bmatrix} \tag{5.14}$$

である．このとき，G の特性方程式は

$$0 = |G - xI| = (x-1)(x-d)(x+d)^2$$

---

[17]【続き】の場合を含む），状態 i は非周期的であるという．有限の既約な Markov 連鎖においては，すべての状態について，周期性と周期は共通である．

[18] Perron の定理は正行列を対象とし，Frobenius の定理は非負行列を対象としている．両者を併せて **Perron-Frobenius の定理**という．その証明は，例えば，室田・杉原 (2015b, p. 27) を参照．

[19] その例が図 5.1 と脚注 6（183 ページ）に示されている．

表 5.9　式 (5.14) の行列 G に対する固有値と右固有ベクトル．

固有値	固有ベクトル
1（主固有値）	$(1, 1, 1, 1)^\top$
d	$(-1, -1, 1, 1)^\top$
$-d$	$(-1, 1, 0, 0)^\top$
$-d$	$(0, 0, -1, 1)^\top$

となり，この 4 次方程式の解（固有値）は $x = 1, d, -d$（重解）である．$0 < d < 1$ により，これらのうち，絶対値が最大の固有値は 1 であり，他の 3 つの固有値の絶対値は 1 よりも小さい．従って，G は原始行列である．行列 G に対する固有値と右固有ベクトルを表 5.9 に示す．主固有値 1 に対応する正規化された右固有ベクトルは $\boldsymbol{\pi} = (\frac{1}{4}, \frac{1}{4}, \frac{1}{4}, \frac{1}{4})^\top$ である．

5.6.4　線形連立方程式の解

本項では，人気度ベクトル $\boldsymbol{\pi}$ を Google 行列の固有値問題を解かなくても，線形連立方程式を解くことにより求めることができることを示す．

まず，確率行列 S と減衰率 d ($0 < d < 1$) に対して，行列 $I - dS$ が**正則行列**（regular または nonsingular matrix）であること，すなわち，その行列式が 0 でないことを証明する（I は S と同じ次数の単位行列）．

確率行列の要素はすべて非負で 1 以下であるので，行列 dS の要素はすべて d 以下である．また，次に示すように，S^2 は確率行列である．

$$\sum_{i=1}^{n}(S^2)_{ij} = \sum_{i=1}^{n}\sum_{l=1}^{n}S_{il}S_{lj} = \sum_{l=1}^{n}\left(\sum_{i=1}^{n}S_{il}\right)S_{lj} = \sum_{l=1}^{n}S_{lj} = 1.$$

数学的帰納法により，任意の自然数 k について，行列 S^k も確率行列であることが分かる．$(dS)^k = d^k S^k$ の要素はすべて d^k 以下である ($k = 2, 3, \ldots$)．従って，

$$\boldsymbol{O} \leq \lim_{k \to \infty}(dS)^k \leq \lim_{k \to \infty} d^k I = 0 \times I = \boldsymbol{O}$$

が成り立つので，$\lim_{k \to \infty}(dS)^k = \boldsymbol{O}$ である（$\boldsymbol{O}$ は S と同じ次数の正方零行列）．ここで，

$$S^{(k)} := I + dS + (dS)^2 + \cdots + (dS)^k$$

5章 ウェブページのランキング

を定義すると，$dS \cdot S^{(k)} := dS + (dS)^2 + \cdots + (dS)^k + (dS)^{k+1}$ により

$$(I - dS)S^{(k)} = I - (dS)^{k+1}$$

が得られる．この式の両辺の行列式は

$$|(I - dS)S^{(k)}| = |I - dS||S^{(k)}| = |I - (dS)^{k+1}|$$

である．ここで $k \to \infty$ とすると

$$|I - dS| \lim_{k \to \infty} |S^{(k)}| = \lim_{k \to \infty} |I - (dS)^{k+1}| = |I - O| = |I| = 1$$

となる．従って，$|I - dS| \neq 0$ により，行列 $I - dS$ は正則である．証明終わり．

行列 $I - dS$ が正則であるから，逆行列 $(I - dS)^{-1}$ が存在して，以下が成り立つ．

$$(I - dS) \lim_{k \to \infty} S^{(k)} = I \quad ; \quad \lim_{k \to \infty} S^{(k)} = (I - dS)^{-1}.$$

式 (5.12) で与えられる Google 行列 G の右正規主固有ベクトルを $\boldsymbol{\pi}$ とする．

$$[dS + (1-d)\boldsymbol{v}^\top \mathbf{1}]\boldsymbol{\pi} = \boldsymbol{\pi} \quad ; \quad \mathbf{1}\boldsymbol{\pi} = 1.$$

このとき，$\boldsymbol{\pi}$ は線形連立方程式

$$(I - dS)\boldsymbol{x} = (1-d)\boldsymbol{v}^\top \tag{5.15}$$

を解いて $\boldsymbol{x}$ を求め，その正規化 $\boldsymbol{\pi} = \boldsymbol{x}/\mathbf{1}\boldsymbol{x}$ により得られる (LM, p. 93)．

実際，もし $\boldsymbol{x}$ が方程式 (5.15) の正規化された解 ($\mathbf{1}\boldsymbol{x} = 1$) であれば，

$$\begin{aligned}
(I - G)\boldsymbol{x} &= [I - dS - (1-d)\boldsymbol{v}^\top \mathbf{1}]\boldsymbol{x} \\
&= (I - dS)\boldsymbol{x} - (1-d)\boldsymbol{v}^\top \mathbf{1}\boldsymbol{x} \\
&= (I - dS)\boldsymbol{x} - (1-d)\boldsymbol{v}^\top = \mathbf{0}
\end{aligned}$$

であるから，$G\boldsymbol{x} = \boldsymbol{x}$ が成り立つ．ここで，上で証明したように，行列 $I - dS$ は正則であるから，方程式 (5.15) の解は必ず存在する．

しかし，Google 行列 G は疎ではない（227 ページ）ので，大規模な数値計算

5.6 Google 行列

のためには,疎なハイパーリンク行列 H を使った線形連立方程式が望ましい.そのような方程式を導くために,式 (5.11) と (5.12) から得られる

$$G = dS + (1-d)\boldsymbol{v}^\top \mathbf{1} = d(H + \boldsymbol{v}^\top \boldsymbol{a}) + (1-d)\boldsymbol{v}^\top \mathbf{1}$$
$$= dH + \boldsymbol{v}^\top [d\boldsymbol{a} + (1-d)\mathbf{1}]$$

を用いると,

$$(I - G)\boldsymbol{x} = \{I - dH - \boldsymbol{v}^\top [d\boldsymbol{a} + (1-d)\mathbf{1}]\}\boldsymbol{x}$$
$$= (I - dH)\boldsymbol{x} - \boldsymbol{v}^\top [d\boldsymbol{a} + (1-d)\mathbf{1}]\boldsymbol{x}$$
$$= (I - dH)\boldsymbol{x} - d\boldsymbol{v}^\top \boldsymbol{a}\boldsymbol{x} - (1-d)\boldsymbol{v}^\top$$
$$= (I - dH)\boldsymbol{x} - (1 - d + \gamma d)\boldsymbol{v}^\top$$

となる.ここで,$\gamma = \boldsymbol{a}\boldsymbol{x}$ としたが,$\boldsymbol{x}$ は後で正規化するので,γ の値は自由に選んでよい.そこで,$\gamma = 1$ とすれば,線形連立方程式

$$(I - dH)\boldsymbol{x} = \boldsymbol{v}^\top \tag{5.16}$$

を解いて $\boldsymbol{x}$ を求め,その正規化 $\boldsymbol{\pi} = \boldsymbol{x}/\mathbf{1}\boldsymbol{x}$ により,$\boldsymbol{\pi}$ が得られることになる.このとき,非負の行列 H の各列和は 0 または 1 であるから,本項の始めに確率行列 S について示したのと同じ方法により $\lim_{k \to \infty} (dH)^k = \boldsymbol{O}$ であることが分かる.このことから $|I - dH| \neq 0$ が言えるので,行列 $I - dH$ も正則であり,方程式 (5.16) の解は必ず存在する (LM, p. 95).

数値例として,ぶら下がりページが存在する図 5.4 のネットを考えると,

$$H = \begin{bmatrix} 0 & \frac{1}{3} & \frac{1}{3} & 0 & \frac{1}{2} & 0 \\ 0 & 0 & \frac{1}{3} & 0 & 0 & 0 \\ 0 & \frac{1}{3} & 0 & 0 & 0 & 0 \\ 0 & \frac{1}{3} & 0 & 0 & \frac{1}{2} & \frac{1}{2} \\ 0 & 0 & 0 & 0 & 0 & \frac{1}{2} \\ 0 & 0 & \frac{1}{3} & 0 & 0 & 0 \end{bmatrix} \;;\; S = \begin{bmatrix} \frac{1}{6} & \frac{1}{3} & \frac{1}{3} & \frac{1}{6} & \frac{1}{2} & 0 \\ \frac{1}{6} & 0 & \frac{1}{3} & \frac{1}{6} & 0 & 0 \\ \frac{1}{6} & \frac{1}{3} & 0 & \frac{1}{6} & 0 & 0 \\ \frac{1}{6} & \frac{1}{3} & 0 & \frac{1}{6} & \frac{1}{2} & \frac{1}{2} \\ \frac{1}{6} & 0 & 0 & \frac{1}{6} & 0 & \frac{1}{2} \\ \frac{1}{6} & 0 & \frac{1}{3} & \frac{1}{6} & 0 & 0 \end{bmatrix}$$

であり,$d = 0.85$ に対して,$|I - dH| = 0.919722$ および $|I - dS| = 0.250905$

により，行列 $I - dH$ と行列 $I - dS$ はともに正則である．方程式 (5.15) または (5.16) の解 x を正規化して得られる人気度は

$$\boldsymbol{\pi} = (0.226144, 0.127870, 0.127870, 0.244259, 0.145985, 0.127870)^\top$$

である．この $\boldsymbol{\pi}$ は Google 行列

$$G = 0.85 \times S + \frac{0.15}{6} \times \mathbf{1}^\top \mathbf{1}$$

$$= \begin{bmatrix} 0.1667 & 0.3083 & 0.3083 & 0.1667 & 0.4500 & 0.0250 \\ 0.1667 & 0.0250 & 0.3083 & 0.1667 & 0.0250 & 0.0250 \\ 0.1667 & 0.3083 & 0.0250 & 0.1667 & 0.0250 & 0.0250 \\ 0.1667 & 0.3083 & 0.0250 & 0.1667 & 0.4500 & 0.4500 \\ 0.1667 & 0.0250 & 0.0250 & 0.1667 & 0.0250 & 0.4500 \\ 0.1667 & 0.0250 & 0.3083 & 0.1667 & 0.0250 & 0.0250 \end{bmatrix}$$

の主固有値 1 に対応する正規化された固有ベクトルである．

5.6.5 減衰率に対する人気度の感度

減衰率 x をもつ Google 行列[*20]

$$G(x) := xS + (1-x)\boldsymbol{v}^\top \mathbf{1} \qquad 0 < x < 1 \qquad (5.17)$$

の右主固有ベクトルとして得られる人気度 $\boldsymbol{\pi}(x)$ が，x に応じてどのように変化するかを考える．

人気度ベクトル

$$\boldsymbol{\pi}(x) := [\pi_1(x), \pi_2(x), \ldots, \pi_n(x)]^\top$$

は次の平衡方程式と正規化条件を満たす．

$$G(x)\boldsymbol{\pi}(x) = \boldsymbol{\pi}(x) \quad ; \quad \mathbf{1}\boldsymbol{\pi}(x) = 1. \qquad (5.18)$$

[*20] 本項では，減衰率として d の代わりに x を用い，Google 行列 G とその右主固有ベクトル（人気度）$\boldsymbol{\pi}$ を x の関数として表す．

5.6 Google 行列

この連立方程式は $(G_{ij}(x)$ と $\pi_i(x)$ の引数 x を省略して)

$$\begin{bmatrix} 1-G_{11} & -G_{12} & \cdots & -G_{1,i} & \cdots & -G_{1,n} \\ -G_{21} & 1-G_{22} & \cdots & -G_{2,i} & \cdots & -G_{2,n} \\ -G_{31} & -G_{32} & \cdots & -G_{3,i} & \cdots & -G_{3,n} \\ \vdots & \vdots & \cdots & \vdots & \cdots & \vdots \\ -G_{i-1,1} & -G_{i-1,2} & \cdots & -G_{i-1,i} & \cdots & -G_{i-1,n} \\ -G_{i,1} & -G_{i,2} & \cdots & 1-G_{i,i} & \cdots & -G_{i,n} \\ -G_{i+1,1} & -G_{i+1,2} & \cdots & -G_{i+1,i} & \cdots & -G_{i+1,n} \\ \vdots & \vdots & \cdots & \vdots & \cdots & \vdots \\ -G_{n-1,1} & -G_{n-1,2} & \cdots & -G_{n-1,i} & \cdots & -G_{n-1,n} \\ 1 & 1 & \cdots & 1 & \cdots & 1 \end{bmatrix} \begin{bmatrix} \pi_1 \\ \pi_2 \\ \pi_3 \\ \vdots \\ \pi_{i-1} \\ \pi_i \\ \pi_{i+1} \\ \vdots \\ \pi_{n-1} \\ \pi_n \end{bmatrix} = \begin{bmatrix} 0 \\ 0 \\ 0 \\ \vdots \\ 0 \\ 0 \\ 0 \\ \vdots \\ 0 \\ 1 \end{bmatrix}$$

と書くことができる．この係数行列は正則であるから，連立方程式の解に関する **Cramer の公式** (Cramer's rule) (古屋, 1959, p. 45) により，正規化された解が

$$\pi_i(x) = \frac{1}{\sum_{j=1}^n D_j(x)}[D_1(x), D_2(x), \ldots, D_n(x)] \qquad 1 \le i \le n \quad (5.19)$$

で与えられる．ここで，$D_i(x)$ は n 次正方行列 $I-G(x)$ から第 n 行と第 i 列を取り除いた $n-1$ 次正方行列の**小行列式** (minor determinant) に $(-1)^{n+i}$ を掛けたものである．これは (再び $G_{ij}(x)$ の引数 x を省略して) 次のように書くことができる．

$D_i(x) = (-1)^{n+i}$

$$\times \begin{vmatrix} 1-G_{11} & -G_{12} & \cdots & -G_{1,i-1} & -G_{1,i+1} & \cdots & -G_{1,n-1} & -G_{1,n} \\ -G_{21} & 1-G_{22} & \cdots & -G_{2,i-1} & -G_{2,i+1} & \cdots & -G_{2,n-1} & -G_{2,n} \\ -G_{31} & -G_{32} & \cdots & -G_{3,i-1} & -G_{3,i+1} & \cdots & -G_{3,n-1} & -G_{3,n} \\ \vdots & \vdots & \cdots & \vdots & \vdots & \cdots & \vdots & \vdots \\ -G_{i1} & -G_{i2} & \cdots & -G_{i,i-1} & -G_{i,i+1} & \cdots & -G_{i,n-1} & -G_{i,n} \\ \vdots & \vdots & \cdots & \vdots & \vdots & \cdots & \vdots & \vdots \\ -G_{n-2,1} & -G_{n-2,2} & \cdots & -G_{n-2,i-1} & -G_{n-2,i+1} & \cdots & -G_{n-2,n-1} & -G_{n-2,n} \\ -G_{n-1,1} & -G_{n-1,2} & \cdots & -G_{n-1,i-1} & -G_{n-1,i+1} & \cdots & 1-G_{n-1,n-1} & -G_{n-1,n} \end{vmatrix}.$$

従って，各 $\pi_i(x)$ は x の有理関数 (多項式の分数) になるので，x で微分できる．このとき，$\boldsymbol{\pi}(x)$ の変化率は次の式で与えられる (LM, p. 90)[21]．

---

[21] パラメタ x をもつベクトルや行列の x に関する微分は，それらの各要素を x で微分したものと定義される．

5章　ウェブページのランキング

$$\frac{d\boldsymbol{\pi}(x)}{dx} = -(I-xS)^{-2}(I-S)\boldsymbol{v}^\top. \tag{5.20}$$

以下では式 (5.20) を証明する．

式 (5.17) を用いて，式 (5.18) の平衡方程式は次のように書くことができる．

$$[xS + (1-x)\boldsymbol{v}^\top \mathbf{1}]\boldsymbol{\pi}(x) = \boldsymbol{\pi}(x).$$

この式の左辺を右辺に移項すると，

$$[I - xS - (1-x)\boldsymbol{v}^\top \mathbf{1}]\boldsymbol{\pi}(x) = \mathbf{0}^\top$$

となる．この式の両辺に左から $(I-xS)^{-1}$ を掛けると，

$$[I - (1-x)(I-xS)^{-1}\boldsymbol{v}^\top \mathbf{1}]\boldsymbol{\pi}(x) = \mathbf{0}^\top$$

となる．これより，方程式 (5.18) の解として，次の結果が得られる．

$$\boldsymbol{\pi}(x) = (1-x)(I-xS)^{-1}\boldsymbol{v}^\top \mathbf{1}\boldsymbol{\pi}(x) = (1-x)(I-xS)^{-1}\boldsymbol{v}^\top. \tag{5.21}$$

次に，パラメタ x をもつ正方行列 $A(x)$ の逆行列 $A(x)^{-1}$ の x に関する微分の公式[*22]

$$\frac{d}{dx}A(x)^{-1} = -A(x)^{-1}\frac{dA(x)}{dx}A(x)^{-1} \tag{5.22}$$

を用いると，

$$\frac{d}{dx}(I-xS)^{-1} = -(I-xS)^{-1}\left[\frac{d}{dx}(I-xS)\right](I-xS)^{-1}$$
$$= (I-xS)^{-1}S(I-xS)^{-1}$$

[*22] 正方行列 $A(x)$ の逆行列 $A(x)^{-1}$ が存在するとき，等式

$$A(x)A(x)^{-1} = I$$

の両辺を x で微分すると，

$$\frac{dA(x)}{dx}A(x)^{-1} + A(x)\frac{dA(x)^{-1}}{dx} = O$$

となり，この式の両辺に左から $A(x)^{-1}$ を掛けると，公式 (5.22) が得られる．

5.6 Google 行列

が成り立つ．従って，式 (5.21) を x で微分すると，以下が得られる．

$$\begin{aligned}
\frac{d\boldsymbol{\pi}(x)}{dx} &= -(I-xS)^{-1}\boldsymbol{v}^\top + (1-x)(I-xS)^{-1}S(I-xS)^{-1}\boldsymbol{v}^\top \\
&= -[I - (1-x)(I-xS)^{-1}S](I-xS)^{-1}\boldsymbol{v}^\top \\
&= -[(I-xS)^{-1}(I-xS) - (1-x)(I-xS)^{-1}S](I-xS)^{-1}\boldsymbol{v}^\top \\
&= -(I-xS)^{-1}[I-xS-(1-x)S](I-xS)^{-1}\boldsymbol{v}^\top \\
&= -(I-xS)^{-1}(I-S)(I-xS)^{-1}\boldsymbol{v}^\top.
\end{aligned}$$

ここで，行列 $I-S$ と $(I-xS)^{-1}$ は交換可能であることに注意する．すなわち，次の式が成り立つことが，$I-S$ と $I-xS$ の交換可能性から証明できる．

$$(I-S)(I-xS)^{-1} = (I-xS)^{-1}(I-S).$$

このことを使うと，直ちに式 (5.20) が得られる．

なお，式 (5.18) の 2 つの式の x に関する微分は

$$(S-\boldsymbol{v}^\top\mathbf{1})\boldsymbol{\pi}(x) + [xS + (1-x)\boldsymbol{v}^\top\mathbf{1}]\frac{d\boldsymbol{\pi}(x)}{dx} = \frac{d\boldsymbol{\pi}(x)}{dx} \quad ; \quad \mathbf{1}\frac{d\boldsymbol{\pi}(x)}{dx} = 0$$

となる．これらの式から，

$$\frac{d\boldsymbol{\pi}(x)}{dx} = (I-xS)^{-1}(S-\boldsymbol{v}^\top\mathbf{1})\boldsymbol{\pi}(x) \tag{5.23}$$

が導かれる．この結果は，右辺に解 $\boldsymbol{\pi}(x)$ を含んでいるが，式 (5.20) と同じであることを証明することができる．

数値例として，図 5.5 のネットに対して，式 (5.17) において $\boldsymbol{v}=(1/6)\mathbf{1}$ として与えられる次の Google 行列を考える．

$$G(x) = \begin{bmatrix} \frac{1-x}{6} & \frac{1-x}{6} & \frac{1-x}{6} & \frac{1-x}{6} & \frac{1-x}{6} & \frac{1-x}{6} \\ \frac{1+x}{6} & \frac{1-x}{6} & \frac{1+5x}{6} & \frac{1+x}{6} & \frac{1-x}{6} & \frac{1-x}{6} \\ \frac{1+x}{6} & \frac{1+5x}{6} & \frac{1-x}{6} & \frac{1-x}{6} & \frac{1-x}{6} & \frac{1+5x}{6} \\ \frac{1-x}{6} & \frac{1-x}{6} & \frac{1-x}{6} & \frac{1-x}{6} & \frac{1-x}{6} & \frac{1-x}{6} \\ \frac{1+x}{6} & \frac{1-x}{6} & \frac{1-x}{6} & \frac{1+x}{6} & \frac{1-x}{6} & \frac{1-x}{6} \\ \frac{1-x}{6} & \frac{1-x}{6} & \frac{1-x}{6} & \frac{1+x}{6} & \frac{1+5x}{6} & \frac{1-x}{6} \end{bmatrix} \quad ; \quad S = G(1).$$

5章 ウェブページのランキング

$G(x)$ の固有値は，1, 0 (4重), $-x$ であり，正規化された主固有ベクトル，すなわち，6つのページの人気度 $\boldsymbol{\pi}(x) := [\pi_1(x), \pi_2(x), \ldots, \pi_6(x)]^\top$ は

$$\pi_1(x) = \frac{1-x}{6}, \quad \pi_2(x) = \frac{3+2x+2x^2+2x^3}{18}, \quad \pi_3(x) = \frac{3+4x+2x^2}{18},$$

$$\pi_4(x) = \frac{1-x}{6}, \quad \pi_5(x) = \frac{(1-x)(3+2x)}{18}, \quad \pi_6(x) = \frac{(1-x)(3+4x+2x^2)}{18}$$
(5.24)

で与えられる．これらを図5.8に示す．あるいは，式 (5.19) の方法を使えば，

$$D_1(x) = -\begin{vmatrix} -G_{12}(x) & -G_{13}(x) & -G_{14}(x) & -G_{15}(x) & -G_{16}(x) \\ 1-G_{22}(x) & -G_{23}(x) & -G_{24}(x) & -G_{25}(x) & -G_{26}(x) \\ -G_{32}(x) & 1-G_{33}(x) & -G_{34}(x) & -G_{35}(x) & -G_{36}(x) \\ -G_{42}(x) & -G_{43}(x) & 1-G_{44}(x) & -G_{45}(x) & -G_{46}(x) \\ -G_{52}(x) & -G_{53}(x) & -G_{54}(x) & 1-G_{55}(x) & -G_{56}(x) \end{vmatrix}$$

$$= \tfrac{1}{6}(1+x)(1-x),$$

$$D_2(x) = \tfrac{1}{18}(1+x)(3+2x+2x^2+2x^3),$$

$$D_3(x) = \tfrac{1}{18}(1+x)(3+2x+4x^2),$$

$$D_4(x) = \tfrac{1}{6}(1+x)(1-x), \quad D_5(x) = \tfrac{1}{18}(1+x)(1-x)(3+2x),$$

$$D_6(x) = \tfrac{1}{18}(1+x)(1-x)(3+4x+2x^2), \quad \sum_{i=1}^{6} D_i(x) = 1+x$$

により，式 (5.24) が得られる．

このとき，式 (5.20) は次のようになる．

$$\frac{d\boldsymbol{\pi}(x)}{dx} = \left[-\frac{1}{6}, \frac{1+2x+3x^2}{9}, \frac{2(1+x)}{9}, -\frac{1}{6}, -\frac{1+4x}{18}, \frac{1-4x-6x^2}{18} \right]^\top.$$

5.6.6 原始行列と冪乗法

非負で既約な正方行列 A について，絶対値が最大の固有値（主固有値）が1つしか存在しないとき，A を**原始行列** (primitive matrix) という (LM, p. 227)．

非負の正方行列 A の原始性に関する判定条件を示す (LM, p. 228)．

5.6 Google 行列

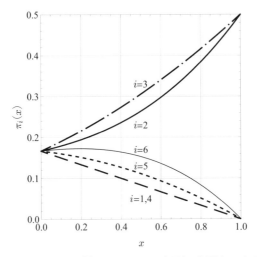

図 5.8 図 5.5 のネットに対する Google 行列の主固有ベクトルの要素.

(1) A が周期的なら原始行列ではない(原始行列は非周期的である).
(2) A が既約で,少なくとも 1 つの正の対角要素をもてば原始行列である.
(3) A が原始行列であるための必要十分条件は,行列 A^m のすべての要素が正となるような正の整数 m が存在することである.
(4) A が原始行列であるための必要十分条件は

$$\lim_{k\to\infty}\left[\frac{A}{\lambda_{\max}}\right]^k = \frac{\boldsymbol{pq}}{\boldsymbol{qp}} > \boldsymbol{O} \qquad (5.25)$$

が成り立つことである.ここで,$\lambda_{\max}$ は A の絶対値が最大の固有値であり,$\lambda_{\max}$ に対応する右固有ベクトルを $\boldsymbol{p}$, 左固有ベクトルを $\boldsymbol{q}$ とする.

$$A\boldsymbol{p} = \lambda_{\max}\boldsymbol{p} \quad ; \quad \boldsymbol{p} := (p_1, p_2, \ldots, p_n)^\top,$$
$$\boldsymbol{q}A = \lambda_{\max}\boldsymbol{q} \quad ; \quad \boldsymbol{q} := (q_1, q_2, \ldots, q_n).$$

式 (5.25) において,分母 $\boldsymbol{qp}$ はスカラーであり,分子 $\boldsymbol{pq}$ は行列であることに注意する.

特に,A が確率行列である場合には $\lambda_{\max} = 1$ であり,$\boldsymbol{1}A = \boldsymbol{1}$ であるから,

5章 ウェブページのランキング

$q = 1$ としてよい.さらに p を正規化すれば,式 (5.25) の分母と分子は

$$qp = 1p = \sum_{i=1}^{n} p_i = 1,$$

$$pq = p1 = \begin{bmatrix} p_1 \\ p_2 \\ \vdots \\ p_n \end{bmatrix} (1,1,\ldots,1) = \begin{bmatrix} p_1 & p_1 & \cdots & p_1 \\ p_2 & p_2 & \cdots & p_2 \\ \vdots & \vdots & \ddots & \vdots \\ p_n & p_n & \cdots & p_n \end{bmatrix}$$

となるので,式 (5.25) において,極限

$$\lim_{k \to \infty} A^k = \begin{bmatrix} p_1 & p_1 & \cdots & p_1 \\ p_2 & p_2 & \cdots & p_2 \\ \vdots & \vdots & \ddots & \vdots \\ p_n & p_n & \cdots & p_n \end{bmatrix} > O \tag{5.26}$$

が成り立つ.この極限では,すべての列が同じになることに注意する.よって,既約な確率行列 A について,極限 $\lim_{k \to \infty} A^k$ が存在するための必要十分条件は,A が原始行列であることである.

以上の一般理論を Google 行列 G に適用すると,G は既約な正行列であるから,原始行列である.また,G は確率行列であるから,ページの人気度ベクトル $\boldsymbol{\pi} := (\pi_1, \pi_2, \ldots, \pi_n)^\top$ を固有値問題と正規化条件

$$G\boldsymbol{\pi} = \boldsymbol{\pi} \quad ; \quad 1\boldsymbol{\pi} = 1$$

の解とすれば,極限

$$\lim_{k \to \infty} G^k = \lim_{k \to \infty} G^k = [\boldsymbol{\pi}, \boldsymbol{\pi}, \ldots, \boldsymbol{\pi}]$$

が存在する.この結果を利用して G の固有ベクトル $\boldsymbol{\pi}$ を求める方法を冪乗法(べきじょう)(power method)という.

大規模なモデルに対する冪乗法の長所および短所として次の点が挙げられる.

(i) 計算法が単純である.

(ii) ハイパーリンク行列 H のような 0 の要素が多い**疎な行列** (sparse matrix) に対しては，0 でない要素の行と列の番号と要素の値だけを記憶するというような工夫により，コンピュータの記憶域を節約できる．
(iii) G のような疎でない行列についても，1 つの行列の記憶域の更新を繰り返せばよいので，コンピュータの記憶域が少なくてよい．
(iv) 通常，反復計算は収束が遅い．

G を H で表すためには，式 (5.5) と (5.13) より

$$G = dS + \frac{1-d}{n}\mathbf{1}^\top \mathbf{1} = d\left(H + \frac{1}{n}\mathbf{1}^\top \boldsymbol{a}\right) + \frac{1-d}{n}\mathbf{1}^\top \mathbf{1}$$
$$= dH + \frac{1}{n}\mathbf{1}^\top[d\boldsymbol{a} + (1-d)\mathbf{1}]$$

とすればよい (LM, p. 49)．ここで，$\boldsymbol{a}$ はぶら下がりページベクトルである (5.2.3 項)．これを使って，行列 G に対する反復計算は，

$$\boldsymbol{\pi}^{(k)} = G\boldsymbol{\pi}^{(k-1)} = dH\boldsymbol{\pi}^{(k-1)} + \frac{1}{n}\mathbf{1}^\top[d\boldsymbol{a} + (1-d)\mathbf{1}]\boldsymbol{\pi}^{(k-1)}$$
$$= dH\boldsymbol{\pi}^{(k-1)} + \frac{1}{n}\mathbf{1}^\top\left[d\boldsymbol{a}\boldsymbol{\pi}^{(k-1)} + 1 - d\right] \qquad k = 1, 2, \ldots$$

により，疎な行列 H の表現を使って行うことができる (LM, p. 52)．

数値例として，図 5.5 のネットに対する Google 行列 $G(d)$ で $d = 0.85$ とする

$$G = \begin{bmatrix} 0.025000 & 0.025 & 0.025 & 0.025000 & 0.025 & 0.025 \\ 0.308333 & 0.025 & 0.875 & 0.308333 & 0.025 & 0.025 \\ 0.308333 & 0.875 & 0.025 & 0.025000 & 0.025 & 0.875 \\ 0.025000 & 0.025 & 0.025 & 0.025000 & 0.025 & 0.025 \\ 0.308333 & 0.025 & 0.025 & 0.308333 & 0.025 & 0.025 \\ 0.025000 & 0.025 & 0.025 & 0.308333 & 0.875 & 0.025 \end{bmatrix}$$

を考えると，

$$G^{10} = \begin{bmatrix} 0.025000 & 0.025000 & 0.025000 & 0.025000 & 0.025000 & 0.025000 \\ 0.442437 & 0.508062 & 0.311188 & 0.376813 & 0.311188 & 0.508062 \\ 0.403021 & 0.337396 & 0.534271 & 0.468646 & 0.534271 & 0.337396 \\ 0.025000 & 0.025000 & 0.025000 & 0.025000 & 0.025000 & 0.025000 \\ 0.039167 & 0.039167 & 0.039167 & 0.039167 & 0.039167 & 0.039167 \\ 0.065375 & 0.065375 & 0.065375 & 0.065375 & 0.065375 & 0.065375 \end{bmatrix},$$

5章　ウェブページのランキング

$$G^{30} = \begin{bmatrix} 0.025000 & 0.025000 & 0.025000 & 0.025000 & 0.025000 & 0.025000 \\ 0.410897 & 0.413440 & 0.405810 & 0.408353 & 0.405810 & 0.413440 \\ 0.434562 & 0.432018 & 0.439649 & 0.437105 & 0.439649 & 0.432018 \\ 0.025000 & 0.025000 & 0.025000 & 0.025000 & 0.025000 & 0.025000 \\ 0.039167 & 0.039167 & 0.039167 & 0.039167 & 0.039167 & 0.039167 \\ 0.065375 & 0.065375 & 0.065375 & 0.065375 & 0.065375 & 0.065375 \end{bmatrix}$$

のようになるが，この段階でも第2行と3行において収束したとは言えない．極限 $\lim_{k \to \infty} G^k = \boldsymbol{\pi} \mathbf{1}$ の各列は，式 (5.24) で $x = 0.85$ とおいて得られる

$$\boldsymbol{\pi} = (0.025000, 0.409625, 0.435833, 0.025000, 0.039167, 0.065375)^\top$$

になるはずである．

5.6.7 疎な行列を利用した固有ベクトルの計算法

残念ながら，式 (5.13) で与えられる Google 行列 G は，数値計算上の長所である疎性（多くの要素が0であること）を失っている．そこで，G の固有ベクトルの計算をするときに，G よりも疎な状態推移行列 S を利用することを考える．

G は確率行列であるから，その主固有値は1である．G の主固有値1に対応する右主固有ベクトルが $(I - dS)^{-1} \mathbf{1}^\top$ の定数倍であることを示す．

G の固有値1に対応する右正規固有ベクトルを $\boldsymbol{\pi}$ とすれば，式 (5.13) により，

$$G\boldsymbol{\pi} = \left(dS + (1-d)\frac{1}{n}\mathbf{1}^\top \mathbf{1} \right) \boldsymbol{\pi} = d \left(S + \frac{1-d}{nd}\mathbf{1}^\top \mathbf{1} \right) \boldsymbol{\pi} = \boldsymbol{\pi}$$

が成り立つ．ここで，$\mathbf{1}\boldsymbol{\pi} = 1$ であるから，この式を

$$\frac{\boldsymbol{\pi}}{d} = \left(S + \frac{1-d}{nd}\mathbf{1}^\top \mathbf{1} \right) \boldsymbol{\pi} = S\boldsymbol{\pi} + \frac{1-d}{nd}\mathbf{1}^\top \mathbf{1}\boldsymbol{\pi} = S\boldsymbol{\pi} + \frac{1-d}{nd}\mathbf{1}^\top$$

と書くことができる．よって，

$$(I - dS)\boldsymbol{\pi} = \frac{1-d}{n}\mathbf{1}^\top$$

が得られる．行列 S の主固有値は1であり，$0 < d < 1$ であるから，$|I - dS| \neq 0$

である (5.6.4 項). 従って，行列 $(I - dS)$ は正則であり，逆行列 $(I - dS)^{-1}$ が存在する．上の式の両辺に左から $(I - dS)^{-1}$ を掛けると，

$$\pi = \frac{1-d}{n}(I - dS)^{-1}\mathbf{1}^\top$$

となる．これは，G の右主固有ベクトルが $(I - dS)^{-1}\mathbf{1}^\top$ の定数倍であることを示している．$\mathbf{1}\pi = 1$ により，この式は π を正規化した形にして，

$$\pi = \frac{(I - dS)^{-1}\mathbf{1}^\top}{\mathbf{1}(I - dS)^{-1}\mathbf{1}^\top} \tag{5.27}$$

と書くことができる．π は，$d \to 0$ のとき $(1/n)\mathbf{1}^\top$ に近づき，$d \to 1$ のとき S の右正規主固有ベクトルに近づくことが予想できる．

数値例として，図 5.5 のネットを考えれば，π は式 (5.24) において x を d に置き換えたものになる．

5.6.8 ランダム化 HITS

HITS においても，権威行列 $AA^\top$ とハブ行列 $A^\top A$ (5.3.1 項) が可約な場合には，Google 行列と同様の対策が適用可能である．それらに対し，式 (5.13) と同様の階数 1 の更新を考える (LM, p. 156).

$$G_a = dAA^\top + (1-d)\frac{1}{n}\mathbf{1}^\top\mathbf{1} \quad 0 < d < 1/\lambda_{\max}, \tag{5.28}$$

$$G_h = dA^\top A + (1-d)\frac{1}{n}\mathbf{1}^\top\mathbf{1} \quad 0 < d < 1/\lambda_{\max}. \tag{5.29}$$

ここで，$\lambda_{\max}$ (≥ 1) は $AA^\top$ と $A^\top A$ の共通の主固有値とする．G_a を**ランダム化権威行列** (randomized authority matrix) と呼び，G_h を**ランダム化ハブ行列** (randomized hub matrix) と呼ぶ．そして，これらを用いた人気度の計算方法を**ランダム化 HITS** (randomized HITS) という (LM, p. 157).

このとき，行列 G_a と G_h はそれぞれ次の性質をもつ．

(i) 正行列である．
(ii) 対称である．
(iii) 半正定値行列である．実際，任意の非零ベクトル $\boldsymbol{x}$ に対して

5 章　ウェブページのランキング

$$\begin{aligned}
\boldsymbol{x}^\top G_a \boldsymbol{x} &= \boldsymbol{x}^\top \left[dAA^\top + (1-d)\frac{1}{n}\mathbf{1}^\top \mathbf{1} \right] \boldsymbol{x} \\
&= d\boldsymbol{x}^\top AA^\top \boldsymbol{x} + (1-d)\frac{1}{n}(\boldsymbol{x}^\top \mathbf{1}^\top)(\mathbf{1}\boldsymbol{x}) \\
&= d(A^\top \boldsymbol{x})^\top (A^\top \boldsymbol{x}) + (1-d)\frac{1}{n}(\mathbf{1}\boldsymbol{x})^\top (\mathbf{1}\boldsymbol{x}) \geq 0.
\end{aligned}$$

が成り立つ．同様にして，$\boldsymbol{x}^\top G_h \boldsymbol{x} \geq 0$ も示すことができる．

(iv) 既約である．
(v) 原始行列である．
(vi) 必ずしも確率行列ではない．

行列 G_a と G_h の右正規主固有ベクトルは次のように与えられる．

$$\boldsymbol{x} = \frac{(I-dAA^\top)^{-1}\mathbf{1}^\top}{\mathbf{1}(I-dAA^\top)^{-1}\mathbf{1}^\top} \qquad 0 < d < 1/\lambda_{\max}, \tag{5.30}$$

$$\boldsymbol{y} = \frac{(I-dA^\top A)^{-1}\mathbf{1}^\top}{\mathbf{1}(I-dA^\top A)^{-1}\mathbf{1}^\top} \qquad 0 < d < 1/\lambda_{\max}. \tag{5.31}$$

$0 < d < 1/\lambda_{\max}$ のとき，行列 $I-dAA^\top$ と $I-dA^\top A$ はともに正則であることが証明できる．従って，逆行列 $(I-dAA^\top)^{-1}$ と $(I-dA^\top A)^{-1}$ が存在する．

$\boldsymbol{x}$ は，$d \to 0$ のとき $(1/n)\mathbf{1}^\top$ に近づき，$d \to 1/\lambda_{\max}$ のとき $AA^\top$ の右正規主固有ベクトルに近づく．$\boldsymbol{y}$ は，$d \to 0$ のとき $(1/n)\mathbf{1}^\top$ に近づき，$d \to 1/\lambda_{\max}$ のとき $A^\top A$ の右正規主固有ベクトルに近づく．

数値例として，図 5.5 のネットを考えれば，権威行列とハブ行列は

$$AA^\top = \begin{bmatrix} 0 & 0 & 0 & 0 & 0 & 0 \\ 0 & 3 & 1 & 0 & 2 & 1 \\ 0 & 1 & 3 & 0 & 1 & 0 \\ 0 & 0 & 0 & 0 & 0 & 0 \\ 0 & 2 & 1 & 0 & 2 & 1 \\ 0 & 1 & 0 & 0 & 1 & 2 \end{bmatrix} \;;\; A^\top A = \begin{bmatrix} 3 & 1 & 1 & 2 & 0 & 1 \\ 1 & 1 & 0 & 0 & 0 & 1 \\ 1 & 0 & 1 & 1 & 0 & 0 \\ 2 & 0 & 1 & 3 & 1 & 0 \\ 0 & 0 & 0 & 1 & 1 & 0 \\ 1 & 1 & 0 & 0 & 0 & 1 \end{bmatrix}$$

で与えられる．これらの行列の主固有値は共通の $\lambda_{\max} = 5.79129$ である．行列 $I-dAA^\top$ と $I-dA^\top A$ の行列式は

$$|I-dAA^\top| = |I-dA^\top A| = (1-3d+d^2)(1-7d+7d^2)$$

であり，これらは $0 < d < 1/\lambda_{\max} = 0.172673$ に対して正の値を取るので，この範囲で逆行列 $(I - dAA^\top)^{-1}$ と $(I - dA^\top A)^{-1}$ が存在する．式 (5.30) により，権威得点ベクトル $\boldsymbol{x}$ の要素は次のようになる．これを図 5.9(a) に示す．

$$x_1(d) = \frac{1 - 7d + 7d^2}{2(1-d)(3-7d)} \quad ; \quad x_2(d) = \frac{1}{2(1-d)(3-7d)},$$

$$x_3(d) = \frac{1 - 2d}{2(1-d)(3-7d)} \quad ; \quad x_4(d) = \frac{1 - 7d + 7d^2}{2(1-d)(3-7d)},$$

$$x_5(d) = \frac{1}{2(3-7d)} \quad ; \quad x_6(d) = \frac{1 - 3d}{2(1-d)(3-7d)}.$$

また，式 (5.31) により，ハブ得点ベクトル $\boldsymbol{y}$ の要素は次のようになる．これを図 5.9(b) に示す．

$$y_1(d) = \frac{(1-d)(1-d-5d^2)}{2(1-2d)(3-11d+7d^2)} \quad ; \quad y_2(d) = \frac{1 - 5d + 3d^2}{2(3-11d+7d^2)},$$

$$y_3(d) = \frac{1 - 5d + 7d^2}{2(3-11d+7d^2)} \quad ; \quad y_4(d) = \frac{1 - d - d^2}{2(3-11d+7d^2)},$$

$$y_5(d) = \frac{(1-3d)(1-5d+3d^2)}{2(1-2d)(3-11d+7d^2)} \quad ; \quad y_6(d) = \frac{1 - 5d + 3d^2}{2(3-11d+7d^2)}.$$

5.7 PageRank の改良

本節では，PageRank アルゴリズムによる人気度の計算法に対するいくつかの改良案を紹介する．

5.7.1 ぶら下がりページの集約

多くのぶら下がりページが散在するネットについて，ページ番号を付け変えることで効率的に人気度を計算する方法が Langville and Meyer (2006, 邦訳, p. 108) に示されている．その方法を紹介する．

5 章 ウェブページのランキング

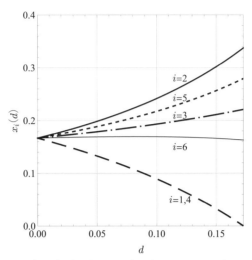

(a) ランダム化権威行列 G_a の主固有ベクトルの要素 $\{x_i(d)\}$.

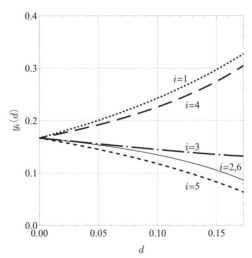

(b) ランダム化ハブ行列 G_h の主固有ベクトルの要素 $\{y_i(d)\}$.

図 5.9 図 5.5 のネットに対するランダム化 HITS における主固有ベクトル．

5.7 PageRank の改良

ぶら下がりページの番号を後方に集め，ハイパーリンク行列を次のように書く．

$$H = \begin{array}{c} \\ \overline{\mathcal{D}} \\ \mathcal{D} \end{array} \begin{array}{c} \overline{\mathcal{D}} \quad \mathcal{D} \\ \left[\begin{array}{cc} H_{11} & O \\ H_{21} & O' \end{array} \right] \end{array}. \tag{5.32}$$

ここで，$\overline{\mathcal{D}}$ は n_1 個のぶら下がりでないページの集合とし，$\mathcal{D}$ は n_2 個のぶら下がりページの集合とする ($n_1 + n_2 = n$)．このとき，H_{11} は n_1 次正方行列であり，H_{21} は $n_2 \times n_1$ 行列である．また，O は $n_1 \times n_2$ 零行列であり，O' は n_2 次正方零行列である．Google 行列 $G(d) := dH + (1-d)\boldsymbol{v}^\top \boldsymbol{1}$ に対し，線形連立方程式 (5.16) とその解の正規化として，

$$(I - dH)\boldsymbol{x} = \boldsymbol{v}^\top \quad ; \quad \boldsymbol{\pi} = \boldsymbol{x}/\boldsymbol{1}\boldsymbol{x}$$

を考える．$\boldsymbol{x}, \boldsymbol{v}, \boldsymbol{\pi}$ も $\overline{\mathcal{D}}$ の部分と $\mathcal{D}$ の部分に分ける．

$$\boldsymbol{x} = \left[\begin{array}{c} \boldsymbol{x}_1 \\ \boldsymbol{x}_2 \end{array} \right] \quad ; \quad \boldsymbol{v} = \left[\begin{array}{c} \boldsymbol{v}_1 \\ \boldsymbol{v}_2 \end{array} \right] \quad ; \quad \boldsymbol{\pi} = \left[\begin{array}{c} \boldsymbol{\pi}_1 \\ \boldsymbol{\pi}_2 \end{array} \right].$$

ここで，$\boldsymbol{x}_1, \boldsymbol{v}_1, \boldsymbol{\pi}_1$ はそれぞれ n_1 次元縦ベクトルであり，$\boldsymbol{x}_2, \boldsymbol{v}_2, \boldsymbol{\pi}_2$ はそれぞれ n_2 次元縦ベクトルである．

このとき，式 (5.16) は次のように書くことができる．

$$\left[\begin{array}{cc} I - dH_{11} & O \\ dH_{21} & I \end{array} \right] \left[\begin{array}{c} \boldsymbol{x}_1 \\ \boldsymbol{x}_2 \end{array} \right] = \left[\begin{array}{c} \boldsymbol{v}_1 \\ \boldsymbol{v}_2 \end{array} \right]. \tag{5.33}$$

ここで，H_{11} のすべての要素は 1 より小さいので，行列 $I - dH_{11}$ は正則であり，その逆行列 $(I - dH_{11})^{-1}$ が存在する (5.6.4 項における行列 S に対する同様の議論を参照)．これを用いて，

$$\left[\begin{array}{c} \boldsymbol{x}_1 \\ \boldsymbol{x}_2 \end{array} \right] = \left[\begin{array}{cc} I - dH_{11} & O \\ dH_{21} & I \end{array} \right]^{-1} \left[\begin{array}{c} \boldsymbol{v}_1 \\ \boldsymbol{v}_2 \end{array} \right]$$

$$= \left[\begin{array}{cc} (I - dH_{11})^{-1} & O \\ dH_{21}(I - dH_{11})^{-1} & I \end{array} \right] \left[\begin{array}{c} \boldsymbol{v}_1 \\ \boldsymbol{v}_2 \end{array} \right]$$

5 章　ウェブページのランキング

$$= \begin{bmatrix} (I - dH_{11})^{-1}\boldsymbol{v}_1 \\ dH_{21}(I - dH_{11})^{-1}\boldsymbol{v}_1 + \boldsymbol{v}_2 \end{bmatrix}$$

が得られる．従って

$$\boldsymbol{x}_1 = (I - dH_{11})^{-1}\boldsymbol{v}_1,$$
$$\boldsymbol{x}_2 = dH_{21}(I - dH_{11})^{-1}\boldsymbol{v}_1 + \boldsymbol{v}_2 = dH_{21}\boldsymbol{x}_1 + \boldsymbol{v}_2$$

が線形連立方程式 (5.16) の解である．これより，正規化された人気度

$$\boldsymbol{\pi}_1 = \frac{\boldsymbol{x}_1}{\sum_{j=1}^{n_1} x_{1j} + \sum_{j=1}^{n_2} x_{2j}} \quad ; \quad \boldsymbol{\pi}_2 = \frac{\boldsymbol{x}_2}{\sum_{j=1}^{n_1} x_{1j} + \sum_{j=1}^{n_2} x_{2j}}$$

が計算できる．ここで，x_{ij} はベクトル $\boldsymbol{x}_i$ の j 番目の要素である．

数値例として，図 5.4 のネットを考える．このネットにおけるぶら下がりページ 1 と 4 が後に来るようにページを並べ替え，隣接行列 A とハイパーリンク行列 H を次のように与える．

$$A = \begin{array}{c} \\ 2 \\ 3 \\ 5 \\ 6 \\ 1 \\ 4 \end{array}\begin{array}{c} \begin{matrix} 2 & 3 & 5 & 6 & 1 & 4 \end{matrix} \\ \begin{bmatrix} 0 & 1 & 0 & 0 & 0 & 0 \\ 1 & 0 & 0 & 0 & 0 & 0 \\ 0 & 0 & 0 & 1 & 0 & 0 \\ 0 & 1 & 0 & 0 & 0 & 0 \\ 1 & 1 & 1 & 0 & 0 & 0 \\ 1 & 0 & 1 & 1 & 0 & 0 \end{bmatrix} \end{array} \quad ; \quad H = \begin{array}{c} \\ 2 \\ 3 \\ 5 \\ 6 \\ 1 \\ 4 \end{array}\begin{array}{c} \begin{matrix} 2 & 3 & 5 & 6 & 1 & 4 \end{matrix} \\ \begin{bmatrix} 0 & \frac{1}{3} & 0 & 0 & 0 & 0 \\ \frac{1}{3} & 0 & 0 & 0 & 0 & 0 \\ 0 & 0 & 0 & \frac{1}{2} & 0 & 0 \\ 0 & \frac{1}{3} & 0 & 0 & 0 & 0 \\ \frac{1}{3} & \frac{1}{3} & \frac{1}{2} & 0 & 0 & 0 \\ \frac{1}{3} & 0 & \frac{1}{2} & \frac{1}{2} & 0 & 0 \end{bmatrix} \end{array},$$

$$H_{11} = \begin{bmatrix} 0 & \frac{1}{3} & 0 & 0 \\ \frac{1}{3} & 0 & 0 & 0 \\ 0 & 0 & 0 & \frac{1}{2} \\ 0 & \frac{1}{3} & 0 & 0 \end{bmatrix} \quad ; \quad H_{21} = \begin{bmatrix} \frac{1}{3} & \frac{1}{3} & \frac{1}{2} & 0 \\ \frac{1}{3} & 0 & \frac{1}{2} & \frac{1}{2} \end{bmatrix},$$

$$\boldsymbol{v}_1 = (1,1,1,1)^\top \quad ; \quad \boldsymbol{v}_2 = (1,1)^\top.$$

このとき，行列 $I - dH_{11}$ とその逆行列は次のように求められる．

$$I - dH_{11} = \begin{bmatrix} 1 & -\frac{d}{3} & 0 & 0 \\ -\frac{d}{3} & 1 & 0 & 0 \\ 0 & 0 & 1 & -\frac{d}{2} \\ 0 & -\frac{d}{3} & 0 & 1 \end{bmatrix} \quad ; \quad |I - dH_{11}| = 1 - \frac{d^2}{9} \neq 0,$$

$$(I - dH_{11})^{-1} = \left(1 - \frac{d^2}{9}\right)^{-1} \begin{bmatrix} 1 & \frac{d}{3} & 0 & 0 \\ \frac{d}{3} & 1 & 0 & 0 \\ \frac{d^2}{18} & \frac{d^2}{6} & 1 - \frac{d^2}{9} & \frac{d}{2}\left(1 - \frac{d^2}{9}\right) \\ \frac{d^2}{9} & \frac{d}{3} & 0 & 1 - \frac{d^2}{9} \end{bmatrix}.$$

従って,

$$\boldsymbol{x}_1 = (I - dH_{11})^{-1}(1,1,1,1)^\top = \left(1 - \frac{d}{3}\right)^{-1}\left(1, 1, 1 + \frac{d}{6}, 1\right)^\top,$$

$$\boldsymbol{x}_2 = dH_{21}\boldsymbol{x}_1 + (1,1)^\top = \left(1 - \frac{d}{3}\right)^{-1}\left(1 + \frac{10d + d^2}{12}, 1 + d + \frac{d^2}{12}\right)^\top,$$

$$\sum_{j=1}^{4} x_{1j} + \sum_{j=1}^{2} x_{2j} = \frac{(6+d)^2}{2(3-d)}$$

が得られる.これより,正規化された人気度は次のように与えられる.

$$\boldsymbol{\pi} = \frac{6}{(6+d)^2}\left(1, 1, 1 + \frac{d}{6}, 1 + \frac{10d + d^2}{12}, 1 + d + \frac{d^2}{12}\right)^\top.$$

もとの H を用いた $I - dH$ からも,方程式 (5.16) を解いて同じ $\boldsymbol{\pi}$ が得られる.

5.7.2 戻りボタンの取り扱い

第 5.2.2 項(180 ページの脚注 5)に述べたように,インターネットのブラウザにある「戻りボタン」(back button) で「前のページに戻る」という操作をモデル化するためには,どのページから来たのかという記憶をもっていなければならないので,単純な Markov 連鎖でモデル化することはできない.これを取り扱う簡単な方法が Langville and Meyer (2006, 邦訳, p. 111) に示されている.

この方法を,一般理論よりも,図 5.4 に示したぶら下がりページがあるネットの例を用いて説明しよう.このネットでは,ページ 1 と 4 がぶら下がりページ

5章 ウェブページのランキング

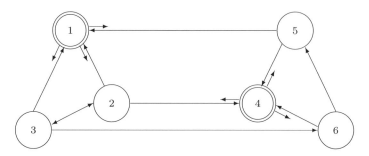

図 5.10 戻りボタンを表すリンクが付いたネット．

であるので，それらのページに向かって張られたリンクごとに仮想的なページを追加する．例えば，ページ 1 には 3 つのページ 2, 3, 5 からリンクが張られているので，ページ 1 を仮想的な 3 つのページ $1_2, 1_3, 1_5$ で置き換え，戻りボタンを，それぞれのページからページ 1, 3, 5 に向かうリンクで表すことにする．ページ 4 についても，同様に 3 つの仮想的ページ $4_2, 4_5, 4_6$ で置き換える．なお，ぶら下がりでないページについては，戻りボタンは使わないと仮定する．

このようにして作られる仮想的ページを含むネットを図 5.10 に示す（仮想的ページを二重丸で表す）．この図のネットを表す隣接行列は以下の $\overline{A}$ であり，ハイパーリンク行列は $\overline{H}$ で与えられる．

$$\overline{A} = \begin{array}{c} \\ 1_2 \\ 1_3 \\ 1_5 \\ 2 \\ 3 \\ 4_2 \\ 4_5 \\ 4_6 \\ 5 \\ 6 \end{array} \begin{array}{c} \begin{matrix} 1_2 & 1_3 & 1_5 & 2 & 3 & 4_2 & 4_5 & 4_6 & 5 & 6 \end{matrix} \\ \begin{bmatrix} 0 & 0 & 0 & 1 & 0 & 0 & 0 & 0 & 0 & 0 \\ 0 & 0 & 0 & 0 & 1 & 0 & 0 & 0 & 0 & 0 \\ 0 & 0 & 0 & 0 & 0 & 0 & 0 & 0 & 1 & 0 \\ 1 & 0 & 0 & 0 & 1 & 1 & 0 & 0 & 0 & 0 \\ 0 & 1 & 0 & 1 & 0 & 0 & 0 & 0 & 0 & 0 \\ 0 & 0 & 0 & 1 & 0 & 0 & 0 & 0 & 0 & 0 \\ 0 & 0 & 0 & 0 & 0 & 0 & 0 & 0 & 1 & 0 \\ 0 & 0 & 0 & 0 & 0 & 0 & 0 & 0 & 0 & 1 \\ 0 & 0 & 1 & 0 & 0 & 0 & 1 & 0 & 0 & 1 \\ 0 & 0 & 0 & 0 & 1 & 0 & 0 & 1 & 0 & 0 \end{bmatrix} \end{array},$$

5.7 PageRank の改良

$$\overline{H} = \begin{array}{c} \\ 1_2 \\ 1_3 \\ 1_5 \\ 2 \\ 3 \\ 4_2 \\ 4_5 \\ 4_6 \\ 5 \\ 6 \end{array} \begin{array}{c} 1_2 \ \ 1_3 \ \ 1_5 \ \ 2 \ \ \ 3 \ \ \ 4_2 \ \ 4_5 \ \ 4_6 \ \ 5 \ \ \ 6 \\ \begin{bmatrix} 0 & 0 & 0 & \frac{1}{3} & 0 & 0 & 0 & 0 & 0 & 0 \\ 0 & 0 & 0 & 0 & \frac{1}{3} & 0 & 0 & 0 & 0 & 0 \\ 0 & 0 & 0 & 0 & 0 & 0 & 0 & \frac{1}{2} & 0 \\ 1 & 0 & 0 & 0 & \frac{1}{3} & 1 & 0 & 0 & 0 & 0 \\ 0 & 1 & 0 & \frac{1}{3} & 0 & 0 & 0 & 0 & 0 & 0 \\ 0 & 0 & 0 & \frac{1}{3} & 0 & 0 & 0 & 0 & 0 & 0 \\ 0 & 0 & 0 & 0 & 0 & 0 & 0 & \frac{1}{2} & 0 \\ 0 & 0 & 0 & 0 & 0 & 0 & 0 & \frac{1}{2} \\ 0 & 0 & 1 & 0 & 0 & 1 & 0 & 0 & \frac{1}{2} \\ 0 & 0 & 0 & 0 & \frac{1}{3} & 0 & 0 & 1 & 0 & 0 \end{bmatrix} \end{array}.$$

このようにすべてのぶら下がりページに戻りボタンを表すリンクを増補したネットには，もはや，ぶら下がりページは存在しない．従って，状態推移行列 $\overline{S}$ はハイパーリンク行列 $\overline{H}$ と同じものである．よって，状態推移行列 $\overline{S} = \overline{H}$ から，Google 行列 $\overline{G}$ を次のように作る．

$$\overline{G} = d\overline{S} + (1-d)\frac{1}{10}\mathbf{1}^\top \mathbf{1}.$$

減衰率を $d = 0.85$ とするときの $\overline{G}$ の正規主固有ベクトルは

$$\overline{\pi} = (0.04992, 0.03839, 0.12914, 0.12326, 0.08256, 0.04992, 0.12914, 0.04903, \\ 0.26857, 0.08006)^\top.$$

で与えられる．仮想的ページの人気度をもとのページに凝集すると，

$$\pi = (0.21746, 0.12326, 0.08256, 0.22809, 0.26857, 0.08006)^\top$$

となる．

5.7.3 ページ間の結託とその対策

自身の人気度を上げるために，複数のページが**結託** (collusion) して互いにリンクを張り，密に結ばれたページの集まりを**リンクファーム** (link farm) という．本項では，リンクファームを作ったページの人気度が上がる状況と，その対処と

5章 ウェブページのランキング

して，テレポーテーションベクトルを利用する方法を，例題を用いて説明する．

図 5.7 に示された非連結ネットに対し，ページ 1 と 3 が結託し，相互にリンク先を追加して，式 (5.10) に与えられた隣接行列 A を

$$\underline{A} = \begin{array}{c} \\ 1 \\ 2 \\ 3 \\ 4 \end{array} \begin{array}{c} 1 \quad 2 \quad 3 \quad 4 \\ \left[\begin{array}{cccc} 0 & 1 & \underline{1} & 0 \\ 1 & 0 & 0 & 0 \\ \underline{1} & 0 & 0 & 1 \\ 0 & 0 & 1 & 0 \end{array} \right] \end{array} \tag{5.34}$$

に変更したとする．行列 $\underline{A}$ を隣接行列とする有向グラフを図 5.11 に示す．

図 5.11 に示されたネットのグラフは強連結であるから，行列 $\underline{A}$ は既約である．PageRank により，対応するハイパーリンク行列 $\underline{H}$ と状態推移行列 $\underline{S}$ は

$$\underline{H} = \underline{S} = \left[\begin{array}{cccc} 0 & 1 & \frac{1}{2} & 0 \\ \frac{1}{2} & 0 & 0 & 0 \\ \frac{1}{2} & 0 & 0 & 1 \\ 0 & 0 & \frac{1}{2} & 0 \end{array} \right]$$

で与えられ，その右正規主固有ベクトル $\left(\frac{1}{3}, \frac{1}{6}, \frac{1}{3}, \frac{1}{6}\right)^\top$ が得られる．$\underline{S}$ に対して，減衰率 $d = 0.5$ および $d = 0.85$ で Google 行列 (5.13) を作り，それらの右正規主固有ベクトルとして計算した人気度を表 5.10 に示す．結託のない場合の Google 行列に対する右正規主固有ベクトルは $\left(\frac{1}{4}, \frac{1}{4}, \frac{1}{4}, \frac{1}{4}\right)^\top$ であった（表 5.8）ので，結託したページ 1 と 3 の人気度が上がったことが分かる．

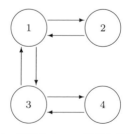

図 **5.11** 結託したページがあるネット．

表 5.10 ページ 1 と 3 の結託による人気度の変化.

ページ	1	2	3	4
結託無し	0.25000	0.25000	0.25000	0.25000
結託有り				
PageRank	0.33333	0.16667	0.33333	0.16667
式 (5.13) ($d=0.5$)	0.30000	0.20000	0.30000	0.20000
式 (5.13) ($d=0.85$)	0.32456	0.17544	0.32456	0.17544
HITS				
式 (5.28) ($d=0.2$)	0.27069	0.22931	0.27069	0.22931

HITS における権威行列は

$$\underline{A}\,\underline{A}^\top = \begin{array}{c} \\ 1 \\ 2 \\ 3 \\ 4 \end{array} \begin{array}{c} \begin{array}{cccc} 1 & 2 & 3 & 4 \end{array} \\ \left[\begin{array}{cccc} 2 & 0 & 0 & 1 \\ 0 & 1 & 1 & 0 \\ 0 & 1 & 2 & 0 \\ 1 & 0 & 0 & 1 \end{array} \right] \end{array}$$

である.この行列の行と列の並びを 1, 2, 3, 4 という順から 1, 4, 3, 2 という順に変えると,次のブロック下三角行列になるので,行列 $\underline{A}\,\underline{A}^\top$ は可約である.

$$\begin{array}{c} \\ 1 \\ 4 \\ 3 \\ 2 \end{array} \begin{array}{c} \begin{array}{cccc} 1 & 4 & 3 & 2 \end{array} \\ \left[\begin{array}{cccc} 2 & 1 & 0 & 0 \\ 1 & 1 & 0 & 0 \\ 0 & 0 & 2 & 1 \\ 0 & 0 & 1 & 1 \end{array} \right] \end{array}.$$

HITS でも,可約な権威行列 $\underline{A}\,\underline{A}^\top$ に対してランダム化が可能である (5.6.8 項).ここで,$\underline{A}\,\underline{A}^\top$ の主固有値は $\lambda_{\max} = 2.61803$ である.従って,$d = 0.2 < 1/\lambda_{\max}$ とし,式 (5.28) のランダム化権威行列 G_a から求めた右主固有ベクトルを正規化すると,$(0.27069, 0.22931, 0.27069, 0.22931)^\top$ が得られる.この結果も表 5.10 に示す.いずれの方法でも,ページ 1 と 3 は結託することで自らの人気度を増加させた.d の値に依らず,結託したページ 1 と 3 は,もとの $\frac{1}{4}$ 以上の人気度を得ることが観察できる.

結託によるこのような恣意的な操作に対して，もしページ1と3の結託が判明すれば，Google 行列 (5.12) のテレポーテーションベクトルを $\bm{v} = \left(0, \frac{1}{2}, 0, \frac{1}{2}\right)^\top$ のように，ページ1と3に向かわせないように変更することで対処できる．このとき

$$\bm{v}^\top \bm{1} = \begin{bmatrix} 0 & 0 & 0 & 0 \\ \frac{1}{2} & \frac{1}{2} & \frac{1}{2} & \frac{1}{2} \\ 0 & 0 & 0 & 0 \\ \frac{1}{2} & \frac{1}{2} & \frac{1}{2} & \frac{1}{2} \end{bmatrix}$$

であるから，Google 行列 (5.12) においてページ1と3のリンクが弱められることが分かる．Google 行列

$$\underline{G} = d\underline{S} + (1-d)\bm{v}^\top \bm{1} = \begin{bmatrix} 0 & d & \frac{d}{2} & 0 \\ \frac{1}{2} & \frac{1-d}{2} & \frac{1-d}{2} & \frac{1-d}{2} \\ \frac{d}{2} & 0 & 0 & d \\ \frac{1-d}{2} & \frac{1-d}{2} & \frac{1}{2} & \frac{1-d}{2} \end{bmatrix} \tag{5.35}$$

において $d = 0.5$ とした行列の右主固有ベクトルを正規化して，$\left(\frac{1}{5}, \frac{3}{10}, \frac{1}{5}, \frac{3}{10}\right)^\top$ を得る．ページ1と3へのペナルティをさらに強めるために $d = 0.2$ とすれば，右正規主固有ベクトルは $(0.09091, 0.40909, 0.09091, 0.40909)^\top$ となる．

一方，HITS では，ランダム化権威行列 (5.28) に代えて，テレポーテーションベクトル $\bm{v}$ を用いてランダム化した行列

$$\underline{G_a} = d\underline{A}\,\underline{A}^\top + (1-d)\bm{v}^\top \bm{1} = \begin{bmatrix} 2d & 0 & 0 & d \\ \frac{1-d}{2} & \frac{1+d}{2} & \frac{1+d}{2} & \frac{1-d}{2} \\ 0 & d & 2d & 0 \\ \frac{1+d}{2} & \frac{1-d}{2} & \frac{1-d}{2} & \frac{1+d}{2} \end{bmatrix} \tag{5.36}$$

において $d = 0.3$ とした行列の右正規主固有ベクトルとして，$(0.13849, 0.36151,$ $0.13849, 0.36151)^\top$ を得る．また，$d = 0.2$ とすれば，$(0.09629, 0.40371, 0.09629,$ $0.40371)^\top$ を得る．これらの結果を表 5.11 に示す．結託したページ1と3の人気度は，ともに $\frac{1}{4}$ よりも低くなる．このように，HITS においても，この修正によって，恣意的な操作による人気度の吊り上げを抑制することができた．

表 5.11 図 5.11 のネットにおける結託ページへの対応後の人気度.

ページ	1	2	3	4
PageRank				
式 (5.35) ($d = 0.5$)	0.20000	0.30000	0.20000	0.30000
式 (5.35) ($d = 0.2$)	0.09091	0.40909	0.09091	0.40909
HITS				
式 (5.36) ($d = 0.3$)	0.13849	0.36151	0.13849	0.36151
式 (5.36) ($d = 0.2$)	0.09629	0.40371	0.09629	0.40371

5.7.4 知的サーファーモデル

第 5.2.1 項において，ネットのページ間に張られたリンクを表す隣接行列からハイパーリンク行列 H を作ったとき，ユーザは各ページから出ているリンクを等確率で選ぶと仮定した．しかし，あるリンクが他のリンクよりも好まれるという状況は自然に起こる．このことを考えて，ハイパーリンク行列の要素を与えるときに，列の要素をリンクの選好度を反映した値に調整する（但し，列和が 1 であるという条件は守る）モデルを**知的サーファーモデル** (intelligent surfer model) と呼ぶ (LM, p. 63).

例えば，図 5.3 に示した 6 つのページから成るネットにおいて，ページ 5 から出るページ 1 と 4 に向かう 2 本のリンクのうち，ページ 4 に向かうリンクの方がページ 1 に向かうリンクよりも 2 倍の確率で選ばれることが分かったとすれば，ハイパーリンク行列を

$$H = \begin{bmatrix} 0 & \frac{1}{3} & \frac{1}{3} & 1 & \frac{1}{3} & 0 \\ 1 & 0 & \frac{1}{3} & 0 & 0 & 0 \\ 0 & \frac{1}{3} & 0 & 0 & 0 & 0 \\ 0 & \frac{1}{3} & 0 & 0 & \frac{2}{3} & \frac{1}{2} \\ 0 & 0 & 0 & 0 & 0 & \frac{1}{2} \\ 0 & 0 & \frac{1}{3} & 0 & 0 & 0 \end{bmatrix}$$

とする（第 5 列の第 1 行要素と第 4 行要素が異なる値になっている）．この知的サーファーモデルによる人気度と，5.5.1 項の表 5.4（204 ページ）に示したランダムサーファーモデルによる人気度を，表 5.12 で比較すると，ページ 4 の人気度

表 5.12　図 5.3 のネットに対する知的サーファーモデルの人気度.

ページ	1	2	3	4	5	6
ランダムサーファー	0.31683	0.35644	0.11881	0.14851	0.01980	0.03960
知的サーファー	0.31579	0.35526	0.11842	0.15132	0.01974	0.03947

が上がり，ページ 1 の人気度が落ち，他のページの人気度も影響を受けていることが分かる．

5.7.5　個人の選好の取り込み

個々のネットユーザが次に閲覧するページを画面上のリンクとは無関係に選ぶとき，例えば，政治に強い興味があるユーザ A は，スポーツに強い興味があるユーザ B とは別の確率分布に従って，全ページの中からページを選ぶであろう．従って，ユーザ A が知りたい各ページの人気度は，ユーザ B が知りたい人気度とは別のものであることが望ましい．しかし，膨大な数のユーザを考えると，各ユーザの興味を表すテレポーテーションベクトルごとに PageRank の計算をすることは，現実的ではない．そこで，一般に興味深いと思われる分野（その数は，ユーザの数に比べてはるかに少ない）に関するテレポーテーションベクトルについて，Goolge 行列の固有ベクトルを予め計算しておけば，ユーザがそれらの分野に対する興味の相対的度合いを示したときに，直ちにそのユーザにとっての PageRank を与えることができるという**パーソナル化された PageRank** (personalized PageRank) あるいは**話題に敏感な PageRank** (topic-sensitive PageRank) (Haveliwala, 2002) と呼ばれる方法を説明する (LM, p. 66)．

個人の選好は L 個の分野（例えば，政治，経済，文学，芸術，科学技術，スポーツ，娯楽）に対する興味の度合いで与えられるものとする．Google 行列におけるテレポーテーションベクトル v は，個々のユーザの選好によって異なることを想定する．このとき，l 番目の分野のみに興味をもつユーザのテレポーテーションベクトル v_l が与えられており，それを用いた Google 行列を

$$G_l := dS + (1-d)v_l^\top \mathbf{1} \quad ; \quad \mathbf{1} v_l^\top = 1 \quad 1 \leq l \leq L$$

とする．それぞれの l について，Google 行列 G_l の右正規主固有ベクトル

5.7 PageRank の改良

$$\boldsymbol{\pi}_l = (1-d)(I-dS)^{-1}\boldsymbol{v}_l^\top \qquad 1 \le l \le L$$

は，l 番目の分野のみに興味をもつユーザにとっての人気度である．ここで，5.6.4 項に示したように，行列 $(I-dS)$ は正則であり，逆行列 $(I-dS)^{-1}$ が存在することに注意する．

あるユーザの l 番目の分野に対する興味の相対的度合いを β_l で表し，

$$0 \le \beta_l \le 1 \qquad 1 \le l \le L \quad;\quad \sum_{l=1}^{L}\beta_l = 1$$

と仮定して，彼のテレポーテーションベクトルを $\{\boldsymbol{v}_l; 1 \le l \le L\}$ の線形凸結合

$$\boldsymbol{v} = \sum_{l=1}^{L}\beta_l \boldsymbol{v}_l \tag{5.37}$$

で与える．このとき，$\boldsymbol{v}$ は確率ベクトルである．

$$\sum_{l=1}^{L} v_l = \mathbf{1}\boldsymbol{v}^\top = \mathbf{1}\left(\sum_{l=1}^{L}\beta_l \boldsymbol{v}_l\right)^\top = \sum_{l=1}^{L}\beta_l \left(\mathbf{1}\boldsymbol{v}_l^\top\right) = \sum_{l=1}^{L}\beta_l = 1.$$

このユーザの Google 行列 $G := dS + (1-d)\boldsymbol{v}^\top \mathbf{1}$ は確率行列であるから，その主固有値は 1 である（5.2.4 項）．G の右正規主固有ベクトルを $\boldsymbol{\pi}$ とすれば，

$$\boldsymbol{\pi} = G\boldsymbol{\pi} = [dS + (1-d)\boldsymbol{v}^\top \mathbf{1}]\boldsymbol{\pi}$$
$$= dS\boldsymbol{\pi} + (1-d)\boldsymbol{v}^\top \mathbf{1}\boldsymbol{\pi} = dS\boldsymbol{\pi} + (1-d)\boldsymbol{v}^\top$$

により，線形連立方程式

$$(I-dS)\boldsymbol{\pi} = (1-d)\boldsymbol{v}^\top$$

が成り立つ．この解として，

$$\boldsymbol{\pi} = (1-d)(I-dS)^{-1}\boldsymbol{v}^\top$$

が得られる．これに式 (5.37) を代入すると，

243

5 章 ウェブページのランキング

$$\boldsymbol{\pi} = (1-d)(I-dS)^{-1}\left(\sum_{l=1}^{L}\beta_l \boldsymbol{v}_l\right)^\top$$

$$= (1-d)\sum_{l=1}^{L}\beta_l(I-dS)^{-1}\boldsymbol{v}_l^\top = \sum_{l=1}^{L}\beta_l\boldsymbol{\pi}_l$$

が得られる.すなわち,L 個の分野に対する選好度 $(\beta_1, \beta_2, \ldots, \beta_L)$ をもつユーザにとってのページの人気度 $\boldsymbol{\pi}$ が,テレポーテーションベクトル (5.37) と同じ係数の線形凸結合として得られたことになる.

数値例として,図 5.4 に示された 6 つのページをもつネットについて,政治,

表 5.13 図 5.4 に示されたネットに対するパーソナル化された **PageRank**.

(a) 各分野のテレポーテーションベクトルと個人の選好度

分野	政治	経済	文学	芸術	科学技術	スポーツ	娯楽
β_l	0	0	0	0.2	0	0.4	0.4
ページ	$\boldsymbol{v}_1$	$\boldsymbol{v}_2$	$\boldsymbol{v}_3$	$\boldsymbol{v}_4$	$\boldsymbol{v}_5$	$\boldsymbol{v}_6$	$\boldsymbol{v}_7$
1	0.5	0	0	0	0.25	0	0
2	0	0	1	0.5	0	1	0
3	0.5	0.25	0	0	0	0	0
4	0	0.25	0	0.5	0	0	1
5	0	0.25	0	0	0.5	0	0
6	0	0.25	0	0	0.25	0	0

(b) 各分野にのみ興味をもつユーザにとってのページ人気度

分野	政治	経済	文学	芸術	科学技術	スポーツ	娯楽
ページ	$\boldsymbol{\pi}_1$	$\boldsymbol{\pi}_2$	$\boldsymbol{\pi}_3$	$\boldsymbol{\pi}_4$	$\boldsymbol{\pi}_5$	$\boldsymbol{\pi}_6$	$\boldsymbol{\pi}_7$
1	0.2746	0.2011	0.2101	0.2011	0.2437	0.2101	0.1922
2	0.1168	0.1029	0.2470	0.1778	0.0947	0.2470	0.1087
3	0.1753	0.1321	0.1301	0.1194	0.0947	0.1301	0.1087
4	0.1996	0.2609	0.2144	0.2860	0.2355	0.2144	0.3576
5	0.1168	0.1626	0.1014	0.1127	0.1991	0.1014	0.1241
6	0.1168	0.1404	0.0970	0.1028	0.1322	0.0970	0.1087

(c) (a) の選好度 $\beta_1 \sim \beta_7$ をもつ個人のテレポーテーションベクトルとページ人気度

ページ	1	2	3	4	5	6
$\boldsymbol{v} = \sum_{l=1}^{7}\beta_l \boldsymbol{v}_l$	0	0.5	0	0.5	0	0
$\boldsymbol{\pi} = \sum_{l=1}^{7}\beta_l \boldsymbol{\pi}_l$	0.2011	0.1778	0.1194	0.2860	0.1127	0.1028

経済，文学，芸術，科学技術，スポーツ，および娯楽の各分野に強い興味をもつネットユーザのテレポーテーションベクトル $v_1 \sim v_7$ と，特定の個人のそれらの分野に対する相対的選好度 $\beta_1 \sim \beta_7$ が表 5.13(a) のように与えられていると仮定する．この個人は，芸術，スポーツ，および娯楽に興味があるようである．このネットに対する状態推移行列 S は 5.5.2 項に S' として与えられている．

このとき，減衰率を $d = 0.85$ として上の方法で計算した各分野の Google 行列に対する右正規主固有ベクトル $\pi_1 \sim \pi_7$ を同表 (b) に示す．さらに，同表 (a) に示された選好度 $\beta_1 \sim \beta_7$ をもつ個人にとってのテレポーテーションベクトル $v = \sum_{l=1}^{7} \beta_l v_l$ と人気度 $\pi = \sum_{l=1}^{7} \beta_l \pi_l$ を同表 (c) に示す．同表 (c) の結果を一様なテレポーテーションベクトルを仮定して計算した表 5.5 と比較すると，スポーツと娯楽に関連が深いページ 2 と 4 の人気度が上がっていることが分かる．

参考文献

宇野裕之 (2006)，ウェブグラフ—その性質と利用，オペレーションズ・リサーチ，Vol.51, No.12, pp.757–763, 2006 年 12 月．

宇野裕之 (2012)，ウェブページのランキング技術，オペレーションズ・リサーチ，Vol.57, No.6, pp.308–314, 2012 年 6 月．

関谷和之 (2000)，AHP と固有値問題，木下栄蔵 編著『AHP の理論と実際』第 7 章，pp.160–182, 日科技連出版社，2000 年 6 月．

古屋茂 (1959), 行列と行列式，増補版，培風館，1959 年 5 月．

宮嶋健人 (2009)，PageRank アルゴリズムおよびそれに関連する研究について．2009 年 1 月 30 日．http://www.kentmiyajima.com.document/pagerank.pdf（アクセス：2016 年 5 月 8 日）．

室田一雄・杉原正顯 (2015a)，線形代数 I, 丸善出版，2015 年 9 月．

室田一雄・杉原正顯 (2015b)，線形代数 II, 丸善出版，2015 年 10 月．

Brin, S. and L. Page (1998), The anatomy of a large-scale hypertextual web search engine, *Computer Networks and ISDN Systems*, Vol.30, No.1–7, pp.107–117, April 1998. *Proceedings of the Seventh International World Wide Web Conference* (WWW98), pp.107–117, Brisbane, Australia, April 14–18, 1998.

Clausen, A. (2003), Online reputation systems: the cost of attack of PageRank, December 4, 2003. http://u.cs.biu.ac.il/~herzbea/89-958%20seminar/papers/page-rank%20reputation.pdf

Haveliwala, T. H. (2002), Topic-sensitive PageRank, *Proceedings of the Eleventh International Conference on World Wide Web* (WWW '02), pp.517–526, Honolulu, Hawaii, U.S.A., May 7-11, 2002.

Kleinberg, J. M. (1999), Authoritative sources in a hyperlinked environment, *Journal of the Association for Computing Machinery*, Vol.46, No.5, pp.604–632,

September 1999. *Proceedings of the Annual ACM-SIAM Symposium on Discrete Algorithms*, pp.668–677, San Francisco, California, U.S.A., January 1998.

Langville, A. N. and C. D. Meyer (2006), *Google's PageRank and Beyond: The Science of Search Engine Rankings*, Princeton University Press, 2006. 岩野和生・黒川利明・黒川洋 訳, Google PageRank の数理：最強検索エンジンのランキング手法を求めて, 共立出版, 2009 年 10 月.

Lempel, R. and S. Moran (2000), The stochastic approach for link-structure analysis (SALSA) and the TKC effect, *Computer Networks*, Vol.33, Nos.1–6, pp.387–401, June 2000. *Proceedings of the Ninth International World Wide Web Conference on Computer Networks*, Amsterdam, May 15–19, 2000.

Lempel, R. and S. Moran (2001), SALSA: The stochastic approach for link-structure analysis, *ACM Transactions on Information Systems*, Vol.19, No.2, pp.131–160, April 2001.

Page, L., S. Brin, R. Motwani, and T. Winograd (1998), The PageRank citation ranking: bringing order to the web, Technical Report, Stanford InfoLab, January 29, 1998. http://ilpubs.stanford.edu:8090/422/1/1999-66.pdf

Rajaraman, A. and J. D. Ullman (2012), *Mining of Massive Datasets*, Cambridge University Press, 2012. 岩野和生・浦本直彦 訳, 大規模データのマイニング, 共立出版, 2014 年 7 月.

著者紹介

関谷和之

1965 年に生まれる．1988 年筑波大学第三学群社会工学類卒業．1993 年同大学院博士課程社会工学研究科修了．博士（経営工学）．1993 年 4 月から 1996 年 10 月まで東京理科大学理工学部経営工学科嘱託助手．1996 年 11 月静岡大学工学部システム工学科助教授，2008 年から教授，現在に至る．最適化と評価の応用の研究に従事．2004 年度日本オペレーションズ・リサーチ学会文献賞受賞．2005 年日本オペレーションズ・リサーチ学会フェロー．2013 年日本オペレーションズ・リサーチ学会論文賞受賞．著書は『AHP の理論と実際』(分担執筆第 7 章 AHP と固有値問題, 木下栄蔵編著, 日科技連出版社, 2000 年 6 月), 『サービスサイエンスことはじめ—数理モデルとデータ分析によるイノベーション』(分担執筆第 5 章 ランキングを求める数理的方法, 高木英明編著, 筑波大学出版会, 2014 年 8 月) など．

高木英明

1 章を参照．

6章　個性尊重のDEA業績評価
Data Envelopment Analysis with Respect for Individuals

橋 本 昭 洋 (筑波大学)
hashimot@sk.tsukuba.ac.jp

　物事を総合的に評価するには，多くの側面から見た評価値の加重和を用いるのが通例である．しかし，人間の価値観が絡む社会システムの評価の場合，加重和のウェイトを公平に決定することは容易ではない．そこで，ウェイトを予め決めず，評価対象ごとに都合のよいウェイトを用いて対象の個性を最大限に生かす総合評価法として，DEA (data envelopment analysis, 包絡分析法) という数理計画の手法が注目されている．

　本章では，まず，DEA の基本概念，数理モデル，分析用語などを，数値例を交えて解説する．DEA は効率分析法として出発したが，価値観が多様化した今日の社会では，DEA ノン効率分析法が有用である．本章の後半では，DEA ノン効率分析法の適用例として，プロ野球選手の業績評価を取り上げる．2015 年シーズンの打撃成績から，タイプが異なる 16 人の「DEA 優秀打者」を見出すとともに，さらなる分析結果にも言及する．

キーワード：多面的業績評価，CCR モデル，DMU (意思決定主体)，入出力，DEA 効率値，DEA 効率的・非効率的，効率的フロンティア，拡張フロンティア，ベンチマーク点，リファレンス点，リファレンスセット，結合係数，DEA ノン効率分析，マイナス・プラス指標，仮想入出力，DEA/AR 分析，DEA エクスクルージョンモデル，プロ野球 2015 年シーズン，DEA 優秀打者

6.1　はじめに

　本章では，営利事業・公共事業・学術研究などの業績評価を念頭に置き，それを含む社会システムの評価を考える．評価とは物事の価値を定めることである．物事を評価するには，対象の 1 つの側面を見るだけでは十分でなく，いくつかの側面を多元的に見る**総合評価** (comprehensive evaluation) が要求される．通常，この総合評価は，**加重和** (weighted sum)，すなわち，各側面を評価する指標値に**ウェイト** (weight) を掛けたものの総和によって行われる．ここでウェイト

とは，各側面の重要度の違いだけでなく，性質の異なる側面を通約する（同じ単位で計測し得るものにする）換算の仕方をも含む数値のことである．

　ウェイトは，総合評価の結果を左右する重大な役割を果たす．しかし，このウェイトを明快に定めるのは容易でない．特に社会システムの評価では，明快には割り切れない人間の価値観が絡み，そこにウェイト決定の確固たる理論的根拠が存在しない場合が多い．従って，ウェイトがどのように決定されても，そこに何らかの恣意性が存在すると言わざるを得ない．総合評価における問題の多くは，評価側面の選定と同時に，このウェイトの恣意的決定に起因する．そこで，ウェイトの決定を放棄することを考える．それを可能にする，すなわち加重和を用いるが先験的にはウェイトを決定しない評価手法として，**DEA** (data envelopment analysis, **包絡分析法**) がある[*1]．この革新的な DEA は，価値観が多様化した現代社会に適合した現実的な評価手法の筈であるが，まだ広く実用化されているとは言い難い．その理由の 1 つは，DEA の理論モデルが用いる**数理計画** (mathematical programming) にあると思われる．DEA の理解に数理計画は不可欠であるが，高校数学でその簡単なものは扱っている**線形計画** (linear programming, **LP**) でも，ハードルが高い．そのため，本章の前半において，必要最少限に留めたが，数理計画を含む DEA の数学の簡明な解説を試みる．後半では，対象の個性を生かす DEA 総合評価の最適な事例として，プロ野球の 2015 年シーズンにおける打者の評価を取り上げる．

　DEA の評価対象は，複数の**入力** (input) と複数の**出力** (output) をもつ多数の **DMU** (decision-making unit, **意思決定主体**) である．DEA は，各 DMU の**効率** (efficiency) を相対的に測定・評価する数理計画手法として，アメリカの 3 人の研究者 Abraham Charnes (1917–1993), William Wager Cooper (1914–2012), および Edwardo L. Rhodes による論文 (Charnes et al., 1978) において創始された．

　この論文以降，数理モデルの変換や拡張の提案などの理論的研究から，組織の効率評価に焦点を当てた応用的研究に至るまで，膨大な数の DEA 関連の研究が世界中で刊行されている (Emrouznejad and Yang, 2017)．しかし，これら

[*1]「包絡分析法」という名称は原語 "data envelopment analysis" の和訳として最適であるが，原語自体が後述の分析法を彷彿させ難いので，本章では「DEA」の語を用いる．

の文献の中で，DEA の手法を解説したものは多くない．そのような解説書が皆無に近いとき，Boussofiane et al. (1991) は，単行本ではないが，要点をコンパクトにまとめた DEA の解説論文として，特筆すべき文献である．「創始者による DEA の本」として，ようやく Charnes et al. (1994) が刊行された．その後に出版された Cooper et al. (2006, 2007) が現在の DEA の標準的教科書になっている．日本語の本としては，DEA を日本に紹介した先駆的研究者で，上記の Cooper et al. (2006, 2007) の著者の 1 人でもある刀根薫教授による『経営効率性の測定と改善：包絡分析法 DEA による』が早期に出版されていることが注目される (刀根, 1993)．他に，末吉 (2001), 杉山 (2010), 橋本 (2015) などがある．

DEA の応用事例としては，効率分析という面から，営利組織の効率評価がまず考えられる．この端緒は，銀行支店の経営効率の相対評価であるが，それに限らず，あらゆる営利組織への適用が可能である．DEA 効率分析の対象としての注目度は，営利組織よりも非営利組織の方が高い．これは，本来，利潤追求にそぐわない大学，病院，裁判所，政府省庁などの効率分析が，DEA により可能になったことによる．最近では，本章の 6.3 節に述べるように，DEA の間口は効率分析以外にも広がり，適用対象も様々な社会システムが見られるようになってきた．しかし，このような適用事例も，あくまで研究レベルの話であり，今後は，本章の読者による実務面からの展開が期待される．

6.2 DEA の基礎理論

本節において，DEA の理論モデルを解説する．ここで導入するのは，DEA の基本的なモデルの 1 つであり，DEA の創始者 3 名の名前から **CCR モデル**と呼ばれるものである．この基本モデルについて，その考え方，数理モデル，分析用語などを，簡単な数値例を交えて説明する．なお，関連する線形計画の基本的知識については，橋本 (2015) の付録を参照されたい．

6.2.1 DEA 基本モデル

まず，DEA の最も基本的なモデルを説明する．n 個の DMU があり，それぞれの DMU は，同じ m 種類の非負の入力と t 種類の非負の出力をもつとする．

6章 個性尊重の DEA 業績評価

すなわち,入力 $i\,(=1,\ldots,m)$ と出力 $r\,(=1,\ldots,t)$ は,すべての DMU に共通である.入出力量は DMU ごとに異なるので,x_{ij} を DMU j への入力 i の量とし,y_{rj} を DMU j からの出力 r の量とする.このとき,DMU $j\,(=1,\ldots,n)$ の相対効率を求めるのが DEA モデルである.これを図 6.1 に示す.

多入力・多出力の DMU の相対効率を議論する前に,単一入力・単一出力の DMU の例として,クルマの相対効率を考えてみる.n 台のクルマがあり,クルマ $j\,(=1,\ldots,n)$ は,単一入力としてガソリン x_j (ℓ) を消費し,単一出力として距離 y_j (km) を走行したとする.クルマの 1 つの効率として燃費 y_j/x_j (km/ℓ)

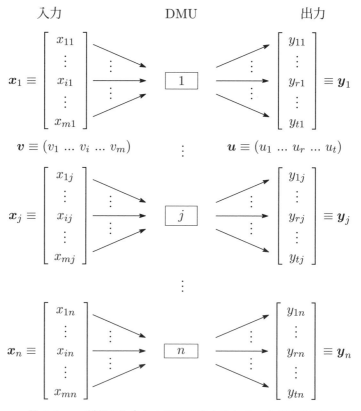

図 6.1 m 種類の入力と t 種類の出力をもつ n 個の DMU.

がある．これは小入力で大出力をもつほど，すなわち，その数値が大きいほど燃費がよいと評価する効率の概念である．この数値は，他と比較せず，単独でも意味をもつので「絶対効率」と言える．ここで，「相対効率」を n 台のクルマの最高燃費をベンチマーク (benchmark, 相対比較の基準) として測定するならば，評価しようとするクルマ j_0 ($1,\ldots,n$ のいずれか) の相対燃費は

$$\frac{y_{j_0}/x_{j_0}}{\max_{j=1,\ldots,n}(y_j/x_j)} \quad (\leq 1)$$

で算出される．こうすれば，最高燃費のクルマの相対燃費が 1 となり，そうでないクルマの相対燃費は 1 より小さい値を取る．

この類似性により，多入力・多出力 DMU (図 6.1) を考えると，クルマの燃費にあたる DMU j の絶対効率は，「出力の加重和 ÷ 入力の加重和」，すなわち

$$\frac{u_1 y_{1j} + \cdots + u_r y_{rj} + \cdots + u_t y_{tj}}{v_1 x_{1j} + \cdots + v_i x_{ij} + \cdots + v_m x_{mj}}$$

で定義せざるを得ない．ここで，u_r は出力 r のウェイトであり，v_i は入力 i のウェイトである ($r=1,\ldots,t;\ i=1,\ldots,m$)．このとき，ウェイト u_r と v_i の値は先験的に決定できないので，非負の変数とする．しかし，ウェイトが決まらないとベンチマークとなる最大効率も定まらないので，相対効率を最大にするように (評価される DMU j_0 にとって最も有利になるように) ウェイトを決めてよいとする．

以上の考え方は，u_r と v_i を決定変数とする数理計画問題として，

$$\text{最大化} \quad \frac{\left.\sum_{r=1}^{t} u_r y_{rj_0} \middle/ \sum_{i=1}^{m} v_i x_{ij_0}\right.}{\displaystyle\max_{j=1,\ldots,n}\left(\left.\sum_{r=1}^{t} u_r y_{rj} \middle/ \sum_{i=1}^{m} v_i x_{ij}\right.\right)}$$

$$\text{制約条件} \quad u_r \geq 0, \quad r=1,\ldots,t$$
$$\phantom{\text{制約条件}} \quad v_i \geq 0, \quad i=1,\ldots,m$$

と表現される．これを通常の数理計画問題として定式化すると，

6 章　個性尊重の DEA 業績評価

$$\text{最大化} \quad g_{j_0} := \frac{\sum_{r=1}^{t} u_r y_{rj_0}}{\sum_{i=1}^{m} v_i x_{ij_0}} \tag{6.1a}$$

$$\text{制約条件} \quad \frac{\sum_{r=1}^{t} u_r y_{rj}}{\sum_{i=1}^{m} v_i x_{ij}} \leq 1, \quad j = 1, \ldots, n \tag{6.1b}$$

$$u_r \geq 0, \quad r = 1, \ldots, t \tag{6.1c}$$

$$v_i \geq 0, \quad i = 1, \ldots, m \tag{6.1d}$$

[DEA/R]

となる．問題 (6.1)*2 を，図 6.1 に示す DMU j の入出力ベクトル

$$\boldsymbol{x}_j = (x_{1j}, \ldots, x_{ij}, \ldots, x_{mj})^\top \quad (m \text{ 次元}),$$
$$\boldsymbol{y}_j = (y_{1j}, \ldots, y_{rj}, \ldots, y_{tj})^\top \quad (t \text{ 次元})$$

と入出力ウェイトベクトル

$$\boldsymbol{v} = (v_1, \ldots, v_i, \ldots, v_m) \quad (m \text{ 次元}),$$
$$\boldsymbol{u} = (u_1, \ldots, u_r, \ldots, u_t) \quad (t \text{ 次元})$$

を用いてベクトル表記すれば，次のようになる*3．

---

*2 式 (6.1a)〜(6.1d) で与えられる数理計画問題を「問題 (6.1)」と呼ぶ．以下同様．
*3 本章において，数理計画問題をベクトル表記するとき，次の便法を用いる．
  (1) 横ベクトルの右肩に記号 ⊤ を付けて，縦ベクトルを表す．
  (2) "$\boldsymbol{u}\boldsymbol{y}_j$" は（同じ次元の）横ベクトル $\boldsymbol{u} = (u_1, \ldots, u_r, \ldots, u_t)$ と縦ベクトル $\boldsymbol{y}_j = (y_{1j}, \ldots, y_{rj}, \ldots, y_{tj})^\top$ の**内積** (inner product) を表す．内積はスカラー量である．

$$\boldsymbol{u}\boldsymbol{y}_j := \sum_{r=1}^{t} u_r y_{rj}.$$

  (3) "$\boldsymbol{u} \geq \boldsymbol{0}$" は，ベクトル $\boldsymbol{u}$ の各要素が，同じ次元の零ベクトル $\boldsymbol{0}$ の各要素，すなわち，0 に等しいか，それよりも大きいことを表す．

$$\boldsymbol{u} \geq \boldsymbol{0} \quad \Longleftrightarrow \quad u_r \geq 0, \quad r = 1, \ldots, t.$$

6.2 DEA の基礎理論

$$\text{最大化} \quad g_{j_0} := \frac{\boldsymbol{u}\boldsymbol{y}_{j_0}}{\boldsymbol{v}\boldsymbol{x}_{j_0}} \tag{6.2a}$$

$$\text{制約条件} \quad \frac{\boldsymbol{u}\boldsymbol{y}_j}{\boldsymbol{v}\boldsymbol{x}_j} \leq 1, \quad j = 1, \ldots, n \tag{6.2b}$$

$$\boldsymbol{u} \geq \boldsymbol{0}, \quad \boldsymbol{v} \geq \boldsymbol{0} \tag{6.2c}$$

[DEA/R].

問題 (6.1) は,$n+t+m$ 個の制約条件 (6.1b)〜(6.1d) を満たす変数 u_r ($r = 1, \ldots, t$) と v_i ($i = 1, \ldots, m$) について,式 (6.1a) で与えられる目的関数 g_{j_0} を最大化する最適解を見出す数理計画問題である.この問題の最大値 $g_{j_0}^*$ を吟味する.j_0 は $1, \ldots, n$ のいずれかであるから,式 (6.1b) の制約により,$g_{j_0}^*$ は高々 1 である.すなわち,最大値 $g_{j_0}^* = 1$ を達成する DMU j_0 と,$g_{j_0}^* < 1$ とならざるを得ない DMU j_0 が出現するが,これは上記の単一入力・単一出力をもつクルマについての相対効率の場合と同様である.

ここで,$j_0 = 1, \ldots, n$ の順に,DMU j_0 に対して目的関数 g_{j_0} を設定し,最大値 $g_{j_0}^*$ を求めると,自身が最高効率を達成する入出力のウェイトを見出すことができた DMU j_0 の相対効率は $g_{j_0}^* = 1$ となり,そうでない DMU j_0 の相対効率は $g_{j_0}^* < 1$ となる.前者を **DEA 効率的** (DEA efficient) な DMU と呼び,後者を **DEA 非効率的** (DEA inefficient) な DMU と呼ぶ.また,$g_{j_0}^*$ を DMU j_0 の **DEA 効率値** (DEA efficiency score) という.前述のように加重和を考えているので,最適解 u_r^* ($r = 1, \ldots, t$) と v_i^* ($i = 1, \ldots, m$) を**最適ウェイト** (optimal weight) ということもある.単一入力・単一出力のクルマとは異なり,多入力・多出力の DMU では,DEA 効率的となる DMU は単一ではなく,複数個存在する場合が一般的である.

このように見ると,数理計画問題 (6.1) あるいは (6.2) は,多入力・多出力をもつ DMU j_0 の相対効率を測定・評価する 1 つのモデルとして妥当であると考えられる.以上が DEA の基本的な考え方である.この DEA 基本モデルは **DEA/R** と呼ばれ,R は "ratio form"(比率形式)の意味である.このことを式 (6.1) と (6.2) の最後の行に [DEA/R] と明記した.

6.2.2 DEA 線形計画モデル

DEA/R モデル (6.1) または (6.2) の解は，その数理計画問題を以下のように線形計画問題に変換することにより得ることができる．

分子と分母がともに正の数である分数の最大化は，「分子の最大化」または「分母の最小化」により達成できるが，ここでは，式 (6.1a) の分数 g_{j_0} の最大化を「分子の最大化」によって行うことにする．また，分数の値は分子と分母のそれぞれの値を問わないので，分数 g_{j_0} において，分母（入力加重和）を 1 とおいて制約条件とし，分子（出力加重和）の最大化を考える．式 (6.1b) の分母をはらって移項すると，次の線形計画問題が得られる[*4]．

$$\text{最大化} \quad \sum_{r=1}^{t} u_r y_{r j_0} \; (= g_{j_0}) \tag{6.3a}$$

$$\theta \quad \text{制約条件} \quad \sum_{i=1}^{m} v_i x_{i j_0} = 1 \tag{6.3b}$$

$$\lambda_j \quad \text{制約条件} \quad \sum_{r=1}^{t} u_r y_{rj} - \sum_{i=1}^{m} v_i x_{ij} \leq 0, \quad j=1,\ldots,n \tag{6.3c}$$

$$u_r \geq 0, \quad r=1,\ldots,t \tag{6.3d}$$

$$v_i \geq 0, \quad i=1,\ldots,m \tag{6.3e}$$

$$[\text{DEA/M}].$$

問題 (6.3) のベクトル表記は以下のとおりである．

$$\text{最大化} \quad \boldsymbol{u}\boldsymbol{y}_{j_0} \; (= g_{j_0}) \tag{6.4a}$$

$$\theta \quad \text{制約条件} \quad \boldsymbol{v}\boldsymbol{x}_{j_0} = 1 \tag{6.4b}$$

$$\lambda_j \quad \text{制約条件} \quad \boldsymbol{u}\boldsymbol{y}_j - \boldsymbol{v}\boldsymbol{x}_j \leq 0, \quad j=1,\ldots,n \tag{6.4c}$$

$$\boldsymbol{u} \geq \boldsymbol{0}, \quad \boldsymbol{v} \geq \boldsymbol{0} \tag{6.4d}$$

$$[\text{DEA/M}].$$

[*4] 以下の問題 (6.3)〜(6.6) における制約条件の左に示された文字は，それぞれの条件に対する双対変数（dual variable, 双対問題の決定変数）である．

問題 (6.3) または (6.4) は **DEA**/(**入力指向**, input oriented)/**M** モデルと呼ばれ，M は "multiplier form"（乗数形式）の意味である．

問題 (6.3) は，$n+t+m+1$ 個の制約条件 (6.3b)〜(6.3e) を満たす $t+m$ 個の変数 u_r $(r=1,\ldots,t)$ と v_i $(i=1,\ldots,m)$ について，式 (6.3a) で与えらえる DMU j_0 の出力加重和を最大化する最適解を見出す線形計画問題である．

この問題の最大値を吟味する．条件 (6.3c) により，すべての DMU の出力加重和は入力加重和以下に抑えられているが，条件 (6.3b) により，DMU j_0 の入力加重和は 1 であるから，その出力加重和の最大値は高々 1 である．式 (6.1a) で与えられる DMU j_0 の DEA 効率値 $g_{j_0}^*$ を得るためには，この出力加重和を入力加重和である 1 で割ることになるが，結果は変わらない．従って，問題 (6.3) の目的関数は g_{j_0} であり，問題 (6.1) の代わりに問題 (6.3) を解けば，問題 (6.1) の最大値 $g_{j_0}^*$，すなわち DEA 効率値が得られ，それにより，DMU j_0 が DEA 効率的か DEA 非効率的かの判定ができる．また，問題 (6.3) の最適解は最適ウェイトであり，k を任意の正の数とするとき，ku_r^* および kv_i^* の形で無数に存在する問題 (6.1) の最適解のうちの（k をある値に定めた）1 つである．

線形計画問題 (6.3) を解く代わりに，これを**主問題** (primal problem) として，その**双対問題** (dual problem) である次の線形計画問題 (6.5) を解いてもよい．

$$\text{最小化} \quad \theta \ (= g_{j_0}) \tag{6.5a}$$

$$u_r \quad \text{制約条件} \quad \sum_{j=1}^n y_{rj}\lambda_j \geq y_{rj_0}, \quad r=1,\ldots,t \tag{6.5b}$$

$$v_i \quad \text{制約条件} \quad x_{ij_0}\theta - \sum_{j=1}^n x_{ij}\lambda_j \geq 0, \quad i=1,\ldots,m \tag{6.5c}$$

$$\lambda_j \geq 0, \quad j=1,\ldots,n \tag{6.5d}$$

$$(\theta \text{については制約なし}) \tag{6.5e}$$

[DEA/E].

問題 (6.5) は **DEA**/(**入力指向**)/**E** モデルと呼ばれ，E は "envelopment form"（包絡形式）を意味する．この問題の決定変数は，問題 (6.3) に双対変数として示されている θ と λ_j $(j=1,\ldots,n)$ であり，これらの $n+1$ 個の変数について，

$t+m+n$ 個の制約条件 (6.5b)〜(6.5d) を満たし，目的関数 θ を最小化する最適解を見出す線形計画問題である．線形計画問題の**双対定理** (dual theorem) により，主問題 (6.3) の目的関数の最大値 $g_{j_0}^*$ が存在すれば，双対問題 (6.5) の目的関数の最小値 θ^* も存在して，それらは同じ値を取る．すなわち，

$$\theta^* = g_{j_0}^* \leq 1.$$

これにより，DMU j_0 が DEA 効率的か DEA 非効率的かの判定ができる．

DEA/E モデルを DEA 効率の面から解釈する．問題 (6.5) をベクトル表記し，変数 θ の項を右辺に移すと，主問題 (6.4) の双対問題として，以下が得られる．

$$\text{最小化} \quad \theta \ (= g_{j_0}) \tag{6.6a}$$

$$\boldsymbol{u} \quad \text{制約条件} \quad \sum_{j=1}^{n} \lambda_j \boldsymbol{y}_j \geq \boldsymbol{y}_{j_0} \tag{6.6b}$$

$$\boldsymbol{v} \quad \text{制約条件} \quad \sum_{j=1}^{n} \lambda_j \boldsymbol{x}_j \leq \theta \boldsymbol{x}_{j_0} \tag{6.6c}$$

$$\lambda_j \geq 0, \quad j=1,\ldots,n \tag{6.6d}$$

$$(\theta \text{については制約なし}) \tag{6.6e}$$

[DEA/E].

制約条件 (6.6b) の右辺は DMU j_0 の出力ベクトルを表し，左辺は，式 (6.6d) により，すべての DMU の出力ベクトルの**非負線形結合** (nonnegative linear combination) を表す．また，仮に $\theta=1$ と考えると，制約条件 (6.6c) の右辺は DMU j_0 の入力ベクトルを表し，左辺は全 DMU の入力ベクトルの非負線形結合を表す．すなわち，問題 (6.6) は，全 DMU の非負線形結合で形成される（入力 $\sum_{j=1}^{n} \lambda_j \boldsymbol{x}_j$ と出力 $\sum_{j=1}^{n} \lambda_j \boldsymbol{y}_j$ をもつ）DMU の中に，出力が $\boldsymbol{y}_{j_0}$ 以上で，かつ入力が $\boldsymbol{x}_{j_0}$ より小さいような，DMU j_0 よりも効率的な DMU が存在するかどうかを見る問題となっている．

もしそのような効率的 DMU が存在すれば，DMU j_0 の効率値はそれよりも劣るので，効率的とは言えない．その効率的 DMU をベンチマークとするとき，DMU j_0 がどれほど劣るのかを入力の比で測定するのが変数 θ である．すなわ

ち，DMU j_0 の入力量を 1 とするとき，ベンチマーク DMU はどれだけの入力量 θ^* (< 1) で DMU j_0 以上の出力量を産出しているのかを計測している．

ここで，もし j_0 よりも効率的な DMU が複数存在すれば，最も効率的な最小の入力をもつ DMU をベンチマークとするように，θ の最小化問題となっている．このとき，ベンチマーク DMU は入力量 θ^* で出力量 Q を産出しているとする．その効率値を 1 とすると（すなわち $Q/\theta^* = 1$），同じ出力量 Q を入力量 1 で産出している DMU j_0 の DEA 効率値は $g_{j_0}^* = Q/1 = \theta^* < 1$ であるので，DMU j_0 は DEA 非効率的である．

もし効率的 DMU が存在しなければ，DMU j_0 は自身が最も効率的であると主張することができる．このとき，

$$\theta = 1,\ \lambda_{j_0} = 1,\ \lambda_j = 0,\ j = 1, \ldots, n\ (j \neq j_0)$$

が問題 (6.6) の最適解となり，DMU j_0 がベンチマーク DMU となる．そして，$g_{j_0}^* = \theta^* = 1$ となるので，DMU j_0 は DEA 効率的である．

以上のように，DEA/E モデル (6.5) と (6.6) では，DMU j_0 の入力に付した変数 θ により，ベンチマーク DMU の入力と比較して DEA 効率値を求めている．このことが，DEA/E モデル (6.5) と (6.6)，および DEA/M モデル (6.3) と (6.4) を「入力指向」と呼ぶ所以である[*5]．

このように，問題 (6.1) の代わりに問題 (6.5) を解いても，最適解 θ^* と λ_j^* ($j = 1, \ldots, n$) が得られ，$\theta^* = g_{j_0}^*$ により，DMU j_0 の DEA 効率値を得ることができる．このとき，最適ウェイト u_r^* ($r = 1, \ldots, t$) と v_i^* ($i = 1, \ldots, m$) は問題 (6.5) の双対問題 (6.3) の最適解であるから，線形計画問題 (6.5) における制約条件 (6.5b) と (6.5c) の双対変数の最適解，すなわち**シャドウプライス** (shadow price) として得られる．

逆に，線形計画問題 (6.3) を解くと，制約条件 (6.3b) と (6.3c) のシャドウプライスとして，問題 (6.3) の双対問題 (6.5) の最適解 θ^* と λ_j^* ($j = 1, \ldots, n$) が得られる．すなわち，DEA の基本である DEA/R モデルを具体的に解く線形

[*5] 本章では，入力指向モデルだけを扱っているので，問題 (6.3)〜(6.6) の名称では「入力指向」の明示を省略している．

計画モデルは，DEA/M と DEA/E の 2 つのモデルがあり，両モデルはそれぞれ DEA 効率の面へのアプローチが異なり，ともに必要なモデルである．しかし，どちらか一方の線形計画問題を解けば，他方の最適解を含むすべての解を得ることができるので，両方の線形計画問題を解く必要はない．

6.2.3 簡単な DMU のサンプル

本節の以下の項において，架空の小さな DMU のサンプルを用いて，DEA モデルをさらに考察する．表 6.1 に与えられた 2 種類の入力 $\boldsymbol{x}_A = (x_{1A}, x_{2A})^\top$, $\boldsymbol{x}_B = (x_{1B}, x_{2B})^\top$, $\boldsymbol{x}_C = (x_{1C}, x_{2C})^\top$, $\boldsymbol{x}_D = (x_{1D}, x_{2D})^\top$, $\boldsymbol{x}_E = (x_{1E}, x_{2E})^\top$, $\boldsymbol{x}_F = (x_{1F}, x_{2F})^\top$, $\boldsymbol{x}_G = (x_{1G}, x_{2G})^\top$ と 1 種類の出力 $\boldsymbol{y}_A = \boldsymbol{y}_B = \boldsymbol{y}_C = \boldsymbol{y}_D = \boldsymbol{y}_E = \boldsymbol{y}_F = \boldsymbol{y}_G = (1)$ をもつ 7 個の DMU A, B, C, D, E, F, G に対して，DEA/M モデルと DEA/E モデルを適用する．この例では，$n = 7, m = 2, t = 1$ である．

まず，DEA/M モデル (6.3) は，3 つの変数 u_1, v_1, v_2 に関する次のような最大化問題になる．ここで，θ と λ_j ($j = A, \ldots, G$) は双対変数である．

$$
\begin{aligned}
&\text{最大化} && u_1 \\
&\theta \quad \text{制約条件} && x_{1j_0} v_1 + x_{2j_0} v_2 = 1 \\
&\lambda_j \quad \text{制約条件} && u_1 - x_{1j} v_1 - x_{2j} v_2 \leq 0, \quad j = A, \ldots, G \\
& && u_1, v_1, v_2 \geq 0.
\end{aligned} \tag{6.7}
$$

線形計画問題 (6.7) を $j_0 = A \sim G$ について解くと，それぞれの最適解とシャドウプライスが表 6.2 のように得られる．この表に示された結果により，$g_{j_0}^* = 1$ となる DMU A, C, E, G は DEA 効率的であり，$g_{j_0}^* < 1$ となる DMU B, D, F は DEA 非効率的であると判定される．

表 6.1 2 種類の入力と 1 種類の出力をもつ 7 個の DMU のサンプル．

	DMU						
	A	B	C	D	E	F	G
入力 1	1.0	1.5	1.5	2.0	3.0	5.0	5.0
入力 2	2.0	4.0	1.0	2.0	0.5	2.5	0.5
出力 1	1.0	1.0	1.0	1.0	1.0	1.0	1.0

6.2 DEA の基礎理論

表 6.2 表 6.1 のサンプルに対する **DEA/M** 最適解.

最適解	DMU j_0						
	A	B	C	D	E	F	G
$g_{j_0}^*$	1.000	0.667	1.000	0.667	1.000	0.360	1.000
u_1^*	1.000	0.667	1.000	0.667	1.000	0.360	1.000
v_1^*	0.500	0.667	0.500	0.333	0.222	0.080	0
v_2^*	0.250	0	0.250	0.167	0.667	0.240	2.000
シャドウプライス							
θ^*	1.000	0.667	1.000	0.667	1.000	0.360	1.000
λ_A^*	1.000	1.000	0	0.333	0	0	0
λ_B^*	0	0	0	0	0	0	0
λ_C^*	0	0	1.000	0.667	0	0.800	0
λ_D^*	0	0	0	0	0	0	0
λ_E^*	0	0	0	0	1.000	0.200	0
λ_F^*	0	0	0	0	0	0	0
λ_G^*	0	0	0	0	0	0	1.000

また，DEA/E モデル (6.5) は，8 つの変数 $\theta, \lambda_A, \lambda_B, \lambda_C, \lambda_D, \lambda_E, \lambda_F, \lambda_G$ に関する次のような最小化問題になる．ここで，u_1, v_1, v_2 は双対変数である．

$$\begin{aligned}
&\text{最小化} \quad \theta \\
u_1 \quad &\text{制約条件} \quad \lambda_A + \lambda_B + \lambda_C + \lambda_D + \lambda_E + \lambda_F + \lambda_G \geq 1 \\
v_1 \quad &\text{制約条件} \quad x_{1j_0}\theta - x_{1A}\lambda_A - x_{1B}\lambda_B - x_{1C}\lambda_C - x_{1D}\lambda_D \\
&\qquad\qquad - x_{1E}\lambda_E - x_{1F}\lambda_F - x_{1G}\lambda_G \geq 0 \\
v_2 \quad &\text{制約条件} \quad x_{2j_0}\theta - x_{2A}\lambda_A - x_{2B}\lambda_B - x_{2C}\lambda_C - x_{2D}\lambda_D \\
&\qquad\qquad - x_{2E}\lambda_E - x_{2F}\lambda_F - x_{2G}\lambda_G \geq 0 \\
&\qquad\qquad \lambda_A, \lambda_B, \lambda_C, \lambda_D, \lambda_E, \lambda_F, \lambda_G \geq 0.
\end{aligned} \quad (6.8)$$

線形計画問題 (6.8) を $j_0 = $ A～G について解くと，それぞれの最適解とシャドウプライスが表 6.3 のように得られる．この表の結果により，$\theta^* = 1$ となる DMU A, C, E, G は DEA 効率的であり，$\theta^* < 1$ となる DMU B, D, F は DEA 非効率的であると判定される．表 6.2 と照合すると，DEA/M および DEA/E の双方から他方の解が得られていることが確認できる．

6章 個性尊重の DEA 業績評価

表 6.3 表 6.1 のサンプルに対する DEA/E 最適解.

最適解	DMU j_0						
	A	B	C	D	E	F	G
$\theta^*\ (= g_{j_0}^*)$	1.000	0.667	1.000	0.667	1.000	0.360	1.000
λ_A^*	1.000	1.000	0	0.333	0	0	0
λ_B^*	0	0	0	0	0	0	0
λ_C^*	0	0	1.000	0.667	0	0.800	0
λ_D^*	0	0	0	0	0	0	0
λ_E^*	0	0	0	0	1.000	0.200	0
λ_F^*	0	0	0	0	0	0	0
λ_G^*	0	0	0	0	0	0	1.000
シャドウプライス							
u_1^*	1.000	0.667	1.000	0.667	1.000	0.360	1.000
v_1^*	0.500	0.667	0.500	0.333	0.222	0.080	0
v_2^*	0.250	0	0.250	0.167	0.667	0.240	2.000

6.2.4 効率的 DMU のフロンティア

次に,表 6.1 のサンプルを用いて,DEA/E モデル (6.6) を考察する.表 6.1 のすべての DMU は,1 種類の量 1 の出力(**単位出力** (unit output) という)しかもたないので,各 DMU の位置は,図 6.2 のように,2 種類の入力を直交座標軸とする平面上にプロットすることができる.例えば,DMU A は入力ベクトル $\boldsymbol{x}_A = \overrightarrow{OA} = (1.0, 2.0)^\top$ で単位出力し,DMU B は入力ベクトル $\boldsymbol{x}_B = \overrightarrow{OB} = (1.5, 4.0)^\top$ で単位出力していることを表す.

折れ線 ACE 上のすべての点は,その左下に他の DMU が存在しない.このことは,それらの点よりも小さい入力で単位出力している DMU が存在しないことを意味し,それら自身は単位出力するのに最小の入力しか必要としない,すなわち,相対的に最も効率的であると主張することができる.この意味で,折れ線 ACE を**効率的フロンティア** (efficient frontier) という.従って,効率的フロンティア上にある DMU A, C, E が DEA 効率的であることは当然である.

効率的フロンティアの各端点 (A, C, E) からそれを原点とし,もとの座標軸に平行に正の方向に直交座標軸を取るとき,その最も外側の半直線(破線 A— と E—)を**拡張フロンティア** (extended frontier) という.

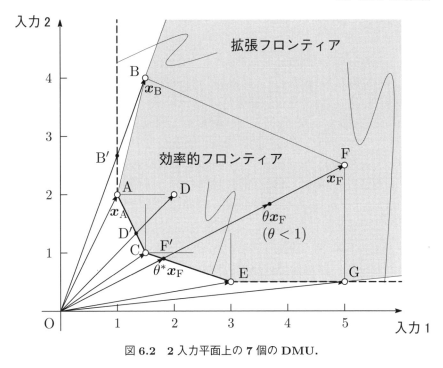

図 6.2 2 入力平面上の 7 個の DMU．

ここで，拡張フロンティア（破線 E—）上にある DMU G も DEA 効率的と判定される（表 6.2 または表 6.3）ことに注意する．DMU G が効率的フロンティア上の DMU A, C, E と異なる点は，点 G の左に点 E，すなわち，自身より非大の入力をもつ DMU E が存在することである．このような場合を **DEA 弱効率的** (weakly DEA efficient) と呼び，「DEA 効率的」と区別することもあるが，ここでは次のように考えて，この区別は行わない．他の条件をまったく変えず，DMU G の入力 2 だけを少し減少させてみる．このとき，図 6.2 において，点 G の位置が少し下がるので，線分 EG が拡張フロンティアから効率的フロンティアに変わる．そのために必要な減少量は，微小量 (0 と見なすことができる) でよい．従って，現在の DMU G も DEA 効率的であると考えてよい．

効率的フロンティアと拡張フロンティアを併せて**フロンティア** (frontier) と呼ぶので，DMU が DEA 効率的であるための条件は「フロンティア上にあるこ

と」となる．この意味で，DEA 効率的な DMU を**フロンティア DMU**(frontier DMU) ともいう．

さらに，DEA 効率値 θ^* について考える．表 6.1 のサンプルの場合，すべての $\boldsymbol{y}_j$ は単位出力 1（スカラー）であるから，式 (6.6b) は $\sum_{j=1}^n \lambda_j \geq 1$ となる．従って，式 (6.6c) の左辺の領域は，入力ベクトルの非負線形結合が表す**凸錐** (convex cone)（半直線 OB—と OG—に挟まれた領域）のうち，**凸包** (convex hull) ($\sum_{j=1}^n \lambda_j = 1$ に対応する閉領域 ACEGFBA) 以上の部分として，図 6.2 に示された影の部分（半直線 B—，G—と折れ線 BACEG で囲まれた領域）である．すなわち，この場合の線形計画問題 (6.6) は，DMU j_0 の効率を測定するとき，ベクトル $\theta \boldsymbol{x}_{j_0}$ の終点の左下に影の部分の点を保つという条件の下で θ を最小化する問題となっている．

まず，$j_0 = $ F について図 6.2 を見ると，ベクトル $\theta \boldsymbol{x}_\mathrm{F}$ は $\overrightarrow{\mathrm{OF'}}$ まで縮小できることが分かる．このとき $\theta^* = \mathrm{OF'/OF} = 0.360$ となり，また，点 F′ は線分 CE を比 1:4 に内分する．従って，$j_0 = $ F に対する最適解において，制約条件 (6.6c) は

$$\theta^* \boldsymbol{x}_\mathrm{F} = 0.360\, \boldsymbol{x}_\mathrm{F} = \overrightarrow{\mathrm{OF'}} = 0.800\, \overrightarrow{\mathrm{OC}} + 0.200\, \overrightarrow{\mathrm{OE}} = \lambda_\mathrm{C}^* \boldsymbol{x}_\mathrm{C} + \lambda_\mathrm{E}^* \boldsymbol{x}_\mathrm{E}$$

のように等号が成り立っており，このことが表 6.2 および 6.3 に示されている．このときの DEA 効率値 $\theta^* = 0.360$ を計算している点 F′ を DMU F の**ベンチマーク点** (benchmark point) という．

次に，$j_0 = $ A, C, E, G の場合を見ると，それらの DMU のベンチマーク点はそれぞれ A, C, E, G 自身であり，最適解の $\theta^* = 1$ である．また，$j_0 = $ B のベンチマーク点は B′ になり，$j_0 = $ D のベンチマーク点は D′ になる (OB′/OB $= 0.667$, OD′/OD $= 0.667$)．ここで，DMU B のベンチマーク点 B′ の左下にあり（すなわち，ベクトル $\overrightarrow{\mathrm{OB'}}$ 以下であり），かつ影の部分として保たれている点は A であることに注意する．すなわち，$j_0 = $ B に対する最適解において，制約条件 (6.6c) は

$$\theta^* \boldsymbol{x}_\mathrm{B} = 0.667 \boldsymbol{x}_\mathrm{B} = \overrightarrow{\mathrm{OB'}} \geq \overrightarrow{\mathrm{OA}} = 1.000 \boldsymbol{x}_\mathrm{A} = \lambda_\mathrm{A}^* \boldsymbol{x}_\mathrm{A}$$

のように成り立っている．この不等式の**スラック**（slack, 両辺の差の絶対値）

を表すベクトルが図 6.2 の

$$\overrightarrow{AB'} = \overrightarrow{OB'} - \overrightarrow{OA}$$

である．このように，DMU A〜G の DEA 効率値は，すべて異なるベンチマーク点によるものであることに留意する．

ここまでに表 6.1 のサンプルを用いて 2 次元入力平面により説明してきた概念を，一般の m 種類の入力と t 種類の出力をもつ n 個の DMU の場合に拡張しておく．m 次元入力ベクトル $\boldsymbol{x}_j$ と t 次元出力ベクトル $\boldsymbol{y}_j$ をもつすべての DMU j は，$m+t$ 次元の入出力空間に，点 $(\boldsymbol{x}_j, \boldsymbol{y}_j)^\top$ として配置される．このとき，式 (6.6b) と (6.6c) の左辺が表す領域は，すべての入出力ベクトルの非負線形結合が表す凸錐である．この凸錐上の点 $(\boldsymbol{x}, \boldsymbol{y})^\top$ で，$\boldsymbol{x}_j \leq \boldsymbol{x}$ かつ $\boldsymbol{y}_j \geq \boldsymbol{y}$，すなわち，その点よりも入力が小さく出力が大きい DMU j が存在しないような点の集合が効率的フロンティアである．拡張フロンティアは，効率的フロンティアに連結して，凸錐の外へ延びている．DEA/E モデル (6.6) を解くと，フロンティア上の DMU は DEA 効率的 ($\theta^* = 1$) となる．フロンティア上にない DMU は DEA 非効率的 ($\theta^* < 1$) であるが，その DEA 効率値 θ^* はフロンティア上のベンチマーク点により算定される．

なお，DEA/E モデルの最適解（DEA/M モデルのシャドウプライス）θ^* と λ_j^* ($j = 1, \ldots, n$) は，「効率的フロンティアの端点以外のフロンティア DMU が存在する」という稀な場合に，一意的でないことが起こる．表 6.1 のサンプルでは，フロンティア DMU G が拡張フロンティア上にあるので，この場合に該当する．実際，DMU G には $\theta^* = 1.000$, $\lambda_E^* = 1.000$，かつ他の $\lambda_j^* = 0$ という別の最適解が存在する．

一方，DEA/M モデルの最適解（DEA/E モデルのシャドウプライス）u_r^* ($r = 1, \ldots, t$) と v_i^* ($i = 1, \ldots, m$) は，「効率的フロンティアの端点であるフロンティア DMU」，すなわち，ほとんどすべてのフロンティア DMU について，一意的でない．表 6.1 のサンプルでは，拡張フロンティアにある DMU G 以外のフロンティア DMU A, C, E が上記に該当する．実際，これらの DMU についての最適解 (u_1^*, v_1^*, v_2^*) として，DMU A には $(1.000, 1.000, 0)$，DMU C には $(1.000, 0.222, 0.667)$，そして DMU E には $(1.000, 0, 2.000)$ という別の最適解が存在

する．従って，DEA 分析において，最適ウェイト u_r^*, v_i^* を使用する際には，常にこのことに留意する必要がある．

6.2.5 非効率的 DMU のリファレンスセット

非効率的 DMU j_0 の最適ウェイト $\boldsymbol{u}^*$ と $\boldsymbol{v}^*$ を用いて DEA 効率値を計算したときに，1（DEA 効率的）となる DMU j を DMU j_0 のリファレンスセット (reference set, 参照集合) という．リファレンスセットは，DEA/E モデル (6.6) の最適解で，$\lambda_j^* \neq 0$ であるような DMU j から構成される．なぜならば，$\lambda_j^* \neq 0$ を DEA/E モデル (6.6) の双対問題である DEA/M モデル (6.4) で考えると，DMU j に関する制約条件 (6.4c) のシャドウプライスが 0 でないということであるから，線形計画の**相補性定理** (complementary slackness theorem) により，この条件のスラックは 0 でなければならない．よって，この j について，$\boldsymbol{u}^* \boldsymbol{y}_j - \boldsymbol{v}^* \boldsymbol{x}_j = 0$ となるので，

$$\text{DMU} j \text{ の DEA 効率値} = \frac{\boldsymbol{u}^* \boldsymbol{y}_j}{\boldsymbol{v}^* \boldsymbol{x}_j} = 1$$

が成り立ち，DMU j は，DMU j_0 の最適ウェイト $\boldsymbol{u}^*$ と $\boldsymbol{v}^*$ で DEA 効率的となる．

DEA/E モデル (6.6) の最適解 θ^* と λ_j^* $(j = 1, \ldots, n)$ は，制約条件 (6.6b) と (6.6c) を

$$\sum_{j=1}^n \lambda_j^* \boldsymbol{y}_j - \boldsymbol{\sigma}^+ = \boldsymbol{y}_{j_0} \quad ; \quad \sum_{j=1}^n \lambda_j^* \boldsymbol{x}_j + \boldsymbol{\sigma}^- = \theta^* \boldsymbol{x}_{j_0} \qquad (6.9)$$

のように満たす．ここで，$\boldsymbol{\sigma}^+$ は出力スラックのベクトル（t 次元）であり，$\boldsymbol{\sigma}^-$ は入力スラックのベクトル（m 次元）である．

式 (6.9) のそれぞれの右辺は，DMU j_0 のベンチマーク点である．それぞれの左辺の第 1 項は，出力 $\boldsymbol{y}_j$ と入力 $\boldsymbol{x}_j$ をもつ DMU j の非負線形結合であり，第 2 項はスラックである．この非負線形結合は，結局 $\lambda_j^* \neq 0$ であるような DMU の線形結合であるから，リファレンスセットの正の線形結合である．これをリ**ファレンス点** (reference point) といい，λ_j^* を**結合係数** (combination coefficient) という．結合係数は，リファレンス点からリファレンスセットの各 DMU までの相対的距離（近さ）を表す．

リファレンス点は，ベンチマーク点と同じフロンティア上で，ベンチマーク点からスラック分だけ離れた位置にあり（スラックが 0 ならベンチマーク点と一致する），実在する DEA 効率的 DMU であるリファレンスセットの正の線形結合で形成されている．すなわち，DEA 効率値を算定するのがベンチマーク点であるのに対し，リファレンス点は，その周辺にあって，ベンチマーク点よりも入力スラック分だけ小さい入力と，出力スラック分だけ大きい出力をもつ DEA 効率的な点であり，DMU j_0 が努力目標として参照すべき点である．リファレンス点とリファレンスセットという名称はこのことに由来する．

表 6.3（または表 6.2）において，$j_0 = $ F の DMU を見ると，λ_C^* と λ_E^* が 0 ではないので，DMU F のリファレンスセットは DMU C と DMU E であることが分かる．すなわち，DMU F は，自身の最適ウェイトを適用しても $\theta^* = 0.360$ と DEA 非効率的であるが，DMU C と DMU E はそのウェイトで DEA 効率的になる．同様に，DMU B のリファレンスセットは DMU A であり，DMU D のリファレンスセットは DMU A と DMU C である．また，図 6.2 に見られるように，各リファレンスセットは，DMU j_0 のベンチマーク点があるフロンティアを形成することも分かる．

さらに，表 6.3（または表 6.2）の結合係数 λ_j^* より，DEA 非効率的な DMU B, D, F のリファレンス点の位置を見ると，DMU B のリファレンス点はリファレンスセット A そのものであり，DMU D のリファレンス点はリファレンスセット A と C のうち C に近く（線分 AC を比 2:1 に内分する点），さらに，DMU F のリファレンス点はリファレンスセット C と E のうち C に近い（線分 CE を比 1:4 に内分する点）ことが分かる．制約条件 (6.6b) と (6.6c) の入力スラックが 0 である DMU D と F については，リファレンス点がベンチマーク点（それぞれ点 D′ と点 F′）であり，入力スラックが 0 でない DMU B については，リファレンス点 A はベンチマーク点 B′ と異なることが確認できる．これらの結果を表 6.4 にまとめる．

6.3 DEA ノン効率分析

DEA 基本モデル (6.1) に見るように，DEA は分数

6章　個性尊重の DEA 業績評価

表 6.4 表 6.1 のサンプルにおける非効率的 DMU のリファレンス点.

非効率的 DMU	リファレンスセット		リファレンス点
DMU B	DMU A		$\lambda_A^* x_A = 1 \times (1.0, 2.0)^\top$
$x_B = (1.5, 4.0)^\top$	$y_A = (1.0)$	$u^* y_A = 0.667$	$= (1.0, 2.0)^\top$
$\theta^* = 0.667$	$x_A = (1.0, 2.0)^\top$	$v^* x_A = 0.667$	$= x_A,$
$u^* = (0.667)$			$\sigma^- = \theta^* x_B - \lambda_A^* x_A$
$v^* = (0.667, 0)$			$= (0, 0.667)^\top = \overrightarrow{AB'}$
DMU D	DMU A		$\lambda_A^* x_A + \lambda_C^* x_C$
$x_D = (2.0, 2.0)^\top$	$y_A = (1.0)$	$u^* y_A = 0.667$	$= 0.333 \times (1.0, 2.0)^\top$
$\theta^* = 0.667$	$x_A = (1.0, 2.0)^\top$	$v^* x_A = 0.667$	$+ 0.667 \times (1.5, 1.0)^\top$
$u^* = (0.667)$	DMU C		$= (1.333, 1.333)^\top$
$v^* = (0.333, 0.167)$	$y_C = (1.0)$	$u^* y_C = 0.667$	$= \theta^* x_D,$
	$x_C = (1.5, 1.0)^\top$	$v^* x_C = 0.667$	$\sigma^- = 0$
DMU F	DMU C		$\lambda_C^* x_C + \lambda_E^* x_E$
$x_F = (5.0, 2.5)^\top$	$y_C = (1.0)$	$u^* y_C = 0.360$	$= 0.8 \times (1.5, 1.0)^\top$
$\theta^* = 0.360$	$x_C = (1.5, 1.0)^\top$	$v^* x_C = 0.360$	$+ 0.2 \times (3.0, 0.5)^\top$
$u^* = (0.360)$	DMU E		$= (1.8, 0.9)^\top$
$v^* = (0.080, 0.240)$	$y_E = (1.0)$	$u^* y_E = 0.360$	$= \theta^* x_F,$
	$x_E = (3.0, 0.5)^\top$	$v^* x_E = 0.360$	$\sigma^- = 0$

$$\sum_{r=1}^{t} u_r y_{rj_0} \Big/ \sum_{i=1}^{m} v_i x_{ij_0}$$

のベンチマークを 1 とする相対的最大化を行っている．分数の最大化は，分母の最小化または分子の最大化で達成できる．分母が入力であり，分子が出力であるから，分数は効率を表す．従って，小量が望ましい入力を最小化し，大量が望ましい出力を最大化することにより，小量の入力で大量の出力を産出すると見なすことができる DMU が DEA 効率的となる．

しかし，DEA のモデル自体は，分母と分子の間に入力と出力のような有機的関係を必ずしも要求していない．そこで，物事を評価する場合の一般的指標を考え，入力を**マイナス指標**（「負の値」の意味ではなく，非負であるが，値が小さい方が望ましい評価指標，例えば社会指標の「犯罪発生率」）で置き換え，出力を**プラス指標**（非負で値が大きい方が望ましい評価指標，例えば「平均所得」）で置き換える．このようにすると，小さいマイナス指標と大きいプラス指標を

6.3 DEA ノン効率分析

もつと見なせる DMU を相対的に望ましいと評価する DEA 分析が可能となる．このときの分数は，採用している指標に関連して測定・評価される概念を統合した**メトリック**（metric, 計量されたもの）である．この考えにより，DEA は効率分析に限定されず，それ以外の**ノン効率分析** (non-efficiency analysis) にまで拡張され，広く一般の多指標による総合評価問題への適用が可能となる．

ここで，メトリックを最大化する目的は，元来は 6.2.1 項で述べたように式 (6.1a) の $g_{j_0}^*$ が算定できるようにするためであるが，それは各 DMU が他と比較してできるだけ優位に立つようにするということも意味している．すなわち，各 DMU は自身の個性（マイナス・プラス指標のデータ構造）を最も優位に働かせるようウェイトを決定する．この DMU の特徴を生かした総合評価は，以下に述べるように，効率分析よりもノン効率分析において，他の総合評価手法には見られない利点として認識すべきものである．

DEA 評価は加重和を用いた総合評価であるが，そのウェイトを先験的に一義に決定せず，評価される DMU ごとに柔軟に決定することができる．この手法特性が，多数のベンチマーク点から成るフロンティアを形成し，それによる多元的評価を可能としている．

効率分析では，1 次元のイメージがある効率という概念を評価する．すなわち，入出力には，入力から出力を産出するという有機的関係があるので，分母と分子の間には正の相関があるのが通常である．入出力の選定もこのような関係があるものに絞られ，それによりフロンティアの拡大は制限され，結果的に多様性が抑えられた多元的評価になっている．すなわち，効率分析における多元的評価は，一元的評価を志向するものの，ウェイトが不明のため，やむを得ず多元的にするという消極的な意味合いが強い．

これに対して，ノン効率分析では，一元的評価が困難という前提に立つ概念を取り扱う場合が多い．特に，価値観の多様化した今日の社会では，分析対象が多様な望ましさを許容する多元的評価が要求されている．分析手法から見ると，ノン効率分析では，マイナス指標からプラス指標を産出するという関係はまったく存在せず，マイナス・プラス指標は，方向の異なる評価指標が単に並立しているだけである．また，効率分析では入力が存在しない出力というものは考えにくいが，ノン効率分析ではプラス指標のみ，あるいはマイナス指標

のみを考えることも可能である．従って，マイナス・プラス指標間の相関もなく，評価指標を，入出力のような関係に制約されることなく自由に選定することができる．その結果，当該メトリックを測定・評価するフロンティアは広角に拡大し，多様性を最大限に許容する多元的評価をもたらす．すなわち，DEAノン効率分析は，単に入出力をマイナス・プラス指標に置き換えただけのDEAではなく，多元的評価という観点から見て，分析対象からの要求と分析手法の機能が合致した最適の組合せであると言うことができる．

以上のように，DMUの個性を生かす評価というDEAの特性は，効率分析よりもノン効率分析に適合している．この考え方はHashimoto and Ishikawa (1993)により最初に提案され，それ以降，広く用いられるようになってきた (Mariano et al., 2015)．上記の論文を含む筆者らによるノン効率分析のいくつかの適用事例については，橋本 (2015) を参照されたい．

6.4 プロ野球打者の評価

本節では，各DMUの個性を尊重するDEAノン効率分析の適用例として，プロ野球打者の評価を取り上げる[*6]．ここでの分析フレームは，橋本 (1993) に基づく．この論文は，スポーツ選手のDEA分析の嚆矢であり，1991年シーズンのプロ野球打者のDEA評価が示されている．筆者は，さらに橋本 (2004, 2015) においても，それぞれ2003年と2013年シーズンのプロ野球打者のDEA評価を行っている．

野球打者の評価は，「三冠王」の栄誉が示すように，打率，本塁打，打点の3部門に視点が集中しがちである．しかしながら，打者の使命を「得点に貢献すること」と考えると，盗塁，犠打など，他にも考慮すべきものがあり，それらも含めた形で総合的に評価すべきである．多次元の基準を統合して評価するときに用いられる手法が，加重和による総合化である．しかし，先験的な加重システムを得ることは困難であり，またそれが得られたとしても，個々の打者の

[*6] 本節の6.4.3項までは6.2節に示されているDEA基本モデルで扱うが，6.4.4項ではDEA/ARモデルを使い，6.4.5項はDEA/ARモデルにエクスクルージョンを適用したDEA(Excl)/ARモデルを使う．

表 6.5 プロ野球打撃 3 部門タイトル獲得者（2015 年シーズン）.

部門	パ・リーグ		セ・リーグ	
打率	.363	柳田悠岐（ソフトバンク）	.336	川端慎吾（ヤクルト）
本塁打	37	中村剛也（西武）	38	山田哲人（ヤクルト）
打点	124	中村剛也（西武）	105	畠山和洋（ヤクルト）

売り物は異なるので，一義的な評価は公平でない．以上のように考えると，打者の評価はいくつかの側面を多元的に見ると同時に，一義的な評価システムに依らず，個々の打者の特徴を生かしたものであることが望ましい．このような要件を兼備する業績評価の手法が DEA である．

本節では，プロ野球の 2015 年シーズンを取り上げる．このシーズンの優勝チームは，パ・リーグは福岡ソフトバンクであり，セ・リーグは東京ヤクルトであった．表 6.5 に両リーグにおける打撃 3 部門のタイトル獲得者を示す．これらの選手の活躍の他に，秋山（西武）の最多安打日本記録 216 安打や山田（ヤクルト）と柳田（ソフトバンク）の「トリプルスリー」（打率 3 割，30 本塁打，30 盗塁）達成という希少記録が生まれたシーズンでもあった[*7]．

6.4.1 DEA 評価フレーム

以下では，DMU として，規定打席数（所属チームの試合数 ×3.1）に達した打者 54 人（パ・リーグ 30 人とセ・リーグ 24 人）を考え，これまでに述べてきた DEA 基本モデルによる分析を行う．このモデルは入出力量の大きさによる DMU の規模の相違を考慮に入れないが，規定打席数で制限されたプロ野球打者の DMU は入出力規模が同程度と見なすことができる．従って，当該モデルの適用が可能である．

ここで，DEA 入出力を表 6.6 のように選定する．前述のように，打者の使命を「得点に貢献すること」と考え，与えられた「打席」という機会をいかに効率的に得点への貢献に変換するかという効率分析を考え方の出発点とする．打席数 (x_1) は打者が自由にその数を増減できるものではないが，他の入出力がまっ

[*7] 「トリプルスリー」は 2015 年の「ユーキャン新語・流行語大賞」に選ばれた．山田（ヤクルト）は，2016 年シーズンでもトリプルスリーを達成した．

6章　個性尊重の DEA 業績評価

表 6.6　プロ野球打者の DEA 評価フレーム.

DEA 入力（マイナス指標）	DEA 出力（プラス指標）
x_1 = 打席数	y_1 = 安打数
x_2 = 併殺（三重殺を含む）打数	y_2 = 四死球数
	y_3 = 盗塁数
	y_4 = 犠打（犠牲バント＋犠牲フライ）数
	y_5 = 打点
	y_6 = 本塁打数

たく同数の打者どうしを比較するとき，打席数が少ないほど望ましいと考えることができる．このように他の入出力とは異なる性質をもつ打席数を，「DMU の意思では自由に増減できない入力」として特別に扱うことも可能であるが，そうすると入力は併殺打のみとなり，その値が 0 となって，DEA モデルが成り立たなくなる可能性がある．そこで，本節では，打席数を 1 つの入力として扱い，その特異性は，6.4.4 項の DEA/AR 分析において，併殺打との間でウェイトに差を付けることで考慮することにする．

　得点への貢献を，出塁（安打 y_1，四死球 y_2），進塁（盗塁 y_3，犠打 y_4），および得点（打点 y_5，本塁打 y_6）に分けて考える．橋本 (1993) では，本塁打を，打点との相関が極めて高い（相関係数 0.85 以上）という理由により，出力として採用していない．しかし，ここでは，本塁打は打点との相関が高くても独自の価値があると考え，本塁打を出力に加えることにする．

　得点への貢献ができない場合，すなわち，アウトは y_1〜y_6 の余事象と考えれば，出力として計上する必要はない．しかし，単にアウトになるだけでなく，同時に 2 つ以上のアウトを喫する場合（併殺打）は，特に考慮したい．ここで，併殺打を出力とすると，小量が望ましい出力となり，大量が望ましい他の出力 y_1〜y_6 と整合しない．そこで併殺打は出力とせず，入力 x_2 とする．しかし，併殺打を入力と考えると効率分析のフレームの解釈が困難となるので，少量が望ましいマイナス指標と考える．他の入出力もマイナス・プラス指標と考えられるので，評価フレームは効率分析ではなく，ノン効率分析（6.3 節）となる．従って，以下では，入出力，DEA 効率値という言葉の代わりに，マイナス指標，

プラス指標，**DEA 値** (DEA score) など，DEA ノン効率分析の語句を用いる．このようなノン効率分析の考えに基づくプロ野球打者の評価指標の選定は，通常の三冠フロンティアにより打者を DEA 効率分析した Mazur (1994) との相違点となっている．

6.4.2 DEA 優秀打者

プロ野球 2015 年シーズンの両リーグ個人打撃成績（規定打席以上）はウェブサイトに掲載されている (個人打撃成績, 2015)．このサイトから本節で評価する各選手の指標データを取り出し，リーグ別・打率順に表 6.7 に示す[*8]．

表 6.7 から，$n = 54$ 個の DMU に対して，$m = 2$ 種類のマイナス指標 x_{ij} ($i = 1, \ldots, m; j = 1, \ldots, n$) と $t = 6$ 種類のプラス指標 y_{rj} ($r = 1, \ldots, t; j = 1, \ldots, n$) の値を得て，DEA 分析を行った．その結果，54 打者の中で，表 6.8 に示す 16 打者が DEA 値 $g_{j_0}^* = 1$ を達成した（表 6.7 にも影で示す）．本節では，これらの打者を「DEA 優秀打者」と呼ぶ．なぜならば，これらの 16 打者はフロンティア DMU を形成し，それぞれ「プロ野球 2015 年シーズンにおける誰にも負けない最優秀の打者」と主張できるからである．

DEA 優秀打者は，54 人の中で 16 人もの多数が出現し，その中には，本塁打王の中村（西武）および山田（ヤクルト）とともに，本塁打が 0 の中島（日本ハム）も含まれている．ここに，DEA 評価の端的な特徴を見ることができる．打撃 3 部門のタイトル獲得者 5 人（表 6.5）のうち，DEA 優秀打者となっている選手は，柳田（ソフトバンク），中村（西武），および山田（ヤクルト）の 3 人だけである．また，今宮（ソフトバンク），レアード（日本ハム），丸（広島）などは，打率が低く，かつ，どの指標も首位ではないにもかかわらず，DEA 優秀打者となっていることが注目される．

DEA 優秀打者はどのような独自のウェイトを用いて DEA 値 1 を取り得たのか

[*8] 打率は

$$打率 = \frac{安打}{打数}$$

で計算される．安打には，単打，二塁打，三塁打，および本塁打が含まれる．打数は打席数から，四死球，犠打，打撃妨害，および走塁妨害の数を引いたものである．

6 章 個性尊重の DEA 業績評価

表 6.7 プロ野球打者データ（2015 年シーズン）.

打率	順位	打者	マイナス指標		プラス指標					
			打席	併殺打	安打	四死球	盗塁	犠打	打点	本塁打
.363	パ 1	柳田(ソフトバンク)	605	9	182	102	32	1	99	34
.359	パ 2	秋山(西武)	675	6	216	64	17	9	55	14
.326	パ 3	近藤(日本ハム)	504	9	142	61	6	8	60	8
.317	パ 4	清田(ロッテ)	548	11	155	57	10	2	67	15
.300	パ 5	中村晃(ソフトバンク)	590	7	152	72	7	12	39	1
.293	パ 6	角中(ロッテ)	484	12	125	48	8	9	52	6
.2870	パ 7	松田(ソフトバンク)	603	17	153	62	8	8	94	35
.2869	パ 8	森(西武)	531	5	136	53	0	3	68	17
.2838	パ 9	田中(日本ハム)	596	9	151	58	9	6	66	4
.2835	パ 10	内川(ソフトバンク)	585	24	150	49	1	7	82	11
.282	パ 11	李大浩(ソフトバンク)	584	17	144	71	0	3	98	31
.278	パ 12	中村(西武)	599	12	145	75	1	3	124	37
.276	パ 13	西川(日本ハム)	521	1	122	64	30	15	35	5
.2704	パ 14	藤田(楽天)	451	3	106	36	8	23	43	5
.2700	パ 15	浅村(西武)	627	13	145	81	12	9	81	13
.2684	パ 16	ペーニャ(楽天)	492	5	109	86	1	0	40	17
.2682	パ 17	栗山(西武)	622	15	143	77	3	12	42	10
.264	パ 18	中島(日本ハム)	617	10	136	68	34	34	39	0
.2634	パ 19	中田(日本ハム)	611	11	142	65	1	7	102	30
.2628	パ 20	鈴木(ロッテ)	564	10	128	50	1	27	50	6
.262	パ 21	糸井(オリックス)	565	10	127	80	11	1	65	17
.256	パ 22	松井稼(楽天)	501	7	114	46	14	10	48	10
.255	パ 23	クルーズ(ロッテ)	532	7	128	26	0	5	73	16
.240	パ 24	中島(オリックス)	483	10	100	65	1	1	46	10
.239	パ 25	安達(オリックス)	593	11	121	54	16	33	55	11
.237	パ 26	後藤(楽天)	444	8	98	17	13	14	42	9
.235	パ 27	メヒア(西武)	525	14	111	50	0	2	89	27
.231	パ 28	レアード(日本ハム)	554	18	115	52	1	4	97	34
.228	パ 29	今宮(ソフトバンク)	530	13	104	34	3	39	45	7
.211	パ 30	炭谷(西武)	443	7	84	20	0	24	35	4
.336	セ 1	川端(ヤクルト)	632	15	195	46	4	4	57	8
.329	セ 2	山田(ヤクルト)	646	11	183	86	34	3	100	38
.317	セ 3	筒香(DeNA)	568	5	157	70	0	2	93	24
.292	セ 4	ルナ(中日)	564	13	145	62	11	6	60	8
.291	セ 5	ロペス(DeNA)	565	14	150	46	1	3	73	25
.283	セ 6	平田(中日)	559	5	139	67	11	1	53	13
.2813	セ 7	鳥谷(阪神)	646	8	155	90	9	5	42	6
.2808	セ 8	福留(阪神)	569	15	139	66	1	8	76	20
.276	セ 9	マートン(阪神)	583	21	150	34	0	5	59	9
.2750	セ 10	梶谷(DeNA)	578	4	143	54	28	4	66	13
.2746	セ 11	新井(広島)	480	15	117	50	3	4	57	7
.274	セ 12	田中(広島)	590	8	149	41	6	6	45	8
.2711	セ 13	ゴメス(阪神)	601	15	141	78	0	3	72	17
.2710	セ 14	エルナンデス(中日)	548	13	135	35	5	14	58	11
.270	セ 15	雄平(ヤクルト)	585	7	149	30	7	4	60	8
.269	セ 16	坂本(読売)	558	5	129	65	10	14	68	12
.268	セ 17	畠山(ヤクルト)	584	10	137	64	0	8	105	26
.260	セ 18	大島(中日)	620	5	147	44	22	11	27	6
.258	セ 19	バルディリス(DeNA)	525	12	120	55	0	5	56	13
.254	セ 20	菊池(広島)	644	7	143	31	19	51	32	8
.253	セ 21	上本(阪神)	452	1	95	48	19	29	31	4
.251	セ 22	長野(読売)	479	12	109	38	3	7	52	5
.249	セ 23	丸(広島)	633	4	132	95	15	8	63	19
.231	セ 24	中村(ヤクルト)	502	9	102	44	3	16	33	2

▨ DEA 優秀打者

表 6.8　16 人の DEA 優秀打者と打率順位．

パ・リーグ			セ・リーグ		
打率	順位	打者	打率	順位	打者
.363	1	柳田悠岐（ソフトバンク）	.329	2	山田哲人（ヤクルト）
.359	2	秋山翔吾（西武）	.317	3	筒香嘉智（DeNA）
.287	7	松田宣浩（ソフトバンク）	.275	10	梶谷隆幸（DeNA）
.278	12	中村剛也（西武）	.254	20	菊池涼介（広島）
.276	13	西川遙輝（日本ハム）	.253	21	上本博紀（阪神）
.270	14	藤田一也（楽天）	.249	23	丸 佳浩（広島）
.268	16	ペーニャ（楽天）			
.264	18	中島卓也（日本ハム）			
.231	28	レアード（日本ハム）			
.228	29	今宮健太（ソフトバンク）			

について，Boussofiane *et al.* (1991) によって提案された**仮想入出力** (virtual input/output) の考え方を，仮想マイナス・プラス指標として用いて検討する．

DEA モデルは，DEA 値 g_{j_0} を最大にするように指標ウェイトを決定する．DMU j_0 の最適ウェイト u_r^* $(r = 1, \ldots, t)$ と v_i^* $(i = 1, \ldots, m)$ が入力指向で求められるとき，DEA 値は

$$g_{j_0}^* := \frac{u_1^* y_{1j_0} + \cdots + u_r^* y_{rj_0} + \cdots + u_t^* y_{tj_0}}{v_1^* x_{1j_0} + \cdots + v_i^* x_{ij_0} + \cdots + v_m^* x_{mj_0}}$$

$$= u_1^* y_{1j_0} + \cdots + u_r^* y_{rj_0} + \cdots + u_t^* y_{tj_0} \ (\leq 1),$$

但し，$\quad v_1^* x_{1j_0} + \cdots + v_i^* x_{ij_0} + \cdots + v_m^* x_{mj_0} = 1$ \hfill (6.10)

で与えられる．

このとき，DMU j_0 がどの指標を重視しているかを見るには，その最適ウェイトを見ればよい．最も明快な方法は，最適ウェイトが 0 の指標を見ることである．ウェイトが 0 の指標については，その指標をいかに考慮しても他の DMU より優位に働くことはないので，ウェイトを 0 にして無視する，すなわち，評価フレームから外すことを意味している．この考えを拡張して，ウェイトの相対比較を行いたいが，ウェイトの値は対応する指標の尺度に依存するため，単純に比較することはできない．そこで，最適ウェイトの代わりに，最適ウェイトと指標値の積である**仮想マイナス指標** $v_i^* x_{ij_0}$ と**仮想プラス指標** $u_r^* y_{rj_0}$ を用い

6章 個性尊重の DEA 業績評価

表 6.9 DEA 優秀打者の仮想マイナス・プラス指標.

打率	打者	マイナス指標		プラス指標					
		打席	併殺打	安打	四死球	盗塁	犠打	打点	本塁打
.363	柳田(ソフトバンク)	1	0	0.8729	0.1271	0	0	0	0
.359	秋山(西武)	1	0	1	0	0	0	0	0
.329	山田(ヤクルト)	1	0	0	0	0.8239	0.0116	0	0.1645
.317	筒香(DeNA)	0.7902	0.2098	0.7666	0	0	0	0	0.2334
.287	松田(ソフトバンク)	1	0	0.4200	0	0	0.0855	0.1546	0.3398
.278	中村(西武)	1	0	0.4912	0	0	0.0274	0.4813	0
.276	西川(日本ハム)	0.8991	0.1009	1	0	0	0	0	0
.275	梶谷(DeNA)	0.7362	0.2638	0.3078	0	0.1846	0	0.5076	0
.270	藤田(楽天)	0.9156	0.0844	0.6015	0	0	0.2211	0.1774	0
.268	ペーニャ(楽天)	1	0	0.0902	0.9098	0	0	0	0
.264	中島(日本ハム)	1	0	0.4966	0.1634	0.0669	0.2732	0	0
.254	菊池(広島)	1	0	0.5867	0	0.1109	0.3024	0	0
.253	上本(阪神)	0.9094	0.0906	0.8104	0	0	0.1896	0	0
.249	丸(広島)	0.7367	0.2633	0	0.9870	0	0	0.0130	0
.231	レアード(日本ハム)	1	0	0	0	0.0017	0.0203	0	0.9780
.228	今宮(ソフトバンク)	1	0	0.3930	0.0028	0	0.4065	0.1977	0

る．仮想指標はマイナス・プラス指標の値で規準化されたウェイトであるから，それにより各 DMU が DEA 値を最大化するときの特徴が分かる．但し，6.2.4 項で言及したように，ほとんどすべてのフロンティア DMU の最適ウェイトは一意的ではないことから，それらの仮想指標も当然一意的ではない．DEA 分析における仮想指標の使用に際しては，この非一意性に留意する必要がある．

表 6.9 に，DEA 優秀打者について，仮想マイナス・プラス指標を，16 打者の打率順に示す．これらのフロンティア DMU については，その仮想マイナス指標の総和と仮想プラス指標の総和はいずれも 1 であるから（式 (6.10) を参照），各仮想指標は，DEA 優秀打者となり得たことに対するマイナス指標またはプラス指標における貢献度の比率を表している．しかし，これら DEA 優秀打者の最適ウェイトは，すべて一意的でないことが確認されている．従って，表 6.9 の仮想指標もすべて一意的ではない．すなわち，表 6.9 は 16 人の打者が DEA 優秀となり得た多くの道筋のうちの 1 つを示すものである．

表 6.9 において，仮想併殺打が 0 でない打者は，併殺打を当該比率で考慮した方が，仮想マイナス指標の総和（式 (6.10) の分数式の分母）を他の DMU に比して相対的に小さく保ち得ることを意味している．他方，仮想併殺打が 0 の打者は，上記の分母を小さく保つためには併殺打を考慮しない方がよいことを表す．このように，各打者は仮想マイナス指標を調整していることを念頭に置き，仮想プラス指標を詳しく見てみる．

6.4 プロ野球打者の評価

まず，今宮（ソフトバンク）については，盗塁と本塁打はあまり優れていないのでウェイトを0として評価から外し，残りの4つのプラス指標を表のような比率（最大は犠打の41%）で評価すれば，打率は低いがDEA優秀打者となることが分かる．また，秋山（西武）と西川（日本ハム）は，ともにプラス指標では安打のみを評価されている．ここで，西川の安打数は，最多安打者である秋山の216に対し122であるが（表6.7），仮想マイナス指標を調整することにより，安打において最多安打者と同等に評価されていることが分かる．さらに，丸（広島）とペーニャ（楽天）はほとんど（それぞれ99%, 91%）四死球を，また，レアード（日本ハム）はほとんど(98%)本塁打を評価されている．

トリプルスリー達成者の柳田（ソフトバンク）は安打を87%，四死球を13%評価されているのに対し，山田（ヤクルト）は盗塁82%，本塁打16%，犠打1%と異なるパターンで評価されている．さらに，本塁打・打点の二冠王である中村（西武）は，安打49%，打点48%，犠打3%と評価されて，DEA優秀打者となっている．表6.9の仮想指標の評価パターンは，16人のDEA優秀打者で同じものはない．このことは，それぞれのDMUの個性を生かして最大評価値を算出するというDEA評価の特徴を実証している．

6.4.3 DEA優秀と判定されなかった打者

DEA優秀と判定されなかった38人の打者について，DEA値の順（17〜54位）に，リファレンスセットのDEA優秀打者を結合係数の順に示したものが表6.10である．第6.2.4項で言及したように，リファレンスセットの結合係数は稀に一意的でないが，本ケースでは一意的であることが確認されている．

表6.10において，17位の安達（オリックス）のDEA値0.9823は，16人のDEA優秀打者に次ぐものである．安達は自身の最適ウェイトによるDEA値は1よりも小さくなるが，そのリファレンスセットを構成する上本（阪神），今宮（ソフトバンク），中村（西武），および菊池（広島）のDEA値は，安達の最適ウェイトで1となる．また，安達のDEA値0.9823は，リファレンスセットの4打者の正の線形結合であるリファレンス点とスラックで表されるベンチマーク点を1としたときの評価値である．安達のリファレンス点は，フロンティア上に

6章　個性尊重の DEA 業績評価

表 6.10　DEA 優秀と判定されなかった 38 打者とリファレンスセット.

DEA値	順位*	打者		リファレンスセットと結合係数						
0.9823	17	安達（オリックス）	上本（阪神）	0.7557	今宮（ソフトバンク）	0.2141	中村（西武）	0.1656	菊池（広島）	0.0439
0.9757	18	畠山（ヤクルト）	中村（西武）	0.7574	藤田（ソフトバンク）	0.1783	上本（阪神）	0.0549	筒香（DeNA）	0.0220
0.9722	19	川端（ヤクルト）	秋山（西武）	0.7852	柳田（ソフトバンク）	0.1395				
0.9582	20	近藤（日本ハム）	柳田（ソフトバンク）	0.4623	秋山（西武）	0.1925	菊池（広島）	0.1138		
0.9331	21	鈴木（ロッテ）	菊池（広島）	0.3511	柳田（ソフトバンク）	0.2909	今宮（ソフトバンク）	0.1678	上本（阪神）	0.0779
0.9230	22	坂本（読売）	上本（阪神）	0.4482	筒香（DeNA）	0.2417	柳田（ソフトバンク）	0.1766	中村（西武）	0.1141
0.9225	23	中田（日本ハム）	中村（西武）	0.6456	藤田（ソフトバンク）	0.1908	菊池（広島）	0.0955		
0.9187	24	李大浩（ソフトバンク）	中村（西武）	0.4600	柳田（ソフトバンク）	0.4060	菊池（広島）	0.0238		
0.9185	25	清田（ロッテ）	柳田（ソフトバンク）	0.5229	秋山（西武）	0.2770				
0.9168	26	中村晃（ソフトバンク）	柳田（ソフトバンク）	0.5272	上本（阪神）	0.1500	菊池（広島）	0.1195	秋山（西武）	0.1144
0.9118	27	内川（ソフトバンク）	柳田（ソフトバンク）	0.6299	中村（西武）	0.1281	菊池（広島）	0.1174		
0.8945	28	角中（ロッテ）	柳田（ソフトバンク）	0.3950	秋山（西武）	0.1520	菊池（広島）	0.1419		
0.8925	29	エルナンデス（中日）	柳田（ソフトバンク）	0.4700	菊池（広島）	0.2546	秋山（西武）	0.0604	藤田（楽天）	0.0180
0.8892	30	森（西武）	筒香（DeNA）	0.5434	秋山（西武）	0.1575	柳田（ソフトバンク）	0.0811		
0.8839	31	ロペス（DeNA）	柳田（ソフトバンク）	0.6897	秋山（西武）	0.0943	菊池（広島）	0.0287		
0.8833	32	福留（阪神）	柳田（ソフトバンク）	0.5375	中村（西武）	0.1483	菊池（広島）	0.1376		
0.8830	33	平田（中日）	柳田（ソフトバンク）	0.3431	西川（日本ハム）	0.3347	秋山（西武）	0.1654		
0.8724	34	浅村（西武）	柳田（ソフトバンク）	0.5674	上本（阪神）	0.2772	中村（西武）	0.1309	上本（阪神）	0.0533
0.8690	35	炭谷（西武）	菊池（広島）	0.2287	今宮（ソフトバンク）	0.1965	中村（西武）	0.1247		
0.8679	36	クルーズ（ロッテ）	柳田（ソフトバンク）	0.3958	藤田（楽天）	0.1740	筒香（DeNA）	0.1394	中村（西武）	0.1078
0.8643	37	陽谷（阪神）	柳田（ソフトバンク）	0.6604	ペーニャ（楽天）	0.1601	上本（阪神）	0.1273	西川（日本ハム）	0.0432
0.8543	38	ルナ（中日）	柳田（ソフトバンク）	0.4436	秋山（西武）	0.2552	菊池（広島）	0.0639		
0.8474	39	栗山（西武）	柳田（ソフトバンク）	0.5838	中村（西武）	0.3461	菊池（広島）	0.0270		
0.8474	40	田中（日本ハム）	柳田（ソフトバンク）	0.5291	秋山（西武）	0.2063	菊池（広島）	0.0709		
0.8453	41	大島（中日）	秋山（西武）	0.2877	柳田（ソフトバンク）	0.2353	西川（日本ハム）	0.2094	上本（阪神）	0.1736
0.8442	42	メヒア（西武）	中村（西武）	0.6342	柳田（ソフトバンク）	0.1046				
0.8406	43	後藤（楽天）	柳田（ソフトバンク）	0.3122	菊池（広島）	0.2672	中村（西武）	0.0205		
0.8390	44	マートン（阪神）	柳田（ソフトバンク）	0.3977	秋山（西武）	0.3393	菊池（広島）	0.0304		
0.8370	45	糸井（オリックス）	柳田（ソフトバンク）	0.5949	ペーニャ（楽天）	0.2169	上本（阪神）	0.0140		
0.8266	46	雄平（ヤクルト）	柳田（ソフトバンク）	0.4140	秋山（西武）	0.3296	藤田（楽天）	0.0173	菊池（広島）	0.0044
0.8244	47	新井（広島）	柳田（ソフトバンク）	0.5215	秋山（西武）	0.0647	菊池（広島）	0.0568		
0.8056	48	松井稼（楽天）	柳田（ソフトバンク）	0.3746	菊池（広島）	0.1713	秋山（西武）	0.0987		
0.8026	49	田中（広島）	秋山（西武）	0.5657	柳田（ソフトバンク）	0.1353	菊池（広島）	0.0152		
0.7975	50	長野（読売）	柳田（ソフトバンク）	0.4708	菊池（広島）	0.1234	秋山（西武）	0.0263		
0.7958	51	ゴメス（阪神）	柳田（ソフトバンク）	0.7360	上本（阪神）	0.0511	菊池（広島）	0.0153		
0.7927	52	中島（オリックス）	ペーニャ（楽天）	0.3644	柳田（ソフトバンク）	0.3189	上本（阪神）	0.0235		
0.7857	53	中村（ヤクルト）	菊池（広島）	0.3123	菊池（広島）	0.2587	上本（阪神）	0.0806		
0.7749	54	バルディリス（DeNA）	柳田（ソフトバンク）	0.4892	秋山（西武）	0.0960	菊池（広島）	0.0715		

*1位の16DEA優秀打者（DEA値=1; 表6.8）に次ぐ順位

おいて，上記4打者の中で結合係数が最大 (0.7557) の上本に最も近いところに位置している．他方，最下位のバルディリス (DeNA) の DEA 値は 0.7749 であり，そのリファレンス点はリファレンスセットを構成する柳田（ソフトバンク），秋山（西武），および菊池（広島）の正の線形結合で表され，柳田に最も近いところに位置している．

このように表 6.10 を見ると，リファレンスセット欄において，結合係数が最大の打者として，柳田が非常に多く現れることが分かる．これは，38人の打者が DEA 優秀となるように目指す各々のリファレンス点の打者像として，実在の打者では柳田の打撃成績の特徴を色濃く反映するものが多かったという実態を示している．

6.4.4 DEA/AR 分析

DEA は，R モデル (6.1) に見るように，$u_r\ (r=1,\ldots,t)$ と $v_i\ (i=1,\ldots,m)$ をプラス・マイナス指標のウェイトとする一種の加重和による評価である．それらのウェイトは，予めすべての DMU に対して一様に設定されるのではなく，評価する DMU ごとに算定される．すなわち，それぞれの DMU に対する決定変数 u_r と v_i は，定義域

$$u_r \geq 0\ (r=1,\ldots,t)\quad;\quad v_i \geq 0\ (i=1,\ldots,m)$$

の中での最適解として決定される．それゆえ，多数の DMU について DEA 値が1となることが一般的に発生する．ウェイトの設定の仕方に関して，DMU ごとにウェイトを設定する DEA の対極にある方法は，すべての評価対象に対して先験的ウェイトを一義的に設定する加重和評価である．この場合には，同じウェイトがすべての対象に対して適用され，その中から1個の対象が首位の座に就くことが一般的である．

両者の間に位置する折衷案，すなわち，ウェイトを固定はしないが DEA ほど自由には設定せず，u_r と v_i の定義域に関してすべての DMU に共通の制限を加える方法として，Thompson *et al.* (1986) による **DEA/AR**（assurance region, 保証領域）モデルがある．DEA/AR モデルは，ウェイトの定義域に適当な制限を付ける形をとって，常識，経験，専門家の意見などの情報を DEA に取り

入れ，より現実的な分析を行うことを目的としている．具体的には，ウェイト比に関する制約条件を追加することにより，マイナス・プラス指標の重要度に格差を付けることを行う．

下記の数理計画問題 (6.11) が，DEA/R モデル (6.1) に対して，保証領域に関する制約条件 (6.11c) と (6.11d) を追加した AR モデルである．ここで，式 (6.11c) はプラス指標 p と p' のウェイト比に課す制約条件を表し，式 (6.11d) はマイナス指標 q と q' のウェイト比に課す制約条件を表す．

$$\text{最大化} \quad \frac{\sum_{r=1}^{t} u_r y_{rj_0}}{\sum_{i=1}^{m} v_i x_{ij_0}} \tag{6.11a}$$

$$\text{制約条件} \quad \frac{\sum_{r=1}^{t} u_r y_{rj}}{\sum_{i=1}^{m} v_i x_{ij}} \leq 1, \quad j=1,\ldots,n \tag{6.11b}$$

$$\text{制約条件} \quad \nu_{pp'} \leq \frac{u_p}{u_{p'}} \leq \mu_{pp'}, \quad \text{プラス指標 } p \text{ と } p' \tag{6.11c}$$

$$\text{制約条件} \quad \delta_{qq'} \leq \frac{v_q}{v_{q'}} \leq \gamma_{qq'}, \quad \text{マイナス指標 } q \text{ と } q' \tag{6.11d}$$

$$u_r \geq 0, \quad r=1,\ldots,t \tag{6.11e}$$

$$v_i \geq 0, \quad i=1,\ldots,m \tag{6.11f}$$

[DEA/R/AR].

ここで，$\nu_{pp'}, \mu_{pp'}, \delta_{qq'}, \gamma_{qq'}$ は与えられたスカラー定数である．

この問題 (6.11) と問題 (6.1) を比較する．問題 (6.1) は実行可能領域 (6.1b)〜(6.1d) をもつ最大化問題である．問題 (6.11) は，問題 (6.1) に保証領域 (6.11c) と (6.11d) が制約条件として追加されたものであるから，その実行可能領域は，問題 (6.1) の実行可能領域より縮小はしても拡大することはない．従って，すべての DMU について，

$$\text{DEA/AR 値} \leq \text{DEA 値}$$

6.4 プロ野球打者の評価

という関係が成り立つ．ここで，左辺の「DEA/AR 値」は問題 (6.11) の最大値であり，右辺の「DEA 値」は問題 (6.1) の最大値である．このことは，フロンティア DMU の数が，AR モデルにおいて減少はしても増加することはないということも意味する．

問題 (6.11) を DEA/M モデル (6.3) に対応する線形計画問題の形に書くと，次のようになる．

最大化 $\quad \sum_{r=1}^{t} u_r y_{rj_0}$ (6.12a)

制約条件 $\quad \sum_{i=1}^{m} v_i x_{ij_0} = 1$ (6.12b)

制約条件 $\quad \sum_{r=1}^{t} u_r y_{rj} - \sum_{i=1}^{m} v_i x_{ij} \leq 0, \quad j = 1, \ldots, n$ (6.12c)

制約条件 $\quad \nu_{pp'} u_{p'} \leq u_p \leq \mu_{pp'} u_{p'}, \quad$ プラス指標 p と p' (6.12d)

制約条件 $\quad \delta_{qq'} v_{q'} \leq v_q \leq \gamma_{qq'} v_{q'}, \quad$ マイナス指標 q と q' (6.12e)

$\quad u_r \geq 0, \quad r = 1, \ldots, t$ (6.12f)

$\quad v_i \geq 0, \quad i = 1, \ldots, m$ (6.12g)

[DEA/M/AR].

以上の DEA/AR モデルを，本節で考えているプロ野球の 2015 年シーズンにおける打者の業績評価に適用するに際して，次の保証領域を付けることを考える．

プラス指標：$u[打点] \geq u[安打] \geq u[四死球] \geq u[犠打]$，

$\quad u[安打] \geq u[盗塁] \geq u[犠打]$，

$\quad u_5 \geq u_1 \geq u_2 \geq u_4 \quad ; \quad u_1 \geq u_3 \geq u_4$．

マイナス指標：$v[打席] \geq 10v[併殺打] \quad ; \quad v_1 \geq 10v_2$． (6.13)

式 (6.13) のプラス指標については，得点に貢献するという打者の使命から打点を最重要と見なし，次いで安打を重要としている．四死球は一塁にしか出塁できないので，単打から本塁打までを含む安打より重要度は下，犠打はアウトを

伴うので四死球より下，また，1つだけ進塁する盗塁は四死球との間に差がないと仮定している．本塁打は，その価値の特異性から保証領域に含めていない．

式 (6.13) のマイナス指標については，打席と併殺打のウェイト比は限界代替率（打席数が1だけ増加した場合に，もとの効用水準を維持するために併殺打を何本減少させればよいかを表す数）と考えられ，打席数が自由に増減できないことから無限大の筈であるが，ここでは恣意的に，打席数に併殺打数の 10 倍以上のウェイトを付けている．すなわち，ここでの保証領域は，マイナス指標において併殺打をほとんど無視し，プラス指標において犠打よりも打点を重視するという，強打者に有利なものとなっている．

DEA/AR 分析 (6.11) の数値計算は，DEA/M/AR モデル (6.12) の制約条件 (6.12d) と (6.12e) を制約条件

$$u_1 - u_5 \leq 0 \quad ; \quad u_2 - u_1 \leq 0,$$
$$u_4 - u_2 \leq 0 \quad ; \quad u_3 - u_1 \leq 0,$$
$$u_4 - u_3 \leq 0 \quad ; \quad 10v_2 - v_1 \leq 0 \quad (6.14)$$

で置き換えて，計算をすればよい．その結果を表 6.11 に，DEA 値とともに，DEA/AR 値の大きい順に示す．

表 6.11 によれば，DEA/AR 値が 1 である DEA/AR 優秀打者は，DEA 優秀打者の 16 人から，柳田（ソフトバンク），山田（ヤクルト），中村（西武）の 3 人へと，大幅に減少している．まず，これらの 3 打者のこのシーズンの優秀性を認識すべきである．

DEA/AR 値が上位の 11 打者のうち 7 人は，DEA 優秀打者（上記 3 人およびレアード（日本ハム），筒香（DeNA），松田（ソフトバンク），秋山（西武））で占められているが，7〜10 位の 4 人，すなわち，畠山（ヤクルト），李大浩（ソフトバンク），中田（日本ハム），および清田（ロッテ）は DEA 優秀打者ではない．これらの 11 人は，2015 年シーズンの強打者として銘記されるべきである．

他方，今宮（ソフトバンク），菊池（広島），藤田（楽天），および上本（阪神）は DEA 優秀打者であるが，DEA/AR 値がかなり低くなっている．前 2 者は保証領域における犠打の相対的重要度の低減に，後 2 者は併殺打のウェイト制限に

表 6.11　DEA および DEA/AR 値と打率順位.

打者	打率順位	DEA値	DEA/AR値	打者	打率順位	DEA値	DEA/AR値
柳田 (ソフトバンク)	パ 1	1	1	糸井 (オリックス)	パ 21	0.8370	0.7688
山田 (ヤクルト)	セ 2	1	1	ゴメス (阪神)	セ 13	0.7958	0.7648
中村 (西武)	パ 12	1	1	坂本 (読売)	セ 16	0.9230	0.7606
レアード (日本ハム)	パ 28	1	0.9936	エルナンデス (中日)	セ 14	0.8925	0.7583
筒香 (DeNA)	セ 3	1	0.9542	ペーニャ (楽天)	パ 16	1	0.7549
松田 (ソフトバンク)	パ 7	1	0.9397	西川 (日本ハム)	パ 13	1	0.7435
畠山 (ヤクルト)	セ 17	0.9757	0.9153	平田 (中日)	セ 6	0.8830	0.7399
李大浩 (ソフトバンク)	パ 11	0.9187	0.9070	中島 (日本ハム)	パ 18	1	0.7331
中田 (日本ハム)	パ 19	0.9225	0.8776	丸 (広島)	セ 23	1	0.7243
清田 (ロッテ)	パ 4	0.9185	0.8722	長野 (読売)	セ 22	0.7975	0.7237
秋山 (西武)	パ 2	1	0.8649	バルディリス (DeNA)	セ 19	0.7749	0.7218
近藤 (日本ハム)	パ 3	0.9582	0.8629	上本 (阪神)	セ 21	1	0.7152
川端 (ヤクルト)	セ 1	0.9722	0.8585	藤田 (楽天)	パ 14	1	0.7119
内川 (ソフトバンク)	パ 10	0.9118	0.8542	田中 (広島)	セ 12	0.8026	0.7080
ロペス (DeNA)	セ 5	0.8839	0.8498	中村晃 (ソフトバンク)	パ 5	0.9168	0.7044
メヒア (西武)	パ 27	0.8442	0.8442	鳥谷 (阪神)	セ 7	0.8643	0.7020
森 (西武)	パ 8	0.8892	0.8276	松井稼 (楽天)	パ 22	0.8056	0.6963
クルーズ (ロッテ)	パ 23	0.8679	0.8164	中島 (オリックス)	パ 24	0.7927	0.6901
福留 (阪神)	セ 8	0.8833	0.8138	安達 (オリックス)	パ 25	0.9823	0.6842
梶谷 (DeNA)	セ 10	1	0.7932	鈴木 (ロッテ)	パ 20	0.9331	0.6795
角中 (ロッテ)	パ 6	0.8945	0.7874	後藤 (楽天)	パ 26	0.8406	0.6789
田中 (日本ハム)	パ 9	0.8474	0.7839	栗山 (西武)	パ 17	0.8474	0.6654
ルナ (中日)	セ 4	0.8543	0.7826	菊池 (広島)	セ 20	1	0.6235
新井 (広島)	セ 11	0.8244	0.7805	今宮 (ソフトバンク)	パ 29	1	0.6174
浅村 (西武)	パ 15	0.8724	0.7776	大島 (中日)	セ 18	0.8453	0.6115
マートン (阪神)	セ 9	0.8390	0.7718	中村 (ヤクルト)	セ 24	0.7857	0.5790
雄平 (ヤクルト)	セ 15	0.8266	0.7694	炭谷 (西武)	パ 30	0.8690	0.5784

その原因がある．また，DEA 値が 17 位の安達（オリックス）と 54 位のバルディリス (DeNA)（表 6.10）について見ると，DEA/AR 値では，バルディリスは 0.7218（38 位）となるのに対し，安達は 0.6842（46 位）に落ちて，順位が逆転している．これは，式 (6.13) で与えられる保証領域が，バルディリスの個性にある程度適合したものであったが，安達の個性にはそぐわなかったことによるものである．

以上のように，DEA/AR 分析は，与えられた保証領域に基づいて，多数のフロンティア DMU から少数を選別するときに有用である．しかし，保証領域は先験的に与えるものであり，異なる保証領域を採用すれば別の結果がもたらされることは当然である．

6.4.5　DEA(Excl)/AR 分析

DEA 評価では，DEA 値が 1 となるフロンティア DMU が多数存在する場合が一般的である．複数のフロンティア DMU が存在する場合に，それらを区別して順位を付けるいくつかの方法が提案されている (Adler *et al.*, 2002; Llamazares and Peña, 2009). 本項では，そのような方法のうち一定の評価がある**橋本法**(Hashimoto, 1997) を紹介し，それをプロ野球 2015 年シーズンにおける打者の業績評価に応用する．橋本法は Andersen and Petersen (1993) が提案した **DEA エクスクルージョン**（exclusion, **Excl**, 除外）モデルを利用している．

DEA/R モデル (6.2) に対応するエクスクルージョンモデルを数理計画問題

$$\text{最大化} \quad \frac{\bm{uy}_{j_0}}{\bm{vx}_{j_0}} \tag{6.15a}$$

$$\text{制約条件} \quad \frac{\bm{uy}_j}{\bm{vx}_j} \leq 1, \quad j = 1, \ldots, n \ (j \neq j_0) \tag{6.15b}$$

$$\bm{u} \geq \bm{0}, \quad \bm{v} \geq \bm{0} \tag{6.15c}$$

[DEA(Excl)/R]

で与え，このモデルと問題 (6.2) を比較する．問題 (6.15) は，問題 (6.2) と同様にベンチマークを 1 とする最大化問題であるが，問題 (6.2) とは異なり，目的関数の最大化に際して，制約条件 (6.15b) において，DMU j_0 についてのみ，効率値 $\bm{uy}_{j_0}/\bm{vx}_{j_0}$ の上限 1 を外している．従って，上限 1 が除かれた DMU j_0 にとって，問題 (6.15) の最大値である DEA(Excl) 値は，問題 (6.2) の最大値である DEA 値とは異なり，1 を超えることが可能になる．

しかし，問題 (6.2) の DEA 値が 1 未満であった DMU j_0 については，効率値がもともと 1 に達していなかったので，問題 (6.15) において上限 1 が外されても，その DEA(Excl) 値は DEA 値と同じである．このときの問題 (6.15) の最適解において，すべての DMU の効率値を見ると，1 より大きい値は存在せず，最大の効率値は 1 である．従って，この場合にベンチマーク 1 を取るのは，効率値が首位の DMU ということになる．

一方，問題 (6.2) の DEA 値が 1 であった DMU j_0 については，問題 (6.15) において上限 1 が除かれることで，目的関数 (6.15a) の最大化により 1 より大きい DEA(Excl) 値を取ることができる．このときの問題 (6.15) の最適解において，1 より大きい効率値をとっている DMU は，上限 1 が除かれた DMU j_0 だけである．従って，効率値 1 は 2 番目に大きい値となるので，この場合にベンチマーク 1

6.4 プロ野球打者の評価

を取るのは効率値が 2 位の DMU ということになる[*9].

橋本法では，DEA エクスクルージョンモデルを上記のように解釈する．このとき，1 より大きい DEA(Excl) 値は，2 位の効率値を 1 としたときに，それをどの程度引き離し得るかを表す指数と解釈されるので，引き離しの程度に基づく順位付けが可能であると考える．また，非常識な DEA(Excl) 値の出現を回避するために，エクスクルージョンモデルは DEA モデルよりも DEA/AR モデルに適用すべきであるとする．

従って，橋本法の計算は，DEA/M/AR モデル (6.12) における制約条件 (6.12c) の範囲「$j = 1, \ldots, n$」を「$j = 1, \ldots, n \, (j \neq j_0)$」で置き換えた次の DEA(Excl)/M/AR モデルの線形計画問題において行えばよい．

最大化 $\quad \sum_{r=1}^{t} u_r y_{rj_0}$ \hfill (6.16a)

制約条件 $\quad \sum_{i=1}^{m} v_i x_{ij_0} = 1$ \hfill (6.16b)

制約条件 $\quad \sum_{r=1}^{t} u_r y_{rj} - \sum_{i=1}^{m} v_i x_{ij} \leq 0, \quad j = 1, \ldots, n \, (j \neq j_0)$ \hfill (6.16c)

制約条件 $\quad \nu_{pp'} u_{p'} \leq u_p \leq \mu_{pp'} u_{p'}, \quad$ プラス指標 p と p' \hfill (6.16d)

制約条件 $\quad \delta_{qq'} v_{q'} \leq v_q \leq \gamma_{qq'} v_{q'}, \quad$ マイナス指標 q と q' \hfill (6.16e)

$\quad u_r \geq 0, \quad r = 1, \ldots, t$ \hfill (6.16f)

$\quad v_i \geq 0, \quad i = 1, \ldots, m$ \hfill (6.16g)

[DEA(Excl)/M/AR].

DEA(Excl)/AR モデル (6.16) を用いて，前項の DEA/AR モデルにおいて DEA/AR 値 (表 6.11) がともに 1 であった柳田 (ソフトバンク)，山田 (ヤクルト)，および中村 (西武) の区別を試みる．このとき，$m = 2, t = 6, n = 54$ で

[*9] 第 6.2.4 項で述べた「効率的フロンティアの端点以外のフロンティア DMU が存在する」という稀なケースでは，当該 DMU の DEA(Excl) 値は 1 となる．この場合の問題 (6.15) の最適解においては，1 より大きい効率値は存在せず，複数の首位の DMU がベンチマーク 1 を取ることになる．

あり，制約条件 (6.16d) と (6.16e) は式 (6.14) で与えられる．

このモデルにより得られた DEA(Excl)/AR 値は，柳田が 1.1080，山田が 1.0040，そして中村が 1.1672 である．これは，柳田と山田が，自身の効率値の上限 1 を外して 2 位の効率値 を 1 に留めたとしても，それぞれ 1.1080 および 1.0040 までしか到達できないのに対して，中村は，2 位の効率値 を 1 に留めることで，自身の DEA(Excl)/AR 値を 1.1672 まで引き上げることができるということを意味する．すなわち，これまで同等の DEA/AR 優秀打者であった 3 人の打者に，2 位を引き離す度合いによって，中村が 1 位，柳田が 2 位，山田が 3 位という順位を付けることができたのである．

なお，3 人の打者以外の DEA(Excl)/AR 値は DEA/AR 値（表 6.11）と同じであり，その順位付けは，首位の効率値を 1 としたとき，それにどこまで近づけるかというものである．従って，DEA(Excl)/AR 値によるすべての DMU の順位付けにおいて，効率値 1 をベンチマークとする一貫性が保たれている．

6.5　おわりに

本章では，社会システムの総合評価法として，DEA（包絡分析法）を紹介した．DEA は評価対象の個性を尊重すると述べてきたが，対象ごとに別の評価基準を適用するということではない．プロ野球打者のケースでも，表 6.8 の 16 打者は，それぞれ別の判断基準で「優秀」と判定された訳ではない．すべての打者は DEA 評価という共通の舞台に上げられ，各打者にとって最も有利なウェイトを付けて評価するという同一基準で選定されたものである．この方法は「同等の評価対象は同一の基準で評価しなければならない」という公平性の条件を満たしている[*10]．この DEA 評価の公平性は，社会システムの評価法としての DEA の適性を強く示すものである．

[*10] 古代ギリシャの哲学者 Aristotle（アリストテレス，384–322, B.C.）の言葉として "Equals must be treated equally, and unequals unequally." が知られている．

参考文献

末吉俊幸 (2001), DEA －経営効率分析法, 朝倉書店, 2001 年 11 月.

杉山学 (2010), 経営効率分析のための DEA と inverted DEA, 基本概念と方法論から, 主観的な判断を加味できる応用モデルまで, 静岡学術出版, 2010 年 2 月.

刀根薫 (1993), 経営効率性の測定と改善：包絡分析法 DEA による, 日科技連出版社, 1993 年 9 月.

橋本昭洋 (1993), DEA による野球打者の評価, オペレーションズ・リサーチ, Vol.38, No.3, pp.146–153, 1993 年 3 月.

橋本昭洋 (2004), 企業評価革命, DEA 手法の衝撃, 東洋経済統計月報, Vol.64, No.7, pp.20–23, 2004 年 7 月.

橋本昭洋 (2015), DEA フレックス総合評価法 社会システム分析への適用, 筑波大学出版会, 2015 年 1 月.

プロ野球 2015 年度個人打撃成績（規定打席以上）
 パシフィック・リーグ http://npb.jp/bis/2015/stats/bat_p.html
 セントラル・リーグ http://npb.jp/bis/2015/stats/bat_c.html
 (2016 年 11 月 1 日アクセス).

Adler, N., L. Friedman, and Z. Sinuany-Stern (2002), Review of ranking methods in the data envelopment analysis context, *European Journal of Operational Research*, Vol.140, No.2, pp.249–265, July 2002.

Andersen, P. and N. C. Petersen (1993), A procedure for ranking efficient units in data envelopment analysis, *Management Science*, Vol.39, No.10, pp.1261–1264, October 1993.

Boussofiane, A., R. G. Dyson, and E. Thanassoulis (1991), Applied data envelopment analysis, *European Journal of Operational Research*, Vol.52, No.1, pp.1–15, May 1991.

Charnes, A., W. W. Cooper, A. Y. Lewin, and L. M. Seiford (editors), (1994), *Data Envelopment Analysis: Theory, Methodology, and Applications*, Kluwer Academic, 1994. 刀根薫・上田徹 監訳 (2000), 経営効率評価ハンドブック：包絡分析法の理論と応用, 朝倉書店, 2009 年 6 月.

Charnes, A., W. W. Cooper, and E. Rhodes (1978), Measuring the efficiency of decision making units, *European Journal of Operational Research*, Vol.2, No.6, pp.429–444, November 1978.

Cooper, W. W., L. M. Seiford, and K. Tone (2006), *Introduction to Data Envelopment Analysis and Its Uses: With DEA-Solver Software and References*, Springer Science + Business Media, 2006.

Cooper, W. W., L. M. Seiford, and K. Tone (2007), *Data Envelopment Analysis: A Comprehensive Text with Models, Applications, References and DEA-Solver Software*, Second edition, Springer Science + Business Media, 2007.

Emrouznejad, A. and G.-l. Yang (2017), A survey and analysis of the first 40 years of scholarly literature in DEA: 1978–2016, *Socio-Economic Planning Sciences*, pp.1–5 (online), 2017; DEA bibliography of recent four decades (1978–2016), http://dx.doi.org/10.1016/j.seps.2017.01.008

Hashimoto, A. (1997), A ranked voting system using a DEA/AR exclusion model:

a note, *European Journal of Operational Research*, Vol.97, No.3, pp.600–604, March 1997.

Hashimoto, A. and H. Ishikawa (1993), Using DEA to evaluate the state of society as measured by multiple social indicators, *Socio-Economic Planning Sciences*, Vol.27, No.4, pp.257–268, December 1993.

Llamazares, B. and T. Peña (2009), Preference aggregation and DEA: an analysis of the methods proposed to discriminate efficient candidates, *European Journal of Operational Research*, Vol.197, No.2, pp.714–721, September 2009.

Mariano, E. B., V. A. Sobreiro, and D. A. do Nascimento Rebelatto (2015), Human development and data envelopment analysis: a structured literature review, *Omega*, Vol.54, pp.33–49, July 2015.

Mazur, M. J. (1994), Evaluating the relative efficiency of baseball players. In: *Data Envelopment Analysis: Theory, Methodology, and Applications*, edited by A. Charnes, W. W. Cooper, A. Y. Lewin, and L. M. Seiford, pp.369–391, Kluwer Academic, 1994.

Thompson, R. G., F. D. Singleton, Jr., R. M. Thrall, and B. A. Smith (1986), Comparative site evaluations for locating a high-energy physics lab in Texas, *Interfaces*, Vol.16, No.6, pp.35–49, November–December 1986.

著者紹介

橋本昭洋

1949年7月横浜市生まれ，大分市出身．1972年3月東京工業大学工学部社会工学科卒業．1974年3月同大学大学院理工学研究科社会工学専攻修士課程修了．1974年4月～1976年3月工業開発研究所研究員．1979年4月～1981年3月日本学術振興会奨励研究員．1981年3月東京工業大学大学院理工学研究科社会工学専攻博士課程修了，工学博士．1981年8月～2015年3月筑波大学助手社会工学系，講師，助教授，教授，社会工学系長，大学院システム情報工学研究科社会システム・マネジメント専攻教授，同専攻長，システム情報系社会工学域教授．2015年4月筑波大学名誉教授．専攻は社会工学（社会システム，システム評価決定論）．1994年日本オペレーションズ・リサーチ学会事例研究奨励賞受賞．著書『DEAフレックス総合評価法　社会システム分析への適用』（筑波大学出版会，2015年1月）など．

7章 戦略的レベニューマネジメント
Strategic Revenue Management

増田 靖 (慶応義塾大学)
masuda@ae.keio.ac.jp
高木 英明 (筑波大学)
takagi@sk.tsukuba.ac.jp

　正規販売期間とバーゲン販売期間を想定する商品の仕入れ・販売戦略において，企業側の商品仕入数と価格設定に対して顧客が戦略的な反応をする場合には，双方の戦略の絡みを分析するためにゲーム理論的手法が使われる．そのような例として，本章の前半では，伝統的な在庫管理モデルである新聞売り子問題において，顧客が将来のバーゲン販売を見越した戦略的行動を取る場合の均衡と，企業が仕入数や価格のコミットメントで対抗する場合の効果を考察する．後半では，バーゲン販売を待つ判断が人によって異なる，多様な戦略的顧客がいるバーゲンセールにおいて，企業と顧客が互いに相手の戦略を推測しながら最適行動を取る結果として，仕入数の最適化と，バーゲン販売を待つ商品価値の閾値の均衡から成り立つ部分ゲーム完全 Nash 均衡の仕組みを説明する．

キーワード：近視眼的顧客，戦略的顧客，ゲーム理論，新聞売り子問題，需要，商品価値，正規価格，バーゲン価格，バーゲンハンター，留保価格，期待利益，合理的期待均衡，同時手番ゲーム，コミットメント，バーゲンセール，最適バーゲン価格，最適仕入数，バーゲン販売を待つ商品価値の閾値，部分ゲーム完全 Nash 均衡

7.1　近視眼的顧客から戦略的顧客へ

　伝統的なレベニューマネジメント (revenue management, RM) は，航空機の座席やホテルの客室のように，固定経費が大きな割合を占め，**時間的消滅性** (perishability) をもつサービス商品を対象とする．需要予測を基にして，いくつかの顧客層と層別販売限度枠を設定し，本来は同じ商品に対して予約時点ごとに異なる価格を付け，低価格購買層から始めて，各期における顧客層の販売予約を時間的にコントロールすることにより，収益の最大化を図る経営手法である．

7章　戦略的レベニューマネジメント

　前書『サービスサイエンスことはじめ』第7章 (増田・高木, 2014) に示したRMのモデルでは，顧客が将来の価格変化を考慮した戦略的行動を取ることを想定していない．例えば，航空機の座席を考えると，セグメント化された顧客は各期において提供される座席を，その価格に納得できるなら買い，そうでなければ買わない．このような顧客は**近視眼的顧客** (myopic customer) と呼ばれる (Talluri and van Ryzin, 2004, p. 182)．最近の顧客は，ネットへのアクセス等により，多くのリアルタイム情報をもっている．航空会社の値引き戦略が顧客に明らかになると，出発直前のディスカウントを待つ客が出てくるかもしれない．ホテルの宿泊予約においても，当日料金の大幅なディスカウントを期待して，早期の予約を控える顧客がいるかもしれない．このような顧客は**戦略的顧客** (strategic customer) と呼ばれる (Talluri and van Ryzin, 2004, p. 182)．戦略的顧客がディスカウントを待つと，通常の予約客数が減ることになりかねないので，企業も対抗策を講じる．このような航空会社やホテルの値引き戦略と顧客の戦略的行動の相互作用は，かつてのRMでは考えられていなかった．

　季節性商品の販売も，製造した商品をそのシーズン中に売り切るために，シーズンの終わりにバーゲンセールが企画されることから，RM問題の一種と考えられる．近年，この種の問題において，顧客の戦略的行動（バーゲン販売待ち）が企業の収益に与える影響についての研究が進んでいる．分析手法としては，**ゲーム理論** (game theory) 的アプローチが必要となり，前書における伝統的RMに対する**動的計画法** (dynamic programing) とは様相が一変したものになる．

　本章では，戦略的顧客に対するRMの典型的な例として，Su and Zhang (2008) に示された「新聞売り子」のモデルと，Cachon and Swinney (2009) に示された「バーゲンセール」のモデルについて，原著論文のモデルの基本部分に筆者の知見を加えて解説する．バーゲンセールのモデルでは，企業がバーゲン価格を動的に決めるので，価格をベースとするRMの例となっている．本章で考える戦略的顧客の問題は，初期の商品仕入数（航空機の総座席数やホテルの総部屋数に相当）が企業の決定変数であり，所与の定数ではないという点において，前書『サービスサイエンスことはじめ』第7章のRMとは異なる設定になっている．

7.2 戦略的顧客に対する新聞売り子問題

本節では，Su and Zhang (2008) で取り上げられている戦略的顧客に対する新聞売り子問題を説明する．不確実な需要の下での在庫管理問題では，伝統的に売り手の最適化戦略に焦点が当てられてきた．経営科学分野で広く知られていて，在庫管理モデルの基本形とも言える**新聞売り子問題** (newsvendor problem) では，顧客の購買行動を単純に「その場で買いたい商品があれば買う」と仮定して，需要の不確実性に対する売り手の最適在庫政策のみを議論している．このような設定は，顧客のもつ情報が限られている場合には有効であるが，顧客が様々な情報にアクセスできる昨今では，顧客も状況に合わせて最適な購買行動を取ると想像される．例えば，売り手が，商品の売り切れによる機会損失と売れ残りによる商品廃棄のトレードオフを考えて，需要の期待値に上乗せした量の在庫（安全在庫量）を保有するとする．この上乗せ分が多ければ，正規販売期間に商品が売れ残り，結果として商品がバーゲン価格で売られることが予想される．すると，戦略的な顧客は，将来に商品がバーゲン価格で売られる可能性を考えて，正規価格で商品を買うことを控える．このような顧客の戦略的行動は，売り手の利益に対して負の影響があるので，売り手には安全在庫を減らす方向のインセンティブが働く．このようにして，売り手の在庫戦略と顧客の戦略的購買行動が相互に影響し合うことになる．正規販売期間における戦略的顧客の買い控えに対抗するために，売り手は次の2つの対応策を考える．

(i) 仕入数を減らして，そのことを顧客に知らせ，バーゲン販売の起こる確率が小さいことを認識させる（仕入数に関するコミットメント）．

(ii) 販売価格を一定に保つと宣言し，バーゲン販売がないことを顧客に知らせる（価格に関するコミットメント）．

以下では，まず，新聞売り子問題の基本形，つまり戦略的顧客がいない場合の新聞売り子問題を復習する．次に，戦略的顧客に直面する新聞売り子の問題を考察する．さらに，売り子が，戦略的顧客への対抗策として，仕入数または価格に関してコミットする場合を分析する．最後に，これらの場合において，顧客

7 章 戦略的レベニューマネジメント

表 7.1 新聞売り子問題で使われる記号一覧.

	記号	意味
定数	c	商品の仕入価格
	v	顧客が評価する商品価値
	s	商品のバーゲン価格
	ξ	顧客が推測するバーゲン販売の確率
	r	顧客の留保価格
決定変数	q	商品の仕入数
	p	商品の正規価格
確率変数	D	正規販売期間における需要
	$F(x)$	$:= P\{D \leq x\}$, D の分布関数
	$\overline{F}(x)$	$:= P\{D > x\} = 1 - F(x)$
	$f(x)$	$:= dF(x)/dx$, D の密度関数
目的関数	$\Pi(q,p)$	小売業者の利益
	$\pi(q,p)$	$:= E[\Pi(q,p)]$, 期待利益

と売り子のせめぎ合いの均衡として決まる最適仕入数,正規価格,および売り子の期待利益を比較する数値例を示す.本節の議論は,すべて Su and Zhang (2008) に基づく.本節で使う記号の一覧を表 7.1 に示す.

7.2.1 新聞売り子問題の基本形

以下では,新聞売り子を**小売業者** (retailer) と呼ぶ.新聞売り子問題は,商品の不確実な需要に対して,小売業者が期待利益を最大化するために最適の仕入数を決める問題である.**正規販売期間** (regular price period) における商品の**需要** (demand) を確率変数 D で表す.最適化の分析を簡便にするために,需要は連続的な値を取る確率変数とする.確率変数 D の分布関数と密度関数をそれぞれ $F(x) := P\{D \leq x\}$ と $f(x) := dF(x)/dx$ で表す $(x \geq 0)$.分布関数 $F(x)$ は単調非減少である.顧客は一様であると仮定し,すべての顧客にとって,商品は一定の**商品価値** (valuation) v 円をもつとする.さらに,小売業者と顧客の最適化行動が均衡した状況において,すべての顧客は同じ行動を取ると仮定する.

正規販売期間の前に,小売業者は仕入数 q を決める.**仕入価格** (wholesale price) は商品 1 個につき c 円とする.正規販売期間における商品の**正規価格** (regular price) を p 円とする.正規販売期間に売れ残った商品は,バーゲン販売期間

7.2 戦略的顧客に対する新聞売り子問題

図 7.1 新聞売り子問題の基本形.

(salvage period) において，1 個 s 円という**バーゲン価格** (salvage price) で売られる．このとき，多数の**バーゲンハンター** (bargain hunter) が現れて，すべての商品を買うので，バーゲン販売終了時に売れ残りは無い．

ここで，$s<c<v$ と仮定する．また，小売業者は正規価格 p を $c\leq p\leq v$ となるように決定する．すなわち，正規価格を，顧客が買ってもよいと判断する価格よりも安く，仕入価格よりも高く設定する．バーゲン販売では仕入価格よりも安い価格で投げ売りをする．小売業者と顧客は，ともに，定数 s,c,v の値と需要 D の確率分布を知っていると仮定する．

新聞売り子問題の基本形においては，すべての顧客は近視眼的であると仮定する．顧客が近視眼的である（戦略的でない）とは，顧客は将来可能な選択肢について考えることなく，その時々に執行できることのみを選択肢として考えて，自らの行動を最適化することを意味する．近視眼的な顧客は，正規販売期間において，$p\leq v$ なら商品を買う．この顧客の行動を知っている小売業者は，価格 p を顧客が商品を買う限界まで引き上げ，$p=v$ と設定する[*1]．よって，小売業者の決定変数は q だけになる．このモデルを図 7.1 に示す．

商品を q 個仕入れて，正規販売期間に 1 個 p 円で売る小売業者の利益 $\Pi_0(q,p)$ を考える．q 個の商品の仕入れに必要な経費は cq 円である．もし $D\geq q$ なら，

[*1] $p=v$ のときでも顧客は商品を買うという仮定は，技術的な仮定ではなく，現実的な仮定である．実際に $p=v$ と設定すれば，顧客は正規販売期間に商品を買わないかもしれない．その場合は，小売業者は機会損失を被る．そこで，小売業者は，現実には p を v より僅かに安く設定して，顧客が確実に正規販売期間に買うように細工する．つまり，この仮定は，顧客の行動というよりは，小売業者の行動に関する仮定ということになる．

7章 戦略的レベニューマネジメント

仕入れた q 個の商品すべてが正規販売期間に 1 個 p 円で売れる．$D-q$ 人の顧客は商品を買うことができないが，バーゲン販売は行われない．もし $D < q$ なら，正規販売期間に D 人の顧客すべてが商品を 1 個 p 円で買う．売れ残った $q-D$ 個の商品はバーゲンハンターが 1 個 s 円ですべて買う．従って，小売業者の利益は

$$\Pi_0(q,p) = \begin{cases} pq - cq = (p-c)q & D \geq q \text{ のとき} \\ pD + s(q-D) - cq & D < q \text{ のとき} \end{cases}$$

$$= (p-s)\min\{D,q\} - (c-s)q \tag{7.1}$$

で与えられる[*2]．需要 D が確率的に変動するので，利益 $\Pi_0(q,p)$ も一定ではなく，確率変数である．その平均値を**期待利益** (expected profit) と呼び，

$$\pi_0(q,p) := E[\Pi_0(q,p)] \tag{7.2}$$

と表す．ここで，$E[\,\cdot\,]$ は需要 D の確率的変動に関する平均値とする．従って，式 (7.1) において，正規販売期間に売れる商品数の期待値は

$$E[\min\{D,q\}] = \int_0^\infty \min\{x,q\} f(x) dx$$
$$= \int_0^q x f(x) dx + q \int_q^\infty f(x) dx = \int_0^q \overline{F}(x) dx$$

である[*3]．ここで，$\overline{F}(x) := P\{D > x\}$ を次のように与えた．

[*2] 本章を通して，次の表記を使う．

$$\min\{x,y\} := \begin{cases} x & x \leq y \text{ のとき} \\ y & x > y \text{ のとき} \end{cases} \quad ; \quad \max\{x,y\} := \begin{cases} x & x \geq y \text{ のとき} \\ y & x < y \text{ のとき} \end{cases}.$$

[*3] 部分積分法により，以下が成り立つ．

$$\int_0^q \overline{F}(x) dx = \int_0^q (x)'[1-F(x)] dx = x[1-F(x)]\Big|_{x=0}^{x=q} + \int_0^q x f(x) dx$$
$$= q\overline{F}(q) + \int_0^q x f(x) dx = q \int_q^\infty f(x) dx + \int_0^q x f(x) dx.$$

7.2 戦略的顧客に対する新聞売り子問題

$$\overline{F}(x) = 1 - F(x) = \int_x^\infty f(u)du \qquad x \geq 0.$$

この結果を式 (7.1) に代入すると，小売業者の期待利益を

$$\pi_0(q,p) = (p-s)\int_0^q \overline{F}(x)dx - (c-s)q \qquad (7.3)$$

と表すことができる．小売業者は $\pi_0(q,p)$ を最大にするような q の値を求める．そのような q は，必要条件として，方程式

$$\frac{\partial \pi_0(q,p)}{\partial q} = (p-s)\overline{F}(q) - (c-s) = 0$$

の解として与えられる．この解が $\pi_0(q,p)$ を最大にすることは

$$\frac{\partial^2 \pi_0(q,p)}{\partial q^2} = -(p-s)f(q) < 0$$

から保証される．最初に $p=v$ と仮定したので，基本形における正規価格 p_0 と最適仕入数 q_0 は次のように決められる[*4]．

$$p_0 = v \quad ; \quad \overline{F}(q_0) = \frac{c-s}{v-s}. \qquad (7.5)$$

従って，基本形における小売業者の期待利益の最大値は次のように与えられる．

$$\pi_0 := \pi_0(q_0, p_0) = (v-s)\int_0^{q_0} \overline{F}(x)dx - (c-s)q_0$$
$$= (v-s)\int_0^{q_0} xf(x)dx. \qquad (7.6)$$

[*4] 新聞売り子問題の基本形において，最適仕入数 q_0 を決めるこの方程式は，

$$h := c - s \text{（過剰在庫費用）} \quad ; \quad b := p_0 - c \text{（機会損失費用）}$$

とおくと，需要の分布関数 $F(x)$ を用いて，

$$F(q_0) = \frac{b}{h+b} = \frac{p_0 - c}{p_0 - s} := \beta \qquad (7.4)$$

と書くことができる．この比 β を**臨界比率** (critical fractile または ratio) と呼ぶ．$s = 0$ の場合，方程式 (7.4) は，航空機の座席に対するレベニューマネジメントの基本モデルに対して導かれた **Littlewood** の式になる (増田・高木, 2014, p. 215).

7.2.2 戦略的顧客に直面する新聞売り子

次に,すべての顧客が戦略的である場合を考える.商品の価値を v 円と評価する戦略的顧客は,正規販売期間における需要の分布関数は知っているが,需要の実現値 D を知らないので,正規販売期間の価格 p 円を受け入れるべきか,その価格を受け入れず,バーゲン販売を待って s 円で買うべきかを思案する.バーゲン販売を待っても,正規販売期間に全商品が売り切れて,バーゲン販売が実施されないかもしれない.従って,戦略的顧客は,バーゲン販売が行われる確率 ξ を想定し,正規販売期間に買う場合とバーゲン販売で買う場合の利得を天秤に掛ける問題

$$\max\{v-p, (v-s)\xi\} \tag{7.7}$$

を考える.このとき,戦略的顧客は,正規価格 p 円で買ってもよいと思えば,その価格で買うことができると考えている.

戦略的顧客の行動は一様であるから,顧客の行動に関する**対称均衡** (symmetric equilibrium) を想定する.すなわち,すべての顧客は正規価格で商品を買うか,バーゲン販売を待つかのどちらかの行動を一斉に取る.しかし,後者の場合には小売業者は儲からないので,小売業者は,すべての顧客が正規価格で商品を買うように正規価格を設定するはずである.従って,バーゲン販売は仕入数が需要を超えているときにのみ行われ,バーゲン販売期間には,戦略的顧客が商品を買うことはなく,バーゲンハンターだけが,残っているすべての商品を買う.このような対称均衡の結果として起こる状況は図 7.1 と同じになる.

小売業者と顧客の意思決定の時系列は次のようになる.

ステップ1: 小売業者は,顧客の**留保価格** (reservation price, 戦略的顧客が,バーゲン販売の可能性も考慮に入れて,正規販売期間に支払ってもよいと考える最大価格) r 円を予想して,正規価格 p 円と仕入数 q を決める.

ステップ2: 顧客は,正規価格 p 円を知り,バーゲン販売が実施される確率 ξ を予測して,正規販売期間に買うか否かを式 (7.7) により決める.

ステップ3: 需要の実現値 D が明らかになる.$D \geq q$ なら,正規販売期間にすべての商品が売れてしまう.

ステップ 4: $D < q$ の場合は,バーゲン販売が実施され,バーゲンハンターに対して価格 s 円で売れ残りの商品がすべて売られる.

小売業者と戦略的顧客が以上のような戦略を練ることで循環的に均衡状態に達した状況は,パラメタ $\{p, q, \xi, r\}$ をもつ**合理的期待均衡** (rational expectations equilibrium, REE) として,次のように定式化される (Su and Zhang, 2008)[*5].

(i) $p = r$,
(ii) $q = \arg\max_{q} \pi_{\mathrm{c}}(q, p)$,
(iii) $r = v - (v - s)\xi$,
(iv) $\xi = F(q)$.

顧客が戦略的な場合における小売業者の期待利益も,式 (7.3) と同様に

$$\pi_{\mathrm{c}}(q, p) = (p - s) \int_0^q \overline{F}(x) dx - (c - s)q \tag{7.8}$$

と書くことができる[*6].

意思決定の時系列におけるステップ 1 に対応する条件は (i) と (ii) である.(i) は,小売業者が顧客の留保価格 r を推測し,正規価格 p を r に合わせることを示す.(ii) では,小売業者が,式 (7.8) で与えられる期待利益を最大化する仕入数 q を決定する.また,ステップ 2 に対応する条件は (iii) である.顧客は式 (7.7) における 2 つの選択肢が釣り合うような販売価格として,留保価格 $r = v - (v-s)\xi$ を決める.そして,もし $p \le r$ なら正規販売期間に商品を買うが,$p > r$ なら買わないことにする.意思決定の時系列では,ステップ 1 で小売業者が仕入数 q を決定してから,ステップ 2 で顧客が正規販売期間に買うか否かの判断基準 (iii) を決めている.しかし,顧客は仕入数 q を知らないので,ステップ 1 の小売業者による仕入数 q の決定と,ステップ 2 の顧客による留保価格 r の決定(q を使っていない)は,実は**同時手番ゲーム** (game with simultaneous moves) である.最後に,(iv) は顧客がバーゲン販売の確率 ξ を正しく予想していること

[*5] 「$\arg\max_{q} \pi(q, p)$」は,関数 $\pi(q, p)$ を最大にする q の値という意味である.

[*6] 式 (7.3) の $\pi_0(q, p)$,式 (7.8) の $\pi_{\mathrm{c}}(q, p)$,および式 (7.17) の $\pi_{\mathrm{q}}[q, p(q)]$ の関数形は同じであるが,p と q の間の異なる関係により,異なる最大値をもつことを区別するために,異なる添え字を付けている.

を表し，均衡が成り立つ条件を与えている．

合理的期待均衡の式 (i)〜(iv) は，次のようにまとめて書くことができる．

$$p = v - (v-s)F(q), \tag{7.9}$$

$$q_\mathrm{c} = \arg\max_q \pi_\mathrm{c}(q,p). \tag{7.10}$$

仕入数 q に関する期待利益最大化問題 (7.10) において，p は q とは独立な変数として扱われていることに注意する．そのようにして求められた $q = q_\mathrm{c}$ を式 (7.9) に代入して，p の値（均衡価格）p_c を決める．

q の最適値を求めるために，式 (7.8) を q で偏微分すると，

$$\frac{\partial \pi_\mathrm{c}(q,p)}{\partial q} = (p-s)\overline{F}(q) - (c-s)$$

となるが，式 (7.9) から $p = s + (v-s)\overline{F}(q)$ と書くことができるので，q に関する最適性の必要条件は

$$\left.\frac{\partial \pi_\mathrm{c}(q,p)}{\partial q}\right|_{p=s+(v-s)\overline{F}(q)} = (v-s)[\overline{F}(q)]^2 - (c-s) = 0$$

である．よって，戦略的顧客に対する新聞売り子問題における最適仕入数 q_c と，そのときの均衡価格 p_c は次のように与えられる (Su and Zhang, 2008)．

$$\overline{F}(q_\mathrm{c}) = \sqrt{\frac{c-s}{v-s}} \quad;\quad p_\mathrm{c} = s + \sqrt{(v-s)(c-s)}. \tag{7.11}$$

最大化の十分条件については，q の関数 $\pi_\mathrm{c}(q,p_\mathrm{c})$ は，次に示すように，$q \geq 0$ において 2 階偏微分係数が負であることから凹関数であり，従って，$q = q_\mathrm{c}$ で最大になることが分かる．

$$\left.\frac{\partial^2 \pi_\mathrm{c}(q,p)}{\partial q^2}\right|_{p=p_\mathrm{c}} = -(p_\mathrm{c}-s)f(q) < 0 \qquad q \geq 0.$$

よって，合理的期待均衡の場合の小売業者の最大期待利益は次のようになる．

$$\begin{aligned}\pi_\mathrm{c} := \pi_\mathrm{c}(q_\mathrm{c}, p_\mathrm{c}) &= (p_\mathrm{c} - s)\int_0^{q_\mathrm{c}} \overline{F}(x)dx - (c-s)q_\mathrm{c} \\ &= \sqrt{(v-s)(c-s)}\int_0^{q_\mathrm{c}} xf(x)dx.\end{aligned} \tag{7.12}$$

顧客が戦略的な場合は，顧客が戦略的でない場合と比較して，小売業者は正規販売期間における販売を促進する必要がある．そのために，以下のように，2つの作戦が取られていることが分かる．

(i) 仕入数を少なくする（商品の稀少性を上げる）．実際，

$$\overline{F}(q_c) = \sqrt{\frac{c-s}{v-s}} > \frac{c-s}{v-s} = \overline{F}(q_0)$$

であるが，$\overline{F}(x)$ は非増加関数であるから，$q_c \leq q_0$ である．

(ii) 正規販売期間における価格を下げる．

$$p_0 = v > v - (v-s)F(q_c) = p_c.$$

これらの努力にもかかわらず，顧客が戦略的である場合の小売業者の期待利益は，顧客が近視眼的である場合よりも小さくなる．このことは，式 (7.6) と式 (7.12) の比較において，$c-s < v-s$ および $q_c \leq q_0$ から分かる．以上をまとめると，次の比較結果が得られる．

$$q_c \leq q_0 \quad ; \quad p_c < p_0 \quad ; \quad \pi_c < \pi_0. \tag{7.13}$$

7.2.3 仕入数に関するコミットメント

顧客が戦略的な購買行動を取ると，小売業者の期待利益は，顧客が戦略的でない場合よりも小さくなる．顧客の戦略的行動に対抗する小売業者の措置として，仕入数に関するコミットメントと，価格に関するコミットメントの2つが考えられる．前項の合理的期待均衡では，ステップ1の小売業者による仕入数の決定とステップ2の顧客による留保価格の決定が同時手番ゲームであると指摘した．従って，これらの決定の間に因果関係はない．

しかし，顧客が仕入数を察知できる場合には，小売業者による仕入数の決定と顧客による留保価格の決定の間に因果関係が生じる．顧客は察知した仕入数 q を使ってバーゲン販売が実施される確率 $F(q)$ を計算し，それを用いて留保価格 $r = v - (v-s)F(q)$ を決める．小売業者もこの計算方法を知っているので，商品の正規価格 p を留保価格と等しくなるように設定する．前項では，小売業者

の仕入数 q に関する最大化問題 (7.10) において，p は q とは独立な変数であったが，顧客が仕入数 q を察知できる場合には，p は q の関数となる．

小売業者が仕入数を顧客に信頼できる情報として周知することを「仕入数をコミットする」という．以下において，小売業者が仕入数をコミットする場合には，コミットしない場合に比べて，期待利益が大きくなることを示す．しかし，仮に小売業者が「この商品は売り切れ間近です」と言っても，それを煽りだとは思わずに素直に信じる顧客はどれほどいるだろうか？ 多くの場合，小売業者が仕入数をコミットすることは難しいと考えられる．一部のアパレル企業や和菓子製造販売店では，各商品の仕入数（生産数）を絞り込んだ上で，在庫をすべて店頭に出して (display all) 販売する．このような販売は**数量限定・売り切れ御免型商法**と呼ばれる．小売業者がそのような販売形態を長年続けていれば，顧客は実際に商品が売り切れてしまうことを経験するので，倉庫に在庫が隠されているとは考えなくなり，顧客に対して仕入数をコミットできることになる．

小売業者が仕入数 q をコミットすれば，顧客はその情報に基づき，正規販売期間に商品を買うか否かを，双方の利得を比較する次の基準で判断する．

$$\max\{v-p, (v-s)F(q)\}. \tag{7.14}$$

この式は，顧客が仕入数 q から計算したバーゲン販売の確率 $F(q)$ を使うという点において，前項の式 (7.7) と異なるものになっている．顧客は，この式の $v-p$ と $(v-s)F(q)$ を等しくするような p として，留保価格を

$$r = v - (v-s)F(q) \tag{7.15}$$

と決める．従って，小売業者は，仕入数 q を通して，間接的に客の留保価格 r を制御することになる．小売業者は，正規価格をぎりぎりまで高くしたいので，結果として，正規価格は留保価格に等しく設定される．

$$p(q) = v - (v-s)F(q) = s + (v-s)\overline{F}(q). \tag{7.16}$$

仕入数をコミットする場合の小売業者の期待利益は，次のように与えられる．

7.2 戦略的顧客に対する新聞売り子問題

$$\pi_{\mathrm{q}}(q) := \pi_{\mathrm{q}}[q, p(q)] = [p(q) - s]E[\min\{D, q\}] - (c - s)q$$
$$= (v - s)\overline{F}(q)E[\min\{D, q\}] - (c - s)q. \tag{7.17}$$

これは1変数qだけの関数である．小売業者は，期待利益最大化問題

$$q_{\mathrm{q}} = \arg\max_{q} \pi_{\mathrm{q}}(q) \tag{7.18}$$

を解く．関数$\pi_{\mathrm{q}}(q)$を最大にするqの値を求めるために，これをqで微分すると

$$\pi'_{\mathrm{q}}(q) := \frac{d\pi_{\mathrm{q}}(q)}{dq} = -(v-s)f(q)E[\min\{D, q\}] + (v-s)[\overline{F}(q)]^2 - (c-s)$$

となる．これを

$$\frac{\pi'_{\mathrm{q}}(q)}{\overline{F}(q)} = -\frac{(v-s)f(q)E[\min\{D, q\}]}{\overline{F}(q)} + (v-s)\overline{F}(q) - \frac{c-s}{\overline{F}(q)}$$

と書く．$s < c < v$の仮定と$\overline{F}(x)$が非増加関数であることから，この式の右辺の第2項と第3項はqの非増加関数である．ここで，需要Dが**故障率増加型** (increasing failure rate, IFR) 分布をもつと仮定する．すなわち，$f(x)/\overline{F}(x)$はxの増加関数であるとする．このとき，上式の右辺の第1項はqの減少関数となる．よって，$\pi'_{\mathrm{q}}(q)/\overline{F}(q)$は全体として$q$の減少関数となる．さらに，

$$\pi'_{\mathrm{q}}(0) = v - c > 0 \quad ; \quad \lim_{q \to \infty} \pi'_{\mathrm{q}}(q) = -(c - s) < 0$$

より，qの区間$[0, \infty)$において，qが増えるとき，$\pi'_{\mathrm{q}}(q)/\overline{F}(q)$は一度だけ0を上から下へ通過する．よって，$\pi'_{\mathrm{q}}(q)$も一度だけ0を上から下へ通過する．このことは$\pi_{\mathrm{q}}(q)$が**単峰**である（unimodal, 1点でのみ最大値を取る）ことを意味する．従って，Dが故障率増加型の場合に最大化問題 (7.18) を解くためには，$\pi'_{\mathrm{q}}(q) = 0$となるqの値q_{q}を見つければよい．このとき，$\pi_{\mathrm{q}}(q_{\mathrm{q}})$が仕入数をコミットする場合の小売業者の期待利益の最大値である．

以上の結果をコミットがない場合と比較すると，仕入数のコミットメントが，仕入数を減らし，正規価格を上げ，小売業者の期待利益を増やすことが分かる．まず，$\pi'_{\mathrm{q}}(q)$の$q = q_{\mathrm{c}}$における値は，式 (7.11) により，

$$\pi'_{\mathrm{q}}(q_{\mathrm{c}}) = -(v-s)f(q_{\mathrm{c}})E[\min\{D, q_{\mathrm{c}}\}] + (v-s)[\overline{F}(q_{\mathrm{c}})]^2 - (c-s)$$

7章　戦略的レベニューマネジメント

$$= -(v-s)f(q_c)E[\min\{D, q_c\}] < 0$$

である．ここで，$\pi_q(q)$ が単峰であり，$\pi'(q_q) = 0$ であることから，$q_q \leq q_c$ であることが分かる．この結果を用いて，

$$p_q := p(q_q) = s + (v-s)\overline{F}(q_q) \geq s + (v-s)\overline{F}(q_c)$$
$$= s + \sqrt{(c-s)(v-s)} = p_c$$

が得られる．また，$p_q = s + (v-s)\overline{F}(q_q) \leq v = p_0$ である．さらに，$\pi_q(q,p)$ と $\pi_c(q,p)$ の関数形が同じであることから，

$$\pi_q := \pi_q(q_q) = \max_q \pi_q[q, p(q)] \geq \pi_q[q_c, p(q_c)] = \pi_c(q_c, p_c) = \pi_c$$

が分かる．従って，戦略的顧客に仕入数をコミットする場合について，

$$q_q \leq q_c \quad ; \quad p_0 \geq p_q \geq p_c \quad ; \quad \pi_q \geq \pi_c \qquad (7.19)$$

が成り立つ (Su and Zhang, 2008)．

7.2.4 価格に関するコミットメント

これまで，バーゲン価格は，バーゲンハンターにとっての商品価値 s 円に等しく，所与としてきた．本項では，小売業者がバーゲン価格を決定し，それを正規販売時にコミットするモデルを考察する．つまり，小売業者は，正規販売の時点で，売れ残りがある場合のバーゲン価格を決めて，それを顧客に周知し，変更することはないとする．

バーゲンハンターにとっての商品価値は s 円である（s 円なら買う）ので，バーゲン価格を s 円未満にすることは意味がない．バーゲン価格を s 円よりも高くする場合には，バーゲンハンターは買わない一方で，戦略的顧客は v 円以下なら買う．従って，バーゲン価格を s 円よりも高く v 円よりも低くする戦略は，バーゲン価格を v 円ぎりぎりに設定する戦略より劣る．よって，小売業者にとって意味のあるバーゲン価格は s 円または v 円である．前者は業者がコミットしない場合（7.2.2 項）の設定と同じであり，後者はバーゲン販売をしない

ことに相応する.

以上の議論により,小売業者が「価格に関してコミットする」場合として,後者を考える.このとき,小売業者は正規価格を $p=v$ とし,期待利益が最大化されるように仕入数 q を決定する.小売業者は将来値引きを一切しないと宣言し,顧客はそれを信じるものとする.つまり,売行き不振で売れ残りが出た場合に,s 円で売れば損失を少なくできるにもかかわらず,小売業者は売れ残り商品をすべて廃棄し,顧客はそれを疑わない.例えば,高級ブランドの宝石店では,絶対に安売りをしないので,顧客はバーゲン販売を期待しない.従って,q に関する最適化問題は,新聞売り子問題の基本形(7.2.1 項)においてバーゲン価格を $s=0$ とする(売っても利益が出ない)場合と同じになる.仕入数に関するコミットメントの場合と同様に,小売業者がいかにして価格に関してコミットできるかは難題であるが,何らかの方法でそれが可能であると仮定する.このとき,小売業者の利益 $\Pi_\mathrm{p}(q)$ と期待利益 $\pi_\mathrm{p}(q)$ は次のように与えられる(式 (7.1) と (7.3) において $p=v, s=0$ とおいたものになる).

$$\Pi_\mathrm{p}(q) := v\min\{D,q\} - cq,$$
$$\pi_\mathrm{p}(q) := E[\Pi_\mathrm{p}(q)] = v\int_0^q \overline{F}(x)dx - cq. \tag{7.20}$$

小売業者は期待利益最大化問題

$$q_\mathrm{p} = \arg\max_q \pi_\mathrm{p}(q) \tag{7.21}$$

を解く.式 (7.20) より

$$\frac{d\pi_\mathrm{p}(q)}{dq} = v\overline{F}(q) - c \quad ; \quad \frac{d^2\pi_\mathrm{p}(q)}{dq^2} = -vf(q) < 0$$

となるので,最適仕入数 q_p,販売価格 p_p,および期待利益の最大値 π_p は

$$\overline{F}(q_\mathrm{p}) = \frac{c}{v} \quad ; \quad p_\mathrm{p} = v \quad ; \quad \pi_\mathrm{p} := \pi_\mathrm{p}(q_\mathrm{p}) = v\int_0^{q_\mathrm{p}} xf(x)dx \tag{7.22}$$

で与えられる.これらを基本形の場合における式 (7.5) と比較すると,

$$q_\mathrm{p} < q_0 \quad ; \quad p_\mathrm{p} = p_0 = v \tag{7.23}$$

が成り立つ．式 (7.6) と (7.22) から，π_p と π_0 の大小関係は不定である．

以上の 4 つのモデルの比較として，式 (7.13), (7.19), (7.23) をまとめると，以下の結果が得られる．

$$q_0 \geq q_\mathrm{c} \geq q_\mathrm{q} \quad ; \quad q_0 > q_\mathrm{p} \quad ; \quad p_0 = p_\mathrm{p} \geq p_\mathrm{q} \geq p_\mathrm{c},$$
$$\pi_0 \geq \pi_\mathrm{c} \quad ; \quad \pi_\mathrm{q} \geq \pi_\mathrm{c}. \tag{7.24}$$

7.2.5 数値例（新聞売り子問題）

本節で検討した 4 つのモデルにおける最適化の結果を数値例で比較する．需要 D は 0 と 100 の間のどこかの値を等確率で取るという連続型**一様分布** (uniform distribution) に従うと仮定する．

$$\overline{F}(x) = 1 - \frac{x}{100} \quad ; \quad f(x) = \frac{1}{100} \qquad 0 \leq x \leq 100.$$

このとき，$f(x)/\overline{F}(x) = 1/(100-x)$ は単調増加するので，この分布は故障率増加型 (IFR) である[*7]．さらに，顧客にとっての商品価値を $v = 5$ 円とし，バーゲン価格を $s = 1$ 円とする．

小売業者の仕入価格 c $(s \leq c \leq v)$ をパラメタとして，4 つのモデルにおける最適仕入数 q を図 7.2 に，正規価格 p を図 7.3 に，そして期待利益を図 7.4 に示す．これらの図において，式 (7.24) に示された大小関係が確認できる．

図 7.4 において，戦略的顧客に対するコミットメントがない場合に，小売業者の期待利益が仕入価格の単調減少関数になっていないことが興味深い．仕入価格 c がバーゲン価格 s に近いと，小売業者は商品が売れ残った場合でも損失が小さいので大量の商品を仕入れるが，顧客はそのことを見越しているので，正規価格が低くない限りは正規価格では買わない．よって，仕入価格が低い場合でも，小売業者の期待利益は必ずしも増えるとは言えないことが分かる．

[*7] この場合には，新聞売り子問題の基本形と価格のコミットをする場合の最適期待利益が，次のように明示的に与えられる．

$$\pi_0 = \frac{50(v-c)^2}{v-s} > \frac{50(v-c)^2}{v} = \pi_\mathrm{p}.$$

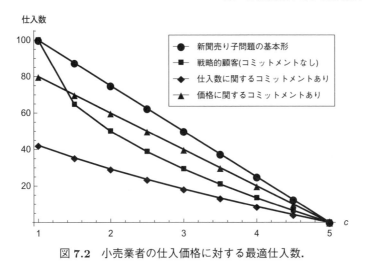

図 7.2 小売業者の仕入価格に対する最適仕入数.

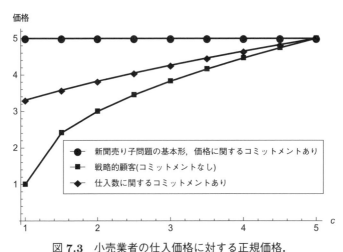

図 7.3 小売業者の仕入価格に対する正規価格.

今の数値例では,顧客が戦略的でない場合(基本形)と顧客が戦略的な場合を比較すると,最適仕入数,正規価格,期待利益は,いずれも基本形の方が大きくなっている.また,すべての仕入価格に対して,小売業者の期待利益は,基本形,価格に関するコミットメントがある場合,仕入数に関するコミットメント

7章 戦略的レベニューマネジメント

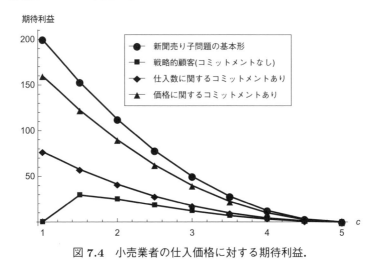

図 7.4　小売業者の仕入価格に対する期待利益.

がある場合，戦略的顧客（コミットメントなし）の順に小さくなっている．従って，顧客の戦略的行動のために期待利益が減る小売業者にとって，価格をコミットすること，すなわち，バーゲン販売を実施せずに，戦略的顧客の意図を封じることが最も有効な対抗策であることが示された．しかし，価格に関するコミットメントも，仕入数に関するコミットメントと同様に，顧客に信じてもらうことは容易ではない．

7.3　多様な顧客に対するバーゲンセール

　前節では，戦略的顧客に対する新聞売り子問題において，すべての顧客は一様であって，戦略的顧客が正規販売期間に買う場合の商品価値（定数 v で表された）はすべての顧客に共通であり，さらに，バーゲン販売を待って買う場合でも，その価値は正規販売期間と同じく v 円であると仮定した．しかし，現実には様々な判断をする顧客がいるので，小売業者は顧客の多様性に対応しなければならない．また，バーゲン販売で買う商品の価値は，正規販売期間に買う場合の商品価値よりも低いと想像される．例えば，冬物衣料をシーズン終わりのバーゲン販売まで待って買う人は，その衣料をシーズン中に使わなくても

よいと考えている．

本節では，Cachon and Swinney (2009) に沿って，戦略的顧客が正規販売期間に買う場合の商品価値（定数 v_M で表す）はすべての顧客に共通であるとする．そして，バーゲン販売期間を待って買う場合の商品価値は，正規販売の商品価値よりも低いことを想定し，個々の顧客がバーゲン販売の商品を評価する度合いに依存する確率変数 V で表す．また，バーゲンハンターが評価する商品価値（定数 v_B で表す）は，V の最小値よりもさらに低い共通の一定値とする．

戦略的顧客にとって，もし $V \leq v$ なら正規販売期間に商品を買い，$V > v$ ならバーゲン販売を待つという決断をする「バーゲン販売の商品価値 V の閾値」を v で表す[*8]．このような設定の下で，小売業者は，与えられた仕入数 q と V の閾値 v に対して，需要 D に応じてバーゲン販売期間における利益が最大になるように，最適バーゲン価格を決める．さらに，q と v の値については，正規販売期間において，小売業者と顧客が互いに相手の戦略を推測しながら最適行動を取る結果として，q の最適値 q^* と v の均衡値 v^* から部分ゲーム完全 Nash 均衡 (q^*, v^*) が成立する．このゲームを解析する．

7.3.1 小売業者と戦略的顧客の意思決定

小売業者が正規販売期間とバーゲン販売期間の2期にわたって商品を売るバーゲンセールのモデルを考える．**戦略的顧客**は，商品価値が正規価格に見合うものであったとしても，バーゲン販売を待って安く買う方がよいと考えるかもしれない．しかし，正規販売期間に買い控えていると，商品が売り切れるかもしれないし，また，バーゲン販売があったとしても，在庫数が少なくて買えない可能性もある．さらに，バーゲン価格がどのくらい安くなるのかも分からない．

戦略的顧客は，そのようなことを勘案して，正規価格で買うか否かを判断する．戦略的顧客であっても，バーゲン販売で買う場合の商品価値の評価は人によって異なるので，同じ価格の商品に対しても，買う人と買わずにバーゲン販売

[*8] ミクロ経済学の言葉で言えば，V はバーゲン販売の商品に対する**支払い意志額**（willingness to pay，支払ってもよいと思う最高金額）である．本節以降において V の閾値として使われる記号 v は，前節の新聞売り子問題における v と意味が異なるので注意されたい．

7章 戦略的レベニューマネジメント

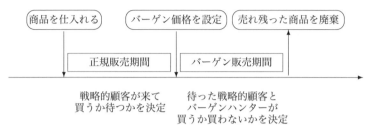

図 7.5 バーゲンセールのモデル.

を待つ人がいる．また，どれだけの数の戦略的顧客が正規販売期間に現れるか（需要）は不明である．一方，バーゲン販売期間には無数のバーゲンハンターが現れて，バーゲン価格が彼らの商品評価よりも低ければ，残っているすべての商品を買うと仮定する．

このような市場において，小売業者は，仕入数を決めるために，戦略的顧客のうちのどのくらいの割合の人が正規価格で買ってくれるか，正規販売期間に売れ残りが出たときにバーゲン販売でもできるだけ利益を上げるためにバーゲン価格をいくらに設定すべきか，などを考える．バーゲンセールのプレイヤーは，小売業者，戦略的顧客，およびバーゲンハンターの 3 者である（図 7.5）．

表 7.2 にバーゲンセールのモデルで使われる記号一覧を示す．新聞売り子問題の場合（表 7.1）と比べて，商品の正規価格 p が定数で与えられ，バーゲン価格 s が決定変数になっている．また，戦略的顧客がバーゲン販売の商品に対してもつ価値 V が一定ではなく（人によって異なる）確率変数になっている．

小売業者と戦略的顧客は，時間の順に，以下の 4 ステップで意思決定を行う．

ステップ 1： 小売業者は，顧客の購買行動を予測して，正規販売期間の前に q 個の商品を 1 個 c 円で仕入れ，その正規価格 p 円を顧客に示す．

ステップ 2： 戦略的顧客は，正規販売期間に買う場合の利得と，バーゲン販売を待って得られる期待利得（買うことができない場合も勘案）を比較して，正規販売期間に買うか，買わずにバーゲン販売を待つかを決める．ここで，顧客は商品仕入数 q を知らないものと仮定する．よって，顧客は q の予想値に基づいてバーゲン販売の確率やバーゲン価格を推測する．

ステップ 3： 正規販売期間に現れる客の総数 D の実現値が明らかになり，正

7.3 多様な顧客に対するバーゲンセール

表 7.2 バーゲンセールのモデルで使われる記号一覧.

	記号	意味
定数	c	商品の仕入価格
	p	商品の正規価格
	v_M	戦略的顧客の正規販売に対する商品価値
	v_B	バーゲンハンターの商品価値
	$\overline{v}$	V が一様分布に従う場合の上限
	$\underline{v}$	V が一様分布に従う場合の下限
決定変数	s	商品のバーゲン価格(最適値 s^*)
	v	V の閾値(均衡値 v^*)
	q	商品の仕入数(最適値 q^*)
確率変数	D	正規販売期間における需要
	$F(x)$	$:= P\{D \leq x\}$, D の分布関数
	$\overline{F}(x)$	$:= P\{D > x\} = 1 - F(x)$
	$f(x)$	$:= dF(x)/dx$, D の密度関数
	V	戦略的顧客のバーゲン販売に対する商品価値
	$G(y)$	$:= P\{V \leq y\}$, V の分布関数
	$\overline{G}(y)$	$:= P\{V > y\} = 1 - G(y)$
目的関数	$R(s,q,v,D)$	バーゲン販売期間における小売業者の利益
	$\pi(q,v)$	小売業者の期待利益

規販売期間で売れ残りが出たら,小売業者はバーゲン価格 s 円を設定してバーゲン販売を実施する.

ステップ 4: バーゲン販売期間において,正規販売期間に買わなかった戦略的顧客は,バーゲン価格 s 円が自身のもつバーゲン販売の商品価値以下ならば,商品を買う.その後,多数のバーゲンハンターが現れて,バーゲン価格 s 円が彼らの商品価値 v_B 円以下ならば,残っている商品をすべて買う.

7.3.2 バーゲンセールの数理的定式化

バーゲンセールの問題をより正確に示すために,数理モデルの言葉で述べる.
(1) 小売業者が初めに仕入れる商品の数 q の最適値 q^* は後で決める(7.5.2 項).1 個の商品の仕入れ価格 c 円と正規販売価格 p 円は固定とする.
(2) すべての戦略的顧客は正規販売期間に現れ,そのうち何人かは正規販売期間に商品を買うが,残りはバーゲン販売を待つ.バーゲン販売期間にも買わない戦略的顧客もいる.正規販売期間に現れる戦略的顧客の数(需要)

7 章 戦略的レベニューマネジメント

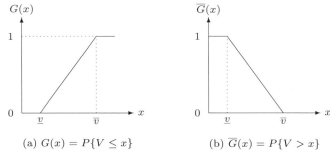

(a) $G(x) = P\{V \leq x\}$　　　(b) $\overline{G}(x) = P\{V > x\}$

図 7.6　バーゲン販売の商品価値 V の分布関数の例.

D は，小売業者が商品を仕入れる時点では未定であり，その分布関数を $F(x) := P\{D \leq x\}$ $(x \geq 0)$ とする（D は連続的な値を取ると仮定する）．また，バーゲン販売期間には無数のバーゲンハンターが現れる．

(3) 戦略的顧客が正規販売期間に買う場合の商品価値を v_M 円とする．また，バーゲンハンターの商品価格を v_B 円とし，$v_B < p < v_M$ を仮定する．バーゲン販売を待とうと思わない戦略的顧客は正規価格 p 円で商品を買う．また，バーゲンハンターは，バーゲン価格が v_B 円より高ければ商品を買わず，v_B 円以下なら商品を買う．

(4) 戦略的顧客が正規販売期間に買わずにバーゲン販売期間まで待つことにすれば，待っている間は商品を使うことができない．従って，バーゲン販売期間における商品価値は，正規販売期間の商品価値よりも低いはずである．バーゲン販売で買う場合の商品価値 V は人によって異なる．これを小売業者から見ると，V は確率変数であり，その分布関数を $G(x) := P\{V \leq x\}$ $(x \geq 0)$ とする．例として，V が $\underline{v}$ と $\overline{v}$ の間のどこかの値を等確率で取るという区間 $[\underline{v}, \overline{v}]$ 上の連続型一様分布に従うと考える（図 7.6）．

$$G(x) = \frac{x - \underline{v}}{\overline{v} - \underline{v}} \quad ; \quad \overline{G}(x) = 1 - G(x) = \frac{\overline{v} - x}{\overline{v} - \underline{v}} \qquad \underline{v} \leq x \leq \overline{v}. \quad (7.25)$$

V の下限 $\underline{v}$ $(\geq v_B)$ と上限 $\overline{v}$ $(\leq p)$ は定数として与える．

(5) バーゲン販売に対する商品価値 V が低い戦略的顧客は正規価格で買い，それが高い戦略的顧客はバーゲン販売を待つ．その判断を分ける閾値が v

である．すなわち，顧客は，もし $V \leq v$ なら正規販売期間に商品を買い，$V > v$ なら買わずにバーゲン販売を待つ．V の分布関数が式 (7.25) で与えられるとき，$\underline{v} < v < \overline{v}$ とする．閾値 v は決定変数であり，その均衡値 v^* は 7.5.1 項に示す方法により決められる．

正規販売期間に商品を買わない戦略的顧客は $P\{V > v\}D = \overline{G}(v)D$ 人である．一方，$V \leq v$ の顧客は商品を正規価格で買うので，正規販売期間には $\min\{G(v)D, q\}$ 個の商品が売れる．従って，正規販売終了時に売れ残る商品の数は

$$I := \max\{0, q - G(v)D\} \tag{7.26}$$

である．もし $I > 0$ なら，バーゲン販売が始まる．

(6) バーゲン販売に際し，小売業者はバーゲン価格 s 円を設定する（決定変数 s の最適値 s^* は 7.4 節に示す方法で決められる）．次の 3 通りのバーゲン価格 s 円 の設定について，バーゲン販売期間に売れる商品数を考える．

(i) $s \leq v_B$ の場合，戦略的顧客とバーゲンハンターが，売れ残っている I 個の商品をすべてバーゲン価格で買う．

(ii) $v_B < s \leq v$ の場合，バーゲンハンターは，バーゲン価格 s が v_B よりも高いので，商品を買わない．正規販売期間に買わなかった $\overline{G}(v)D$ 人の戦略的顧客は，バーゲン価格 s が v より低いので，全員が商品を買おうとする．従って，$\min\{\overline{G}(v)D, I\}$ 個の商品が売れる．バーゲン販売終了時に売れ残る商品の数は $I - \min\{\overline{G}(v)D, I\} = \max\{q - D, 0\}$ である．

(iii) $v_B < v < s$ の場合，バーゲンハンターは，バーゲン価格 s が v_B よりも高いので，商品を買わない．バーゲン販売期間に商品を買おうとする戦略的顧客は，バーゲン価格 s が自身の商品価値以下であると思う人であり，その確率は $P\{V > s\} = \overline{G}(s)$ であるから，$\min\{\overline{G}(s)D, I\}$ 個の商品が売れる．バーゲン販売期間時に売れ残る商品の数は

$$I - \min\{\overline{G}(s)D, I\} = \max\{I - \overline{G}(s)D, 0\}.$$

である．表 7.3 に正規およびバーゲン販売期間に売れる商品数を示す．

(7) バーゲン販売終了後に売れ残る商品は小売業者にとって無価値である．

7章 戦略的レベニューマネジメント

表 7.3 バーゲンセールにおいて売れる商品数.

バーゲン価格 s	$s \leq v_B$	$v_B < s \leq v$	$v < s$
正規販売期間に売れる商品数	$\min\{G(v)D, q\}$	$\min\{G(v)D, q\}$	$\min\{G(v)D, q\}$
正規販売終了時に売れ残る商品数	I	I	I
バーゲン販売期間に売れる商品数	I	$\min\{\overline{G}(v)D, I\}$	$\min\{\overline{G}(s)D, I\}$
バーゲン販売終了時に売れ残る商品数	0	$\max\{q - D, 0\}$	$\max\{I - \overline{G}(s)D, 0\}$
全期間に売れる商品数	q	$\min\{D, q\}$	$\min\{[G(v) + \overline{G}(s)]D, q\}$

$I := \max\{0, q - G(v)D\}$

7.4 最適バーゲン価格の決定

本節では，小売業者が，与えられた仕入数 q と V の閾値 v に対して，需要 D に応じて，バーゲン販売期間における利益が最大になるように，バーゲン価格 s の最適値 s^* を決める方法を説明する．

正規販売期間に現れる D 人の戦略的顧客のうち $G(v)$ の割合は，正規販売期間に商品を買う．商品の仕入数は q であるから，正規販売終了時に売れ残る商品の数は式 (7.26) に示された $I := \max\{0, q - G(v)D\}$ である．もし $I = 0$ なら，バーゲン販売は行われない．バーゲン販売があるとき ($I > 0$)，バーゲン販売期間における小売業者の利益は，表 7.3 により，次のように与えられる.

$$R(s, q, v, D) = \begin{cases} s \min\{\overline{G}(s)D, I\} & v < s, \\ s \min\{\overline{G}(v)D, I\} & v_B < s \leq v, \\ sI & s \leq v_B. \end{cases} \quad (7.27)$$

小売業者は，バーゲン販売期間の当初に最適バーゲン価格 s^* を最大化問題

$$s^* = \arg\max_{s \geq 0} R(s, q, v, D)$$

7.4 最適バーゲン価格の決定

を解いて決定する．最適バーゲン価格 s^* は q, v, D の関数であるが，以下では簡単に $s^*(D)$ と書く．バーゲン販売が起こるためには $q - G(v)D > 0$ でなければならないので，D の範囲

$$0 \leq D \leq D_h := \frac{q}{G(v)}$$

を考える．$D_h \geq q$（需要が仕入数よりも多い場合も考えること）に注意する．

戦略的顧客のバーゲン販売商品に対する評価 V が一様分布 (7.25) に従うとき，最適バーゲン価格 $s^*(D)$ が式 (7.27) のどの場合で起こるかを，以下において詳しく調べる．その準備として，D に依存する定数 $s_h(D)$ と s_m を次のように定義する．

正規販売期間に売れ残る商品の数 $q - G(v)D$ と，バーゲン価格で商品を買う戦略的顧客の数 $\overline{G}(s)D$ が釣り合うバーゲン価格 s を $s_h(D)$ とする．$s_h(D)$ は戦略的顧客がバーゲン販売期間に当初の在庫量をちょうど買い切るバーゲン価格である．このとき，$s = s_h(D)$ において $q - G(v)D = \overline{G}(s)D$，すなわち，

$$\frac{\overline{v} - s_h(D)}{\overline{v} - \underline{v}} D = q - \frac{v - \underline{v}}{\overline{v} - \underline{v}} D$$

が成り立つので，

$$s_h(D) := \left(1 - \frac{q}{D}\right)(\overline{v} - \underline{v}) + v$$

が得られる．これは D の単調増加関数である．

また，バーゲン販売期間における小売業者の利益を表す s の2次関数

$$s\overline{G}(s)D = \frac{s(\overline{v} - s)}{\overline{v} - \underline{v}} D$$

を最大にするバーゲン価格 s の値を $s = s_m := \overline{v}/2$ とする．

以下では，$v \leq s_m$ の場合と $v > s_m$ の場合を分けて考える[*9]．

(1) $v \leq s_m$ の場合

式 (7.27) の右辺の3つの区間における最大値を比較し，そのうちの最大のもの

[*9] Cachon and Swinney (2009) では，$v > s_m$ の場合の解析が示されていない．このことは 7.5 節の取り扱いについても同様であり，本章において補完する．

7章 戦略的レベニューマネジメント

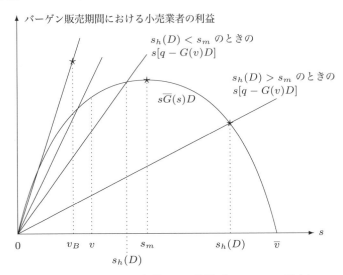

図 7.7 最適バーゲン価格 s^* の位置（$v \leq s_m$ の場合）.

を見つけよう．図 7.7 に s の 2 次関数 $s\overline{G}(s)D$ と 1 次関数 $s[q-G(v)D]$ を示す．これらはともに原点を通る．D が大きい値から小さくなるにつれて，$s\overline{G}(s)D$ の山は D に比例して低くなり，直線 $s[q-G(v)D]$ の傾きが大きくなる．

(i) s の区間 $v \leq s \leq \overline{v}$ において，s の関数

$$R_{(i)}(s,q,v,D) := s\min\{\overline{G}(s)D, q-G(v)D\}$$

は，もし $s_h(D) > s_m$ なら，$s = s_h(D)$ において最大値

$$s_h(D)\overline{G}[s_h(D)]D = s_h(D)[q-G(v)D]$$

を取り，もし $s_h(D) \leq s_m$ なら，$s = s_m$ において最大値 $s_m\overline{G}(s_m)D$ を取る．ここで，$s_h(D)$ が D の単調増加関数であることから，$D < D_m$ なら $s = s_m$ で最大になり，$D > D_m$ なら $s = s_h(D)$ で最大になるような D_m が存在する．そのような D_m は，$\overline{G}(s_m)D_m = q - G(v)D_m$ より

$$D_m = \frac{q}{G(v) + \overline{G}(s_m)}$$

で与えられる．あるいは，$s_m = s_h(D_m)$ となるとき，すなわち，

$$\frac{\overline{v}}{2} = \left(1 - \frac{q}{D_m}\right)(\overline{v} - \underline{v}) + \underline{v}$$

を解くことにより，

$$D_m = \frac{(\overline{v} - \underline{v})q}{\underline{v} - \underline{v} + (\overline{v}/2)}$$

で与えられる．$G(v)$ の関数形 (7.25) を用いると，D_m に対する上記の 2 つの式は同じものである．$\overline{G}(s_m) \geq 0$ より，$D_m \leq q/G(v) = D_h$ である．

(ii) s の区間 $v_B \leq s \leq v$ において，s の関数

$$R_{(ii)}(s, q, v, D) := s \min\{\overline{G}(v)D, q - G(v)D\}$$

は直線であるから，$s = v$ で最大値 $v \min\{\overline{G}(v)D, q - G(v)D\}$ を取る．この最大値が (i) の区間における最大値 $s_m \overline{G}(s_m) D$ を超えることはない．

$$v \min\{\overline{G}(v)D, q - G(v)D\} \leq v\overline{G}(v)D \leq s_m \overline{G}(s_m) D.$$

(iii) s の区間 $0 \leq s \leq v_B$ において，直線 $R_{(iii)}(s, q, v, D) := s[q - G(v)D]$ は $s = v_B$ のときに最大値 $v_B[q - G(v)D]$ を取る．この最大値が (i) の区間における最大値 $s_m \overline{G}(s_m) D$ と拮抗する D の値を D_l とすれば，

$$s_m \overline{G}(s_m) D_l = v_B[q - G(v)D_l]$$

が成り立つ．従って，

$$D_l = \frac{q}{G(v) + s_m \overline{G}(s_m)/v_B} = \frac{(\overline{v} - \underline{v})q}{\underline{v} - \underline{v} + (\overline{v}/2)^2/v_B}$$

が得られる．すなわち，$D < D_l$ なら $s = v_B$ で最大になり，$D > D_l$ なら $s = s_m$ で最大になる．ここで，$(\overline{v}/2)/v_B = s_m/v_B > 1$ により，$D_l < D_m$ である．

以上の考察により，$v \leq s_m$ の場合にバーゲン販売期間における利益 (7.27) を最大化する最適バーゲン価格 $s^*(D)$ は次のように与えられる．

7章 戦略的レベニューマネジメント

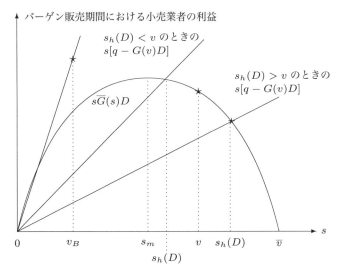

図 7.8 最適バーゲン価格 s^* の位置 ($v > s_m$ の場合).

$$s^*(D) = \begin{cases} s_h(D) & D_m < D \leq D_h, \\ s_m & D_l < D \leq D_m, \\ v_B & 0 \leq D \leq D_l. \end{cases} \quad (7.28)$$

これに対応して,最大化された利益は次のようになる.

$$R(s^*(D), q, v, D) = \begin{cases} s_h(D)[q - G(v)D] & D_m < D \leq D_h, \\ s_m \overline{G}(s_m)D & D_l < D \leq D_m, \\ v_B[q - G(v)D] & 0 \leq D \leq D_l. \end{cases} \quad (7.29)$$

これは D の連続関数である(数値例は図 7.11(319 ページ)を参照).

(2) $v > s_m$ の場合

式 (7.27) の右辺の 3 つの区間における最大値を比較する.図 7.8 に s の 2 次関数 $s\overline{G}(s)D$ と s の 1 次関数 $s[q - G(v)D]$ を示す.これらはともに原点を通る.ここでも,D が大きい値から小さくなるにつれて,$s\overline{G}(s)D$ の山は D に比例

7.4 最適バーゲン価格の決定

して低くなり，直線 $s[q - G(v)D]$ の傾きが大きくなる．

(i) s の区間 $\underline{v} \leq s \leq \overline{v}$ において，s の関数

$$R_{(\mathrm{i})}(s, q, v, D) := s \min\{\overline{G}(s)D, q - G(v)D\}$$

は，もし $s_h(D) \geq \underline{v}$ なら，$s = s_h(D)$ において最大値

$$s_h(D)\overline{G}[s_h(D)]D = s_h(D)[q - G(v)D]$$

を取り，もし $s_h(D) \leq \underline{v}$ なら，$s = \underline{v}$ において最大値 $\underline{v}\overline{G}(\underline{v})D$ を取る．ここで，$s_h(D)$ が D の単調増加関数であることから，$D < D'_m$ なら $s = \underline{v}$ で最大になり，$D > D'_m$ なら $s = s_h(D)$ で最大になるような D'_m が存在する．そのような D'_m は，$\overline{G}(\underline{v})D'_m = q - G(v)D'_m$ より

$$D'_m = \frac{q}{G(v) + \overline{G}(\underline{v})} = q$$

で与えられる．これはまた，$\underline{v} = s_h(D'_m) = s_h(q)$ からも得られる．ここで，$\overline{G}(\underline{v}) \geq 0$ より，$D'_m \leq q/G(v) = D_h$ である．

(ii) s の区間 $v_B \leq s \leq \underline{v}$ において，

$$R_{(\mathrm{ii})}(s, q, v, D) := s \min\{\overline{G}(\underline{v})D, q - G(v)D\} \leq s\overline{G}(\underline{v})D \leq \underline{v}\overline{G}(\underline{v})D$$

より，$R_{(\mathrm{ii})}(s, q, v, D)$ は (i) の区間における最大値を超えることはない．

(iii) s の区間 $0 \leq s \leq v_B$ において，直線 $R_{(\mathrm{iii})}(s, q, v, D) := s[q - G(v)D]$ は $s = v_B$ のときに最大値 $v_B[q - G(v)D]$ を取る．これが (i) の区間における最大値 $\underline{v}\overline{G}(\underline{v})D$ と拮抗する D の値を D'_l とすれば，

$$\underline{v}\overline{G}(\underline{v})D'_l = v_B[q - G(v)D'_l]$$

より，

$$D'_l = \frac{q}{G(v) + \underline{v}\overline{G}(\underline{v})/v_B} = \frac{(\overline{v} - \underline{v})q}{v - \underline{v} + (v/v_B)(\overline{v} - v)}$$

が得られる．従って，$D < D'_l$ なら $s = v_B$ で最大になり，$D > D'_l$ なら $s = \underline{v}$ で最大になる．ここで，$\underline{v}/v_B > 1$ により，$D'_l < D'_m = q$ である．

7章 戦略的レベニューマネジメント

以上の考察により，$v > s_m$ の場合にバーゲン販売期間の利益 (7.27) を最大化する最適バーゲン価格 $s^*(D)$ は以下のように与えられる．

$$s^*(D) = \begin{cases} s_h(D) & q < D \leq D_h, \\ v & D'_l < D \leq q, \\ v_B & 0 \leq D \leq D'_l. \end{cases} \quad (7.30)$$

これに対応して，最大化された利益は次のように与えられる．

$$R(s^*(D), q, v, D) = \begin{cases} s_h(D)[q - G(v)D] & q < D \leq D_h, \\ v\overline{G}(v)D & D'_l < D \leq q, \\ v_B[q - G(v)D] & 0 \leq D \leq D'_l. \end{cases} \quad (7.31)$$

これは D の連続関数である（数値例は図 7.14（321 ページ）を参照）．

(3) 数値例（最適バーゲン価格とバーゲン販売期間の利益）

数値例として

$$q = 50 \quad ; \quad \underline{v} = 20 \quad ; \quad \overline{v} = 100 \quad ; \quad s_m = \frac{\overline{v}}{2} = 50 \quad ; \quad v_B = 10$$

を仮定し，$v < s_m$ と $v > s_m$ の場合を考える．

(i) $v = 30 < s_m$ のとき，

$$D_h = 400 \quad ; \quad D_m = \frac{200}{3} = 66.6667 \quad ; \quad D_l = \frac{200}{13} = 15.3846$$

となる．式 (7.28) に与えられた最適バーゲン価格 $s^*(D)$ を図 7.9 に示す．図 7.9 は次のように解釈される (Cachon and Swinney, 2009)．もし需要が D_h より多ければ，小売業者は正規販売期間内にすべての商品を売り切る．もし需要が D_h と D_m の間ならば，バーゲン販売が起こるが，小売業者はバーゲン価格を需要に応じて高めに設定して，バーゲン販売期間にすべての商品を売り切る．もし需要が D_m と D_l の間ならば，正規販売期間の売れ残りが多くあり，小売業者は，バーゲン販売期間にすべての商品を売ろう

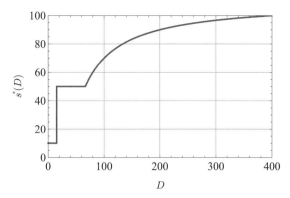

図 7.9 最適バーゲン価格（$v \leq s_m$ の場合）．

とすると価格が低くなり過ぎて利益が出ないので，売れ残りが出ても価格を維持して利益を最大化する作戦を取る．最後に，もし需要が D_l 以下なら，小売業者は，正規販売期間に売れ残った非常に多くの商品を，バーゲン価格を最低に設定してバーゲンハンターにも投げ売りする．

バーゲン販売期間の利益 $R(s, q, v, D)$ を図 7.10 に示す．この最大値は，D の連続関数として，図 7.11 のようになる．

(ii) 次に，$v = 80 > s_m$ のとき，

$$D_h = \frac{200}{3} = 66.6667 \quad ; \quad D'_m = 50 \quad ; \quad D'_l = \frac{200}{11} = 18.1818$$

となる．まず，式 (7.30) に与えられた最適バーゲン価格 $s^*(D)$ を図 7.12 に示す．続いて，バーゲン販売期間の利益 $R(s, q, v, D)$ を図 7.13 に示す．この最大値は，D の連続関数として，図 7.14 のようになる．

7.5 展開形ゲームにおける部分ゲーム完全 Nash 均衡

戦略的顧客の行動は，バーゲン販売に対する商品価値 V の閾値 v によって表される．仕入数 q が多ければ在庫が余って大バーゲンとなり，少なければ，正規販売期間で売り切れとなる可能性が高い．戦略的顧客は，バーゲン販売の確率やバーゲン価格を考えつつ，正規料金で買うか否かを決める．一方，小売業者

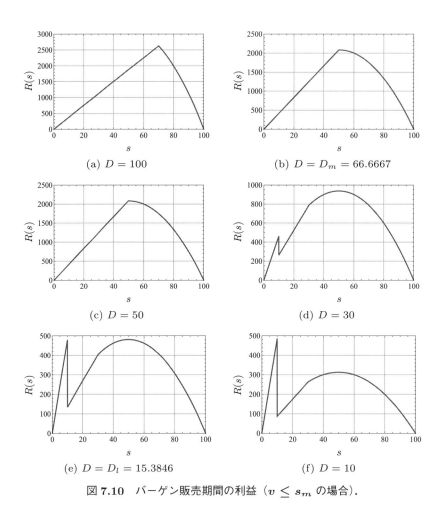

図 **7.10** バーゲン販売期間の利益（$v \leq s_m$ の場合）.

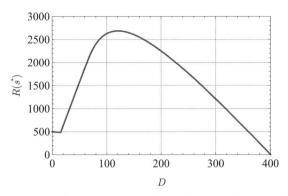

図 **7.11** バーゲン販売期間の利益の最大値 ($v \leq s_m$ の場合).

は,戦略的顧客のうちのどれだけの人が正規価格で購入してくれるかを考えながら,仕入数 q を決める.

小売業者と顧客の行動の均衡 (q^*, v^*) は,以下の2つの性質で定義される.

(i) 顧客行動の閾値が v^* であるという条件下で,小売業者が正規販売とバーゲン販売による総期待利益を最大化する仕入数は q^* となる.

(ii) 小売業者の仕入数が q^* であるという条件下で,それぞれの顧客が最適な購買行動を取ると,顧客行動の閾値が v^* となる.

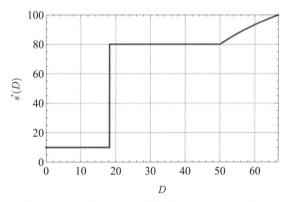

図 **7.12** 最適バーゲン価格 ($v > s_m$ の場合).

7章 戦略的レベニューマネジメント

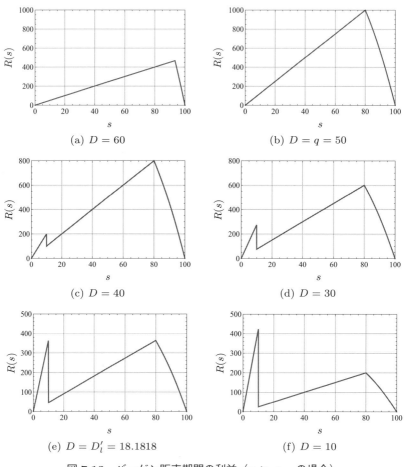

図 **7.13** バーゲン販売期間の利益 ($v > s_m$ の場合).

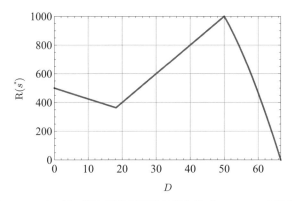

図 7.14 バーゲン販売期間の利益の最大値 ($v > s_m$ の場合).

顧客は実際の仕入数を観測せずに q^* を予測するので，v^* と q^* の決定は同時手番ゲームである．小売業者と顧客の均衡 (q^*, v^*) を求める問題は「展開形ゲームにおける部分ゲーム完全 Nash 均衡」を考えることになる．

展開形ゲーム (game for extensive form) とは，7.3.1 項のステップ 1～4 のように，意思決定に時間的順序が設定されているゲームをいう．小売業者と顧客は互いに相手の行動を先読みして意思決定をする．つまり，将来の様々な状況におけるプレイヤーらの最適化行動を考えて，現在の行動を決める．よって，均衡を求めるためには，時間の逆順に問題を解く．そのようにして求められる均衡を**部分ゲーム完全 Nash 均衡** (subgame perfect Nash equilibrium) と呼ぶ[10]．以下では，バーゲンセールのモデルに対する完全 Nash 均衡 (q^*, v^*) を求める．

7.5.1 バーゲン販売に対する商品価値の閾値の均衡

まず，商品の仕入れ数を想定した戦略的顧客の購買行動から，バーゲン販売に対する商品価値 V の閾値 v の均衡が決まることを示す．

戦略的顧客にとって，正規販売期間における商品 1 個当たりの利得（お得感）

---

[10] John Forbes Nash, Jr., 1928–2015, アメリカの数学者．2001 年のアメリカ映画 *A Beautiful Mind* は Nash の半生を描く物語である．Nash は，博士号取得の後，ゲーム理論の研究を離れた．展開形ゲームにおける部分ゲーム完全 Nash 均衡点という概念を提案したのは Reinhard Selten（1930–2016, ドイツの経済学者）である (岡田, 2011, p. 117)．

は $v_M - p$ 円である*11．バーゲン販売に対する商品価値がちょうど閾値 v 円である顧客は，正規価格で買ってもバーゲン販売を待ってもどちらでもよいと考える．この戦略的顧客がバーゲン販売期間に価格 s^* 円で買うことにより正の利得を得るのは，$s^* < v$ のときだけである．

$s^* < v$ が起こるのは $s^* = v_B$ のときのみである（式 (7.28) と (7.30) を参照）．このときは，バーゲンハンターにも売らなければならないほど正規販売期間で売れ残りが出た場合であり，売れ残り在庫は，バーゲン販売を待った戦略的顧客の数よりも多い．よって，バーゲン販売を待ったすべての戦略的顧客は，バーゲン価格で商品を買うことができる．つまり，バーゲン販売に対する商品価値が閾値 v に等しい戦略的顧客を考えると，この顧客がバーゲン販売まで待つ場合の期待利得は $(v - v_B)P\{s^* = v_B, q > G(v)D\}$ である．正規販売期間とバーゲン販売期間における利得が釣り合う閾値 v の均衡値が v^* である．すなわち，v^* は方程式

$$v_M - p = (v^* - v_B)P\{s^* = v_B, q > G(v^*)D\} \tag{7.32}$$

の解として与えられる．$v \leq s_m$ の場合，式 (7.28) より，$s^* = v_B$ は $0 \leq D \leq D_l$ のときに起こる．従って，D の分布関数 $F(\cdot)$ を用いて

$$v_M - p = (v^* - v_B)F(D_l) = (v^* - v_B)F\left[\frac{q}{G(v^*) + s_m \overline{G}(s_m)/v_B}\right]$$

となる．この方程式から，与えられた q に対して $v^*(q)$ を決めることができる．

$v > s_m$ の場合にも，式 (7.30) より，$v < s^*$ となるのは $s = v_B$ のときである．これは $0 \leq D \leq D_l'$ のときに起こるので，方程式

$$v_M - p = (v^* - v_B)F(D_l') = (v^* - v_B)F\left[\frac{q}{G(v^*) + v^* \overline{G}(v^*)/v_B}\right]$$

を使って，$v^*(q)$ を求めればよい．ここで，$F(\infty) = 1$ であるから，

$$\lim_{q \to \infty} v^*(q) = v_M - p + v_B \tag{7.33}$$

---

*11 戦略的顧客は，正規販売期間の価格 p 円を受け入れれば，その価格で買うことができると考えるものと仮定する．

となる．この式の意味は次のとおりである．仕入数 q が十分に大きければ，すべての戦略的顧客はバーゲン販売期間に v_B 円で商品を買うことができる．バーゲン販売期間の商品価値が v 円の顧客にとって，正規販売期間に買う場合の利得 $v_M - p$ と，バーゲン販売を待って買う場合の利得 $v - v_B$ とが釣り合うような v の値は，方程式 $v_M - p = v^* - v_B$ を解いて，式 (7.33) が得られる．

例として，戦略的顧客の数 D が区間 $[0, \overline{d}]$ 上の連続型一様分布に従うと仮定し，その分布関数 $F(x)$ と密度関数 $f(x) := dF(x)/dx$ を

$$F(x) = \begin{cases} x/\overline{d} & 0 \leq x < \overline{d} \\ 1 & x \geq \overline{d} \end{cases} \quad ; \quad f(x) = \begin{cases} 1/\overline{d} & 0 \leq x < \overline{d} \\ 0 & x \geq \overline{d} \end{cases} \quad (7.34)$$

で与えると，上の方程式は次のようになり，右辺は $q/\overline{d}$ の関数である．

$$v_M - p = \begin{cases} (v^* - v_B) \min\left\{1, \dfrac{(\overline{v} - \underline{v})q}{[v^* - \underline{v} + (\overline{v}/2)^2/v_B]\overline{d}}\right\} & v^* \leq s_m, \\ (v^* - v_B) \min\left\{1, \dfrac{(\overline{v} - \underline{v})q}{[v^* - \underline{v} + (v^*/v_B)(\overline{v} - v^*)]\overline{d}}\right\} & v^* > s_m. \end{cases} \quad (7.35)$$

数値例として

$$v_M - p = 20 \quad ; \quad \underline{v} = 20 \quad ; \quad \overline{v} = 100 \quad ; \quad s_m = \frac{\overline{v}}{2} = 50 \quad ; \quad v_B = 10$$

を考え，$\overline{d} = 50$ と $\overline{d} = 100$ について，方程式 (7.35) の解として得られるバーゲン販売時の商品価値の閾値の均衡値 $v^*(q)$ を図 7.15 に示す．これは，商品の仕入数 q の減少関数に，また，戦略的顧客の数 $\overline{d}$ の増加関数になっている．前者の理由は，商品の仕入数が増えると，顧客はバーゲン販売が起こりやすいと思い，正規販売期間に買おうとする人が減るので，商品価値の閾値の均衡値が下がるからである．後者の理由は，需要が多いと，顧客は正規販売期間に売り切れるかもしれないと思い，その結果，正規販売期間内に買っておこうとする人が増えるので，商品価値の閾値の均衡値が上がるからである．

7.5.2 最適仕入数の決定

次に，小売業者の最適仕入数決定の問題を考える．目的関数は，正規販売期間とバーゲン販売期間の総期待収益から仕入費用 cq を引いた小売業者の期待利益

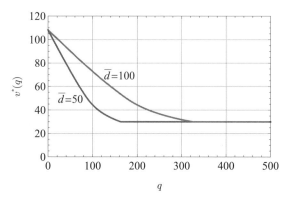

図 **7.15** バーゲン販売時の商品価値の閾値の均衡.

$$\pi(q,v) := E\left[p\min\{G(v)D, q\} + \max_{s \geq 0} R(s,q,v,D)\right] - cq \tag{7.36}$$

である．ここで期待値 $E[\cdot]$ は戦略的顧客の数 D に関して取る．$R(s,q,v,D)$ は式 (7.27) に与えられている．小売業者は，バーゲン販売時の商品価値の閾値 v の関数として，最適仕入数 $q^*(v)$ を，$\pi(q,v)$ が最大になるような q の値として決める．

$$q^*(v) = \arg\max_q \pi(q,v).$$

そのための必要条件は，$\pi(q,v)$ の q に関する 1 次微分が 0 になることである．

$$\left.\frac{\partial \pi(q,v)}{\partial q}\right|_{q=q^*(v)} = 0. \tag{7.37}$$

以下では，戦略的顧客の数 D の密度関数 $f(x)$ を用いて式 (7.36) の右辺を表し，それを q で微分した式を導く．特に，D が一様分布 (7.34) に従う場合について，数値例を示す．$v \leq s_m$ の場合と $v > s_m$ の場合を分けて考える．

(1) $v \leq s_m$ の場合

式 (7.29) を参考にして，式 (7.36) を D の密度関数 $f(x)$ を用いて表すと，

$$\pi(q,v) = pG(v)\int_0^{D_h} xf(x)dx + pq\int_{D_h}^{\infty} f(x)dx - cq$$

$$+v_B \int_0^{D_l} [q - G(v)x]f(x)dx + s_m \overline{G}(s_m) \int_{D_l}^{D_m} xf(x)dx$$
$$+ \int_{D_m}^{D_h} s_h(x)[q - G(v)x]f(x)dx$$

となる．これを q で微分するときには D_h, D_m, D_l が q の関数であることに注意する[*12]．しかし，被積分関数の $\min\{G(v)D, q\}$ と $\max_s R(s, q, v, D)$ は D の連続関数であるから，積分の上下限の微分に係る項は打ち消しあって 0 になる．従って，簡単に

$$\frac{\partial \pi(q,v)}{\partial q} = p\int_{D_h}^{\infty} f(x)dx - c + v_B \int_0^{D_l} f(x)dx + \int_{D_m}^{D_h} \frac{d}{dq}\{s_h(x)[q - G(v)x]\}f(x)dx$$

となる．ここで，

$$\frac{d}{dq}\{s_h(x)[q - G(v)x]\} = s_h(x) + \frac{ds_h(x)}{dq}[q - G(v)x]$$
$$= \overline{v} - \underline{v} + v - \frac{q}{x}(\overline{v} - \underline{v}) - \frac{\overline{v} - \underline{v}}{x}\left[q - \frac{v - \underline{v}}{\overline{v} - \underline{v}}x\right]$$
$$= \overline{v} - 2\underline{v} + 2v - \frac{2q(\overline{v} - \underline{v})}{x} = 2s_h(x) - \overline{v}$$

と書くことができるので，

$$\frac{\partial \pi(q,v)}{\partial q} = p[1 - F(D_h)] - c + v_B F(D_l) + \int_{D_m}^{D_h} [2s_h(x) - \overline{v}]f(x)dx$$

が得られる (Cachon and Swinney, 2009)．

例として，顧客数 D が区間 $[0, \overline{d}]$ 上の連続型一様分布に従うと仮定し，分布関数を式 (7.34) で与えると，以下の結果が得られる．

(a) $0 \leq q \leq G(v)\overline{d}$ のとき（$D_h \leq \overline{d}$ のとき）

$$\pi(q,v) = pq\left(1 - \frac{D_h}{2\overline{d}}\right) - cq + v_B\left[q - \frac{G(v)}{2}D_l\right]\frac{D_l}{\overline{d}}$$

[*12] 積分記号下の微分に関する **Leibniz の法則** (Leibniz's rule):

$$\frac{\partial}{\partial q}\int_{\alpha(q)}^{\beta(q)} f(x;q)dx = \frac{d\beta(q)}{dq}f(\beta(q);q) - \frac{d\alpha(q)}{dq}f(\alpha(q);q) + \int_{\alpha(q)}^{\beta(q)} \frac{\partial f(x;q)}{\partial q}dx.$$

$$+ s_m \overline{G}(s_m) \frac{D_h^2 - D_l^2}{2\overline{d}} + \frac{1}{\overline{d}} \int_{D_m}^{D_h} s_h(x)[q - G(v)x]dx,$$

$$\frac{\partial \pi(q,v)}{\partial q} = p\left(1 - \frac{D_h}{\overline{d}}\right) - c + v_B \frac{D_l}{\overline{d}} + \frac{1}{\overline{d}} \int_{D_m}^{D_h} [2s_h(x) - \overline{v}]dx.$$

(b) $G(v)\overline{d} \leq q \leq [G(v) + \overline{G}(s_m)]\overline{d}$ のとき ($D_m \leq \overline{d} \leq D_h$ のとき)

$$\pi(q,v) = \frac{1}{2}pG(v)\overline{d} - cq + v_B\left[q - \frac{G(v)}{2}D_l\right]\frac{D_l}{\overline{d}}$$

$$+ s_m \overline{G}(s_m) \frac{D_m^2 - D_l^2}{2\overline{d}} + \frac{1}{\overline{d}} \int_{D_m}^{\overline{d}} s_h(x)[q - G(v)x]dx,$$

$$\frac{\partial \pi(q,v)}{\partial q} = v_B \frac{D_l}{\overline{d}} - c + \frac{1}{\overline{d}} \int_{D_m}^{\overline{d}} [2s_h(x) - \overline{v}]dx.$$

(c) $[G(v) + \overline{G}(s_m)]\overline{d} \leq q \leq [G(v) + s_m\overline{G}(s_m)/v_B]\overline{d}$ のとき ($D_l \leq \overline{d} \leq D_m$ のとき)

$$\pi(q,v) = \frac{1}{2}pG(v)\overline{d} - cq + v_B\left[q - \frac{G(v)}{2}D_l\right]\frac{D_l}{\overline{d}} + s_m\overline{G}(s_m)\frac{\overline{d}^2 - D_l^2}{2\overline{d}},$$

$$\frac{\partial \pi(q,v)}{\partial q} = v_B \frac{D_l}{\overline{d}} - c.$$

(d) $q \geq [G(v) + s_m\overline{G}(s_m)/v_B]\overline{d}$ のとき ($\overline{d} \leq D_l$ のとき)

$$\pi(q,v) = (v_B - c)q + \frac{1}{2}\overline{d}G(v)(p - v_B) \quad ; \quad \frac{\partial \pi(q,v)}{\partial q} = v_B - c.$$

それぞれの場合において，$\partial \pi(q,v)/\partial q$ は $q/\overline{d}$ の関数である．(d) の場合から

$$\lim_{q \to \infty} \pi(q,v) \approx (v_B - c)q + 定数$$

が分かる．これは，大量に仕入れたときにバーゲンハンターに売る状況である．

(2) $v > s_m$ の場合

式 (7.31) を参考にして，式 (7.36) を D の密度関数 $f(x)$ を用いて表すと，

$$\pi(q,v) = pG(v)\int_0^{D_h} xf(x)dx + pq\int_{D_h}^{\infty} f(x)dx - cq$$

7.5 展開形ゲームにおける部分ゲーム完全 Nash 均衡

$$+ v_B \int_0^{D'_l} [q - G(v)x] f(x)dx + v\overline{G}(v) \int_{D'_l}^q x f(x) dx$$
$$+ \int_q^{D_h} s_h(x)[q - G(v)x] f(x) dx$$

となる．これを q で微分するときも，被積分関数が x の連続関数であることに注意すれば，積分の上下限の微分に係る項は打ち消しあって，簡単に

$$\frac{\partial \pi(q,v)}{\partial q} = p \int_{D_h}^\infty f(x)dx - c + v_B \int_0^{D'_l} f(x)dx$$
$$+ \int_q^{D_h} \frac{d}{dq}\{s_h(x)[q - G(v)x]\} f(x) dx$$
$$= p[1 - F(D_h)] - c + v_B F(D'_l) + \int_q^{D_h} [2 s_h(x) - \overline{v}] f(x) dx$$

が得られる．

$v \leq s_m$ の場合と同様に，D が区間 $[0, \overline{d}]$ 上の連続型一様分布 (7.34) に従うと仮定すると，以下が得られる．

(a) $0 \leq q \leq G(v)\overline{d}$ のとき（$D_h \leq \overline{d}$ のとき）

$$\pi(q,v) = pq\left(1 - \frac{D_h}{2\overline{d}}\right) - cq + v_B \left[q - \frac{G(v)}{2}D'_l\right]\frac{D'_l}{\overline{d}}$$
$$+ v\overline{G}(v)\frac{q^2 - (D'_l)^2}{2\overline{d}} + \frac{1}{\overline{d}}\int_q^{D_h} s_h(x)[q - G(v)x]dx,$$

$$\frac{\partial \pi(q,v)}{\partial q} = p\left(1 - \frac{D_h}{\overline{d}}\right) - c + v_B \frac{D'_l}{\overline{d}} + \frac{1}{\overline{d}}\int_q^{D_h} [2 s_h(x) - \overline{v}]dx.$$

(b) $G(v)\overline{d} \leq q \leq \overline{d}$ のとき（$q \leq \overline{d} \leq D_h$ のとき）

$$\pi(q,v) = \frac{1}{2}pG(v)\overline{d} - cq + v_B\left[q - \frac{G(v)}{2}D'_l\right]\frac{D'_l}{\overline{d}}$$
$$+ v\overline{G}(v)\frac{q^2 - (D'_l)^2}{2\overline{d}} + \frac{1}{\overline{d}}\int_q^{\overline{d}} s_h(x)[q - G(v)x]dx,$$

$$\frac{\partial \pi(q,v)}{\partial q} = v_B \frac{D'_l}{\overline{d}} - c + \frac{1}{\overline{d}}\int_q^{\overline{d}} [2 s_h(x) - \overline{v}]dx.$$

7章　戦略的レベニューマネジメント

(c) $\overline{d} \leq q \leq [G(v) + v\overline{G}(v)/v_B]\overline{d}$ のとき（$D'_l \leq \overline{d} \leq q$ のとき）

$$\pi(q,v) = \frac{1}{2}pG(v)\overline{d} - cq + v_B\left[q - \frac{G(v)}{2}D'_l\right]\frac{D'_l}{\overline{d}} + v\overline{G}(v)\frac{\overline{d}^2 - (D'_l)^2}{2\overline{d}},$$

$$\frac{\partial \pi(q,v)}{\partial q} = v_B\frac{D'_l}{\overline{d}} - c.$$

(d) $q \geq [G(v) + v\overline{G}(v)/v_B]\overline{d}$ のとき（$\overline{d} \leq D'_l$ のとき）

$$\pi(q,v) = (v_B - c)q + \frac{1}{2}\overline{d}G(v)(p - v_B) \quad ; \quad \frac{\partial \pi(q,v)}{\partial q} = v_B - c.$$

ここでも，それぞれの場合において，$\partial \pi(q,v)/\partial q$ は $q/\overline{d}$ の関数である．(d) の場合は，$v \leq s_m$ のときと同じ結果になっている．

(3) 数値例（小売業者の期待利益）

数値例として

$$p = 60 \quad ; \quad \underline{v} = 20 \quad ; \quad \overline{v} = 100 \quad ; \quad s_m = \frac{\overline{v}}{2} = 50 \quad ; \quad v_B = c = 10$$

を仮定し，所与の v に対する期待利益 $\pi(q,v)$ を q の関数として図 7.16 に示す．

これらは全区間にわたる凹関数ではないが，最大値が存在することが分かる．最大値が起こる q の値 q^* は次のようになり，$\overline{d}$ に比例している．

(i) $v = 30 < s_m$ の場合

$$\overline{d} = 50 \text{ のとき } q^* = 24.29855 \quad ; \quad \overline{d} = 100 \text{ のとき } q^* = 48.59710.$$

(ii) $v = 80 > s_m$ の場合

$$\overline{d} = 50 \text{ のとき } q^* = 45.06896 \quad ; \quad \overline{d} = 100 \text{ のとき } q^* = 90.13792.$$

7.5.3　完全 Nash 均衡の決定

残された課題は，式 (7.32) と式 (7.37) を 2 つの変数 q と v に関する連立方程式と見なし，その解を完全 Nash 均衡 (q^*, v^*) として求めることである．

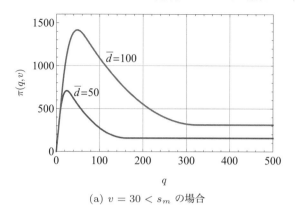

(a) $v = 30 < s_m$ の場合

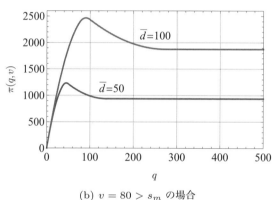

(b) $v = 80 > s_m$ の場合

図 **7.16** 小売業者の期待利益.

これまでと同様に，D が区間 $[0, \overline{d}]$ 上の連続型一様分布 (7.34) に従うとし，

$$v_M = 80 \quad ; \quad p = 60 \quad ; \quad \underline{v} = 20 \quad ; \quad \overline{v} = 100 \quad ; \quad v_B = c = 10$$

を考える．このとき，$\overline{d} = 50$ と $\overline{d} = 100$ について，式 (7.32) の解 $v^*(q)$ は図 7.15 に示されている．その上に式 (7.37) の解を破線で重ねたものが図 7.17 である．それらの交点は

$$\overline{d} = 50 \text{ のとき}(q^*, v^*) = (44.3925, 76.5136),$$
$$\overline{d} = 100 \text{ のとき}(q^*, v^*) = (88.7850, 76.5136)$$

7章 戦略的レベニューマネジメント

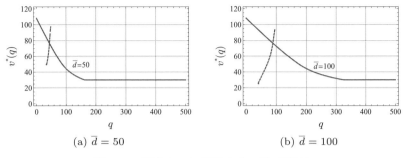

(a) $\bar{d} = 50$ (b) $\bar{d} = 100$

図 **7.17** 完全 Nash 均衡 (q^*, v^*) の決定.

である.それぞれの場合に,交点における v^* の値は $s_m = \bar{v}/2 = 50$ より大きく,q^* の値は $G(v)\bar{d} \leq q \leq \bar{d}$ を満たすので,交点の近くにおける破線は,前項 (2)(b) に示された必要条件 $\partial \pi(q,v)/\partial q = 0$ による方程式

$$v_B D'_l - c\,\bar{d} + \int_q^{\bar{d}} [2s_h(x) - \bar{v}]dx = 0 \tag{7.38}$$

の解である.戦略的顧客の数の分布をスケール変換しても,均衡の q^* も同じスケールで変換されるので,v^* の値は変わらないことに注意する.

7.6 おわりに

　伝統的 RM では,顧客が戦略的行動を取らないという想定のもとで,売り手だけが最適化問題を解く.顧客が戦略的に行動する状況に伝統的 RM を適用すると,売り手はバーゲン販売増加と正規価格販売減少の負のスパイラルに陥るかもしれない.仕入数や価格に関するコミットメントのような考え方も伝統的 RM の手法からは出てこないことから,戦略的顧客に対抗する RM を数理的に考察することの重要性が分かるであろう.伝統的 RM が様々なビジネスの場面で実装されている一方で,本章で紹介したような戦略的 RM の数理モデルは,まだ実装までにかなりの道程があるが,ビジネス戦略に対する洞察を深めるための有用な道具と思われる.

参考文献

岡田章 (2011), ゲーム理論 [新版], 有斐閣, 2011 年 11 月.

増田靖・高木英明 (2014), レベニューマネジメント, 高木英明（編著）, サービスサイエンスことはじめ—数理モデルとデータ分析によるイノベーション, 7 章, pp.211–248, 筑波大学出版会, 2014 年 8 月.

Cachon, G. P. and R. Swinney (2009), Purchasing, pricing, and quick response in the presence of strategic consumers, *Management Science*, Vol.55, No.3, pp.497–511, March 2009.
Electronic companion：http://pubsonline.informs.org/doi/suppl/10.1287/mnsc.1080.0948/suppl_file/mnsc.1080.0948-sm-ec.pdf

Su, X. and F. Zhang (2008), Strategic customer behavior, commitment, and supply chain performance, *Management Science*, Vol.54, No.10, pp.1759–1773, October 2008.
Electronic companion：http://pubsonline.informs.org/doi/suppl/10.1287/mnsc.1080.0886/suppl_file/mnsc.1080.0886-sm-ec.pdf

Talluri, K. T. and G. J. van Ryzin (2004), *The Theory and Practice of Revenue Management*, Springer, 2004.

著者紹介

増田　靖

1980 年慶應義塾大学工学部管理工学科卒業. 1982 年同大学院工学研究科修了, 工学修士. 1987 年 University of Rochester, Simon Graduate School of Business, 博士課程修了, Ph.D. 同年 University of California, Riverside, The A. Gary Anderson Graduate School of Management で Assistant Professor, 1993 年 Associate Professor. 1996 年慶應義塾大学理工学部管理工学科助教授を経て, 2002 年より教授. 研究分野は, 経営科学, 価格設定など. 日本オペレーションズ・リサーチ学会, INFORMS 等の会員. 著書に『サービスサイエンスことはじめ—数理モデルとデータ分析によるイノベーション』（分担執筆第 7 章 レベニューマネジメント, 高木英明編著, 筑波大学出版会, 2014 年 8 月）など.

高木英明

1 章を参照.

索 引

この索引では，事項索引のみを五十音順に並べてあります（英語は発音したときの音を日本語と見なします）．また，中項目のもとに関連する小項目を集め，学習が進んだ読者の便宜に供します．

あ
IoT, 7
アトリビューション分析, 165
Amazon, 1
誤り訂正符号, 27
Aristotle (アリストテレス), 284
アンケート, 13, 120, 135
安全在庫, 289

い
意思決定主体 (DEA), 248
異常検知, 28
異常度, 33
因果律, 4
インデクサ, 176
INDSCAL, 51
　　収束判定基準, 55
　　初期値, 56, 58
　　非適合度指標, 56, 59, 60
インフルエンザの流行予測, 4

う
ウェイト (DEA), 247
　　最適——, 253
ウェブ 2.0, 6
ウェブページ, 173, 175
　　Larry Page と——, 177
打切り (観察の), 139, 144
売り切れ御免, 298

え
AI ブーム, 5
エキスパートシステム, 5
SN 比, 34
N=All, 4

お
大相撲千秋楽の対戦成績, 4
オッズ, 124
　　——比, 125

か
回帰係数, 123, 125
　　——の解釈, 124, 126, 154, 174
階数, 19, 42, 184
階数 1 の更新, 184, 205, 213, 229
階層的クラスター分析, 74
価格, 289, 297, 300
確率行列, 180, 185, 197, 198, 215, 230
　　——の主固有値, 186
確率質量, 142, 144
確率性の調整, 185, 214
確率分布, 118
　　一様分布, 302, 308, 323, 329
　　F 分布, 31, 33
　　χ^2(カイ 2 乗) 分布, 31, 131–133, 158
　　指数分布, 146
　　正規分布, 132
　　多変量正規分布, 28, 130, 158
　　標準正規分布, 132, 133, 158
　　Bernoulli 分布, 118
　　Weibull 分布, 147
確率ベクトル, 181, 213
確率変数, 118
　　2 値的——, 118
加重和, 247
過剰在庫費用, 293
仮説検定, 132, 133
仮想 (DEA)
　　——入出力, 273

索　引

──プラス指標, 273
──マイナス指標, 273
Kaplan-Meier 推定量, 150
紙おむつと缶ビール, 4
可約行列, 212, 239
Caliński-Harabasz の評価基準, 73
寛解 (手術後の), 144
　　　　──持続時間, 145, 146, 151
完全 Nash 均衡, 321, 328
完全連結法, 80, 90, 92
官能検査, 36
ガンマ関数, 31

き

機械学習, 7, 66
　　　教師あり──, 7
　　　教師なし──, 7, 66
　　　──的アプローチ, 121
機会損失費用, 293
機械翻訳, 6
期待利益, 292, 302, 304
　　　　最大化問題, 296, 299, 301, 310
帰無仮説, 132, 133
既約行列, 183, 202, 212, 215, 230
CANDECOMP, 52
吸収状態 (Markov 連鎖), 183
凝集型階層的分類法, 74, 75
　　　アルゴリズム, 75
　　　距離空間の歪み, 86
　　　単調性, 87
共表型
　　　──行列, 76
　　　──距離, 76
　　　──類似度, 76
共変量, 152
強連結 (ネット), 201, 215, 238
行和, 38, 40, 41, 196
極限確率, 182, 185, 187, 192, 198
距離
　　　重み付き平方 Euclid──, 49
　　　市街地──, 20, 23
　　　タクシー──, 20
　　　Chebyshev──, 21, 23
　　　Hamming──, 27

標準化 Euclid──, 24
平方 Mahalanobis──, 25, 33
平方 Euclid──, 19, 24, 37, 38, 42
Mahalanobis──, 23, 25
Manhattan──, 20
Minkowski──, 20
Euclid──, 20, 23
距離の公理, 20
近視眼的顧客, 288, 291

く

Google, 1, 173, 175
Google 行列, 214, 215
クエリ独立な順位付け, 177
クッキー, 165
Kruskal の方法, 77
クラスター, 66
クラスター間距離空間, 86
　　　縮小・拡大・保存, 歪み, 86
クラスター間分散, 70, 72
クラスター内分散, 70, 72, 105, 109, 110
クラスター分析, 66
　　　階層的──, 74
　　　非階層的──, 102
クラスタリング, 66
グラフ理論, 177
　　　強連結, 201
　　　非連結, 205, 207, 211
　　　無向 2 部グラフ, 178, 196, 209
　　　有向グラフ, 201
Cramer の公式, 221
クリエイティブ, 164
クローラー, 176
Kronecker のデルタ, 40
群平均法, 80, 93, 94

け

計量的距離, 20, 23
計量的多次元尺度構成法, 36
計量文体学, 70
k 平均法, 102
　　　粗密化パラメタ──, 107–109
　　　Forgy の──, 102, 104

索 引

Hartigan の——, 109, 113
MacQueen の——, 103, 106
ゲーム理論, 288, 321
結合係数 (DEA), 264
結託 (ウェブページ), 237
権威, 177, 190
　　——側のページ, 178, 195
　　——行列 (HITS), 192
　　——行列 (SALSA), 197
　　——得点 (HITS), 191
　　——得点 (SALSA), 198
　　ランダム化——行列, 229, 239
限界代替率, 280
検索エンジン
　　——最適化, 176
　　ディレクトリ型——, 177
　　ロボット型——, 173, 176
原始行列, 183, 216, 224, 230
源氏香, 114
原始性の調整, 215
減衰率 (Google 行列), 190, 214, 220

こ
構造化データ, 3
高速性 (ビッグデータ), 2
小売業者, 290, 305
効率 (DEA), 248
合理的期待均衡, 295
顧客行動, 118
　　質的——, 120
　　戦略的——, 289
　　2 値的——, 121, 139
　　量的——, 120
顧客満足度, 135, 137
コサイン類似度, 16
故障率増加型確率分布, 299, 302
個人差多次元尺度構成法, 48
Cox の
　　——回帰係数, 154
　　——比例ハザードモデル, 152, 154
　　——部分尤度, 156
コミットメント (新聞売り子問題)
　　価格に関する——, 289, 300
　　仕入数に関する——, 289, 297

固有値, 42, 185, 192, 193, 198
固有値分解, 19, 45
固有値問題, 199
固有ベクトル, 43, 185, 192, 193
コンバージョン, 139, 165

さ
最遠隣法, 80, 90, 92
最近隣法, 79, 90, 91
最小全域木, 77
最小 2 乗法, 28, 52
最尤推定値, 130
最尤 (推定) 法, 127
鎖状効果, 89
SALSA, 177, 195
　　適用例, 209
三角不等式, 20

し
GIGO, 4
CCR モデル (DEA), 249
仕入価格, 290
仕入数, 289, 290, 297
　　最適——, 293, 302, 303, 323
時間的消滅性, 287
シグモイド曲線, 122
質的行動, 125
質的変数, 125
支払い意志額, 305
尺度, 11
　　間隔——, 13
　　質的 (定性的)——, 12
　　順序——, 12
　　比——, 13
　　名義——, 12
　　量的 (定量的)——, 13
シャドウプライス, 257
周期, 183, 215
周期的 (Markov 連鎖), 183, 215, 225
重心
　　クラスターの——, 71, 82
　　データの——, 17, 71
重心法, 82, 96, 97
主固有値, 183, 186, 194

索　引

主固有ベクトル, 193, 194
種子点, 102
出力 (DEA), 248
　　　単位——, 260
主問題, 255
収穫加速の法則, 8
需要, 290, 306, 307, 310
順列行列, 212
小行列式, 221
状態 (Markov 連鎖), 180
　　　——推移行列, 180
　　　——ベクトル, 181
商品価値, 290, 304
　　　戦略的顧客の正規販売に対する——, 305, 307, 321
　　　戦略的顧客のバーゲン販売に対する——, 305, 307, 321
　　　バーゲンハンターの——, 305, 307, 322
　　　バーゲン販売の——の閾値, 305
シンギュラリティ, 8
人工知能, 2
　　　汎用——, 8
深層学習, 7
新聞売り子問題, 289
　　　基本形, 290
　　　コミットメント, 289, 297, 300, 330
　　　戦略的顧客に対する——, 289, 294
　　　使われる記号, 290
信頼区間, 133, 134, 170

す
水準, 125
　　　参照——, 126
数学的帰納法, 69, 182, 217
数値例
　　　アトリビューション分析, 164
　　　異常検知, 34
　　　ウェブページの人気度, 201
　　　階層的クラスター分析, 88
　　　寛解持続時間, 145, 151
　　　計量的距離, 23
　　　k 平均法, 103, 104, 106, 108, 113
　　　個人差多次元尺度構成法, 56

新聞売り子問題, 302
　　　多次元尺度構成法, 45
　　　DEA, 258
　　　データ間の類似度, 22
　　　バーゲン販売, 316, 323, 328
　　　パーソナル化された PageRank, 244
　　　ホテルの顧客満足度, 135
数理計画, 248
　　　——問題, 251, 278, 282
Star Trek, 214
Stirling 数 (第 2 種), 67
STRESS, 56
スパイダー, 176
スラック, 262, 275

せ
正確性 (ビッグデータ), 4
正規
　　　——価格, 290, 302, 303
　　　——販売期間, 290, 305
正規化, 182, 188, 191
正規化条件, 186
正行列, 215, 229
正則行列, 217–219, 230, 233, 243
生存関数, 140
　　　基準——, 153, 161
生存時間, 139
　　　——解析, 139
　　　確率密度関数, 140
正定値行列, 25
正ベクトル, 215
正方行列, 179
世界のウェブサイト数, 173
積極限推定量, 150
切片, 123
説明変数, 121, 125
セミパラメトリック推定, 154
線形回帰モデル, 121, 124
線形計画, 248
　　　——問題, 254, 255, 279, 283
線形連立方程式, 182, 217, 233, 243
全数検査, 4
戦略的顧客, 288, 289, 294, 305

336

そ
相関関係, 4
相関係数, 16
相関ルール, 4
総合評価 (DEA), 247
相互強化アプローチ, 191, 201
相対リスク, 152
双対
　　　——定理, 256
　　　——変数, 254
　　　——問題, 255
相補性定理, 264
粗化パラメタ, 107
疎な行列, 218, 227, 228

た
対角行列, 44, 198
第五世代コンピュータ, 6
第 3 次 AI ブーム, 6, 66
対称行列, 25, 28, 38, 75, 229
対称均衡, 294
対称性, 15, 18, 20, 29, 53
対数線形性, 153
対立仮説, 132, 133
大量性 (ビッグデータ), 2
多項係数, 66
多次元尺度構成法, 36
タッチポイント, 164
WPGMA, 81
WPGMC, 82
多変量正規分布, 28, 130, 158
ダミー変数, 125
多様性 (ビッグデータ), 3
単位球 (距離の), 21
単峰, 299
単連結法, 79, 90, 91

ち
置換行列, 212
知的サーファーモデル, 241
知能増幅器, 9
中央値, 12
中心化行列, 40, 46, 50
中心極限定理, 130

直交行列, 45, 212
直交射影行列, 53

つ
Twitter, 2

て
DEA, 248
　　　——R モデル, 253
　　　——E モデル, 255
　　　——AR モデル, 277
　　　——(Excl)/AR モデル, 283
　　　——エクスクルージョンモデル, 282
　　　——M モデル, 255
　　　——基本モデル, 249, 268
　　　——効率値, 253
　　　——効率的, 253
　　　——弱効率的, 261
　　　——線形計画モデル, 254
　　　——値, 271
　　　——ノン効率分析, 267
　　　——非効率的, 253
DMU, 248
　　　簡単なサンプル, 258
TKC 効果, 200
TDS 法, 36
定義関数, 155
定常分布 (Markov 連鎖), 186, 196
定量的記述分析法, 36
データサイエンティスト, 5
データマイニング, 5
データ量の単位, 3
デルタ関数, 142
テレポーテーションベクトル, 214, 240, 242
展開形ゲーム, 321
転置行列, x
デンドログラム (樹形図), 76
　　　——の逆転, 87
　　　——の数, 77

と
等間隔性, 13
同時手番ゲーム, 295, 321
動的計画法, 288

索　引

特性方程式, 183, 186, 215, 216
凸錐, 262
凸包, 262
de Morgan の法則, 70
トリプルスリー, 269
トレース, 39, 73

な
内積行列, 38
内積 (DEA), 252
内積 (データの), 38

に
2 次形式, 194
二重中心化, 40
2045 年, 8
2 値的行動, 121, 139
2 分木, 77
Newton-Raphson 法, 130
Newton の運動方程式, 117
ニューラルネットワーク, 7
入力 (DEA), 248
　　　——指向, 255
人気度, 176, 187, 201
　　　感度, 220
　　　SALSA, 195
　　　HITS, 190, 193
　　　PageRank, 178

の
ノンパラメトリック推定, 148

は
バーゲン
　　　——ハンター, 291, 306
　　　——価格, 291
　　　最適——価格, 310
　　　——販売期間, 290, 305
　　　——販売期間の利益, 310
バーゲンセール, 304
　　　売れる商品数, 310
　　　数理モデル, 307
　　　使われる記号, 307
　　　プレイヤー, 306, 321
ハイパーリンク, 178
　　　——行列, 179
ハザード関数, 140
　　　基準——, 152
　　　累積——, 140
　　　累積基準——, 153
ハザード比, 154
橋本法, 282
ハブ, 177, 190
　　　——側のページ, 178, 195
　　　——行列 (SALSA), 198
　　　——得点 (HITS), 191
　　　——得点 (SALSA), 198
　　　ランダム化——行列, 229
パラメトリック推定, 145
ハリケーンとポップタルト, 4
半正定値行列, 19, 42, 194, 229
販売価格, 289
反復計算法
　　　CANDECOMP, 52
　　　基準生存関数, 164
　　　Google 行列, 226
　　　PageRank, 187, 190, 191
　　　HITS, 190

ひ
Pearson の積率相関係数, 16, 18, 81
p 値, 132, 138
非階層的クラスター分析, 75, 102
非計量的距離, 24
非構造化データ, 3
非周期的 (Markov 連鎖), 215, 225
左連続, 142, 143, 149, 161
ビッグデータ, 2
HITS, 177, 190
　　　ランダム化——, 229
1 つ抜き交差確認法, 34
非負行列, 215
非負性, 18, 20
非負線形結合, 256
非負ベクトル, 215
標準誤差, 132, 157, 160
標本
　　　——分散, 24
　　　——分散共分散行列, 25, 30

――平均, 24, 29, 128, 129
非類似度 (データの), 18
比例ハザード性, 152, 161
非連結 (ネット), 205, 207, 211
品質工学 (タグチメソッド), 34

ふ
Fisher の情報行列, 131
Facebook, 1
部分ゲーム完全 Nash 均衡, 321
部分尤度
 Efron の――, 160, 168
 Cox の――, 156
 Breslow-Pete の――, 159, 166
部分尤度法, 157
ぶら下がりページ, 179, 183, 205, 235
 ――の集約, 231
 ――ベクトル, 184, 205, 214, 227
プラス指標 (DEA), 266, 271
ブランドスイッチ, 144
フレーム問題 (人工知能の), 6
Frobenius の定理, 183, 216
 既約でなくてよい場合, 195
 min-max 定理, 187
プロ野球打者の評価, 268
 DEA 評価フレーム, 269
 DEA 優秀打者, 271
フロンティア (DEA), 261
 拡張――, 260
 効率的――, 260
 ――DMU, 262
分解可能な行列, 212
分解不能な行列, 212
分割数, 66
分岐型階層的分類法, 74
分類, 66

へ
平衡方程式 (Markov 連鎖), 186
平方和の分解 (データ分散の), 73
PageRank, 176
 基本モデル, 178
 ――の改良, 231
 パーソナル化された――, 242
 反復計算法, 187
 話題に敏感な――, 242
冪乗法, 226
冪等行列, 40, 53
Hesse 行列, 130, 137, 157, 160
Bell 数, 67, 114
Perron の定理, 215
Perron-Frobenius の定理, 216
辺 (グラフの), 195
偏差パターン類似率, 17, 19
ベンチマーク (DEA), 251
 ――点, 262

ほ
包除原理, 68
包絡分析法, 248
保証領域 (DEA), 277
Hotelling の
 ――T^2 統計量, 30
 ――T^2 理論, 30, 33
Horan のモデル, 49
ボルドーワインの評価, 4

ま
マイナス指標 (DEA), 266, 270
McQuitty 法, 81, 93, 95
Mahalanobis 田口法, 34
Markov 過程, 180
Markov 連鎖
 SALSA, 196
 PageRank, 180
マルチメディア, 3

み
右連続, 143, 144
密化パラメタ, 107
Minkowski の不等式, 21

む
Moore の法則, 8
無記憶性, 180
無向 2 部グラフ, 178, 196, 209
無作為抽出, 4

め
メディアン法, 82, 98, 99

索 引

メトリック (DEA), 267

も
目的変数, 121
戻りボタン, 180, 235
モノのインターネット, 7

や
Yahoo!JAPAN, 177
Young-Householder
　　　──の定理, 42
　　　──変換, 39, 49

ゆ
url, 175
Euclid (ユークリッド), 20
有向グラフ, 201
ユーザ経験, 36
u-Japan 政策, 7
尤度, 127
　　　周辺──, 155
　　　全──, 155
　　　対数──, 28, 127
　　　──方程式, 129, 135
UPGMA, 81
UPGMC, 82
ユビキタスネットワーク, 7

よ
余弦係数, 15
予測値, 134
4 つの V (ビッグデータ), 2

ら
Leibniz の法則, 325
ランキング, 175
ランクシンク, 188
Lance-Williams の組合せ公式, 85
ランダムサーファー, 190, 215
ランディングページ, 181

り
リコメンド (推奨), 1, 135
離散時間 Markov 連鎖, 180
離散的の時間, 141, 143, 145
リスク集合, 155, 158, 161, 166

Littlewood の式, 293
リファレンス (DEA)
　　　──セット, 264
　　　──点, 264
留保価格, 294, 295, 297, 298
両側検定, 132
臨界比率 (新聞売り子問題), 293
リンク人気度, 176, 187
リンクファーム, 237
隣接行列, 179

る
類似度
　　　──行列, 75
　　　クラスター間の──, 75
　　　データ間の──, 15, 18, 22

れ
列和, 38, 40, 41, 179, 196
レベニューマネジメント, 287, 293
　　　ゲーム理論, 305
　　　新聞売り子問題, 289
　　　戦略的顧客, 288
　　　伝統的──, 287, 330
　　　バーゲンセール, 304
連続的時間, 139, 145, 148

ろ
ロジスティック回帰モデル, 123
ロジスティック変換, 122
ロジット, 124
　　　──分析, 123, 124
ロンドン・オリンピック (数値例), 15, 22, 23, 34, 36, 45, 66, 88, 91, 92, 94–96, 98, 100, 104, 106, 108, 113

わ
Ward の最小分散法, 83, 100, 101
world wide web (www), 6, 174
「分かる」と「分ける」, 65
Watson, 6
　　　Chef ──, 6
Wald 統計量, 131, 133, 158

340

編著者紹介

高木　英明（たかぎ　ひであき）

1950 年	兵庫県淡路島に生まれる
1972 年	東京大学理学部物理学科卒業
1974 年	東京大学大学院理学系研究科物理学専攻修士課程修了
1974-93 年	日本アイ・ビー・エム株式会社勤務
1983 年	University of California, Los Angeles, Ph.D. in Computer Science
1993 年	筑波大学教授社会工学系，2002-03 年度　筑波大学副学長（研究担当）
2004 年	同大学院システム情報工学研究科教授
2012-14 年度	同システム情報系長・大学執行役員
2015 年	筑波大学名誉教授．現在，筑波総研株式会社顧問
学会活動	IEEE Fellow（1996），同 Life Fellow（2016），IFIP Silver Core（2000）日本オペレーションズ・リサーチ学会フェロー（2010），監事（2013-14）
専門分野	確率過程モデル（待ち行列理論），オペレーションズ・リサーチ，情報通信ネットワーク，サービス科学
主要著作	Analysis of Polling Systems（The MIT Press, 1986） Queueing Analysis, 全 3 巻（Elsevier, 1991, 93, 93） Spectrum Requirement Planning in Wireless Communications : Model and Methodology for IMT-Advanced（共編著，Wiley, 2008） サービスサイエンスことはじめ—数理モデルとデータ分析によるイノベーション（編著，筑波大学出版会, 2014）

サービスサイエンスの事訳（ことわけ）
—データサイエンスと数理科学の融合に向けて

2017 年 9 月 30 日初版発行

編著者　高木　英明

発行所　筑波大学出版会
〒 305-8577
茨城県つくば市天王台 1-1-1
電話（029）853-2050
http://www.press.tsukuba.ac.jp/

発売所　丸善出版株式会社
〒 101-0051
東京都千代田区神田神保町 2-17
電話（03）3512-3256
http://pub.maruzen.co.jp/

編集・制作協力　丸善プラネット株式会社

©Hideaki TAKAGI, 2017　　　　　　　Printed in Japan
組版・印刷・製本／三美印刷株式会社
ISBN978-4-904074-45-9 C3063